体育院校通用教材

运动解剖学
（第6版）

袁琼嘉　白石　主编

全国体育院校教材委员会　审定

人民体育出版社

图书在版编目（CIP）数据

运动解剖学 / 袁琼嘉，白石主编 . -- 6 版 . -- 北京：人民体育出版社，2022（2025.2 重印）

ISBN 978-7-5009-6259-5

Ⅰ.①运… Ⅱ.①袁… ②白… Ⅲ.①运动解剖—教材 Ⅳ.① G804.4

中国版本图书馆 CIP 数据核字 (2022) 第 254992 号

*

人 民 体 育 出 版 社 出 版 发 行
天 津 中 印 联 印 务 有 限 公 司 印 刷
新 华 书 店 经 销

*

787×1092　16 开本　19.5 印张　500 千字
1978 年 6 月第 1 版　2022 年 12 月第 6 版
2025 年 2 月第 6 版第 4 次印刷（总第 103 次印刷）
印数：25,001—45,000 册

*

ISBN 978-7-5009-6259-5
定价：70.00 元

社址：北京市东城区体育馆路 8 号（天坛公园东门）
电话：67151482（发行部）　　　邮编：100061
传真：67151483　　　　　　　　邮购：67118491
网址：www.psphpress.com

（购买本社图书，如遇有缺损页可与邮购部联系）

《运动解剖学》（第6版）编写组

主　　编　　袁琼嘉　　成都体育学院
　　　　　　白　石　　西安体育学院

副 主 编　　李　雪　　成都体育学院
　　　　　　张海平　　沈阳体育学院
　　　　　　于新凯　　上海体育大学

编写成员（以姓氏笔画为序）
　　　　　　于新凯　　上海体育大学
　　　　　　王　璐　　成都体育学院
　　　　　　白　石　　西安体育学院
　　　　　　冯　红　　天津体育学院
　　　　　　吕晓梅　　河北体育学院
　　　　　　朱蔚莉　　首都体育学院
　　　　　　刘宇飞　　哈尔滨体育学院
　　　　　　刘　娜　　吉林体育学院
　　　　　　麦全安　　广州体育学院
　　　　　　李可峰　　山东体育学院
　　　　　　李　雪　　成都体育学院
　　　　　　宋雅伟　　南京体育学院
　　　　　　张庆来　　河南体育学院
　　　　　　张念坤　　西安体育学院
　　　　　　张海平　　沈阳体育学院
　　　　　　袁琼嘉　　成都体育学院
　　　　　　寇现娟　　武汉体育学院

绘　　图　　高艺师
　　　　　　雷雁沙

前　言
FOREWORD

体育院校通用教材《运动解剖学》自1978年首次出版至今已有五十余年的历史，作为体育院校学生的经典核心教材，为我国优秀体育人才培养事业做出了积极的贡献。本次第6版教材是在第5版的基础上，根据教育部印发的《普通高等学校教材管理办法》，并结合教学实际需要重新编写和修订的。编写组以习近平新时代中国特色社会主义思想为指导，深入贯彻党的二十大精神，全面贯彻党的教育方针，弘扬社会主义核心价值观，坚持"价值引领、需求导向、分类发展、守正创新"四项原则，力争将本教材建设成为铸魂育人、传承经典的新形态、高质量教材。

第6版教材有如下特色：在内容上，注重"厚基础、重实践、拓方法、展特色"，本着强调"三基"（基础知识、基本理论、基本技能），体现"三性"（思想性、科学性、实用性），针对"三特"（特定的对象、特定的要求、特定的限制）的宗旨，将解剖学基础知识与人体运动实践相结合，以实现"知识、能力、素养"三融合的教育目标；在价值引领上，增加了课程思政内容，体现了"思政之盐"溶于"专业之水"，从生命科学教育领域培养学生的爱国主义精神和社会责任感，引导学生树立正确的世界观、人生观和价值观；在呈现形态上，充分利用新一代信息技术，各章节重要知识点均设置了融媒体资源，链接有视频课程和相关拓展知识，具有"纸数融合"特色，可适应"线上教学、线上线下混合式教学"等新型现代化教学模式；在技术手段上，为了方便教学，专门绘制了高清彩色插图，更加清晰地展示了人体各器官的形态和结构。此外，与本教材配套的《运动解剖学习题集》和《运动解剖学实验指导》等教辅图书也即将出版，使第6版教材真正成为内容丰富、结构清晰、配套立体、知识全面、手段先进的新形态教材。

本教材由成都体育学院和西安体育学院主持编写，编委来自全国14所高等体育院校，编写团队具有专业强、职称高、学历高、老中青结合的特点。其中有两所高校的运动解剖学课程已获批"教育部国家级一流本科课程"（主编为课程负责人）。各章节编写分工为（以编写章节为序）：绪论（袁琼嘉），骨（朱蔚莉），骨连结（宋雅伟），骨骼肌（白石、张念坤），体育动作的解剖学分析（李雪、王璐），内脏（刘娜、冯红），脉管系统（张海平、刘宇飞），感觉器官（寇现娟、麦全安），神经系统（于新凯、吕晓梅、李可峰），内分泌系统（张庆来）。

全书绘图由高艺师负责,部分教学视频由郑州国希望云解剖提供。

编写组衷心希望本版教材能够符合我国体育类专业四年制本科人才培养目标和现代化教育教学改革的需要,希望体育从业者和爱好者能够从书中得到启发。相信本教材和新编配套教辅的同步出版,能成为运动解剖学科发展的推动剂,为培养全面发展的体育人才提供绵薄之力。因编者水平所限,不当与错误之处在所难免,恳请解剖学界同人及各使用本教材的院校师生发现问题、指出错误、提出改进意见,以作为日后修订的依据。

编写组

2022 年 12 月

目 录
CONTENTS

绪 论 ··· 001

运动系统

第一章 骨 ·· 010
第一节 骨概述 ··· 010
第二节 颅 骨 ··· 014
第三节 躯干骨 ··· 015
第四节 上肢骨 ··· 020
第五节 下肢骨 ··· 024
第六节 体育运动对骨的影响 ·· 029

第二章 骨连结 ·· 031
第一节 骨连结概述 ·· 031
第二节 颅骨的连结 ·· 038
第三节 躯干骨连结 ·· 038
第四节 上肢骨连结 ·· 046
第五节 下肢骨连结 ·· 053
第六节 体育运动对关节的影响 ··· 065

第三章 骨骼肌 ·· 067
第一节 骨骼肌概述 ·· 067
第二节 头颈肌 ··· 075
第三节 躯干肌 ··· 077
第四节 上肢肌 ··· 088
第五节 下肢肌 ··· 100
第六节 体育运动对骨骼肌的影响 ·· 113

第四章　体育动作的解剖学分析 · 117
- 第一节　肌肉工作的基本理论 · 117
- 第二节　动作分析的步骤、内容与方法 · 121
- 第三节　人体主要部位常见动作的解剖学分析 · 127
- 第四节　体育项目中常见动作的解剖学分析实例 · 135

内　脏

第五章　内脏概述 · 144
- 第一节　内脏的一般构造 · 144
- 第二节　腹部的分区和主要脏器体表投影 · 146

第六章　消化系统 · 148
- 第一节　消化管 · 148
- 第二节　消化腺 · 156
- 第三节　体育运动对消化系统的影响 · 159

第七章　呼吸系统 · 161
- 第一节　呼吸道 · 161
- 第二节　肺 · 164
- 第三节　体育运动对呼吸系统的影响 · 167

第八章　泌尿系统 · 168
- 第一节　肾 · 169
- 第二节　输尿管道 · 172
- 第三节　体育运动对泌尿系统的影响 · 174

第九章　生殖系统 · 175
- 第一节　男性生殖系统 · 175
- 第二节　女性生殖系统 · 177
- 第三节　体育运动对生殖系统的影响 · 180

脉管系统

第十章　脉管系统概述 · 182
- 第一节　脉管系统的组成 · 182
- 第二节　血液循环的途径 · 184
- 第三节　血管吻合 · 185

第十一章　心血管系统······187
- 第一节　心······187
- 第二节　动　脉······195
- 第三节　静　脉······202
- 第四节　体育运动对心血管系统的影响······208

第十二章　淋巴系统······211
- 第一节　淋巴管道······212
- 第二节　淋巴组织与淋巴器官······214
- 第三节　体育运动对淋巴系统的影响······215

感觉器官

第十三章　感觉器官概述······218
- 第一节　感受器······218
- 第二节　感觉器官······218

第十四章　视器——眼······220
- 第一节　眼球······220
- 第二节　眼副器······224
- 第三节　体育运动对视器的影响······227

第十五章　位听器——耳······228
- 第一节　外　耳······228
- 第二节　中　耳······229
- 第三节　内　耳······230
- 第四节　体育运动对位听器的影响······235

第十六章　其他感受器······236
- 第一节　皮　肤······236
- 第二节　本体感受器······239
- 第三节　嗅觉感受器与味觉感受器······239
- 第四节　体育运动对其他感受器的影响······240

神经系统

第十七章　神经系统概述······244
- 第一节　神经系统的区分与组成······244
- 第二节　神经系统的常用术语与基本活动方式······245

第十八章　中枢神经系统 ··· 247
第一节　脊　髓 ··· 247
第二节　脑 ··· 250
第三节　体育运动对中枢神经系统的影响 ··· 260

第十九章　周围神经系统 ··· 262
第一节　脊神经 ··· 262
第二节　脑神经 ··· 266
第三节　内脏神经 ··· 267
第四节　体育运动对周围神经系统的影响 ··· 271

第二十章　神经系统的传导通路 ··· 272
第一节　感觉传导通路 ··· 272
第二节　运动传导通路 ··· 275

第二十一章　脑和脊髓的被膜和血管、脑室及脑脊液循环 ··· 278
第一节　脑和脊髓的被膜和血管 ··· 278
第二节　脑室和脑脊液及其循环 ··· 281

内分泌系统

第二十二章　内分泌系统 ··· 286
第一节　内分泌系统概述 ··· 286
第二节　人体中的主要内分泌腺和内分泌组织 ··· 287
第三节　体育运动对内分泌系统的影响 ··· 291

索　引 ··· 295

参考文献 ··· 301

绪 论

> **【学习目标】**
>
> 要求学生掌握常用人体解剖学术语；熟悉运动解剖学的定义及研究范畴；了解学习运动解剖学的目的、基本观点和方法，以及运动解剖学发展简史。培养学生用辩证唯物主义观点认识人体的能力，提升学生对解剖学理论知识的实践运用能力，为学习后续课程奠定基础。

一、运动解剖学的定义及研究范畴

（一）运动解剖学的定义

运动解剖学是人体解剖学的一个分支，是在正常人体解剖学基础上研究体育运动对人体形态结构产生的影响及其发展规律，探索人体机械运动与体育动作关系的一门基础学科，具有较强的应用性和实践性。

（二）运动解剖学的研究范畴

运动解剖学的研究内容涵盖了宏观与微观两大领域。随着科学技术的进步和发展，人类对人体形态结构的认识不断深入，运动解剖学的研究已从系统器官水平逐步深入组织、细胞、亚细胞以及分子水平的微观研究。目前主要研究的内容有以下几方面。

①运动对人体形态结构的影响以及人体形态结构对运动适应的研究。传统的研究多集中于运动对骨、关节和肌肉的影响。近年来随着科学技术的发展，运动对人体影响的研究逐步扩展到脉管、内分泌、神经及感觉器官等系统。研究对象既涵盖不同年龄、性别的健康人群，也包括患有心血管疾病、糖尿病、肥胖或神经退行性等疾病的人群。

②运动员科学选材的形态学研究。运动员选材涉及身体形态、生理机能、身体素质及心理素质等诸多方面。探讨人体生长发育期的遗传作用机制，揭示人体运动能力的遗传度及运动训练的适应性机理，开展对人体身高、体重、身体成分、骨龄、皮纹等预测性指标的研究。这类研究对探索更高层次的基因选材具有极大的理论和实践意义。

③人体结构的机械运动规律与体育动作技术关系的研究。运动解剖学不仅深入研究运动系统（运动器官）的机械运动规律与体育动作技术关系，而且其他器官的机械运动规律也是其研究的内容，如心血管壁的弹性结构、胃肠的蠕动、体位与内脏位置变化、血流动力学的变化等。近年来，有向机械信号与细胞及分子变化机制研究水平发展的趋势。

④运动损伤的形态学基础研究。结合不同运动项目特点，对运动损伤好发部位的形态结构、组织病理学特征和运动性微损伤机制等进行研究，如肩关节的肩袖、腕关节的关节盘、膝关节的半月板和交叉韧带、踝关节韧带、椎间盘等。这类研究为了解和阐明运动损伤机制

及其临床表现提供了理论依据。

二、学习运动解剖学的目的

运动解剖学是运动人体科学领域中一门重要的基础课程，是各体育学院（系）学习基础理论的一门必修课程，学习运动解剖学的主要目的包括以下几个方面。

①学习人体解剖学的基础知识。系统地掌握人体各系统器官的正常结构，体育运动对人体形态结构的影响和人体形态结构对体育运动的适应。运用运动解剖学基本知识对体育动作进行解剖学分析。

②培养辩证唯物主义世界观。通过学习运动解剖学，不仅要系统地掌握正常人体的形态结构，还必须认识人体形态结构与生理功能的统一、局部与整体的统一、有机体与环境的统一，学会用辩证唯物主义的观点去认识运动中的人体。

③为运动实践提供理论依据。运动解剖学不仅是一门基础理论学科，而且是一门实用性较强的应用学科。通过本课程的学习，使体育专业的学生加深对体育技术的动作和常用身体练习方法的理解。既帮助学生掌握健身知识、提高技术水平、预防运动伤病，又为他们今后从事体育教学、运动训练及健身指导等工作进行知识储备和能力培养。

④为学习后续课程奠定基础。体育学科群中的许多课程都与人体形态结构知识有着内在联系，运动生理学、运动生物力学、运动医学、人体测量学等课程更是与运动解剖学密不可分。运动解剖学是学习运动人体科学的先导，可为学好其他课程奠定基础。

三、学习运动解剖学的基本观点和方法

运动解剖学属形态学的范畴，学习时一定要坚持形态与功能相结合的观点、进化与发展相一致的观点、局部与整体相统一的观点、理论与实际相联系的观点，以及实践第一的观点，正确认识人体形态结构与体育运动的关系。学习运动解剖学的方法很多，因学习目的、要求、条件的不同而有所区别，但无论从学习还是研究的角度看，人们在学习和研究中经常运用的方法有以下几种。

①宏观的尸体解剖法，即在尸体上利用器械进行解剖，观察人体的大体形态结构。

②活体测量观察法，对活体的形态学特征，如身高、坐高、体重、围度等进行测量；对关节运动幅度进行测定；对肌肉工作状态进行观察；对常见体育动作及专项运动的技术动作进行分析。

③微观的组织切片法和组织化学法，通过制作组织切片，用光镜或电镜观察人体各器官组织的微细乃至超微结构；用化学分析法对人体组织、细胞的形态结构及成分进行定性或定量研究。

④仪器研究法，运用X光机、肌电图仪、断层扫描（CT）、核磁共振（MRI）、超声骨密度仪等仪器，对人体的局部或整体结构进行观察研究。

随着科学技术的发展，特别是计算机等高新技术的推广和普及，运动解剖学的研究方法将会不断更新，研究水平也会日益提高。在学习中将教材、标本、3D图谱和教学多媒体软件结合运用，可以帮助学习者正确全面地认识和记忆人体形态结构，达到更好的运动解剖学学习效果。

四、运动解剖学发展简史

运动解剖学是人体解剖学的分支学科，它的发展与人体解剖学的发展密切相关，同时它的发展与体育运动、工业、军事和社会发展也密切相关。

15 世纪时，达·芬奇（Leonardo Da Vinci，1452—1519 年）在对人体进行解剖研究的过程中，对与动作有关的人体结构、人体重心、平衡和阻力中心之间的关系进行了研究，提出了人体结构及活动服从力学定律的概念。为了说明各部位肌肉在运动过程中的作用和反作用，他提出了在肌肉的起点和止点处是由索状组织附着在骨骼上的观点，这不仅发展了人体解剖学，还创立了人体运动学。意大利学者鲍列里（Alfonso Borelli，1608—1679 年）在《论动物的运动》一书中，研究了人体总重心的位置，分析了人体的某些动作（如蹬地、蹬水、引体等），提出了肌肉的作用符合数学和力学原理，并区分了肌肉的强直收缩和随意收缩。

尼尔斯（Niels Stensen，1638—1686 年）在《基本的肌肉类型》一书中提出，一块肌肉本质上是一群能运动的纤维集合物，一块肌肉的收缩实质上是许多单根纤维的缩短。约翰（John Hunter，1728—1793 年）的《肌肉运动讲义》概括了 18 世纪末关于运动学的全部知识，详细叙述了肌肉的功能、形态、力量、起点和止点，肌纤维的力学排列和双关节肌等问题。

19 至 20 世纪初，由于体育运动的开展和军事训练的需要，对人体运动的研究也逐渐发展起来。俄国学者列斯伽夫特（ЛФЛпесгаФТ，1837—1909 年）是首先将体育运动与解剖结合在一起的科学家。他著有《人体运动理论》《肌肉系统解剖学》《理论解剖学基础》和《解剖学与体育的关系及学校中体育的基本任务》等著作，详细叙述了人体比例、人体姿势、人体运动等相关内容，为运动解剖学的创立作出了巨大贡献。

20 世纪 40 年代以来，随着体育运动的蓬勃发展，运动生理学、运动医学等学科相继建立，运动解剖学也成为体育科学的一门新学科。采用了先进的技术手段及仪器设备，对人体运动身体姿势和环节运动的解剖学特征等进行了深入研究，并取得了重大进展。苏联解剖学家依万尼茨基（М. Ф. Иваницкий，1895—1969 年）是这个时期的杰出代表。他所撰写的《人体解剖学》（1956 年）可谓是运动解剖学的经典著作。他将运动形态学分为运动解剖学、运动人体测量学、运动局部解剖学和动作分析 4 个部分。20 世纪 70 年代，苏联学者将运动解剖学与人类学结合起来发展了运动形态学，并将其应用于运动员选材。

20 世纪 50 年代，我国各体育院校（系）将"人体解剖学"列为基础理论必修课。20 世纪 60 年代初，我国著名解剖学家张鋆教授首先提出了运动解剖学的概念，他认为"解剖学亦可用于体育运动，用以分析各种运动所需要的肌肉和关节，可以叫作运动解剖学"。之后他进一步阐明了运动解剖学的研究对象和方向，提出某种运动需要哪些肌肉参加、肌肉在某种运动中所承担的负荷量都是运动解剖学研究的课题。功能解剖学和运动解剖学互相交叉，但有关运动效果的一切工作，应归属于运动解剖学。

1961 年，我国体育专业通用的第一部《人体解剖学》教材在上海编写出版，这对我国运动解剖学的发展起到很大的促进作用。张汇兰教授为我国运动解剖学的创立作出了长期努力和艰苦准备，她在运动解剖学方面有很高的造诣，先后获得"国家体育运动荣誉奖章"和"联合国教科文组织荣誉奖"。1978 年，由体育院校教材编审委员会《运动解剖学》编写组完成的我国第一部《运动解剖学》教材正式由人民体育出版社出版。20 世纪 80 年代以来，在《运动解剖学》教材建设方面出现了统编与自编共存的局面。1984 年、1988 年、2000 年和 2012

年，由全国体育院校教材编审委员会《运动解剖学》教材编写组先后对前一版教材进行了修订。2021年，由人民体育出版社主办，成都体育学院作为主编单位承办的"十四五"体育院校通用教材《运动解剖学》（第6版）教材编写会于4月16—18日在成都举行，全国14所高等体育院校参加本次教材编写。本次教材编写秉承"继承与发展、教书与育人相结合"理念，将"互联网+人工智能技术"融入教材，打造"纸数融合"新型教材；凝练"课程思政"，并将其融入新版教材；注重将"知识传授""价值引领"与课堂思政教育相互融合，不断提升教材编写的层次和水平，第6版《运动解剖学》教材建设对标"基础牢固、层次清晰、内容丰富、拓展实用、理论与实践紧密结合"的高质量、精品教材，为推动教学改革、提高教学质量提供有力支撑。60多年来，各体育院校（系）普遍建立了专门的实验室和配套的教学设施，积极开展科研工作。近年来，广大运动解剖学工作者在教学、科研方面努力工作，不断开拓创新，为运动解剖学的发展作出了许多贡献。

五、人体的基本构成

人体的基本结构和功能单位是细胞。人的存在是从一个细胞，即受精卵开始，通过细胞的增殖与分化而生长和发育，随着细胞和由细胞产生的物质达到成熟而成熟，通过细胞的衰退而衰老，最后也是由于细胞活动的停止而死亡。

细胞是人体形态结构、生理功能和生长发育的基本单位。细胞由细胞膜、细胞质和细胞核三部分构成。组织是由细胞和细胞间质共同构成的细胞群体，人体的基本组织有上皮组织、结缔组织、肌组织和神经组织四种类型。器官是由几种不同的组织发育分化和互相结合，构成具有一定的形态结构、完成一定的生理功能的组织集合体，如骨骼肌、肺、肾、心和脑等器官。系统是由结构和功能密切相关的许多器官结合在一起，构成互相配合并完成连续性生理功能的器官群体。人体有运动系统、消化系统、呼吸系统、泌尿系统、生殖系统、脉管系统、神经系统、感觉器官系统和内分泌系统九大系统。

概括地说，人体是一个复杂而统一的有机体。细胞是构成人体形态结构，行使生理功能和进行生长发育的基本单位。人体的新陈代谢、生长发育及体育运动引起的形态结构的变化都是以细胞为基础进行的。由细胞和细胞间质共同构成组织，由几种组织共同构成具有一定形态结构和生理功能的器官，由若干功能相关的器官构成一个完整连续性生理功能的系统。各系统虽然都具有特定的功能，但它们在神经体液的调节下，相互联系、紧密配合，共同构成一个完整的人体。

六、常用解剖学术语

在日常生活、生产劳动和体育运动的过程中，人体各部位与器官的位置关系不是永恒不变的。为了能正确地描述人体各器官的形态结构和位置，在描述人体形态结构和人体运动的位置变化关系时有共同的准则，统一规定了常用的解剖学术语，这些术语是国际公认的学习人体解剖学必须遵循的基础。

（一）人体的标准解剖学姿势

人体的标准解剖学姿势是指身体直立，两眼向正前方平视，两足并拢，足尖向前，双上肢下垂于躯干的两侧，掌心向前（绪图-1）。

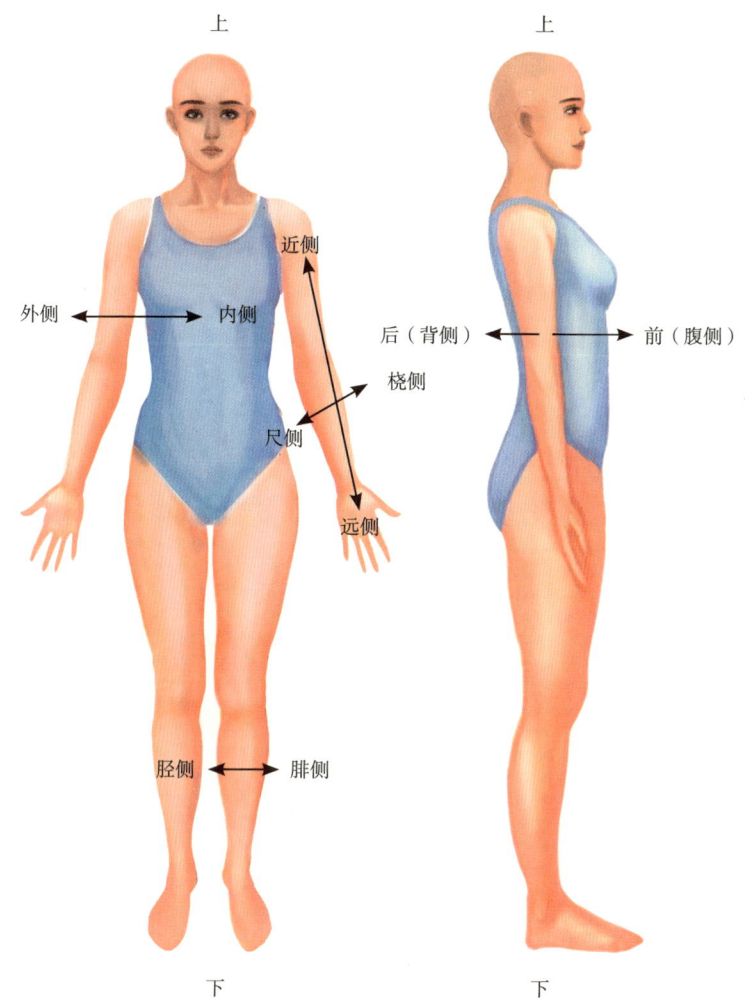

人体的标准解剖学姿势

绪图-1 人体的标准解剖学姿势

（二）方位术语

为了准确表达人体各部以及各器官或结构的相互位置关系，以解剖学姿势为标准，规定了一些表达方位的术语（绪图-1）。

上与**下**是描述器官或结构距颅顶或足底的相对远近关系的术语。近颅顶者为上，近足底者为下。

方位术语

前与**后**是描述与身体腹侧面或背侧面距离相对远近的术语。距身体腹侧面近者为前，距身体背侧面近者为后。

内侧与**外侧**是描述人体各部位、器官或结构与人体正中矢状面相对距离位置关系的术语。靠近人体正中矢状面者为内侧，远离人体正中矢状面者为外侧。

内与**外**是描述空腔器官相互位置关系的术语。接近内腔者为内，远离内腔者为外。

浅与**深**是描述与皮肤表面相对距离关系的术语。距表层皮肤近者为浅，距表层皮肤远者为深。

近侧与**远侧**是描述四肢与躯干距离关系的术语。近侧是指距肢体与躯干的连接处较近者，远侧指距肢体与躯干的连接处较远者。

尺侧与**桡侧**是依据前臂的尺骨与桡骨排列的位置关系而规定的。尺侧是指前臂的内侧，桡侧是指前臂的外侧。

胫侧与**腓侧**是依据小腿的胫骨与腓骨排列的位置关系而规定的。胫侧是指小腿的内侧，腓侧是指小腿的外侧。

此外，还有左与右、垂直、水平和中央等方位术语，它们的概念与其一般概念相同。

（三）人体基本面

按照人体解剖学方法，可将人体或其中任何一个人体的局部在解剖学姿势条件下作3个相互垂直的切面，即通常所指的基本面（绪图-2）。

①**矢状面**是指沿身体前后径所作的切面。该切面将人体分成左、右两部分，与水平面及冠状面垂直，其中经过人体正中线的切面称为**正中矢状面**。

②**冠状面**或称**额状面**是指沿身体左右径所作的切面。该切面将人体分成前、后两部分，与水平面及矢状面垂直。

③**水平面**或称**横切面**是指横切人体与地面平行的切面。该切面将人体分为上、下两部分，与矢状面及冠状面互相垂直。

在描述器官的切面时，与其长轴平行的切面称**纵切面**，与其长轴垂直的切面称**横切面**。就器官而言，横切面不一定是水平面，纵切面也不一定是矢状面或冠状面，故一般不用上述3个面来描述。

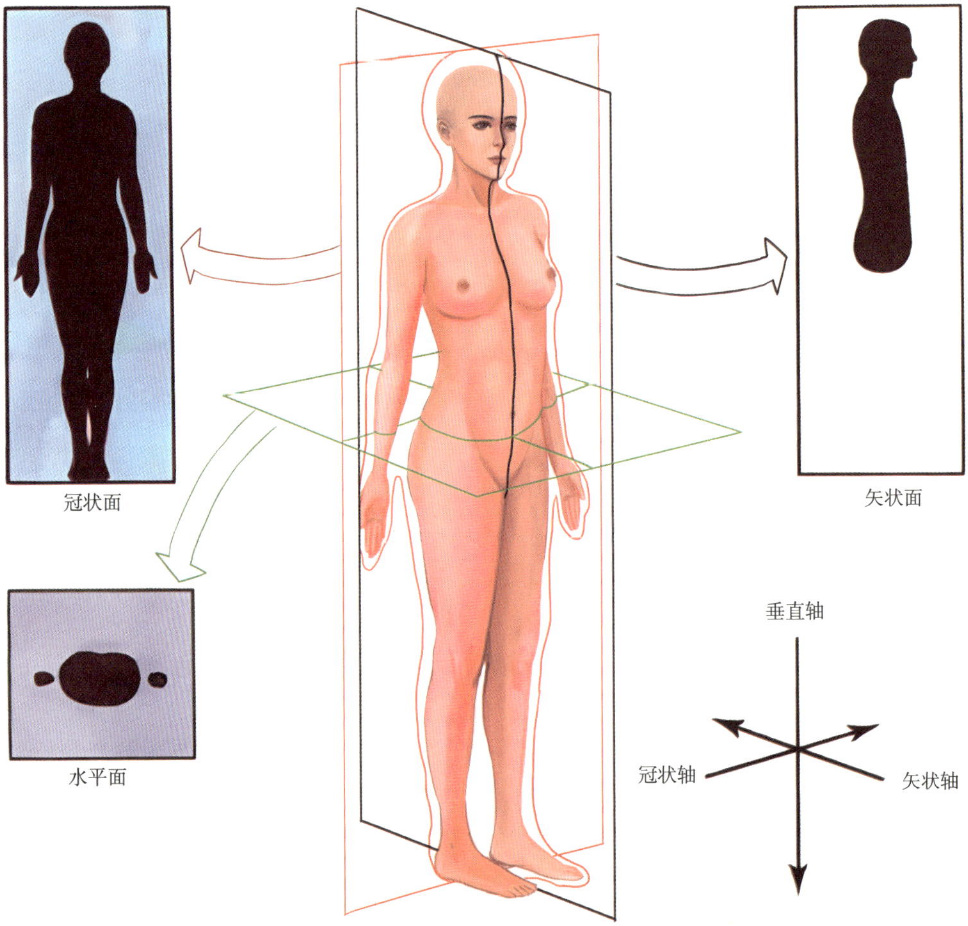

人体基本面

绪图-2　标准解剖学姿势与人体的基本轴和基本面

(四)人体基本轴

人体基本轴是叙述人体关节运动时常用的术语。按照人体解剖学方法,在理论上可将人体或其任何一个关节在解剖学姿势条件下作 3 个相互垂直的轴,即通常所指的基本轴(绪图 -2)。

人体基本轴

① **矢状轴**为前后方向并与水平面平行的轴。

② **冠状轴**或称**额状轴**为左右方向并与水平面平行的轴。

③ **垂直轴**为上下方向并垂直于水平面的轴,与前两个轴互相垂直。

复习思考题

1. 试比较人体立正姿势与标准解剖学姿势的异同。
2. 名词解释:矢状面、冠状面、水平面、矢状轴、冠状轴、垂直轴。

运动系统

捐献骨髓，为生命接力

第一章 骨

> 【学习目标】
>
> 要求学生掌握骨的基础知识,重点掌握骨的形态、骨的重要体表标志;熟悉骨的功能和运动对骨的影响。培养学生结合标本进行学习的能力,增强其运用实验室提升解剖学学习效果的意识。

骨是由骨组织为主构成的器官。其承担体重、支撑人体。骨并不是静止不变的,而是处于不断的新陈代谢中。

第一节 骨概述

正常成人有206块骨,虽然其外在形态各有不同,但是它们有一些共同的特点(图1-1)。

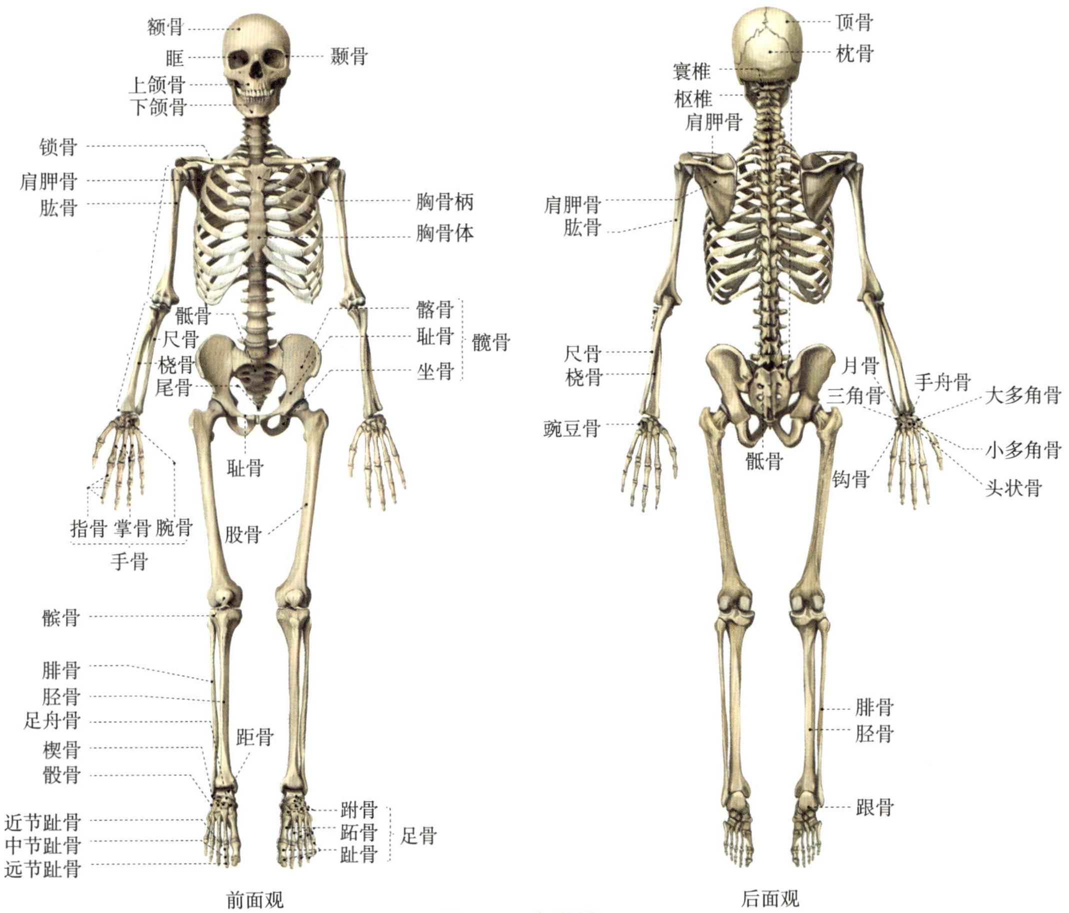

图1-1 全身骨

一、骨的分类

成年人全身骨按形态可分为长骨、短骨、扁骨和不规则骨4类（图1-2）。此外，位于肌腱内的扁圆形小骨称籽骨，在运动中起减小摩擦和改变肌肉牵引方向与力矩的作用。

骨的分类

长骨

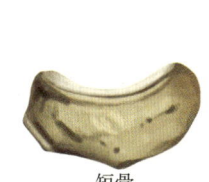
短骨

扁骨

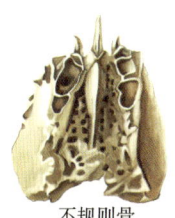
不规则骨

图 1-2　骨的形态分类

（一）长骨

长骨分布于四肢，呈长管状，分为一体两端。体为中间均匀、较细的部分，内有空腔称为**髓腔**，容纳**骨髓**。两端膨大称为**骺**，有光滑的关节面，与邻近关节面构成关节。骨干与骺相移行的部分称**干骺端**，幼年时为软骨，称**骺软骨**，骺软骨细胞不断分裂繁殖和骨化，使骨不断长长。成年后，骺软骨骨化，骨干与骺融为一体，其间遗留为**骺线**，这时骨就不能再长长。长骨在肌肉牵引下杠杆作用明显，利于增大运动幅度。

（二）短骨

短骨形似立方体，常有多个关节面。短骨间彼此连结牢固，不仅可以分散压力，而且可以使局部运动灵活。腕骨和跗骨是典型的短骨。

（三）扁骨

扁骨多分布于人体中轴，呈板状，面积较大，薄而坚固。扁骨主要构成颅腔、胸腔和盆腔的壁，具有保护内脏和增加肌肉附着面积的作用。

（四）不规则骨

不规则骨形状不规则，功能多样，多分布于椎骨和颅骨处。有些不规则骨内有腔洞，称**含气骨**，如上颌骨。

二、骨的构造

骨由骨膜、骨质、骨髓，以及血管和神经等组成（图1-3）。

（一）骨膜

骨膜包括骨外膜和骨内膜两部分。

骨膜

1. 骨外膜

骨外膜由致密结缔组织构成，被覆于除关节面以外的新鲜骨的表面，含有丰富的神经、血管和淋巴管，对骨的营养、再生和感觉有重要作用。

骨外膜内层有成骨细胞和破骨细胞。成骨细胞有产生新骨质的功能，而破骨细胞有破坏原骨质的功能。这两类细胞协同工作，对骨的生长发育和损伤后修复具有重要的作用。成骨细胞与破骨细胞幼年时功能活跃，参与骨的生长发育，成年时转为相对稳定的状态。一旦发生损伤，如骨折，骨膜又重新恢复活跃状态，参与骨折处的修复愈合。

2. 骨内膜

骨内膜衬在髓腔内面和骨松质间隙内，也含有成骨细胞和破骨细胞。

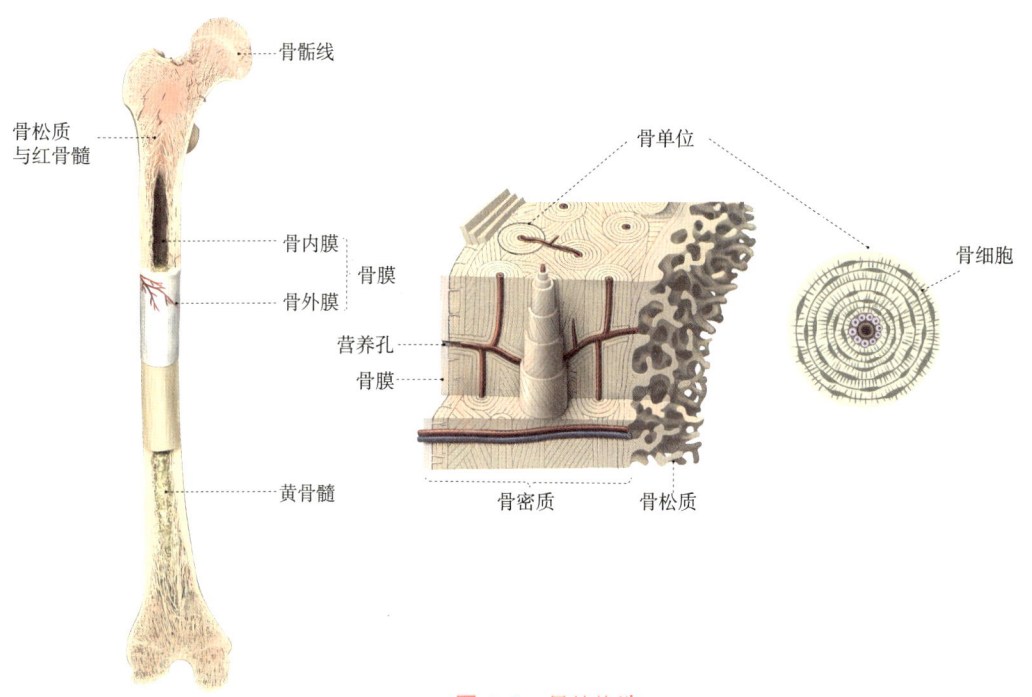

图 1-3　骨的构造

（二）骨质

骨质

骨质由骨组织构成，按照其结构特点可分为骨密质和骨松质两种。

1. 骨密质

骨密质质地致密，分布于长骨、短骨、扁骨以及不规则骨等所有骨的表层。长骨骨干处的骨密质厚。骨密质具有抗压、抗拉、抗弯以及抗扭转等力学特性。

2. 骨松质

骨松质呈海绵状，由相互交织的骨小梁排列而成，配布于骨的内部。骨小梁的排列与骨所承受的压力和张力的方向一致，一部分骨小梁的排列与压力方向一致，组成压力曲线；也有部分骨小梁与骨所受的张力方向一致，组成张力曲线。当压力（重力）和肌肉拉力方向发生变化时，骨小梁的排列也发生适应性变化。

（三）骨髓

骨髓填充于骨髓腔和骨松质的间隙内，可分为红骨髓和黄骨髓两种。

骨髓

1. 红骨髓

红骨髓内含有不同发育阶段的红细胞和其他幼稚型的血细胞，呈红色。胎儿和幼儿的骨髓全是红骨髓，红骨髓具有造血功能。

2. 黄骨髓

5 岁以后，长骨髓腔内的红骨髓逐渐被脂肪组织代替，呈黄色，称**黄骨髓**，失去造血功能。但在慢性失血过多或重度贫血时，黄骨髓在一定程度上可转化为红骨髓，恢复造血功能。

三、骨的化学成分与物理特性

（一）化学成分

骨主要由有机物和无机物组成。有机物主要是骨胶原纤维束和黏多糖蛋白等，构成骨的支架，使骨具有弹性和韧性。无机物主要是碳酸钙和磷酸钙等钙盐，沉积在骨胶原纤维内，使骨坚硬结实。

（二）物理特性

骨的物理特性是由其无机物与有机物的含量及其所占比例决定的。用酸脱去骨的无机物，称为脱钙骨，骨仍具原骨形状，但非常柔软而有弹性；通过煅烧可去除骨的有机物，称为煅烧骨，虽形状不变，但脆而易碎。上述实验证明，骨的有机物使骨具有弹性和韧性，而无机物使骨具有硬度。

无机物和有机物两种成分的比例，随年龄的增长而发生变化。幼儿骨中有机物和无机物各占1/2，故骨的弹性较大，可塑性大，易发生变形。成年人骨中有机物和无机物的比例约为3:7，此时骨具有最佳的物理性能，具有较大的硬度和一定的弹性，较坚韧。老年人的骨无机物所占比例超过75%，脆性较大而弹性较小。

四、骨的生长

骨的生长包括骨的长长和长粗两个过程。

（一）长长

骺软骨使骨长长。儿童和少年时期的长骨的骨骺与骨干之间存在**骺软骨**。软骨骨化过程中，骺软骨不断地增生，又不断地被骨化，使骨的长度不断增加，直到骺软骨完全被骨化，成为骺线。在12~18岁，大部分骺软骨生长的速度很快，四肢骨尤为明显。18岁以后，骺软骨逐渐钙化，骨干与骨骺愈合，骨就不再长长。

（二）长粗

骨膜使骨长粗。骨外膜和骨内膜均含有成骨细胞和破骨细胞。在生长发育期，骨外膜以成骨细胞合成新骨质为主,骨内膜以破骨细胞破坏旧骨质为主,这样使骨的外径和内径（髓腔）不断增大，骨不断长粗。

五、骨的功能

骨具有以下功能。

①**支持功能**：骨具有支持人体的软组织（如肌肉、脏器等）和承担身体重量的功能。

②**杠杆功能**：骨在骨骼肌收缩时被牵引，绕关节运动轴转动，使人体产生各种运动，在运动过程中，骨起着杠杆的作用。

③**保护功能**：骨借助骨连结形成腔隙，保护人体重要的器官。如颅腔保护脑，椎管保护脊髓，胸腔保护心脏和肺等重要器官。

④**造血和储存脂肪功能**：红骨髓具有造血的功能，而黄骨髓具有储存脂肪的功能。

⑤**钙磷储备功能**：骨是人体内钙磷的储备仓库。在人体的脏器与组织中，钙磷的含量以牙齿和骨组织最多。

骨龄

第二节　颅　骨

颅骨共23块（6块听小骨除外），除舌骨和下颌骨外，其他颅骨借缝或软骨组织彼此连结，可分为脑颅骨和面颅骨两部分（图1-4~图1-7）。脑颅骨与面颅骨的分界线是眶上缘、外耳门上缘与枕外隆凸的连线。

一、脑颅骨

位于颅的后上方，共8块，它们共同构成了颅腔，容纳和保护脑。脑颅骨包括额骨1块、顶骨2块、颞骨2块、筛骨（小部分参与脑颅，其余构成面颅）1块、蝶骨1块和枕骨1块。枕骨的枕骨大孔使脑与脊髓相连。

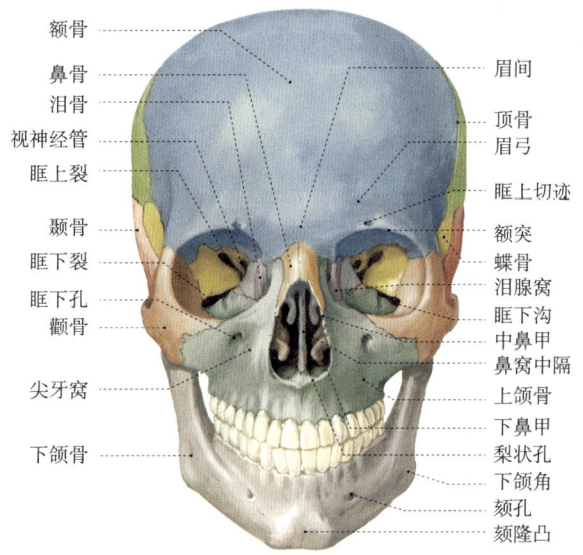

图1-4　颅的正面观

二、面颅骨

位于颅的前下方，共15块骨，包括上颌骨、颧骨、泪骨、鼻骨、腭骨和下鼻甲骨各2块，以及犁骨、下颌骨和舌骨各1块。面颅骨连接构成眼眶、鼻腔和口腔的骨性支架。

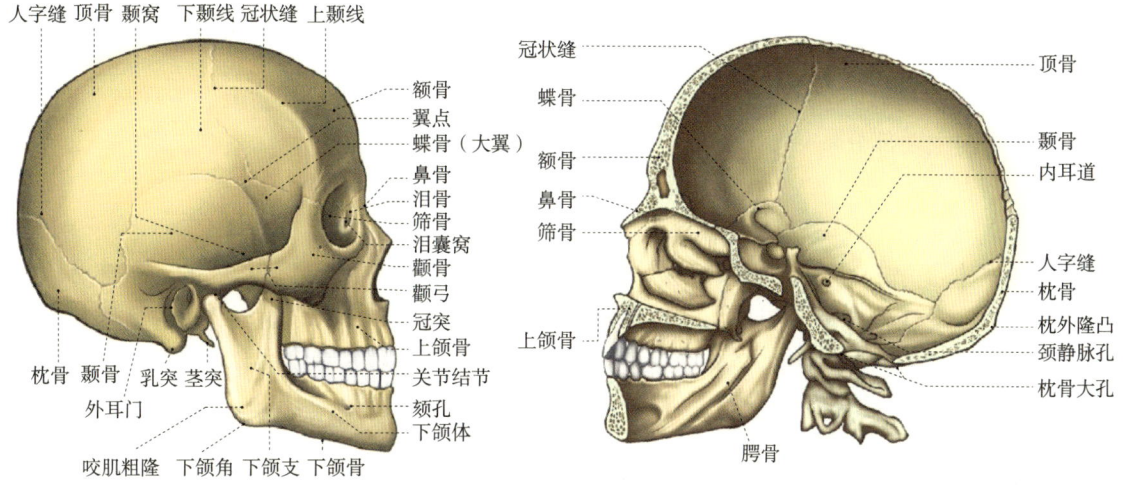

图 1-5 颅的侧面观

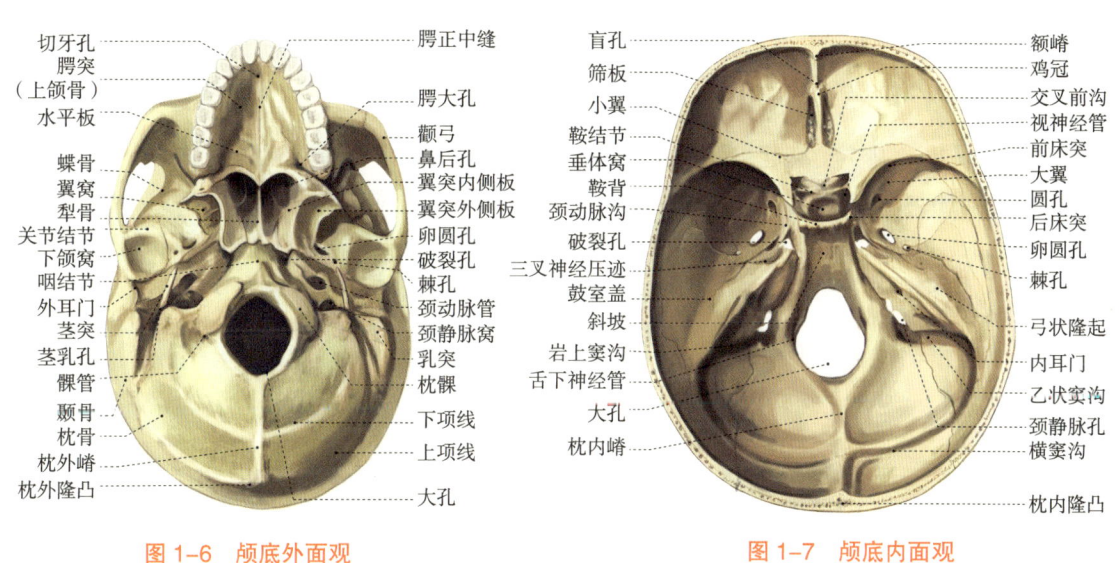

图 1-6 颅底外面观　　　　图 1-7 颅底内面观

第三节　躯干骨

躯干骨包括 24 块椎骨、1 块骶骨、1 块尾骨、1 块胸骨和 12 对肋，共 51 块。它们分别参与脊柱、骨盆和胸廓的构成。

一、椎骨

椎骨属于不规则骨，幼年时为 32 块或 33 块，分为颈椎 7 块、胸椎 12 块、腰椎 5 块、骶椎 5 块、尾椎 3~4 块。成年后，骶椎与尾椎分别融合为 1 块骶骨与 1 块尾骨。

椎骨

（一）椎骨的一般形态

椎骨由前方的椎体和后方的椎弓组成。

1. 椎体

位于前部，呈短圆柱形，表面为较薄层的骨密质，内部为骨松质，上、下面较为粗糙，是椎骨负重的主要部分。

2. 椎弓

位于椎体后方，呈弓形板状结构，由椎弓根和椎弓板组成。与椎体相连的缩窄部分称**椎弓根**，其上、下缘各有一个凹陷，分别称**椎上切迹**和**椎下切迹**。两侧的椎弓根向后内扩展变宽的部分称**椎弓板**，并于中线会合。相邻椎骨中上位椎骨的椎下切迹与下位椎骨的椎上切迹共同围成**椎间孔**，内有脊神经和血管通过。

3. 椎孔

由同一椎骨的椎体和椎弓围成的孔即为**椎孔**，各椎骨的椎孔相连形成的长管即为**椎管**，容纳脊髓、脊髓被膜及脑脊液。

4. 突起

由椎弓发出，共7个突起：**棘突**1个，位于矢状面内，由椎弓向正后方或正后下方突起；**横突**1对，由椎弓根与椎弓板结合处向两侧突起；**关节突**2对，由椎弓根与椎弓板结合处沿垂直轴向上、下方突起，即1对**上关节突**和1对**下关节突**。在关节突的表面存在关节面，相邻椎骨中上位椎骨的下关节突关节面与下位椎骨的上关节突关节面构成关节突关节。

（二）各椎骨的主要形态特征

1. 颈椎

颈椎共7块，其中第1、2、7颈椎各具其特殊形态，而其余4块有共同的特征。颈椎的椎体较小，椎孔较大，横突上有孔，称**横突孔**，内有椎动脉、椎静脉和神经通过（图1-8）。第2~6颈椎的棘突较短，末端分叉（图1-9）。

第1颈椎又名**寰椎**，其特点是无椎体、棘突和关节突，呈环状，由前弓、后弓和侧块构成。**前弓**较短，其后中部有**齿突凹**，与枢椎的齿突相关节。**后弓**较长，上有横行的椎动脉沟。侧块的上面有上关节凹，与枕骨髁相关节。侧块的下面有圆形的下关节面，与枢椎上关节面相关节（图1-10）。

第2颈椎又名**枢椎**，其特点是椎体上方有一指状突起，称**齿突**，并与寰椎齿突凹相关节（图1-11）。

第7颈椎又名**隆椎**，其特点是棘突特长，末端不分叉，皮下可触，是椎骨计数的重要标志（图1-12）。

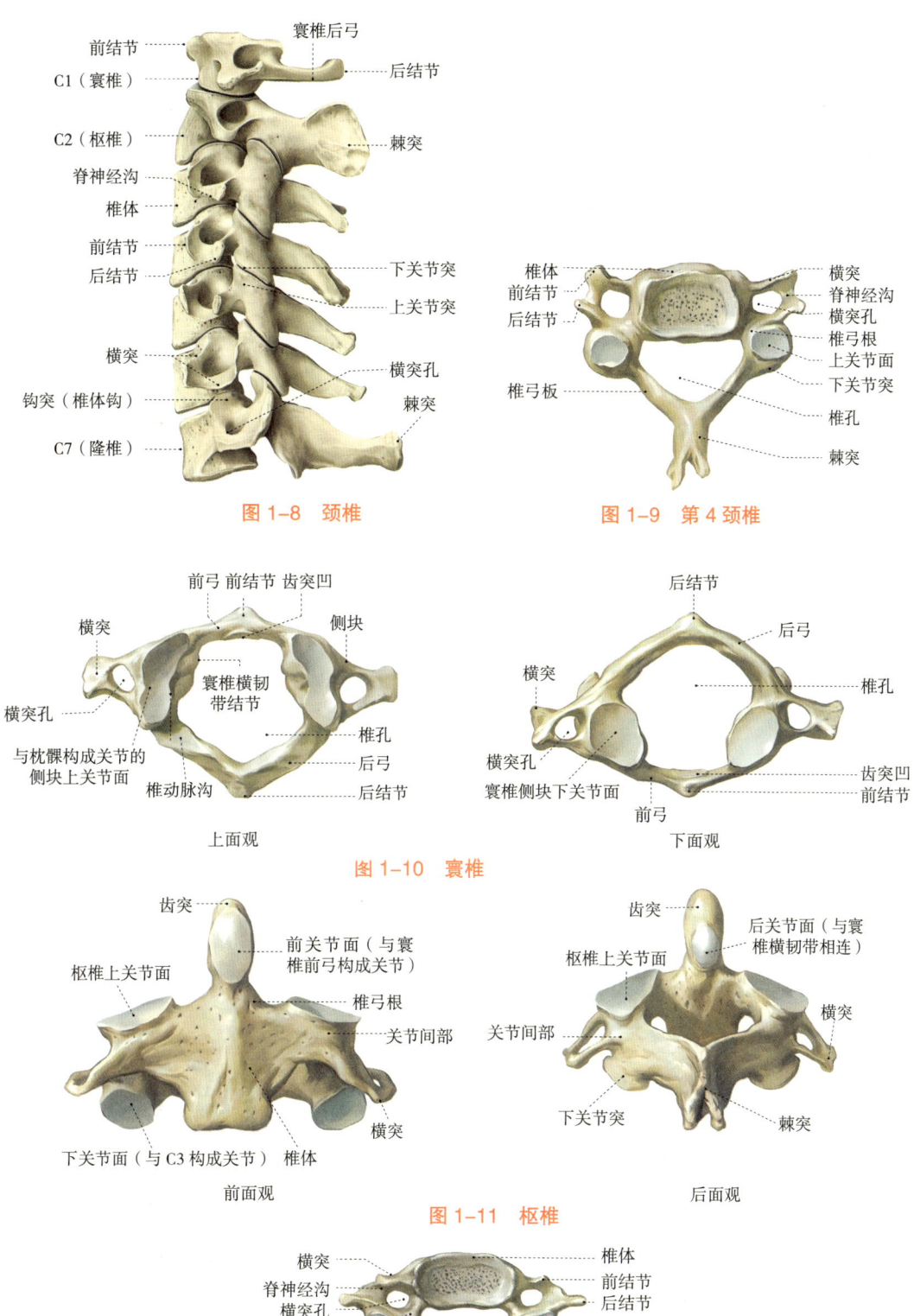

图 1-8　颈椎

图 1-9　第 4 颈椎

图 1-10　寰椎

图 1-11　枢椎

图 1-12　隆椎上面观

2. 胸椎

胸椎共12块，上承颈椎，下接腰椎，其椎体与椎弓根交接部的上缘和下缘各有一呈半圆形的浅凹，称**上肋凹**和**下肋凹**，与肋头相关节。横突末端前面有**横突肋凹**，与肋结节相关节。胸椎棘突较长，向后下方倾斜，呈叠瓦状排列（图1-13）。

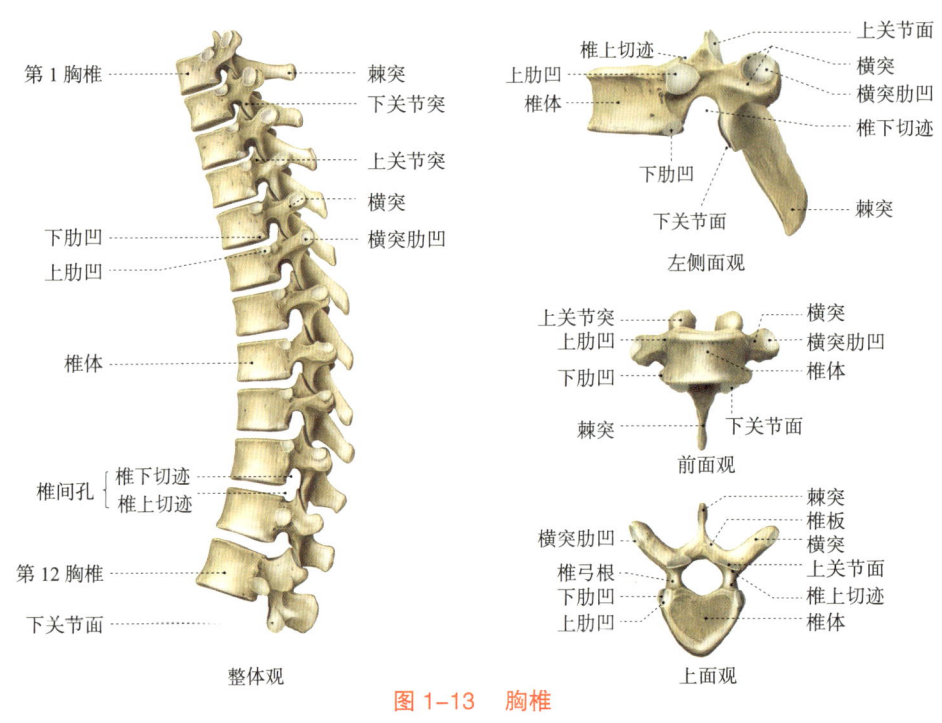

图1-13 胸椎

3. 腰椎

腰椎共5块，其特征为椎体粗大，横断面呈肾形，椎孔呈三角形。关节突关节面呈矢状位，便于脊柱腰段做屈伸运动。棘突宽而短，且各棘突间间隙较宽（图1-14）。

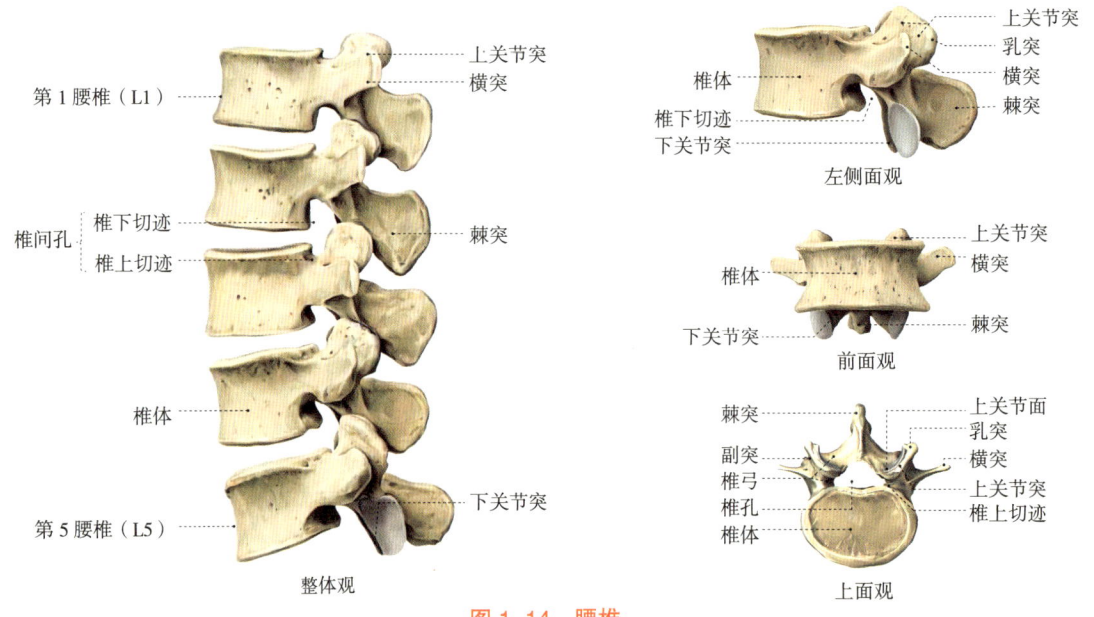

图1-14 腰椎

4.骶骨

骶骨呈扁平的倒三角形,可分为底、尖、前面、后面和外侧部。底向上称**骶骨底**,与第5腰椎相关节,前缘正中突出称岬;尖朝下称**骶骨尖**,接尾骨。骶骨两侧有**耳状面**,与髂骨的耳状面相关节。骶骨内有骶管,近侧端接椎管,远侧端开口形成**骶管裂孔**。后中线上有棘突融合成的**骶正中嵴**。前面光滑,有4对**骶前孔**;后面粗糙,有4对**骶后孔**。骶前孔和骶后孔与骶管相通,内有神经和血管通过(图1-15)。

5.尾骨

尾骨呈倒三角形。其底向上与骶骨相连结,尖向下游离为尾骨尖(图1-15)。

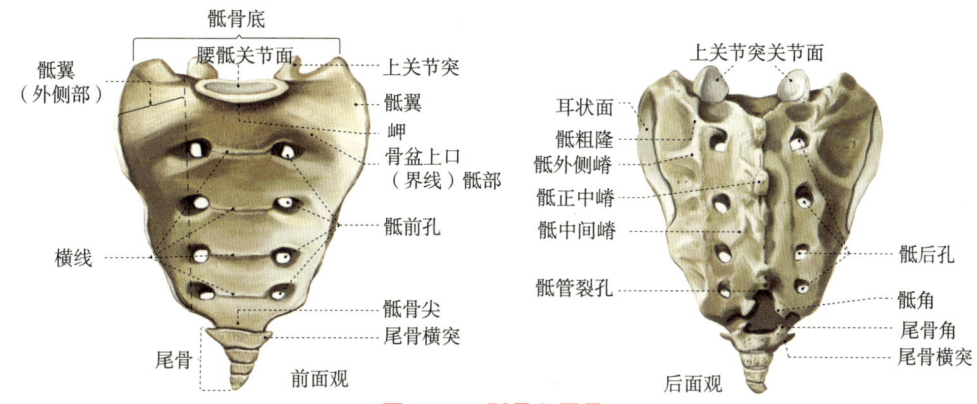

图1-15 骶骨和尾骨

二、胸骨

胸骨属于扁骨,共1块,上宽下窄,前凸后凹,由上至下可分为**胸骨柄**、**胸骨体**和**剑突**3部分(图1-16)。

胸骨

胸骨柄上宽下窄,上缘有三个切迹,中间为**颈静脉切迹**,两侧为**锁切迹**。胸骨柄和胸骨体沿垂直轴两侧共有7对**肋切迹**,分别与第1~7肋软骨相连。胸骨柄与胸骨体相接处向前凸起,称为**胸骨角**,皮下可触。

胸骨角两侧连接第2肋骨,是肋骨计数的重要标志。胸骨体呈长方形,外侧缘接第2~7肋软骨。剑突扁而薄,远侧端游离。

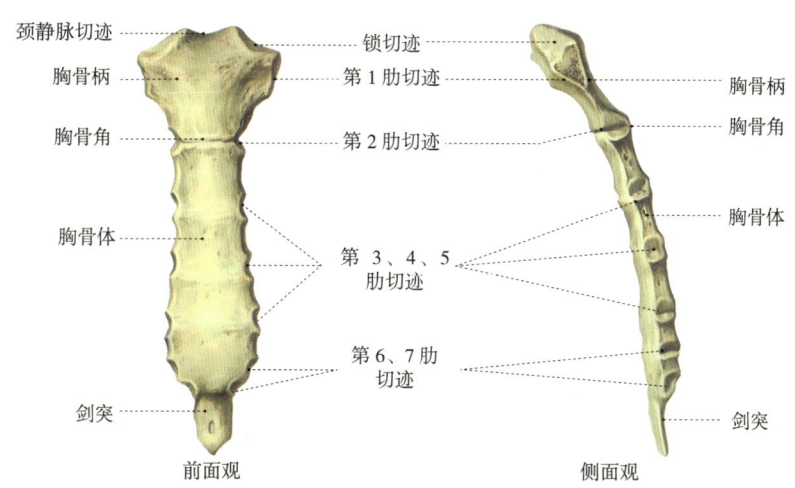

图1-16 胸骨

三、肋

肋由**肋骨**与**肋软骨**组成,共12对。其中第1~7对肋前端与胸骨相连结,称**真肋**。第8~10对肋前端借肋软骨与上位肋软骨连结,形成肋弓,称**假肋**。第11~12对肋的前端游离于腹壁肌层中,称**浮肋**,因前端游离无支撑,受暴力作用时易骨折(图1-17)。

(一)肋骨

肋骨属于扁骨,分为前端、肋体和后端3部分。前端与肋软骨相连结。肋体长而扁,分内、外两面和上、下两缘,内面近下缘处有**肋沟**,其间有肋间神经和血管经过,后部曲度急转处称**肋角**。肋骨后端膨大的部分称**肋头**,有关节面与相应胸椎肋凹相关节。肋头外侧稍细的部分称**肋颈**。肋颈与肋体交界处朝向后方的粗糙隆起称**肋结节**,有关节面与相应胸椎的横突肋凹相关节。

(二)肋软骨

肋软骨位于各肋骨前端,由透明软骨构成(见P44图2-16)。

图1-17 肋骨

第四节 上肢骨

上肢骨由上肢带骨和自由上肢骨组成。

一、上肢带骨

上肢带骨包括锁骨和肩胛骨。

(一)锁骨

锁骨水平位于胸廓前上方,胸骨和肩胛骨之间,是唯一一块直接与中轴骨相连的上肢骨。锁骨形似长骨,呈"~"形,一体两端,**内侧端**粗大,有胸骨关节面,与胸骨柄的锁切迹相关节;**外侧端**扁平,有肩峰关节面,与肩胛骨的肩峰相关节。锁骨内侧2/3凸向前,外侧1/3凸向后,内侧2/3与外侧1/3交界处最薄弱,易骨折(图1-18)。

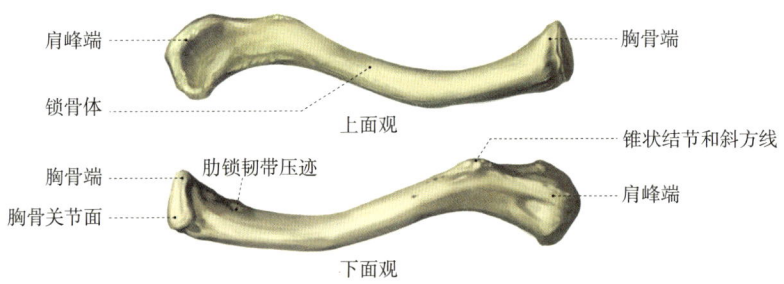

图1-18 锁骨

（二）肩胛骨

肩胛骨位于胸廓后上方外侧，在第 2~7 肋。属扁骨，呈倒三角形，可分为两面、三角和三缘（图 1-19）。

两面：前面（腹侧面）与胸廓相对，有一大而浅的窝，称**肩胛下窝**；后面（背侧面）有一横行的嵴，称**肩胛冈**，将肩胛骨后面分成上方的**冈上窝**和下方的**冈下窝**。肩胛冈外端向前外伸展形成扁平的**肩峰**，与锁骨相关节。

三角：上角（内侧角）平第 2 肋；下角平第 7 肋或第 7 肋间隙；外侧角肥大，朝向外侧有一个椭圆形的关节面，为**关节盂**。关节盂的上、下方各有一个粗糙隆起，分别称**盂上结节**和**盂下结节**。

三缘：内侧缘（脊柱缘）、外侧缘（腋缘）和上缘。上缘的外侧有一凹陷为**肩胛切迹**，切迹的外侧有一弯曲的指状突起，称**喙突**。

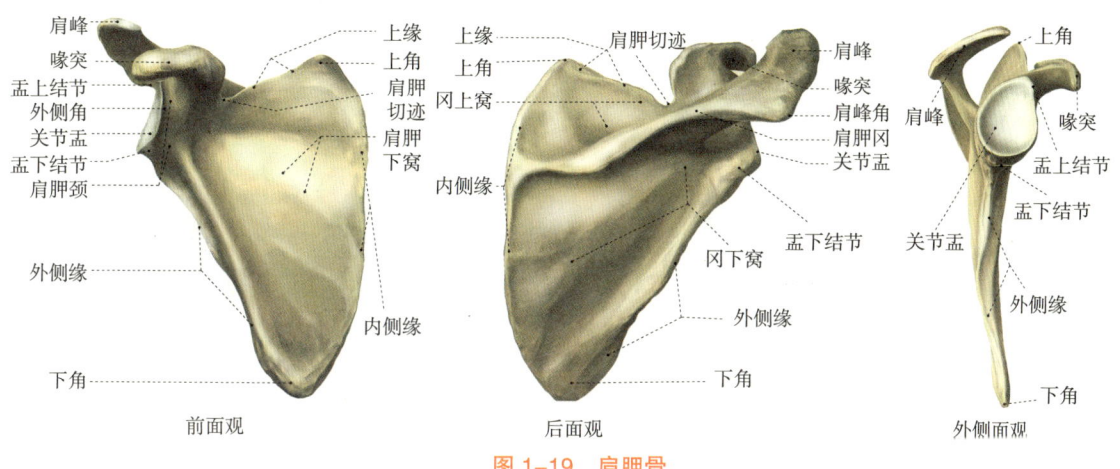

图 1-19 肩胛骨

二、自由上肢骨

自由上肢骨包括肱骨、尺骨、桡骨和手骨。

（一）肱骨

肱骨

肱骨位于上臂，是上肢最长的骨，属长骨，分一体两端（图 1-20）。

近侧端半球形的隆起称**肱骨头**，其前方的隆起为**小结节**，外侧的隆起为**大结节**。两结节下方分别为**小结节嵴**和**大结节嵴**。大、小结节嵴之间有一浅沟，为**结节间沟**。大、小结节与肱骨头之间的环状沟称**解剖颈**。肱骨近侧端与骨体之间稍微缩细的部分为**外科颈**，易骨折。

肱骨体中部外侧面有一个呈"V"字形的粗糙隆起，称**三角肌粗隆**，是三角肌的止点。后面有一条由上内向下外斜行的浅沟，为**桡神经沟**，有桡神经等紧贴骨面通过。

远侧端前后略扁，左右较宽并略卷曲向前，末端有两个关节面：内侧呈滑车状，称**肱骨滑车**，与尺骨相关节；外侧呈半球状，称**肱骨小头**，与桡骨相关节。在远侧端的前面，滑车上方的窝称**冠突窝**，肱骨小头上方的窝称**桡窝**，屈肘时分别容纳尺骨冠突和桡骨头。在远侧端的后面，滑车上方有**鹰嘴窝**，伸肘时容纳尺骨鹰嘴。远侧端内、外侧的突起分别称为**内上髁**和**外上髁**。内上髁的后下方有一浅沟，称为**尺神经沟**，尺神经沿此沟浅行于皮下。

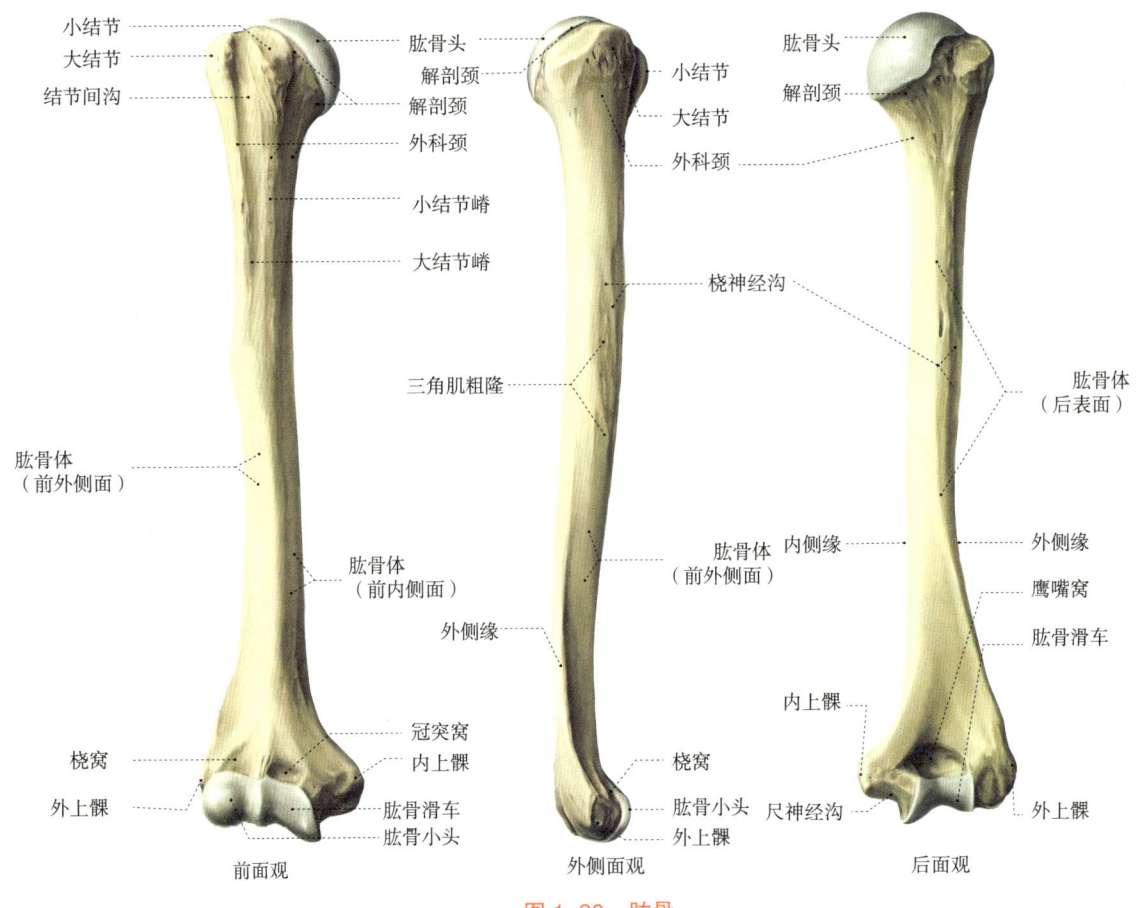

图 1-20 肱骨

（二）尺骨

尺骨位于前臂内侧，属长骨，分一体两端（图 1-21）。

近侧端粗大，前面有大而凹陷的半月形关节面，称**滑车切迹**，与肱骨滑车相关节。切迹后上方的突起为**鹰嘴**，前下方的突起为冠突。**冠突**前下方的粗糙隆起为**尺骨粗隆**，冠突外侧面凹陷的关节面称**桡切迹**，与桡骨头相关节。

尺骨体上段呈三棱柱状，上粗下细，外侧缘锐利，称**骨间缘**，有前臂骨间膜附着。

远侧端的细小圆柱形结构，称尺骨头，其外侧和前面形成**环状关节面**，与桡骨的尺切迹形成关节。尺骨头后内侧向下的小突起，称**尺骨茎突**。

（三）桡骨

桡骨位于前臂外侧，属长骨，分一体两端（图 1-21）。

近侧端细小，呈圆盘状的骨性结构称**桡骨头**。头上面凹陷称**桡骨头凹**，与肱骨小头相关节；头周围的环状关节面称**桡骨环状关节面**，与尺骨的桡切迹相关节。头下方略细，为**桡骨颈**，颈下内侧有一个粗糙隆起，为**桡骨粗隆**。

桡骨体呈三棱柱状，内侧缘较锐称**骨间缘**，与尺骨的骨间缘借骨间膜相连。

远侧端粗大，内侧有**尺切迹**，与尺骨头相关节，尺切迹下面有**腕关节面**和近侧列腕骨构成桡腕关节。外侧向下突起形成**桡骨茎突**。

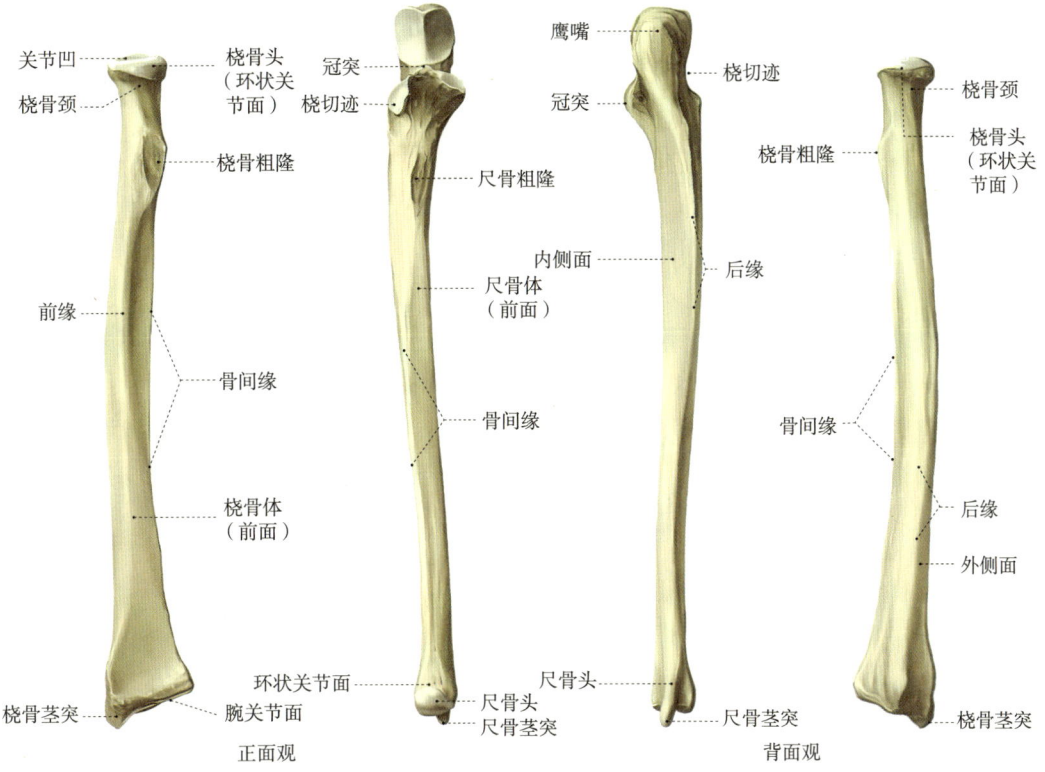

图 1-21 尺骨和桡骨

（四）手骨

手骨包括腕骨、掌骨和指骨（图 1-22）。

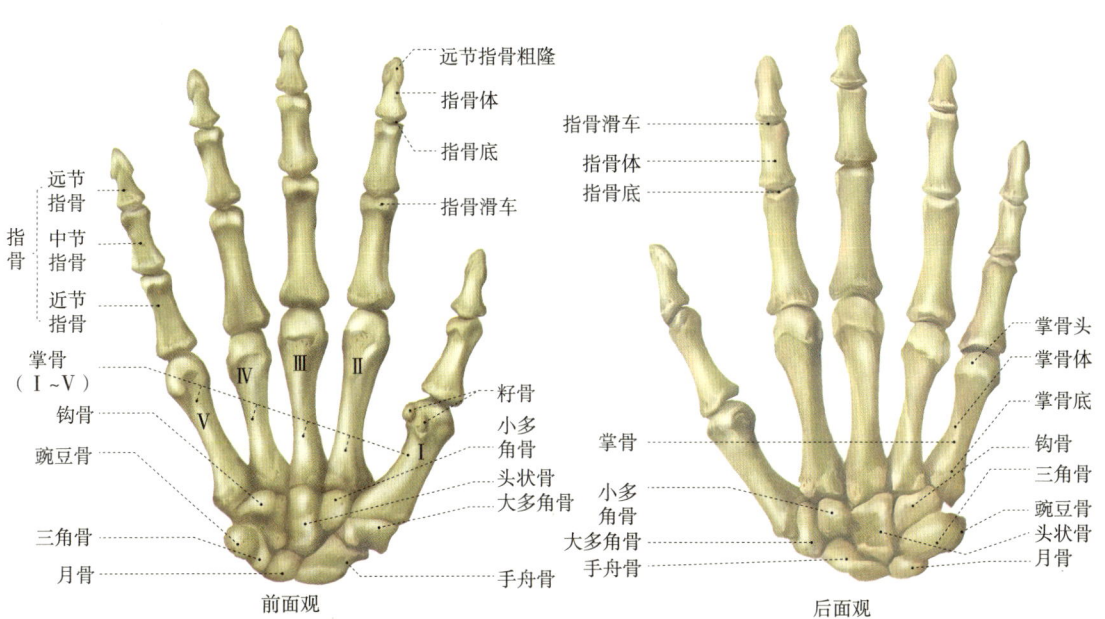

图 1-22 手骨

腕骨位于前臂骨与掌骨之间，每侧共 8 块，为小而不规则的短骨（图 1-23）。由桡侧向尺侧，近侧列分别为手舟骨、月骨、三角骨和豌豆骨，远侧列分别为大多角骨、小多角骨、头状骨和钩骨。近侧列的前三骨的近侧面结合成椭圆形关节面，与桡骨远侧端相关节；远侧列各骨分别与掌骨相关节。

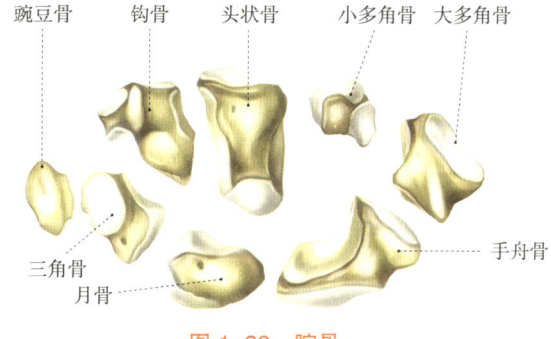

图 1-23　腕骨

掌骨每侧共 5 块，属长骨。由桡侧向尺侧，分别称为第 1~5 掌骨。每块掌骨均分为底、体和头 3 部分（图 1-22）。

指骨每侧共 14 块，属长骨。除拇指分为近节和远节 2 节指骨以外，其余四指均分为近节、中节和远节 3 节指骨。每节指骨都分为底、体和头 3 部分。远节指骨远端掌面较为粗糙，为远节指骨粗隆。（图 1-22）。

第五节　下肢骨

下肢骨由下肢带骨和自由下肢骨组成。

一、下肢带骨

下肢带骨即髋骨。

髋骨属于不规则骨，上部扁阔、中部窄厚。每侧髋骨由**髂骨**、**耻骨**和**坐骨**组成。幼年时，它们借软骨连结在一起，随着生长发育，软骨骨化，髂骨、耻骨和坐骨结合成一块髋骨，在结合部外侧面有一深窝称**髋臼**，与股骨头相关节。髋臼下方有一大孔称**闭孔**（图 1-24）。

髋骨

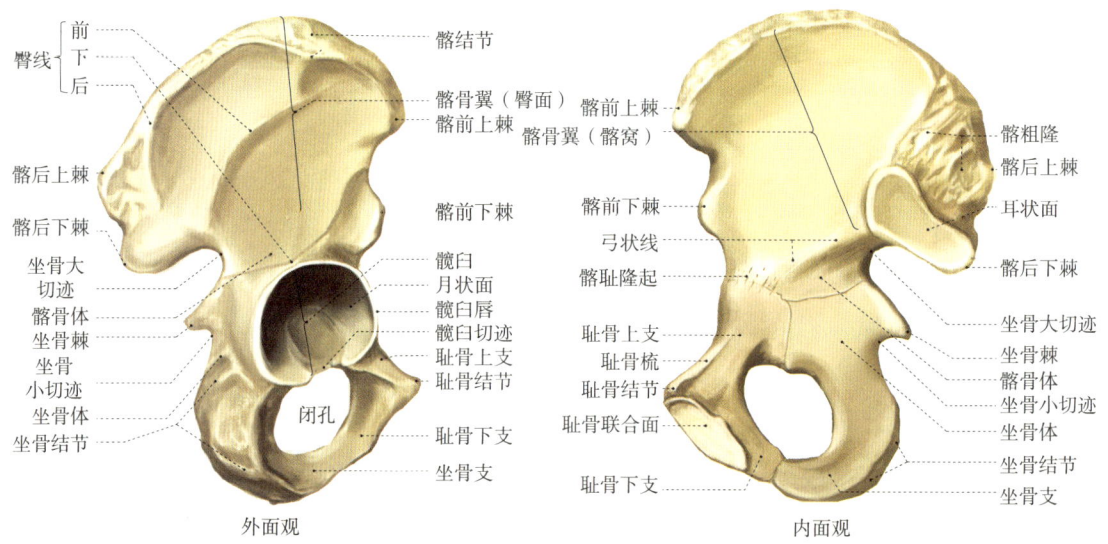

图 1-24　髋骨

（一）髂骨

髂骨位于髋骨上部，分为**髂骨体**和**髂骨翼**两部分。髂骨体肥厚而不规则，构成髋臼的上部。髂骨翼位于髂骨体上部，扁阔而薄。髂骨翼上缘肥厚，形成弓形的**髂嵴**。髂嵴前后端各有两个突起，前端上方的突起称**髂前上棘**，下方的突起称**髂前下棘**；后端上方的突起称**髂后上棘**，下方的突起称**髂后下棘**。其中髂嵴、髂前上棘和髂后上棘可在体表触及，是重要的体表标志。髂后下棘下方有一深凹称**坐骨大切迹**。髂骨翼内面光滑而凹陷称**髂窝**，髂窝的下界有钝圆骨嵴称弓状线，后部骨面有耳形的粗糙面称**耳状面**，其后上方有粗糙隆起称**髂粗隆**。髂骨翼外面称**臀面**，为臀肌附着点。

（二）耻骨

耻骨构成髋骨前下部，分为**耻骨体**、**耻骨上支**和**耻骨下支**3部分。耻骨体构成髋臼的前下部。耻骨体向前内伸出耻骨上支。其末端急转向下，形成**耻骨下支**。耻骨上、下支移行处的上缘有一突起，称**耻骨结节**，是重要的体表标志。内侧面的椭圆形粗糙面，称**耻骨联合面**。

（三）坐骨

坐骨构成髋骨的后下部，分为**坐骨体**和**坐骨支**两部分。坐骨体形成髋臼的后下部，后缘有一尖锐形突起，称**坐骨棘**。坐骨棘的下方有一浅凹，称**坐骨小切迹**。坐骨棘与髂后下棘之间为**坐骨大切迹**。坐骨体下后部向前、上、内延伸为较细的**坐骨支**，其末端与耻骨支结合。坐骨体后下方的粗糙隆起称**坐骨结节**，坐位时承受体重，是坐骨最底部，可在体表触及。

二、自由下肢骨

自由下肢骨由股骨、髌骨、胫骨、腓骨和足骨构成。

（一）股骨

股骨

股骨位于大腿，是人体中最长的长骨，分为一体两端（图1-25）。

近侧端有一朝内上方突起的**股骨头**，与髋臼相关节。股骨头上有一凹，称为**股骨头凹**。股骨头下方外侧狭细部分称**股骨颈**。股骨颈与股骨体连结处有两个突起，外上方的突起较大，称**大转子**；内下方的突起较小，称**小转子**。大、小转子之间，前面有**转子间线**，后面有**转子间嵴**。

股骨体近似圆柱形，略向前凸。前面光滑，后面有一纵嵴称**粗线**。粗线分叉形成**内侧唇**和**外侧唇**，其向上外延续于粗糙的**臀肌粗隆**；向下延续至股骨远侧端，两线间的骨面为**腘面**。

远侧端有内外两个向后突出的膨大，分别为**内侧髁**和**外侧髁**。内、外侧髁的前方有关节面称**髌面**，两髁之间的深窝称**髁间窝**，两髁侧面最突起处分别称**内上髁**和**外上髁**。

（二）髌骨

髌骨位于股骨远侧端前面，在股四头肌肌腱内，为人体最大的籽骨，可支持膝关节的正常功能。髌骨底朝上，尖向下，前面粗糙，后面有光滑的关节面，与股骨的髌面相关节，内侧关节面较小而外侧关节面较大。髌股关节的生物力学关系发生紊乱时会造成髌骨软化，出现膝关节的疼痛，甚至形成骨性关节炎（图1-26）。

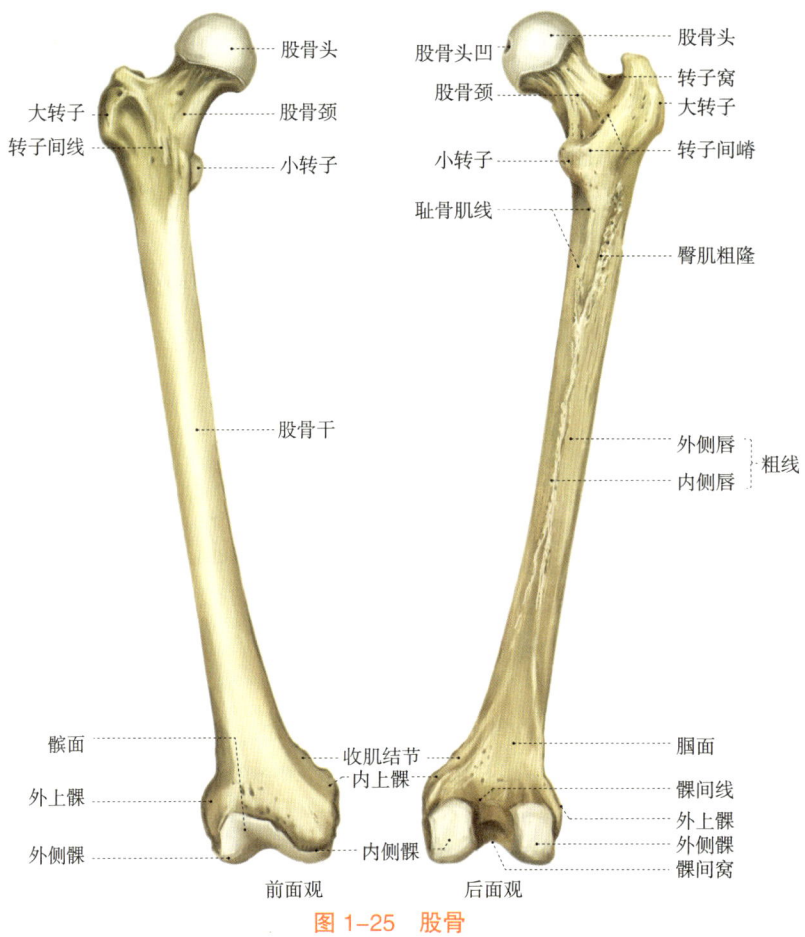

图 1-25　股骨

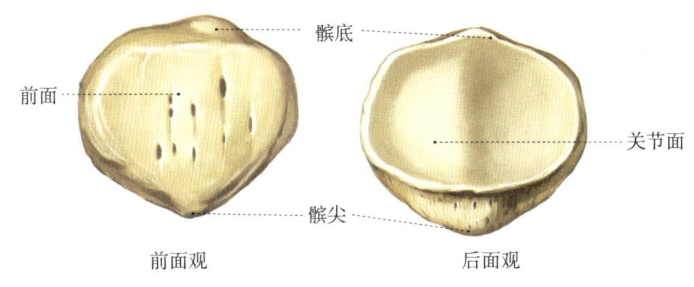

图 1-26　髌骨

(三) 胫骨

胫骨位于小腿内侧，分一体两端，是小腿的主要负重骨（图 1-27）。

近侧端膨大，向内外两侧突出，分别称**内侧髁**和**外侧髁**。两髁之间有**髁间隆起**，两髁上面各有光滑的关节面，与股骨内侧髁和外侧髁相关节。近侧端前面的粗糙隆起称为**胫骨粗隆**，为髌韧带附着处。

胫骨体呈三棱柱状。较锐的前缘和内侧面直接位于皮下；外侧缘粗糙，形成较锐的**骨间缘**；其内缘平坦，下 1/3 近似圆柱状，两段交接处较细，胫骨骨折常发生在此处。

远侧端膨大，内侧向下有一突起称**内踝**，内踝外侧的关节面称**内踝关节面**，与距骨相关节；外侧有一个三角形切迹，称**腓切迹**。

胫骨

（四）腓骨

腓骨位于小腿外侧，呈细长管状，分一体两端（图 1-27）。较胫骨细，能够扩大肌肉的附着面。

近侧端称**腓骨头**，其内上方有一关节面，称**腓骨头关节面**，与胫骨相关节。

腓骨体呈三棱柱状，内侧缘锐利，称**骨间缘**。

远侧端呈三角形膨大，称**外踝**，其内侧面有一关节面，称**外踝关节面**，与距骨相关节。

腓骨

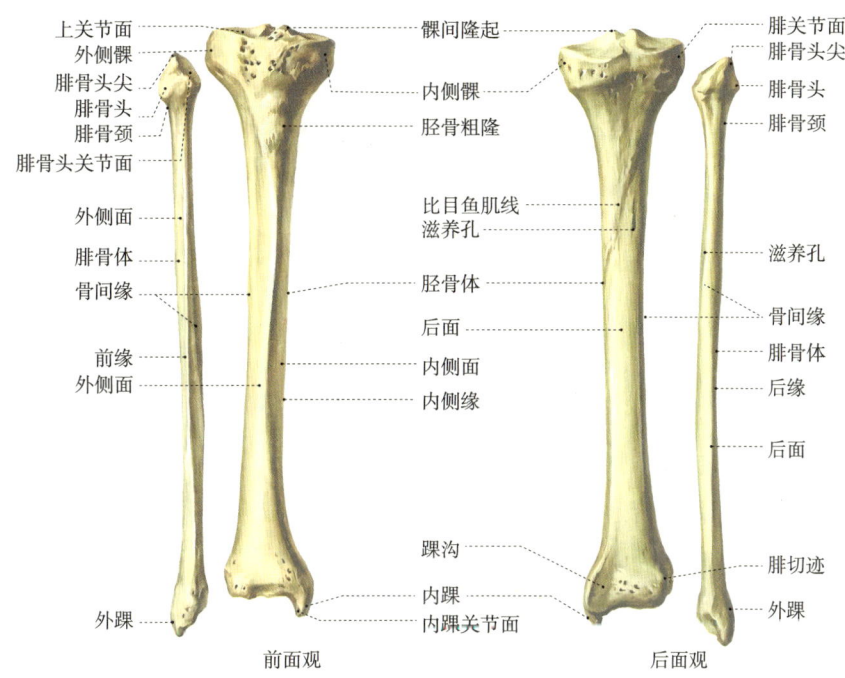

图 1-27 胫骨和腓骨

（五）足骨

足骨包括跗骨、跖骨和趾骨（图 1-28）。

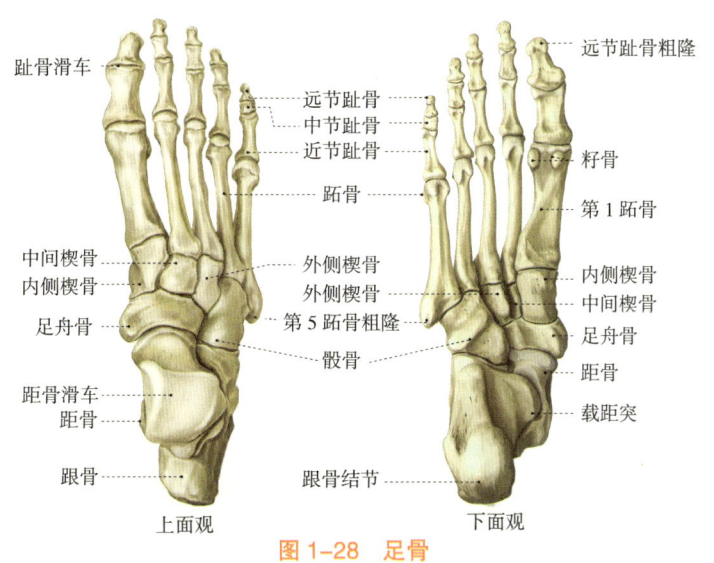

图 1-28 足骨

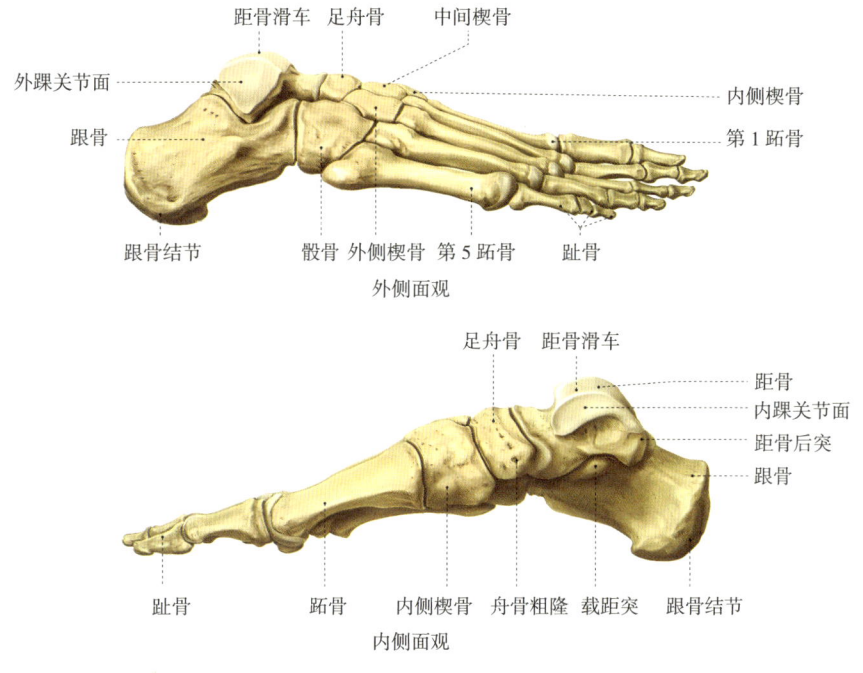

图 1-28 足骨（续）

1. 跗骨

跗骨位于小腿骨远侧端，属短骨，每侧共有 7 块，分前、中、后三列，构成足的后部，不仅负重而且传递压力（图 1-29）。后列由前上方的距骨和后下方的跟骨构成；中列为足舟骨，位于距骨前面；前列由 3 块楔骨和骰骨构成，从内侧向外侧依次为内侧楔骨、中间楔骨、外侧楔骨及骰骨。跗骨几乎占据全足的一半，与下肢支持负重功能相适应，距骨上面有前宽后窄的关节面，称**距骨滑车**，与内、外踝关节面和胫骨下关节面相关节。距骨的下方与跟骨相关节。跟骨为最大的跗骨，其后端膨大称**跟骨结节**，前面与骰骨相关节。足舟骨前方与 3 块楔骨相关节，足舟骨内下方的隆起称**舟骨粗隆**，是测量内侧纵弓高度的骨性标志。

跗骨

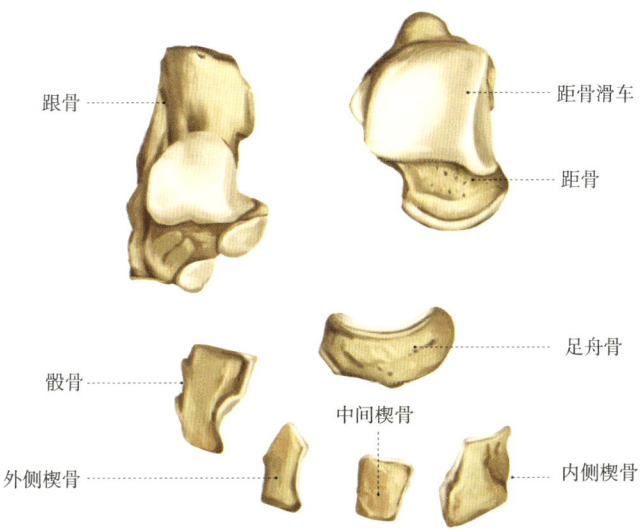

图 1-29 跗骨

2. 跖骨

跖骨构成足的中部，属长骨，每侧共5块（图1-28）。从内侧向外侧依次为第1~5跖骨，每块跖骨从近侧到远侧可分为底、体和头，底与跗骨相关节，头接趾骨。第5跖骨底向后突出，称**第5跖骨粗隆**，在体表可触及。

跖骨

3. 趾骨

趾骨属长骨，构成足的前部，每侧共14块（图1-28）。第1趾有2节趾骨，其余各趾均有3节趾骨，分别称**近节趾骨**、**中节趾骨**、**远节趾骨**。每节趾骨均分为底、体和头。

趾骨

第六节 体育运动对骨的影响

科学运动可使骨产生良好的适应变化，而不合理的运动会对骨产生不良影响。

一、规律系统科学的体育运动会对骨产生良好影响

（一）运动促进骨重建

运动产生的机械应力可以提高骨转换率，刺激成骨细胞活性，增加骨量，促进骨的重建。从机制层面讲，运动产生的牵张力可增加细胞外基质中的胶原、骨形态发生蛋白、钙含量以及上调mRNA水平相关转录因子和骨钙素等，进而促进成骨细胞的增殖与分化，提高成骨细胞活性。此外，运动对骨髓的调节也是热点研究方向。新近研究发现，运动可介导骨髓脂肪组织分解作为能量储存库并调节骨形成，改善骨丢失状态；运动还可调节骨髓内骨骼干细胞状态，从而促进骨生成。相反，当机械力减少时（如运动减少）会导致其细胞增殖受阻，从而诱发新生骨减少，导致骨质变差。不仅如此，运动促进骨骼生长还受昼夜节律影响。研究发现在一天的不同时间点中，早期运动能更多调动小鼠体内骨骼发育和代谢相关的基因，促进骨骼生长。

（二）运动强度改善骨量、骨结构

在衰老、绝经、失重、癌症等特殊状况下，破骨细胞的形成或其活性可能过度增加，从而导致诸如各类骨骼疾病的发生。适量运动强度是使骨量增加的重要因素之一，对不同年龄阶段的骨骼健康起促进作用。在青春期生长发育时期，适当的身体活动可刺激骨密质增厚，骨松质为适应外界刺激在结构功能上也会发生相应的改变，这可以在一定程度上使骨骼承受更大负荷，提高骨骼的弹性和韧性；对于老年个体而言，适当的身体活动可改善骨骼的血液循环，增强骨骼物质代谢，推迟骨细胞的老化过程，进而促进骨骼健康，预防老年性骨折以及有效降低骨质疏松的发病风险。此外，运动干预对于绝经后的女性而言同样具有积极效应。在运动强度方面，高强度相较于中小强度运动，对骨密度及生化指标方面有着明显改善作用。但低强度运动也会对特殊骨质疏松人群产生有益的改善效果。因此，在可接受范围内，运动强度越大对人体骨质效应越明显，越有利于骨密度维持稳定，但也应考虑个体差异性，针对性设计运动处方，根据实际情况制定最佳运动强度。

(三)运动影响特定部位的骨密度

不同运动项目对不同部位的骨量、骨密度影响有差异。经常从事以下肢活动为主的项目,如足球、跑、跳等,对下肢骨密度、骨量的增加更具明显效果;经常从事以上肢活动为主的项目,如网球、羽毛球、投掷等,对上肢骨的影响较大。在田径运动中,不同项目对机体不同部位骨密度的影响也有所不同。从项目来看,大多数运动项目均具有提高骨密度、增进骨健康的作用,如各种球类运动、短跑、体操等。但也有少数运动项目并没有促进骨密度提高的效应,甚至可能导致骨密度降低现象,如游泳。因此,选择有效的运动手段、制定合理的运动安排对人体骨健康具有更为积极的促进作用。此外,结合动物实验的研究指出,运动对骨骼的位点效应的强弱顺序依次为骨盆、后肢骨、肋骨、脊椎骨、前肢骨,即受力轴上的骨密度上升,骨量增加最为显著。

二、超负荷、不合理的体育运动会导致骨损伤

固定不变的压力能够导致骨萎缩;过度使用会造成骨骼应力性骨折损伤;对于青少年而言,过度训练会引起青少年骺软骨过早愈合,或者骨的慢性损伤甚至骨折,双侧负荷不均匀可导致骨的畸形,当运动停止后可出现骨量逐渐丢失。对于女性运动员而言,过度训练可使其出现女运动员三联征(月经紊乱、低能量摄入及骨密度降低为表征的相互影响的症候群)。

复习思考题

1. 试述新鲜骨的构造。
2. 简述儿童、少年和老年人骨的特性。
3. 简述长骨的长粗。
4. 简述躯干骨的名称和主要骨性标志。
5. 简述上肢骨的分部、各部分骨的名称和主要骨性标志。
6. 简述下肢骨的分部、各部分骨的名称和主要骨性标志。

第二章 骨连结

【学习目标】

要求学生掌握关节的基本概念、人体各主要关节的结构和运动形式。熟悉体育运动对关节形态结构、活动幅度的影响。培养学生应用骨连结相关知识理论对体育动作进行解剖学分析，解决实践中遇到的相关问题。

骨连结是指骨与骨之间的连结。全身骨连结根据部位可分为中轴骨连结和附肢骨连结。中轴骨连结包括颅骨连结和躯干骨连结，附肢骨连结包括上肢骨连结和下肢骨连结。

第一节 骨连结概述

骨连结是指骨与骨之间借纤维结缔组织、软骨或骨组织相连结。

一、骨连结的分类

根据骨连结的形式与活动情况的不同，可分为**直接连结**和**间接连结**两大类。

骨连结的分类

（一）直接连结

骨与骨之间借纤维结缔组织、软骨或骨组织直接相连，称为**直接连结**。因两骨之间没有间隙，活动范围很小或完全不能活动，又称为**无腔隙骨连结**。其主要分为纤维连结、软骨连结和骨性结合3类（图2-1）。

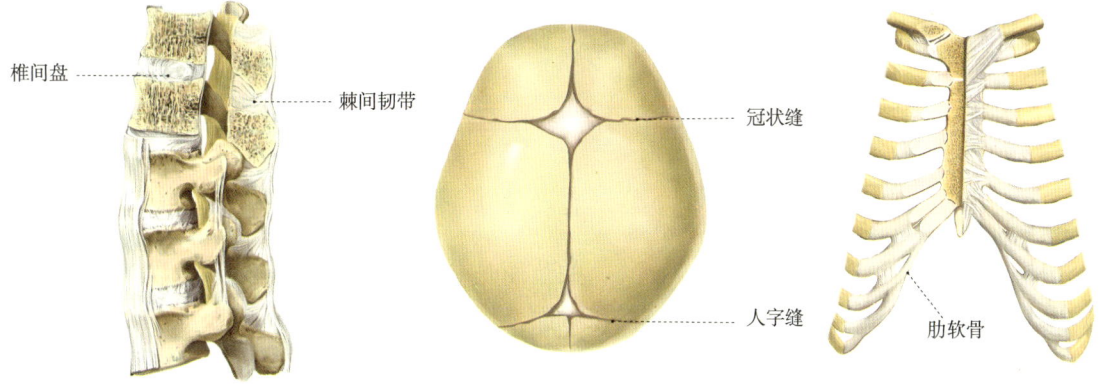

a. 纤维连结（韧带）　　　b. 纤维连结（缝）　　　c. 软骨连结

图2-1　直接连结

1.纤维连结

骨与骨之间借纤维结缔组织相连，形成**纤维连结**。此连结比较牢固，一般无活动性或仅少许活动，常有两种连结形式。

①**韧带连结**：连接两骨的纤维结缔组织呈条索状或膜板状，如椎骨棘突间的棘间韧带、前臂或小腿骨间膜等（图 2-1a）。

②**缝**：两骨间借少量纤维结缔组织相连，常见于颅骨间，如颅的矢状缝和人字缝等。如果缝骨化，则成为**骨性结合**（图 2-1b）。

2.软骨连结

骨与骨之间借软骨组织相连，可分为**暂时性软骨连结**和**永久性软骨连结**两种。暂时性软骨连结仅存在于儿童与少年时期，随着年龄增长，此种软骨连结可骨化为骨性结合，如髋骨、骶骨等；永久性软骨连结终生保持软骨状态，如椎体之间的椎间盘（图 2-1a），肋骨与胸骨间的肋软骨连结（图 2-1c）。软骨连结还可以根据软骨类别的不同，分为**纤维软骨连结**和**透明软骨连结**两种，其中某些透明软骨连结易骨化为骨性结合，如髋骨等，也有终生不骨化的肋软骨连结。

3.骨性结合

骨与骨之间借骨组织相连。一般由缝和暂时性软骨连结演变而成，如骶椎之间的融合及颅骨缝的结缔组织骨化形成的骨性结合（图 2-1b）。

（二）间接连结

间接连结又称**关节**或**滑膜关节**，是骨连结的最高分化形式。此类连结的特点是关节的相对骨面相互分离，借助周围的结缔组织膜性囊连结，其间有间隙并充以滑液，有较大的活动性。关节是人体骨连结的主要形式，多见于四肢，以适应肢体灵活多样的活动。

二、关节的构造

关节的主要构造包括关节面、关节囊和关节腔三要素，辅助结构包括韧带、关节盘、关节唇、滑膜襞和滑膜囊（图 2-2）。

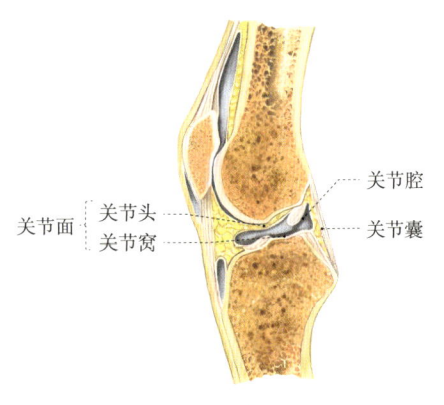

图 2-2 典型关节示意图

（一）关节的主要构造

1.关节面

关节面是参与组成关节的各相关骨的接触面。每一个关节至少包括两个关节面，一般为一凹一凸，凹者为**关节窝**，凸者为**关节头**。两者的表面覆有一层**关节软骨**，多为透明软骨，表面光滑，深部与关节面紧密相连，关节软骨厚度因不同关节和不同年龄而异，一般厚度为 2~7mm。关节软骨具有弹性，覆以少量滑液，可减小摩擦、承受压力、缓冲震荡，减轻运动时的冲击以保护关节面，此外关节软骨还可使各关节面之间更相适应。关节面软骨内无血管、神经和淋巴管，其营养由滑液和关节囊滑膜层的血管供应。

2. 关节囊

关节囊是由纤维结缔组织膜构成的囊，附着于关节周围的骨面并与骨膜融合，封闭关节腔。关节囊的松紧和厚薄因关节不同而异，运动幅度较大的关节，关节囊薄而松弛；运动幅度较小的关节，关节囊厚而紧张。关节囊可分为内、外两层。

外层为**纤维层**，由致密结缔组织构成，厚而坚韧，含有丰富的血管和神经。在某些部位，纤维层增厚可形成韧带，增强骨与骨之间的连结，且限制关节过度运动。纤维层的厚薄与关节运动幅度和负重大小有关。如下肢关节负重较大，其关节囊的纤维层厚而紧张；上肢负重较小，其关节囊的纤维层薄而松弛。

内层为**滑膜层**，由薄而柔润的疏松结缔组织构成，衬贴在纤维层内面，其边缘附着于关节软骨周缘，包被着关节内除关节软骨、关节唇和关节盘以外的所有结构。滑膜表面有时形成许多小突起，称为**滑膜绒毛**，多见于关节囊附着部的附近。滑膜富含血管网，可分泌滑液。滑液为关节腔提供了液态环境，保持一定的酸碱度，保证关节软骨的新陈代谢，并增加润滑，减小摩擦，保证关节的运动效能。

3. 关节腔

关节腔为关节囊滑膜层和关节面共同围成的密闭腔隙，腔内含有少量滑液，关节腔内呈负压，对维持关节稳定有一定的作用。

（二）关节的辅助结构

关节除了具备关节面、关节囊和关节腔三要素外，部分关节为适应其功能还形成了一些辅助结构以增加关节的灵活性或稳固性。

关节的辅助结构

1. 韧带

韧带位于关节周围或关节腔内，连于相邻两骨之间，由致密纤维结缔组织构成。大多数韧带位于关节囊外面，称为**囊外韧带**；有的与关节囊相贴，为关节囊的局部纤维增厚，如膝关节的胫侧副韧带；有的不与关节囊相连，独立于关节囊外，如膝关节的腓侧副韧带；还有的是关节周围肌腱的直接延续，如膝关节的髌韧带。也有少数韧带存在于关节囊内，称为**囊内韧带**，如膝关节的交叉韧带。韧带具有连结加固关节、限制关节运动等作用，同时韧带有丰富的血管和感觉神经分布。

2. 关节盘和关节唇

关节盘和关节唇是关节腔两种不同形态的纤维软骨。**关节盘**位于两骨的关节面之间，其周缘附着于关节囊，将关节腔分成两部分，两腔可产生不同的运动，从而改变运动的形式、扩大范围。关节盘多呈圆盘状，中部稍薄，周缘略厚。有的关节盘呈半月形，**称关节半月板**。关节盘使两关节面更为适合，减小外力对关节的冲击震荡并增加关节的稳定性。**关节唇**是附着于关节窝周缘的纤维软骨环，可加深关节窝，增大关节面，有增加关节稳固性的作用。

3. 滑膜襞和滑膜囊

关节囊的滑膜面积大于纤维层，当滑膜重叠卷折向关节腔内突出时，形成**滑膜襞**。有些滑膜襞含脂肪和血管,则形成**滑膜脂垫**。在关节运动时,关节腔的形态、容积和压力发生改变,滑膜襞可起到填充或调节作用,并且扩大了滑膜的面积,有利于滑液的分泌和吸收。当关节囊的滑膜层从纤维层缺失处或薄弱处膨出,填充于肌腱与骨面之间时,形成**滑膜囊**,其可减小肌肉运动时与骨面之间的摩擦。

三、关节的运动

人体的运动由身体各个运动环节在相应关节处产生的运动构成。**关节的运动**是指人体的某一运动环节,在某一平面内围绕某一运动轴所进行的运动。这里的**运动环节**是指能绕关节运动的人体的一部分(如躯干、上肢和下肢等)或肢体的一部分(如上臂、前臂和大腿等),简称**环节**。

关节的运动与关节面的形状关系密切,后者决定了关节运动轴的数目和方向,进而决定了关节的运动方式和范围。其运动方式可按照人体的 3 个基本轴分成以下 5 种。

(一)屈和伸

运动环节在矢状面内,绕冠状轴进行运动。在标准解剖学姿势下,环节向前为**屈**,环节向后为**伸**。但膝关节及其以下关节相反,即小腿向后为屈,向前为伸;足背向小腿前面靠拢为踝关节的伸,亦称为**背屈**,足尖下垂为踝关节的屈,亦称为**跖屈**(图 2-3)。

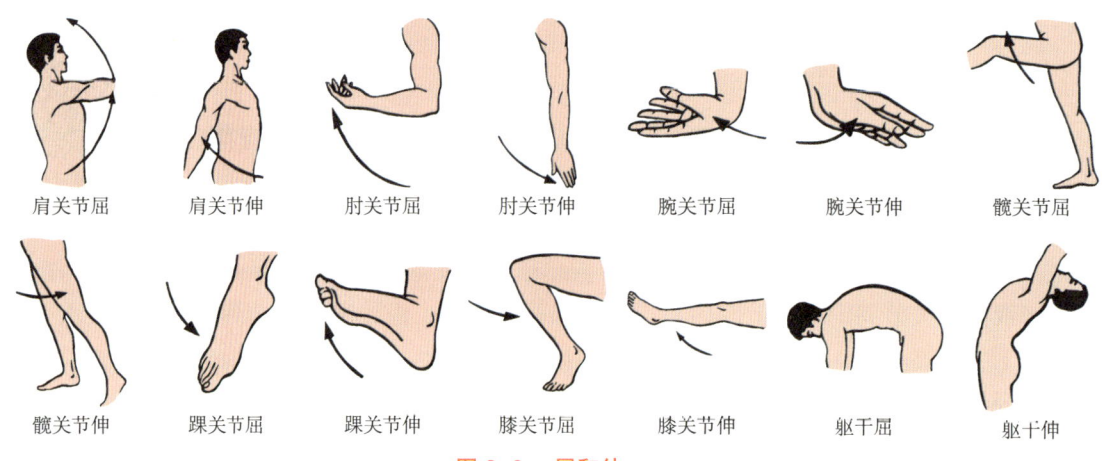

图 2-3 屈和伸

(二)内收和外展

运动环节在冠状面内,绕矢状轴进行运动。环节靠近正中矢状面为**内收**,环节远离正中矢状面为**外展**。对于手指和足趾而言,则人为地规定以中指和第二趾为中轴的靠拢为内收,散开为外展。内收和外展运动在躯干处发生则被表示为**侧屈**(图 2-4)。

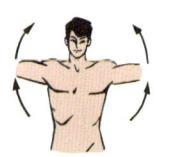  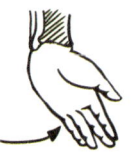  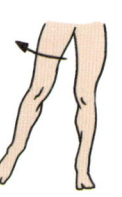  

肩关节外展　肩关节内收　腕关节外展　腕关节内收　髋关节外展　髋关节内收　躯干侧屈(外展)

图 2-4 内收和外展

(三)回旋(旋转)

旋内与旋外是指运动环节在水平面内绕其本身的垂直轴旋转,由前向内侧的旋转称为旋内或旋前,由前向外的旋转称为旋外或旋后(图2-5)。

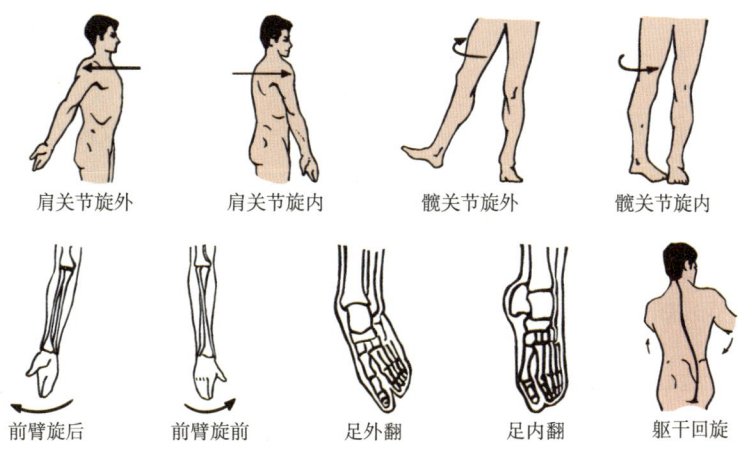

图2-5 回旋(旋转)

(四)环转

环转是指运动环节绕冠状轴,或矢状轴,或垂直轴,或它们之间的中间轴作连续圆锥形运动。环转运动实际上是屈、展、伸、收结合的连续动作。运动环节的近端在原位活动,运动环节的远端做圆周运动,运动环节描绘出圆锥体的轨迹(图2-6)。

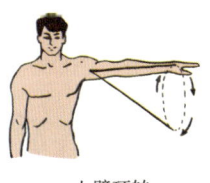

上臂环转

图2-6 环转

(五)水平屈伸

上臂在肩关节或大腿在髋关节处先外展90°,绕垂直轴在水平面内运动,向前为**水平屈**,向后为**水平伸**(图2-7)。

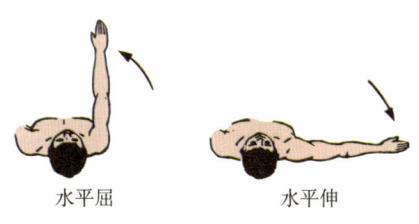

水平屈　　水平伸

图2-7 水平屈伸

四、关节的分类

根据不同的分类标准,关节有不同的分类方式。

(一) 按构成关节骨的数目分类

按构成关节骨的数目分类

1. 单关节

由两块骨组成的关节称单关节,即一个关节头和一个关节窝,如肩关节和髋关节。

2. 复关节

由两块以上的骨组成的关节,多个单关节被包在同一关节囊内,其中每一块骨都能独立活动,称为**复关节**,如肘关节和膝关节。

(二) 按关节运动轴的数目和关节面的形状分类

主要包括2种单轴关节、2种双轴关节和2种多轴关节(图2-8)。

按关节运动轴的数目和关节面的形状分类

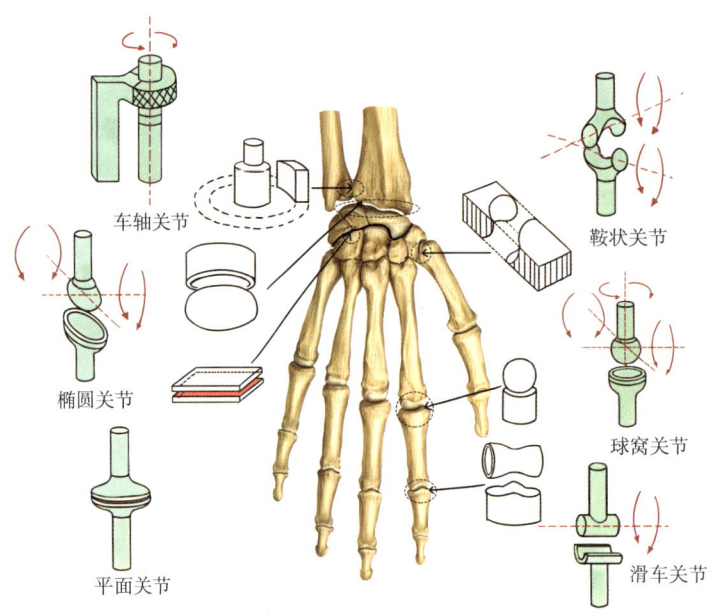

图 2-8 关节的分类

1. 单轴关节

关节只能绕一个运动轴做一组运动,包括两种形式。

① **滑车关节**:又名屈戍关节,一个骨关节头呈滑车状,另一骨上有相应的关节窝。此类关节通常绕冠状轴做屈伸运动,如指骨间关节等。

② **车轴关节**:又名圆柱关节,由圆柱状的关节头与凹面状的关节窝构成。此类关节通常绕垂直轴或自身的长轴做回旋运动,如桡尺近侧和远侧关节等。

2. 双轴关节

关节能绕两个运动轴进行两组运动,也可进行环转运动,包括两种形式。

①椭圆关节：关节头呈椭圆形凸面，关节窝呈椭圆形凹面。此类关节可绕冠状轴做屈伸运动，绕矢状轴做外展内收运动，此外可做环转运动，如桡腕关节等。

②鞍状关节：两骨关节面均呈鞍状，互为关节头和关节窝。此类关节可绕冠状轴做屈伸运动，绕矢状轴做外展内收运动，此外可做环转运动，如拇指腕掌关节。

3.多轴关节

关节能绕两个以上的运动轴在多个方向上运动，包括两种形式。

①球窝关节：关节头呈球状凸面，关节窝呈相适应的凹面。此类关节可绕多轴进行屈、伸；内收、外展；旋内、旋外；水平屈、伸和环转运动。

②平面关节：两骨的关节面较平坦光滑，但仍具有一定的弯曲或弧度。此关节面可看作直径很大的球体的一部分，因此被列入多轴关节。此类关节可做多轴性的微小滑动或转动，如腕骨间关节和跗跖关节等。

（三）按关节的运动方式分类

1.单动关节

指能单独进行活动的关节，如肩关节。

2.联合关节

按关节的运动方式分类

指两个或两个以上结构独立的关节，在运动时需绕共同的运动轴进行活动。如桡尺近侧关节和桡尺远侧关节在结构上是独立的，但活动时必须共同运动，才能使前臂做旋前和旋后运动。

五、关节运动幅度及其影响因素

关节运动幅度是指一个动作从开始到结束，该关节处相邻两环节间运动范围的极限角度。关节运动幅度与关节灵活性和稳固性有关，它受以下因素的影响。

①构成关节的两关节面面积大小的差别：

面积差大的，灵活性大，稳固性低；面积差小的，灵活性小，稳固性高。

②关节囊的厚薄及松紧度：

关节囊厚而紧张的，灵活性小，稳固性高；关节囊薄弱而松弛的，灵活性大，稳固性低。

③关节韧带的多少与强弱：

韧带多且强的，灵活性小，稳固性高；韧带少且弱的，灵活性大，稳固性低。

④关节周围的肌肉状况：

关节周围肌肉力量强、伸展性及弹性差的，灵活性小，稳固性高；周围肌肉力量弱、伸展性及弹性好的，灵活性大，稳固性低。

⑤关节周围的骨突起：

关节周围的骨突起常阻碍环节的运动，影响关节的运动幅度。

⑥其他因素：

关节运动幅度大小还与年龄、性别、体育运动等有关。

第二节 颅骨的连结

颅骨的连结可分为纤维连结、软骨连结和关节三种。

一、颅骨的纤维连结和软骨连结

颅骨之间以缝的形式相连结,如冠状缝、矢状缝、人字缝等,随年龄增长,有的缝先后骨化形成骨性结合。颅底各骨以软骨形式相连结,如颅底的蝶枕、蝶岩、岩枕等软骨连结,随年龄增长都先后骨化形成骨性结合。

二、颅骨的关节

颅骨以关节形式相连结的有**颞下颌关节**,简称**下颌关节**(图2-9)。该关节由下颌骨的下颌头和颞骨的下颌窝和关节结节构成,其关节面软骨是纤维软骨,关节囊松弛,关节囊内有呈椭圆形的关节盘,上面如鞍状,前凹后凸,与关节结节和下颌窝的形状相对应。颞下颌关节在结构上是独立的,功能上属于联合关节,运动时两侧关节必须同时运动。颞下颌关节可进行上提、下降、前伸、后缩和侧方运动。

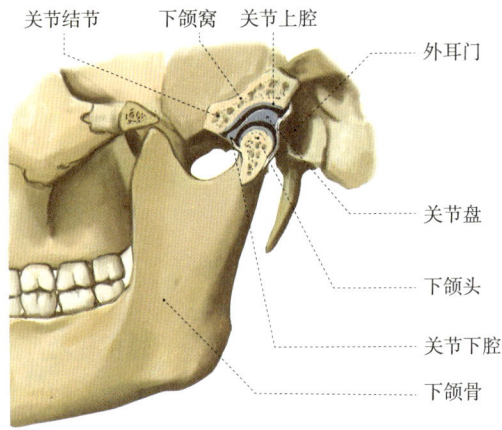

图2-9 颞下颌关节

第三节 躯干骨连结

躯干连结头部和四肢。躯干骨连结包括由椎骨间的连结形成的脊柱,以及由12块胸椎、12对肋和1块胸骨等连结构成的胸廓。

一、脊柱

脊柱由24块椎骨、1块骶骨和1块尾骨借椎间盘、韧带和关节等结构连结而成。

(一)椎骨间的连结

一般椎骨之间通过韧带、软骨和关节相连,可分为椎体间连结和椎弓间连结(图2-10)。

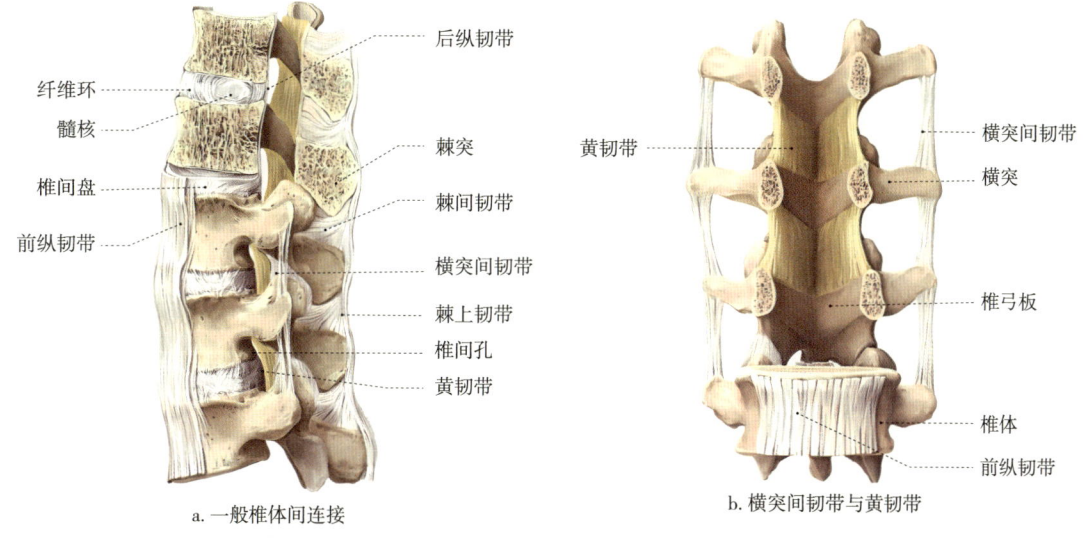

图 2-10 椎骨间连结

1. 椎体间的连结

相邻椎体之间通过椎间盘、前纵韧带和后纵韧带相连结。

①**椎间盘**是位于第 2 颈椎至第 1 骶椎相邻椎体之间的纤维软骨盘，成人有 23 个椎间盘（图 2-10a）。椎间盘外形与相邻椎体一致，由周围部的**纤维环**和中央部的**髓核**两部分组成。纤维环位于椎间盘外围，由多层纤维软骨按同心圆排列组成，牢固地连结各椎体上、下面，保护髓核并限制其向周围膨出；髓核位于椎间盘中央，由柔软而富有弹性的黏液状胶体物质构成，具有良好的弹性和耐压性。椎间盘似"弹性垫"，坚韧、抗压且富有弹性，有承重、传递力、缓冲震动，以及与椎骨共同形成生理弯曲等作用，并在功能上起到关节运动的作用，增加了脊柱的运动幅度。

23 个椎间盘的厚薄各不相同，胸部较薄，颈部较厚，腰部最厚，所以颈、腰椎的活动度较大。颈、腰部椎间盘前厚后薄，胸部则与此相反。椎间盘叠加在一起的总厚度相当于脊柱全长的 1/4，其以扁化作用来实现对脊柱的运动，以增加脊柱的运动幅度。

【知识与应用】

椎间盘的厚薄与大小可随年龄而有差异。成年人的椎间盘随年龄增长可逐年发生退行性变化。当纤维环破裂时，髓核易向后外侧脱出，突入椎管或椎间孔，压迫相邻的脊髓或神经根引起牵涉性痛，临床称为椎间盘脱出症。脊柱运动时，椎间盘发生变形，髓核的位置会改变。如脊柱前屈时，椎间盘前部受压，髓核被挤向后方；后伸时，被挤向前方；侧屈时，被挤向对侧。因此在提拉杠铃或搬抬重物时，必须注意保持屈膝直腰的姿势，以预防椎间盘突出。

②**前纵韧带**是紧贴椎体前面延伸的一束坚固的纤维束（人体中最长的韧带），宽而坚韧，上起枕骨大孔前缘，下止第1或第2骶椎体前壁（图2-10a）。其纵行纤维牢固附着于椎体和椎间盘，有限制脊柱过度后伸及防止椎间盘向前脱出的作用。

③**后纵韧带**位于椎体和椎间盘的后方，构成椎管前壁，窄而坚韧，上起第2颈椎枢椎并与覆盖枢椎椎体的覆膜相续，下止骶骨（图2-10a）。它与椎间盘纤维环及椎体上下缘紧密连结，而与椎体结合较为疏松，有限制脊柱过度前屈的作用。

2. 椎弓间的连结

椎弓间的连结包括椎弓板、棘突和横突间的韧带连结和上、下位关节突间的关节突关节连结（图2-10a、图2-10b）。

①**韧带连结** 连结于椎弓的韧带包括黄韧带、棘间韧带、棘上韧带与项韧带（图2-10a、图2-10b、图2-10d），以及横突间韧带等（表2-1）。

表2-1 椎弓间的韧带连结

韧带名称	位置	特点	功能
黄韧带	椎管内，相邻两椎弓板间	由黄色的弹性纤维构成	封闭椎弓间隙 协助围成椎管 限制脊柱过度前屈
棘间韧带	相邻棘突根部与棘突尖间	向前与黄韧带，向后与棘上韧带、项韧带相移行	限制脊柱过度前屈
棘上韧带	连于胸、腰和骶椎棘突尖	向前与棘间韧带融合	限制脊柱过度前屈
项韧带	连于枕外隆凸与第7颈椎棘突之间	为棘上韧带的延续，三角形板状弹力纤维膜	协助肌群支持头颈部 限制脊柱过度前屈
横突间韧带	相邻椎骨的横突间	部分与横突间肌相混合	限制脊柱过度侧屈

②**关节突关节**由相邻的上位椎骨的下关节突和下位椎骨的上关节突借关节囊连结而成（图2-10c）。关节突关节属于平面关节，仅能做微小运动，但由于其数量较多，当多个关节同时活动时，仍可使脊柱产生较大的运动幅度。脊柱运动时，两侧的关节突关节共同活动，功能上属于联合关节。

3. 特殊椎骨间的连结

①**寰枕关节**由枕骨的枕髁与寰椎侧块上的上关节凹构成，属椭圆关节（图2-11a）。它们在结构上是独立的，功能上是联合的。可使头绕冠状轴做屈、伸运动，绕矢状轴做侧屈运动。

②**寰枢关节**由3个独立关节构成，即2个寰枢外侧关节和1个寰枢正中关节（图2-11b）。**寰枢外侧关节**由寰椎侧块的下关节面和枢椎上关节面构成，其关节囊的后部和内侧均有韧带加强；**寰枢正中关节**则由枢椎齿突和寰椎前弓后方的齿凹及寰椎横韧带构成。此外，寰枢关节还有齿突尖韧带、翼状韧带、寰椎横韧带、寰椎十字韧带，以及覆膜等加强。寰枢关节可使头和寰椎共同绕齿突垂直轴进行回旋运动。因此，寰枕与寰枢关节联合活动，能够使头进行屈伸、侧屈、回旋及环转等运动。

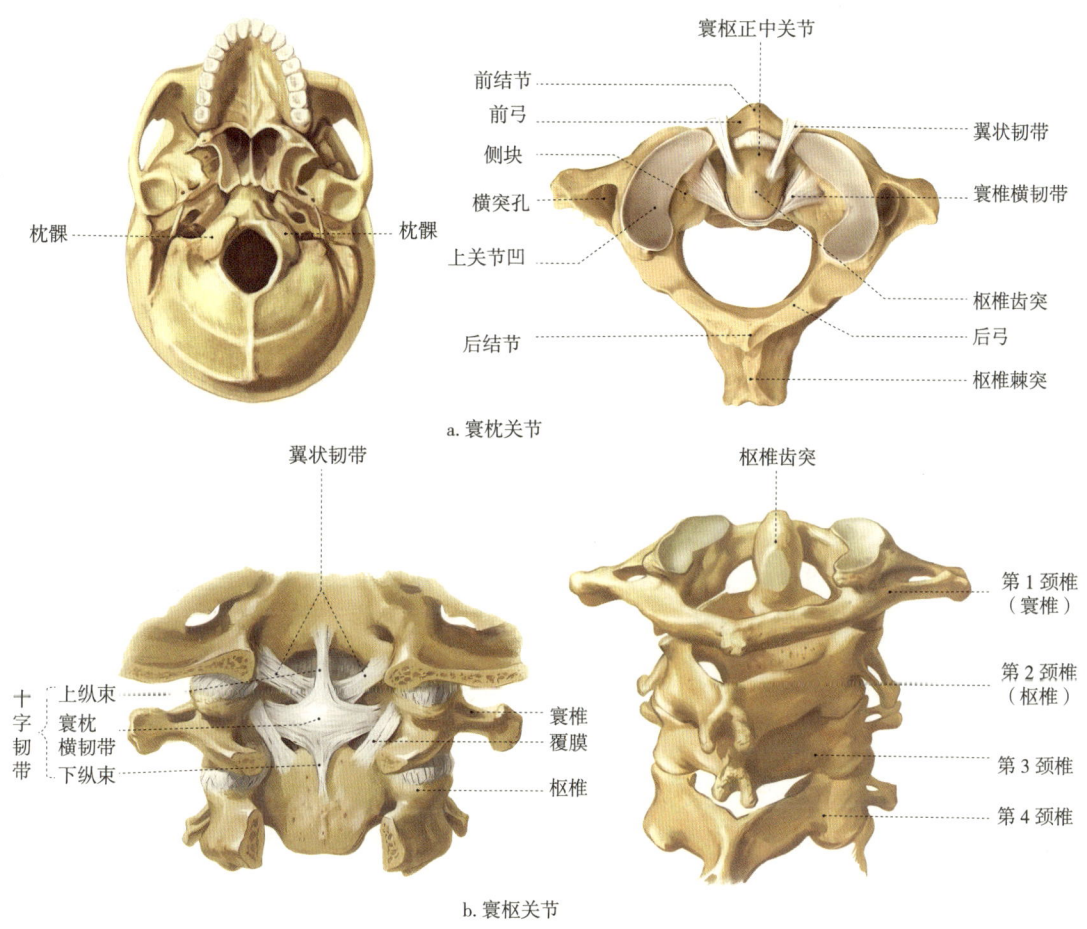

图 2-11　寰枕关节和寰枢关节

③**腰骶连结**是第5腰椎与第1骶椎体之间的连结，其连接结构与其他椎骨间连结基本相同，但椎间盘前部较厚，可形成一定的弯曲度。

④**骶尾连结**是第5骶椎与第1尾椎之间的连结，若未骨化则借纤维软骨盘、透明软骨和周围包绕的韧带连结。

（二）脊柱的整体观、功能及运动

1.脊柱的整体观及特征

脊柱由24块椎骨、1块骶骨、1块尾骨，以及23块椎间盘、韧带和关节连结而成（图2-12）。成年男性脊柱长度约为70cm，女性约为60cm。

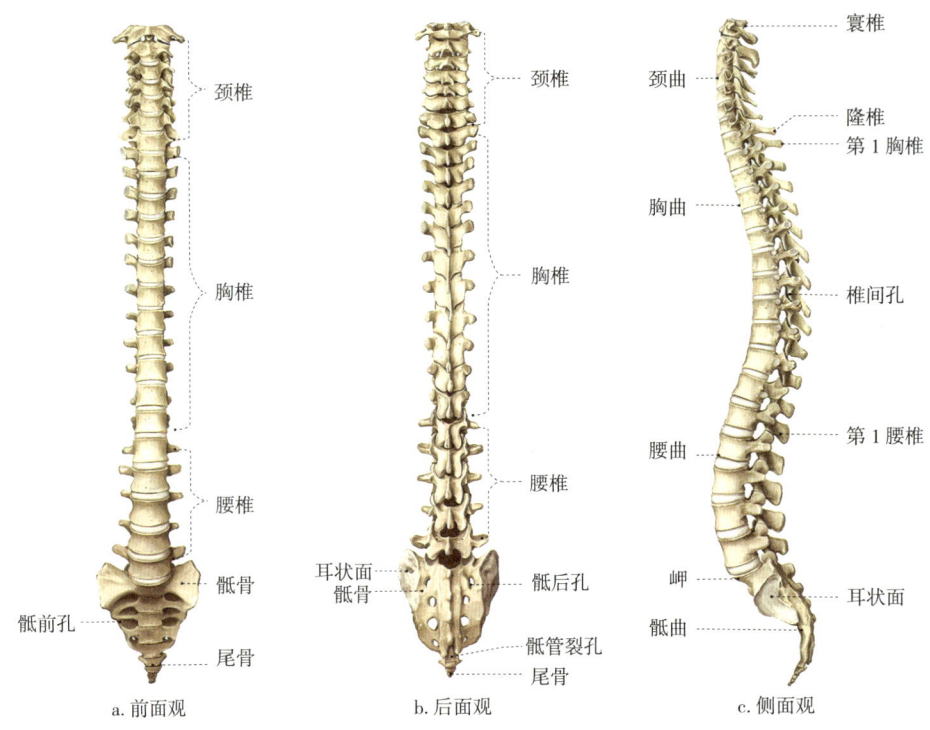

图 2-12 脊柱的整体观

①脊柱前面观：正常人自第 2 颈椎到第 2 骶椎，椎体的大小、宽度自上而下随负荷的增加逐渐加大，这与承受重力有关，到第 2 骶椎以下又突然变小、变窄，这是因为重力经骶骨传至两侧髋骨，椎体已无承重意义。站姿时继续通过两侧骶髂关节经股骨头、下肢传至地面，坐姿时通过两侧骶髂关节传至坐骨结节，再传至凳面。因此，骶骨的形态与其功能是相适应的（图 2-12a）。

②脊柱后面观：正常人背部正中线上棘突连贯形成纵嵴，基本上呈一条直线。颈椎棘突短、呈水平方向，第 2~6 棘突末端有分叉，第 7 颈椎（隆椎）为计数骨，向后突出明显。胸椎棘突细长，多为斜向后下方，呈叠瓦状排列。腰椎棘突呈板状，水平伸向后方，而骶骨棘突逐渐退化，直至消失（图 2-12b）。

③脊柱侧面观：成人脊柱从侧面观有 4 个生理性弯曲。颈曲和腰曲凸向前，胸曲和骶曲凸向后。新生儿的脊柱是由胸椎后凸和骶骨后凸形成的向前弯曲，这两个弯曲可以最大限度地扩大胸腔、盆腔对脏器的容量。出生后抬头引起脊柱的形状改变，颈曲向前以利于支持抬头动作。坐起和站立行走又促进形成腰曲，腰曲有助于身体重心后移，维持身体的前后平衡。综上，脊柱的这些弯曲增大了脊柱弹性，对维持人体重心稳定、减轻震荡有重要意义（图 2-12c）。

2.脊柱的功能及运动

脊柱是躯干的中轴和支柱，并参与构成了胸腔、腹腔和盆腔后壁的一部分。脊柱具有支持体重、保护脊髓和内脏器官、传递压力、缓冲震动，以及为肌肉提供附着和运动等功能。脊柱除具有支持和保护功能外，还有灵活的运动功能。虽然相邻两椎骨间运动范围很小，但多数椎骨间的运动累积在一起，可使脊柱获得较大的运动幅度，其运动方式包括屈伸、侧屈、回旋和环转等。

脊柱各段的运动形式和范围不同（图 2-13），这主要取决于关节突关节的形状、椎间盘的厚度、韧带的位置及厚薄等，同时也与年龄、性别和锻炼程度有关。在颈部，颈椎关节突的关节面接近水平位，关节囊松弛，椎间盘较厚，故屈伸和回旋运动的幅度较大。在胸部，胸椎与肋骨相连，椎间盘较薄，关节突的关节面呈冠状位，棘突呈叠瓦状，这些因素均限制了胸椎的运动，因此其活动范围较小。在腰部，椎间盘最厚，屈伸运动灵活，但关节突的关节面几乎呈矢状位，限制了回旋运动。由于颈、腰部运动灵活，所以损伤也较多见。

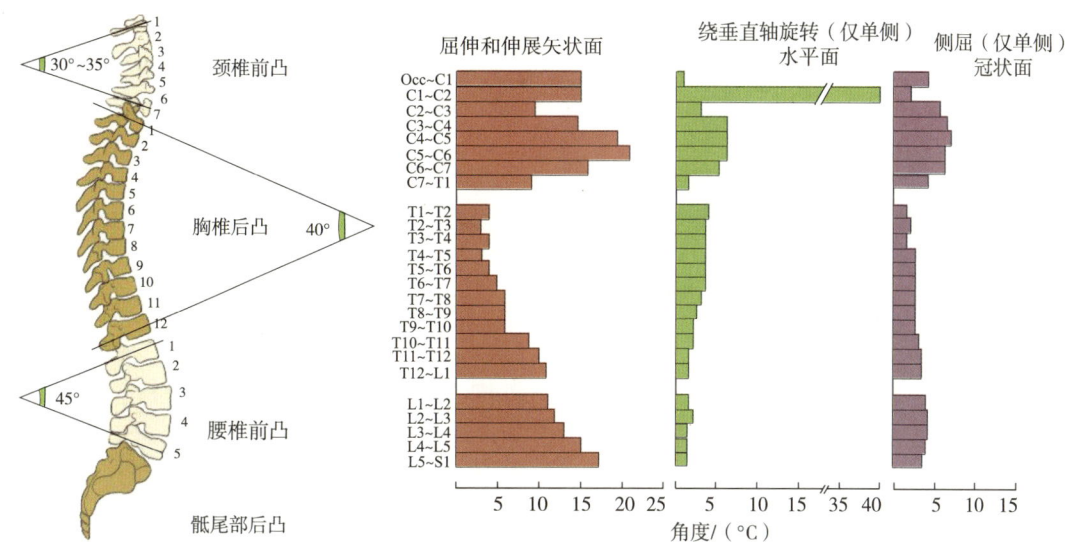

图 2-13 脊柱的运动

二、胸廓

胸廓是由 12 块胸椎、12 对肋和 1 块胸骨借软骨、韧带和关节连结而成，包括肋椎关节和胸肋关节（图 2-14）。

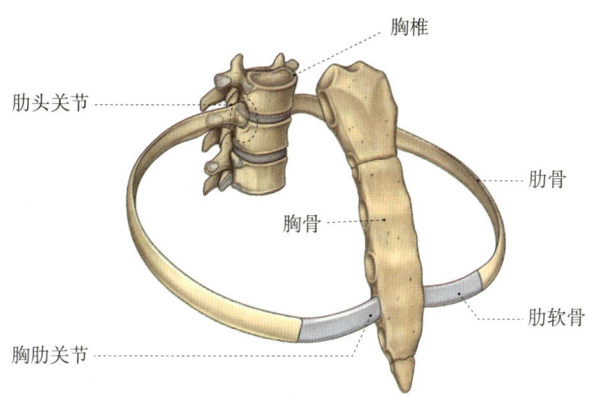

图 2-14 肋椎关节与胸肋关节

（一）肋椎关节

肋椎关节为肋骨的后端与胸椎相连的关节，包括肋头关节和肋横突关节（图 2-15）。

肋椎关节

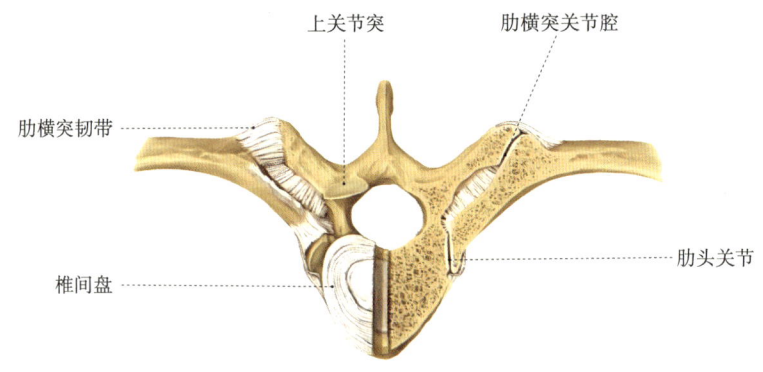

图 2-15 肋头关节与肋横突关节

1. 肋头关节

肋头关节由肋头关节面与相对应的胸椎椎体边缘的上、下肋凹构成（常称**半关节面**），属于微动的平面关节。

2. 肋横突关节

肋横突关节由肋结节关节面与相对应的胸椎横突肋凹构成，属于微动的球窝关节。

3. 肋椎关节的功能及运动

肋头关节和肋横突关节在功能上是联合关节，合称为**肋椎关节**，运动时可绕肋头与肋结节中心连线形成的轴做旋转运动，使肋上升或下降，以增加或缩小胸廓的前后径和横径，从而改变胸腔的容积，有助于呼吸。

（二）胸肋关节

胸肋关节由第 2~7 对肋软骨与胸骨相应的肋切迹构成，属微动关节。第 1 对肋软骨与胸骨柄的肋切迹构成软骨结合，属直接连结；第 8~10 对肋软骨的前端与第 7 肋软骨相连，在两侧形成**肋弓**（图 2-16）；第 11 和第 12 对肋骨前端没有软骨，且不和上一肋软骨相连，悬浮于腹后壁的肌肉之中。

胸肋关节

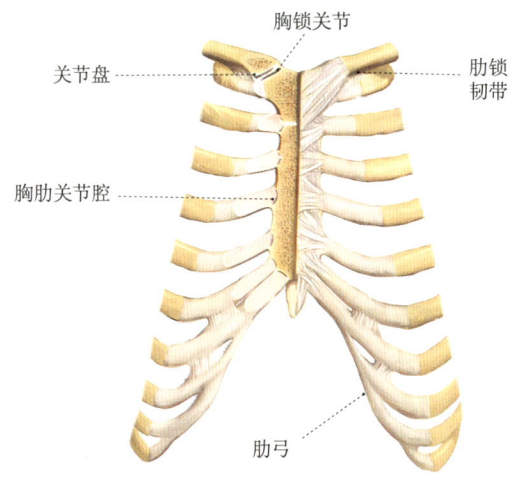

图 2-16 胸骨与肋骨的连结

（三）胸廓的整体观、功能及运动

1. 胸廓的整体观

成人胸廓近似圆锥形，有两个口，**胸廓上口**较小，由第1胸椎、第1肋、胸骨柄上缘围成（图2-17）。**胸廓下口**宽而不整，由第12胸椎、第11及第12对肋前端的左、右肋弓和胸骨剑突构成，膈肌封闭胸腔底。有四个壁，即**前壁**最短，由胸骨、肋软骨及肋骨前端构成；**后壁**较长，由胸椎和肋角内侧的部分肋骨构成；左、右两个**外侧壁**最长，由肋骨体构成。有三个径，即**横径**、**前后径**和**垂直径**。

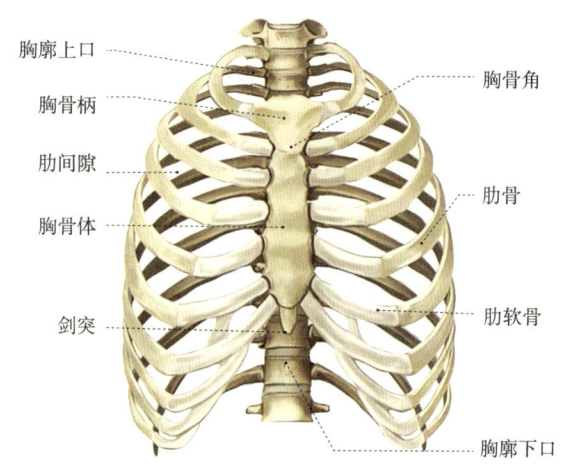

图2-17 胸廓的整体观

【知识与应用】

胸廓的形状有明显的个体差异，这与年龄、性别、健康状况及生活条件有关。新生儿的胸廓矢状径约等于横径，胸廓呈桶状；6岁以后，横径逐渐增大；13~15岁时，胸廓与成年人接近；15岁后出现性别差异，女性胸廓上部与下部直径相差不大，胸廓短而钝呈圆形，男性胸廓各径均比女性大，胸廓近似上窄下宽前后略扁的圆锥形；老年人的胸廓因肋骨钙化，弹性减小，运动减弱，胸廓下塌，呈长扁形。成年人的胸廓可分为扁平形、圆柱形及圆锥形。肌肉和肺发育良好的人，胸廓宽而短呈圆锥形；肌肉和肺发育欠佳的人，胸廓窄长，前后径较短，呈扁平形；圆柱形胸廓介于二者之间。

2. 胸廓的功能及运动

胸廓围成胸腔，具有支持与保护内脏器官、缓冲外力、为肌肉提供附着，以及参与呼吸运动等功能。

胸廓的运动主要为参与呼吸运动。吸气时，在肌肉作用下，肋的前部抬高，伴以胸骨上升，从而加大了胸腔的矢状径。肋上提时，肋体向外扩展，加大胸腔的横径，使胸腔容积增大。呼气时，在重力和肌肉作用下，胸廓作相反的运动，使胸腔容积减小。胸腔容积的改变，促成了肺呼吸。因此，胸式呼吸运动主要发生在肋椎关节和胸肋关节。

【知识与应用】

适宜的体育锻炼和运动训练对胸廓具有促进胸廓正常发育、增大胸腔容积和增强呼吸功能等良好作用。不同项目运动员的胸廓形状亦有差异，如从事举重、游泳和投掷等项目的运动员上肢运动负荷较大而使其胸围指数（胸围/身高×100%）较大，中长跑、跳高和艺术体操等项目运动员的胸围相对指数则较小。

第四节　上肢骨连结

上肢骨的连结包括上肢带骨的连结和自由上肢骨的连结。人类由于直立，上肢获得了适于抓握和操作的更大活动度，因而上肢关节以灵活运动为主要特征。

一、上肢带骨的连结

上肢带骨的连结包括胸锁关节和肩锁关节。

（一）胸锁关节（图 2-16）

胸锁关节是上肢骨与躯干骨之间唯一关节。胸锁关节由锁骨的胸骨端关节面与胸骨柄的锁切迹及第1肋软骨上缘构成，为平面关节，其活动度非常小，属于微动关节。

1. 胸锁关节主要结构

关节面形似鞍状，因有关节盘存在将此关节的形状改变，呈近似球窝状，关节囊坚韧，属于多轴关节。

2. 胸锁关节的辅助结构

① **韧带**：胸锁关节的韧带从前后两面增加关节囊的稳固性，包括**胸锁前**、**后韧带**，**锁间韧带**、**肋锁韧带**等。
② **关节盘**：关节腔内有由纤维软骨构成的**关节盘**，将关节腔分为外上和内下两部分，关节盘使关节头和关节窝相适应。

3. 胸锁关节的运动

胸锁关节属于多轴关节，可绕三个运动轴运动：绕矢状轴可作上下运动（如耸肩动作）；绕垂直轴可作前后运动（如含胸、扩胸运动）；绕冠状轴可作回旋运动（如肩前后绕环运动）；此外还可作环转运动。胸锁关节的运动幅度虽小，但以此作为支点扩大了上肢的活动范围。

（二）肩锁关节（图 2-18）

1. 肩锁关节主要结构

肩锁关节由肩胛骨肩峰关节面与锁骨肩峰端关节面构成，属于平面关节。

2. 肩锁关节辅助结构

肩锁关节的辅助结构包括韧带和关节盘。
① **韧带**：关节上方有连于肩胛骨喙突与锁骨下方的**喙锁韧带**、肩锁关节上方的**肩锁韧带**等加固。
② **关节盘**：关节囊内的**关节盘**常出现于关节上部。

3. 肩锁关节的运动

肩锁关节属平面关节，可做各方向的微动，活动度小。

(三)上肢带的整体运动

由于肩胛骨和锁骨在肩锁关节处连结紧密,所以可将肩胛骨与锁骨视为一个整体,共同以胸锁关节为支点运动。因为上肢带的运动在肩胛骨处表现得较明显,故常用肩胛骨的运动来描述上肢带的运动。上肢带的各种运动,对增大自由上肢的运动幅度和加大其灵活性有着重要作用。肩胛骨的运动有特殊的运动术语来描述。

①**上提与下降**:肩胛骨在冠状面内向上与向下的移动,向上为**上提**,如耸肩动作;向下为**下降**,如沉肩动作。

②**前伸与后缩**:肩胛骨顺肋骨向前移动,内侧缘远离脊柱称为**前伸**,如前冲拳动作;肩胛骨顺肋骨向后移动,内侧缘靠近脊柱称为**后缩**,如扩胸运动。

③**上回旋与下回旋**:肩胛骨在冠状面内绕矢状轴旋转。肩胛骨关节盂向上,下角转向外上方称为**上回旋**,如上举杠铃动作;肩胛骨关节盂向下,下角转向内下方称为**下回旋**,如两臂从侧上举位放回体侧。

二、自由上肢骨的连结

自由上肢骨的连结包括肩关节、肘关节、前臂骨连结和手关节。

(一)肩关节

肩关节

肩关节由肩胛骨的关节盂和肱骨头构成,也称**盂肱关节**。

1.肩关节主要结构

肩关节的关节面大小相差较大,关节窝仅能容纳关节头的1/4~1/3,这种骨结构增加了关节的灵活性,降低了稳固性。因此肩关节周围的肌肉、韧带对其稳固性起重要作用。关节囊薄而松弛,囊的上壁有喙肱韧带和冈上肌肌腱交织后的纤维编入囊的纤维层;囊的前壁和后壁,亦有许多肌腱的纤维编入囊的纤维层,以增加关节的稳固性;囊的下壁没有韧带和肌腱纤维加强,结构最薄弱,肩关节脱位时,肱骨头常从前下方脱出(图2-18)。

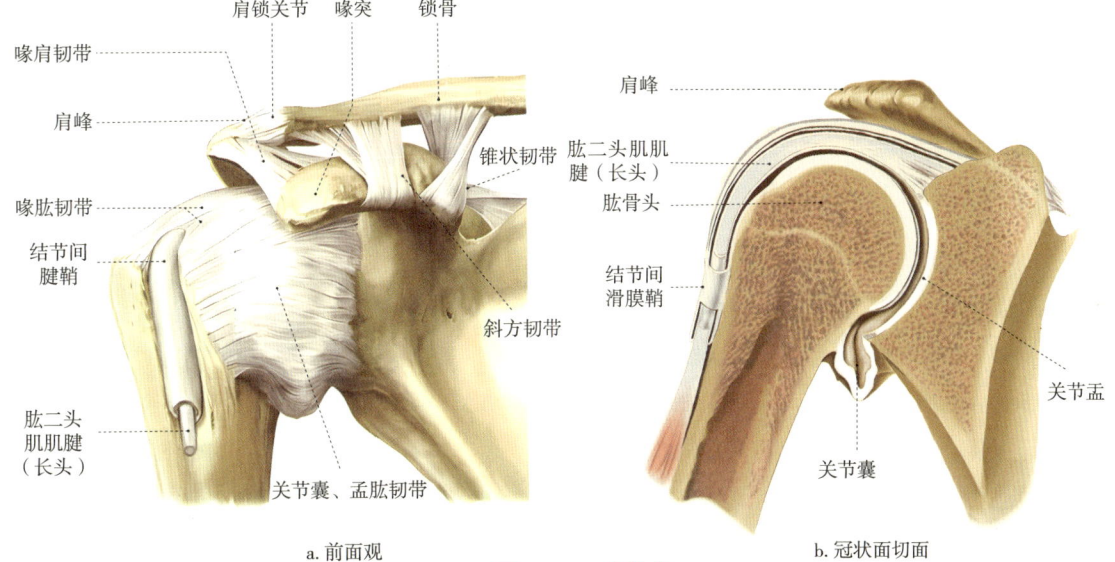

图2-18 肩关节

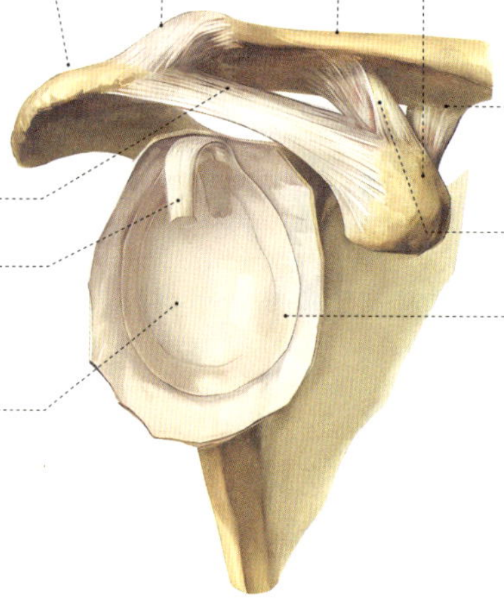

c. 外侧面观

图 2-18 肩关节（续）

2. 肩关节辅助结构

包括关节唇、韧带和滑膜囊等。

①**关节唇**：是附着在关节盂周缘的环形纤维软骨，可加深、加大关节窝，进而加固关节。

②**韧带**：**喙肱韧带**从喙突至肱骨大结节，加固关节囊上部，防止肱骨头向上脱位。**盂肱韧带**位于关节囊前壁，从关节盂周缘至肱骨小结节，有加强关节囊前壁，防止肱骨头向前脱位的作用。**喙肩韧带**位于肩胛骨的喙突与肩峰之间，该韧带与喙突、肩峰共同构成**喙肩弓**，架于肩关节上方，可防止肱骨头向上内方脱位。另外，还包括肱二头肌长头腱从肩关节囊壁内通过，起到加固肩关节的作用。

③**滑膜囊**：关节腔的滑膜层穿纤维层膨出，形成肩胛下肌滑液囊及包裹肱二头肌长头腱的结节间滑液鞘。

3. 肩关节的运动

肩关节是典型的球窝关节，能绕 3 个运动轴运动，绕冠状轴做屈、伸运动；绕矢状轴做内收、外展运动；绕垂直轴做旋内、旋外运动；还可做环转运动与水平屈伸运动（表 2-2）。

表 2-2 肩（盂肱）关节的运动

关节运动	运动轴	运动幅度	动作举例
屈/伸	冠状轴	0°~170°/0°~60°	前摆臂/后摆臂
外展/内收	矢状轴	0°~170°/—	直立飞鸟
旋内/旋外	垂直轴	0°~70°/0°~90°	掰手腕
环转	任意轴		武术中抡臂动作
水平屈伸	垂直轴	约 180°	扩胸运动

（二）肘关节

肘关节由肱骨远侧端和桡、尺骨近侧端关节面构成。在结构上包括三个关节：

① **肱尺关节**是由肱骨滑车与尺骨滑车切迹构成的滑车关节。
② **肱桡关节**是由肱骨小头与桡骨头关节凹构成的球窝关节。
③ **桡尺近侧关节**是由桡骨的环状关节面与尺骨桡切迹构成的车轴关节。

1.肘关节主要结构

肱尺关节、肱桡关节、桡尺近侧关节共同被包在一个关节囊内，属于典型的复关节。关节囊前、后薄而松弛，两侧厚而紧张，故常见桡、尺骨向后脱位（图2-19）。

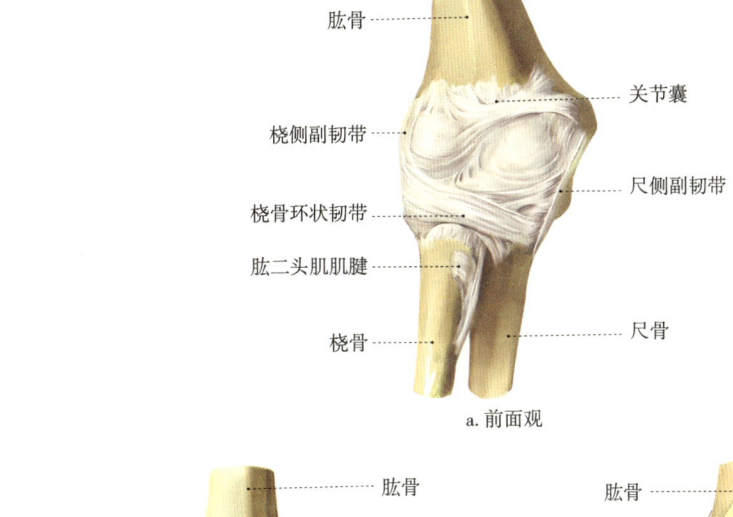
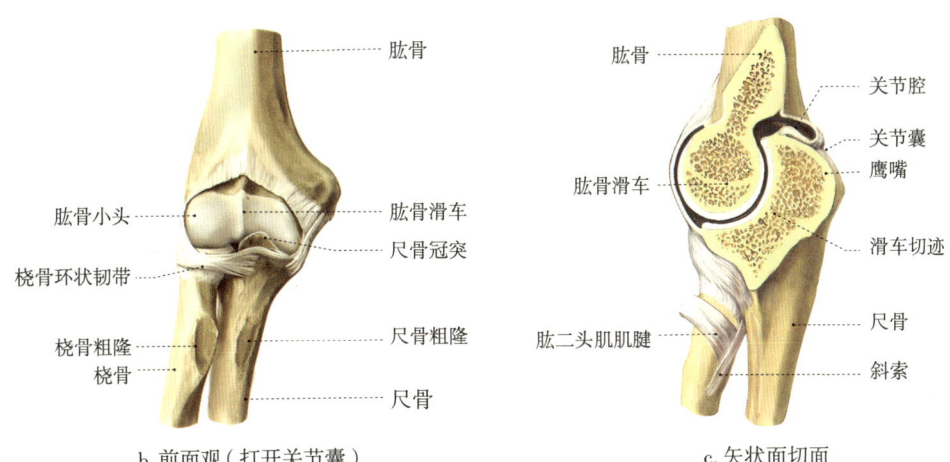

图2-19 肘关节的组成

2.肘关节辅助结构

肘关节辅助结构主要是韧带，其作用是加强肘关节的稳定性。
① **桡侧副韧带**位于关节囊桡侧，由肱骨外上髁向下扩展，止于桡骨环状韧带。
② **尺侧副韧带**位于关节囊尺侧，由肱骨内上髁向下呈扇形扩展，止于尺骨滑车切迹内侧缘。

③ **桡骨环状韧带**位于桡骨环状关节面的周围,绕过桡骨头,附着于尺骨桡切迹的前、后缘。该韧带与尺骨桡切迹共同构成一个上口大、下口小的骨性纤维环,用以容纳桡骨头,防止桡骨头脱位。幼儿4岁以前,桡骨头尚在发育中,环状韧带松弛,在肘关节伸直位猛力牵拉前臂时,桡骨头易被环状韧带卡住,或环状韧带部分夹在肱桡骨之间,从而发生桡骨小头半脱位。

所有肘关节的韧带都不止于桡骨,从而保证了桡骨能绕垂直轴做回旋运动。

3. 肘关节的运动

肘关节为典型的复关节,在结构上包括3个关节,由于3个关节的形态不同,所以肘关节整体上只能完成绕冠状轴的屈、伸运动(表2-3)。

表2-3 肘关节与前臂的运动

关节运动	运动轴	运动幅度	动作举例
肘关节的屈/伸	冠状轴	0°~135°/—	负重弯举
前臂的旋前/旋后	垂直轴	0°~80°/0°~80°	乒乓球正/反手攻球

(三)前臂骨连结

前臂骨连结指桡骨与尺骨借桡尺近侧关节、前臂骨间膜和桡尺远侧关节相连(图2-20)。

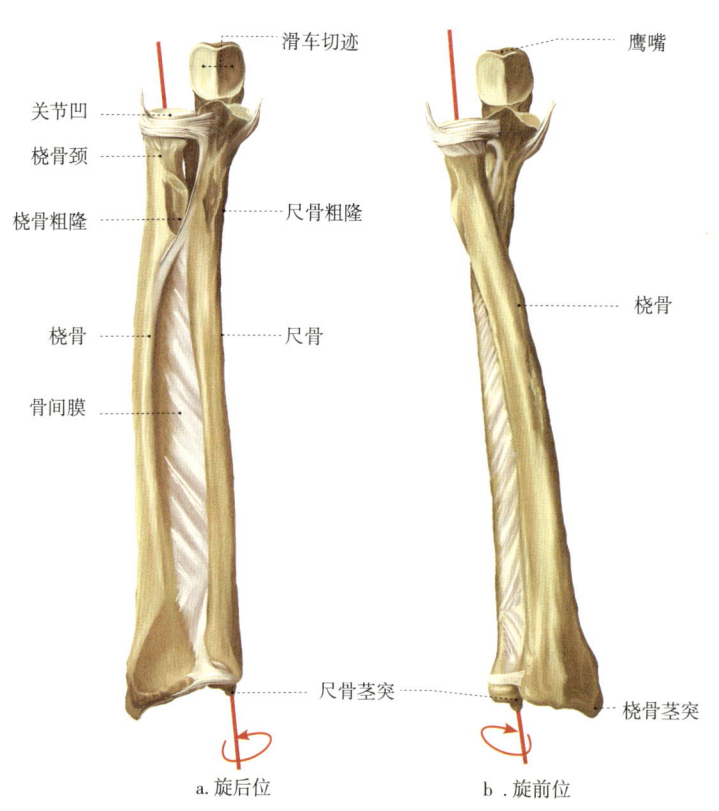

图2-20 前臂骨连结

1.桡尺近侧关节

见肘关节。

2.前臂骨间膜

连结尺骨和桡骨的骨间缘之间的坚韧纤维膜。骨间膜纤维自桡骨斜向下内达尺骨。当前臂处于旋前或旋后位时，骨间膜松弛。前臂处于半旋前位时，骨间膜最紧张，这也是骨间膜的最大宽度。

3.桡尺远侧关节

由桡骨的尺切迹与尺骨小头环状关节面，以及尺骨小头与关节盘构成，为车轴关节。关节囊松弛，附着于桡、尺二骨关节面的上方和关节盘周缘。关节盘为三角形纤维软骨板，它将桡尺远侧关节腔与桡腕关节腔完全隔离。

4.前臂运动

桡尺近侧关节和桡尺远侧关节均属车轴关节，在结构上是独立的，在功能上是联合关节，可绕垂直轴做回旋运动，称为前臂的旋前与旋后运动，其旋转轴为通过桡骨头中心至尺骨头中心的连线。其运动实质是桡骨头的原位转动，桡骨下端连同关节盘围绕尺骨头旋转，实际上只是桡骨做旋转运动。当桡骨转至尺骨前方并与之交叉，手背向前时，称为**旋前**；当桡骨转至尺骨外侧，手背向后时，称为**旋后**（表2-3）。

（四）手关节

手的关节包括桡腕关节、腕骨间关节、腕掌关节、掌骨间关节、掌指关节和指骨间关节等（图2-21）。

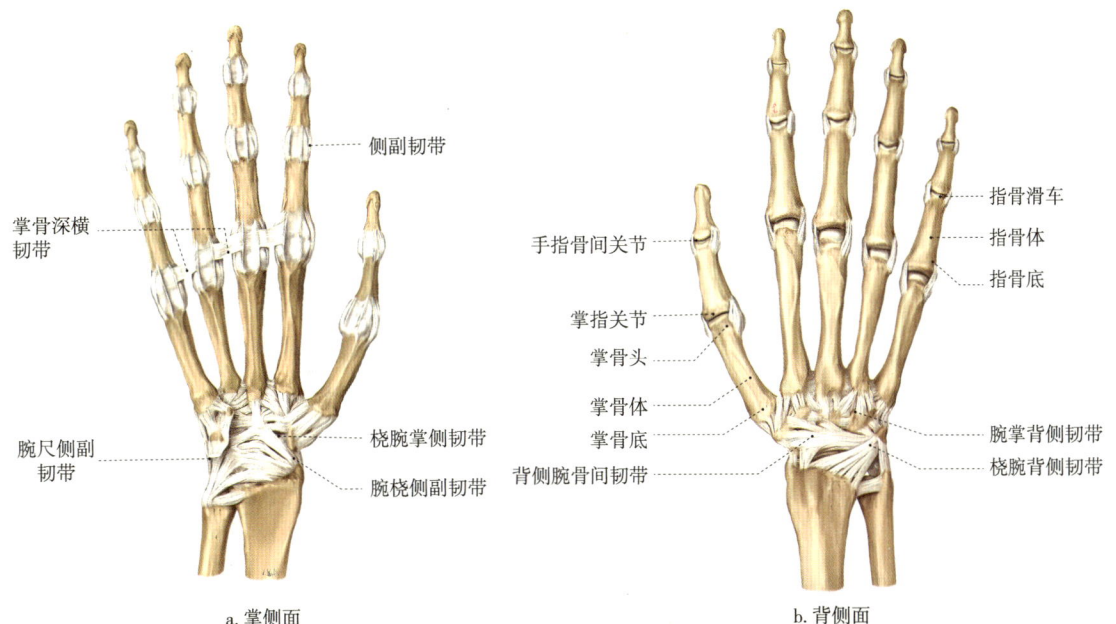

图2-21　手关节

1. 桡腕关节

桡腕关节又称**腕关节**，是典型的椭圆关节。由手舟骨、月骨和三角骨的近侧关节面构成关节头，桡骨的腕关节面和尺骨下方的关节盘构成关节窝。

腕关节

因尺骨为关节盘所隔，不参与构成腕关节，同时3块腕骨间有韧带连结在一起，可视为1块骨，因此桡腕关节可视为单关节。关节囊松弛，关节的前、后和两侧均有韧带加强，分别为桡腕掌侧韧带、桡腕背侧韧带、腕尺侧副韧带和腕桡侧副韧带，其中桡腕掌侧韧带最为坚韧，所以腕的后伸运动受限。桡骨茎突与尺骨茎突的存在使桡腕关节在冠状面内的外展内收活动度受到限制。桡腕关节可做屈伸、展收及环转运动（表2-4）。

表2-4 腕关节的运动

关节运动	运动轴	运动幅度	动作举例
屈/伸	冠状轴	0°~80°/0°~70°	投篮动作
外展/内收	矢状轴	0°~70°/0°~30°	武术中挑掌/勾手动作
环转	双轴		跳绳的摇绳动作

2. 腕骨间关节

腕骨彼此连结构成**腕骨间关节**。其中**腕中关节**由近侧列的3块腕骨（豌豆骨除外）与远侧列的4块腕骨构成关节，在掌侧和背侧均由韧带加固，并与桡腕关节联合运动（图2-22）。

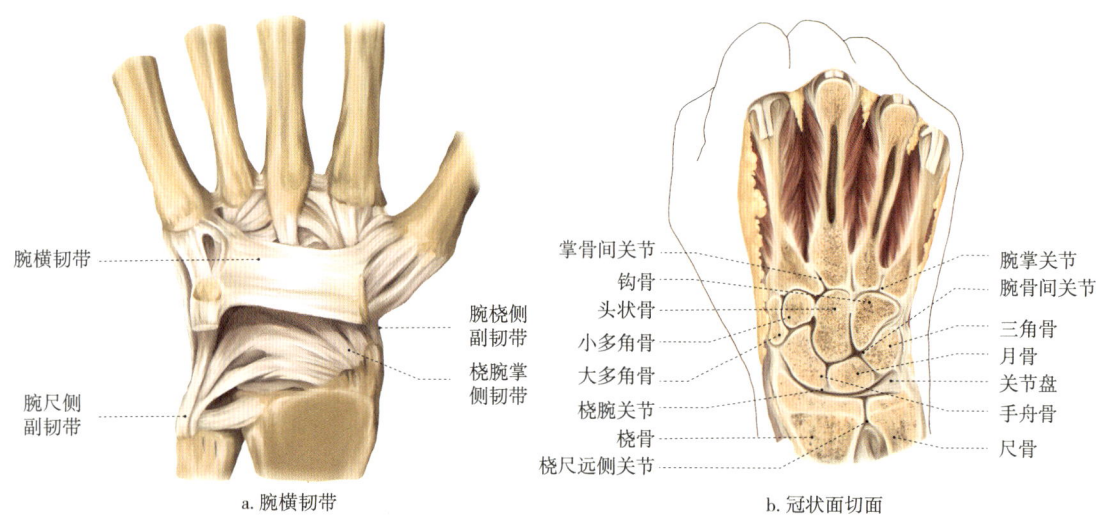

a. 腕横韧带   b. 冠状面切面

图2-22 腕骨间连结

此外，8块腕骨不在一个平面上排列，形成背侧隆起的"腕窟窿"和掌侧凹陷的"腕骨沟"，腕横韧带横架于腕尺侧隆起（豌豆骨与钩骨）和腕桡侧隆起（手舟骨与大多角骨）之间，它与骨面"腕骨沟"围成管称**腕管**，内有肌腱、血管、神经通过（图2-22a）。此韧带不仅具有保护作用，而且可加强腕部的弹性，起到缓冲作用。

3. 腕掌关节

腕掌关节由远侧列腕骨和 5 块掌骨底构成（图 2-22b）。第 1 腕掌关节由大多角骨与第 1 掌骨底构成称**拇指腕掌关节**，是典型的鞍状关节，具有独立的 2 个运动轴，能够进行屈伸、内收外展、环转及对掌运动。第 2~5 腕掌关节属于平面关节，被包在一个关节囊内，其活动范围很小。拇指绕第 1 腕掌关节的运动轴可相对于掌心运动，使拇指尖与其余 4 指的掌侧面相接触，使手具有抓握的能力，称为**对掌运动**。对掌运动使人类能够灵活、牢固地抓握工具和器械。第 1 掌骨向掌侧旋转近 90°，使其与其他掌骨不在一个平面内，故拇指的运动轴亦不同于其他掌骨。拇指的屈、伸运动发生在冠状面上，即拇指在手掌平面上向掌心靠拢为屈，离开掌心为伸；而拇指的内收与外展运动则发生在矢状面上，即拇指在与手掌垂直的平面上远离示指为外展，靠拢则为内收。

4. 掌骨间关节

掌骨间关节是第 2~5 掌骨底相互之间的平面关节，各关节的关节腔均与腕掌关节腔相通（图 2-21）。

5. 掌指关节

掌指关节一侧共 5 个，由掌骨头和近指骨底构成，此关节属于球窝关节。关节囊薄而松弛，其前、后有韧带增强。因无回旋肌及受两侧韧带的限制，不能完成回旋运动，但可做屈、伸、收、展及环转运动。手指的收、展以通过中指的正中线为准，向中指靠拢为收，远离中指为展（图 2-21）。

6. 指骨间关节

指骨间关节一侧共 9 个，都是滑车关节，由近节指骨、中节指骨及远节指骨相应的关节面构成。关节囊背侧松弛，故屈的幅度大于伸，前面和两侧均有韧带加固，只能做屈、伸运动（图 2-21）。

第五节 下肢骨连结

下肢骨的连结包括下肢带骨的连结和自由下肢骨的连结。下肢主要起支持体重、运动及维持身体直立姿势与重心稳定等功能。因而相对上肢关节而言，下肢关节以结构稳固为主要特征。

一、下肢带骨的连结

下肢带骨的连结（盆带）包括骶髂关节、髋骨与脊柱间的韧带连结和耻骨联合等。下肢带骨、下肢带骨连结和骶、尾骨等共同组成骨盆（图 2-23）。

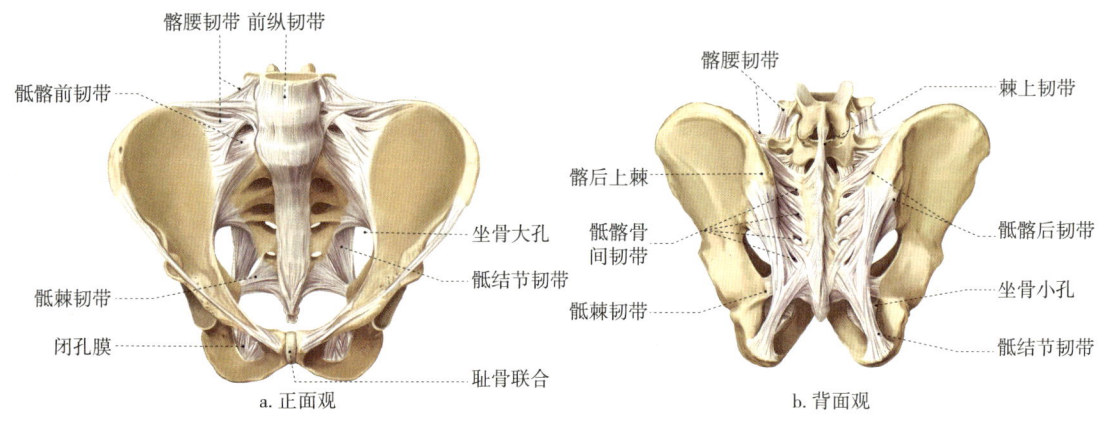

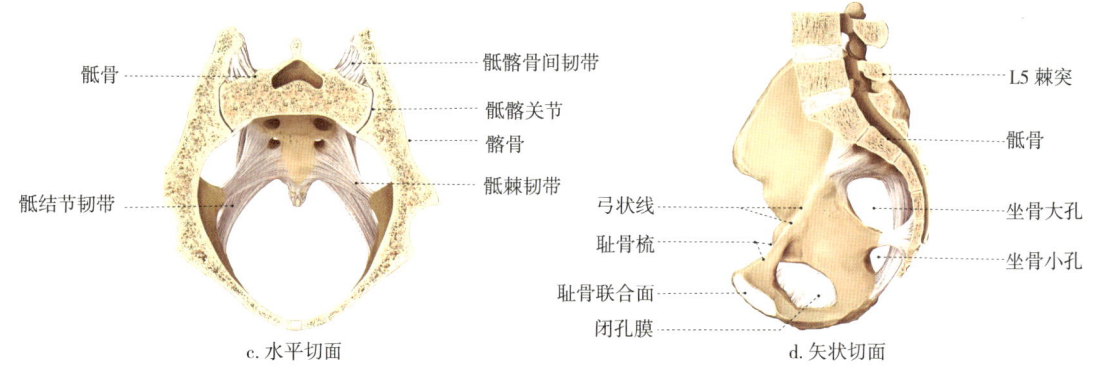

图 2-23 下肢带骨的连结

（一）骶髂关节

骶髂关节由骶骨耳状面与髂骨耳状面构成。关节面凹凸不平，但彼此嵌合紧密，属平面关节。关节囊紧张，有**骶髂前韧带**、**骶髂后韧带**加强。关节后上方有**骶髂骨间韧带**充填和连结。关节腔狭小，呈裂隙状，因而骶髂关节活动范围很小。骶髂关节具有相当高的稳固性，以适应支持体重和传递重力。

【知识与应用】

成人骶髂关节的关节软骨表层为纤维软骨，深层为透明软骨，老年人此关节可以完全纤维化，甚至骨化，关节活动度会降低，导致在运动中骶髂关节不能有效地发挥功能，妊娠妇女骶髂关节活动度可稍大。

（二）髋骨与脊柱间的韧带连结

髋骨与脊柱之间借髂腰韧带、骶结节韧带和骶棘韧带等韧带加固（图 2-23）。

1. 髂腰韧带

髂腰韧带强韧肥厚，起自第 5 腰椎横突放散至髂嵴后上部。

2.骶结节韧带

骶结节韧带位于骨盆后方,起自骶、尾骨的侧缘,呈扇形,止于坐骨结节内侧缘。

3.骶棘韧带

骶棘韧带位于骶结节韧带前方,起自骶、尾骨侧缘,呈三角形,止于坐骨棘。

骶棘韧带与坐骨大切迹围成**坐骨大孔**,骶棘韧带、骶结节韧带与坐骨小切迹围成**坐骨小孔**。有肌肉、血管和神经等从骨盆经坐骨大孔、坐骨小孔达臀部和会阴。

(三) 耻骨联合

耻骨联合由两侧的耻骨联合面借纤维软骨构成的**耻骨间盘**及韧带连结而成(图2-24)。耻骨间盘在9~10岁后,其内部正中出现一矢状位的纵行裂隙。女性间盘较男性的厚、裂隙大,孕妇和经产妇尤为显著。在耻骨联合的上方有**耻骨上韧带**,下方有**耻骨弓状韧带**,其前、后方分别有**耻骨前、后韧带**加固。两侧

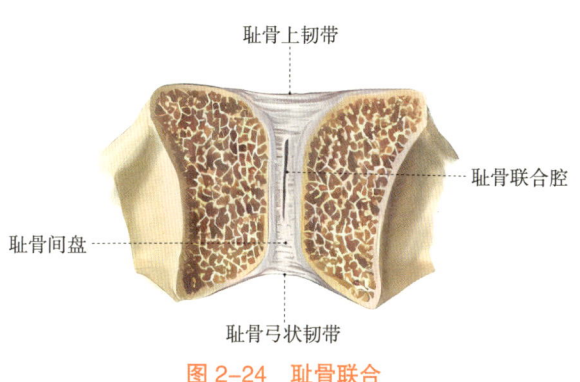

图2-24 耻骨联合

坐骨支与耻骨下支连成**耻骨弓**,它们之间的夹角称为**耻骨下角**,男性呈锐角,为70°~75°;女性呈钝角,为90°~100°。经常从事体育运动的女性,此角还会增大。耻骨联合存在有裂隙的耻骨间盘,可完成微小的活动,因此又被称为**半关节**。此特性对女性而言,在分娩时可有轻度分离,以增大骨盆的径线,利于分娩。

(四) 骨盆的形态结构、功能及其运动

骨盆由两侧的髋骨、骶骨、尾骨及其间的骨连结构成。

骨盆

1.骨盆的形态结构

骨盆由骶骨岬向两侧经弓状线、耻骨梳、耻骨结节及耻骨联合上缘构成的环形界线,将骨盆分为上方的**大骨盆**(或称**假骨盆**),和下方的**小骨盆**(或称**真骨盆**)。小骨盆是大骨盆向下延伸的骨性狭窄部,可分为**骨盆上口**、**骨盆下口**和**骨盆腔**。**骨盆上口**由上述大、小骨盆界线围成,呈圆形或卵圆形。骨盆下口则由尾骨尖、骶结节韧带、坐骨结节、坐骨支、耻骨支和耻骨联合下缘围成,呈菱形。骨盆上、下口之间的腔称为**骨盆腔**,腔内有直肠、膀胱和部分生殖器官。

骨盆的位置可因人体姿势不同而变动。人体直立时,骨盆向前倾斜,骨盆上口平面与水平面形成一定角度称**骨盆倾斜度**,倾斜度可因姿势与性别而异,男性为50°~55°,女性为55°~60°。骨盆倾斜度的增减将影响脊柱的弯曲,如倾斜度减小,则重心后移,必然导致腰曲前凸减小。反之则腰曲前凸增大。

骨盆的性别差异在人的全身骨骼中最为显著,这与其功能相关,女性骨盆需要适应分娩的需求,因此,男、女的骨盆形态有一定的差异。女性骨盆外形宽而短,骨盆上口近似圆形,较宽大;骨盆下口和耻骨下角较大,女性耻骨下角可达90°~100°,男性则为70°~75°(图2-25)。

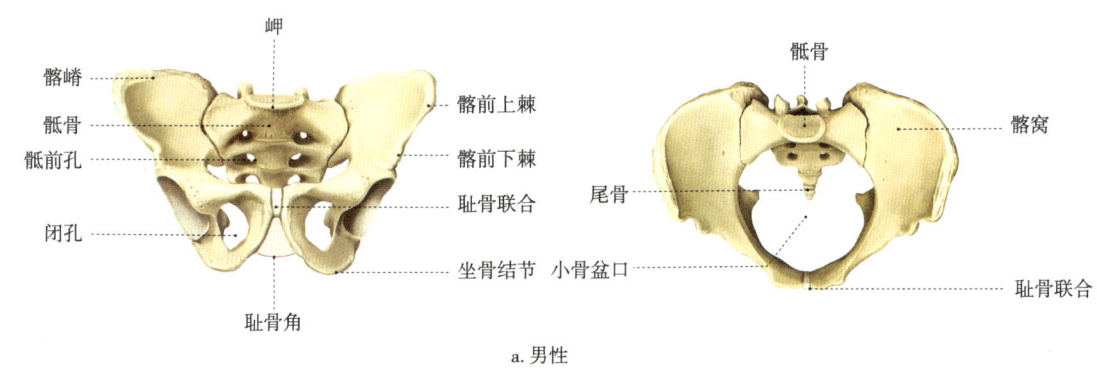

a. 男性

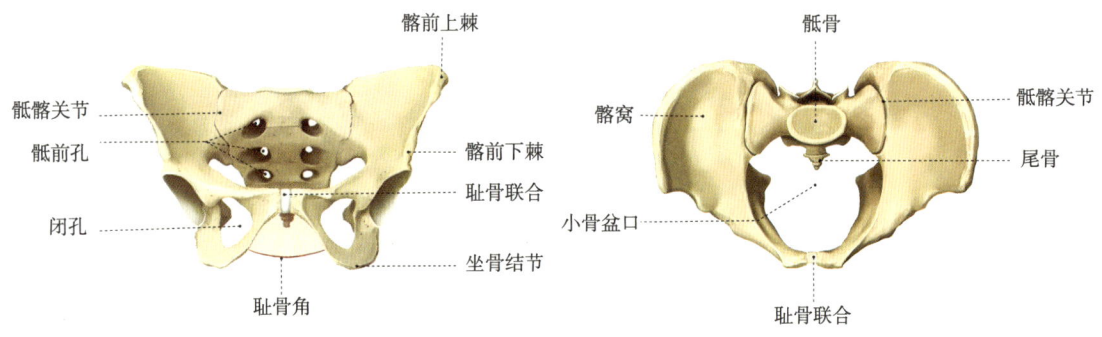

b. 女性

图 2-25 男性（上）、女性（下）骨盆

2. 骨盆的功能

骨盆形似拱形结构，既省料又能承受较大的负荷。人体直立时，重力由第 5 腰椎经骶骨、骶髂关节分至两侧髋骨，再由髋臼向下到达下肢，这种力的传递曲线称为**股骶弓**，即"立弓"。人体坐位时，重力由骶髂关节向两侧传至坐骨结节，此种力的传递曲线称为**坐骶弓**，即"坐弓"。骨盆具有支持体重、缓冲震动、保护内脏、提供肌肉附着及女性生殖道等功能（图 2-26）。

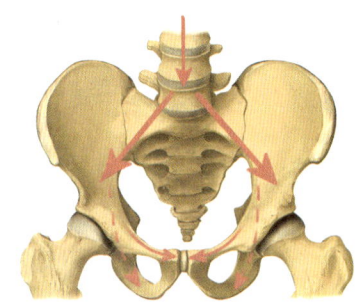

图 2-26 骨盆的力传导

3. 骨盆的运动

骨盆作为一个运动环节，借骶髂关节与脊柱相连，借髋关节与下肢相连。因此，骨盆可以这些关节为点，进行前倾与后倾、侧倾、回旋及环转运动。

以髋关节为点，骨盆与脊柱一起相对下肢进行运动。

①前倾、后倾：绕两侧髋关节的冠状轴，在矢状面内的向前、向后运动，如体前屈和体后伸运动。

②侧倾：绕一侧髋关节的矢状轴，在冠状面内的向上、下转动，如上下台阶动作。
③回旋：绕一侧髋关节的垂直轴，在水平面内的侧向转动，如跑步时增大步幅的送髋动作。
以腰骶关节为点，骨盆与下肢一起相对脊柱进行运动。
①前倾、后倾：绕冠状轴，在矢状面内的向前、后运动，如收腹举腿和向后背腿。
②侧倾：绕矢状轴，在冠状面内的向上、下转动，如鞍马单腿摆越。
③回旋：绕垂直轴，在水平面内的回旋运动，如双杠支撑前摆转体180°下。

二、自由下肢骨的连结

自由下肢骨的连结包括髋关节、膝关节、小腿骨连结和足关节。

（一）髋关节

髋关节由股骨头和髋臼构成。

1. 髋关节主要结构

髋关节

股骨关节面占髋臼关节面面积的2/3，嵌入髋臼内。臼的月状面围绕髋臼窝，窝内充填脂肪；髋臼唇附着于臼缘，增加臼的深度。**髋臼横韧带**封闭髋臼切迹，神经血管经韧带下出入关节。关节囊坚厚，其后下方较薄弱；关节囊在髋骨附于髋臼周缘及横韧带，在股骨附于转子间线、大转子附近、小转子附近、转子间嵴上约1cm处（图2-27）。

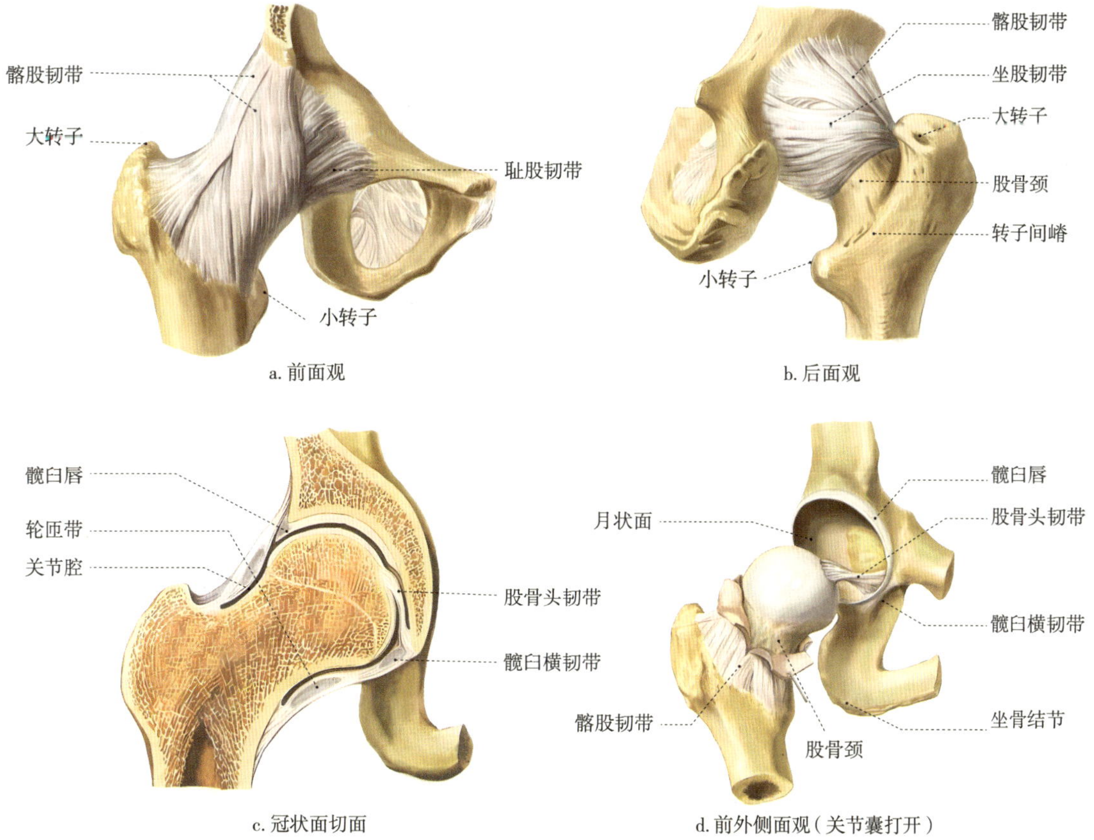

a. 前面观　　b. 后面观

c. 冠状面切面　　d. 前外侧面观（关节囊打开）

图 2-27　髋关节

2. 髋关节辅助结构

髋关节的辅助结构包括髋臼唇和韧带等。

① **髋臼唇**：附着在髋臼周缘，由纤维软骨构成，使髋关节的深度增加。

② **韧带**：关节囊周围有多条韧带加强。**髂股韧带**位于髋关节的前面，起于髂前下棘，止于转子间线，可限制髋关节的后伸，帮助维持人体直立姿势。**耻股韧带**位于髋关节的前内侧，起于耻骨上支向外下于关节囊前下壁与髂股韧带的深部融合，可限制髋关节的外展和旋外。**坐股韧带**位于髋关节的后面，起于坐骨体，止于大转子根部，限制髋关节的内收和旋内。**股骨头韧带**位于关节腔内，连接髋臼横韧带和股骨头凹之间，内含营养股骨头的血管。当大腿半屈并内收时，韧带紧张，外展时韧带松弛。**轮匝带**是关节囊的深层纤维围绕股骨颈的环形增厚，可约束股骨头向外脱出。

3. 髋关节的运动

髋关节是典型的球窝关节，为多轴关节。运动形式与肩关节类似，能绕 3 个运动轴运动：绕冠状轴做屈、伸运动；绕矢状轴做内收、外展运动；绕垂直轴做回旋运动；还可做环转运动与水平屈伸运动（表2-5）。

表 2-5 髋关节的运动

关节运动	运动轴	运动幅度	动作举例
屈/伸	冠状轴	0°~120°/0°~30°	前摆腿/后踢腿
外展/内收	矢状轴	0°~45°/0°~35°	向外摆腿/向内摆腿
旋内/旋外	垂直轴	0°~35°/0°~45°	脚外侧踢球/脚内侧传球
环转			体操中托马斯全旋动作

（二）膝关节

膝关节

膝关节由股骨远端和髌骨、胫骨近端关节面构成，是人体内最大、结构最复杂的一个关节，属于复关节。主要结构包括胫股关节和髌股关节（图2-28）。

① **胫股关节**：由股骨远端的内、外侧髁为关节头，胫骨近端的内、外侧髁上面为关节窝构成的椭圆关节。

② **髌股关节**：由股骨的髌面与髌骨的关节面构成的滑车关节。

1. 膝关节主要结构

上述 2 个关节共同包绕在一个关节囊内，胫股关节头大窝浅，且股骨髁为椭圆凸起，胫骨髁为胫骨平台，导致胫股关节关节面形状不相吻合。膝关节关节腔较宽大，关节囊薄而松弛，但很坚韧。另有一些辅助结构可加固膝关节，提高了膝关节的稳定性。

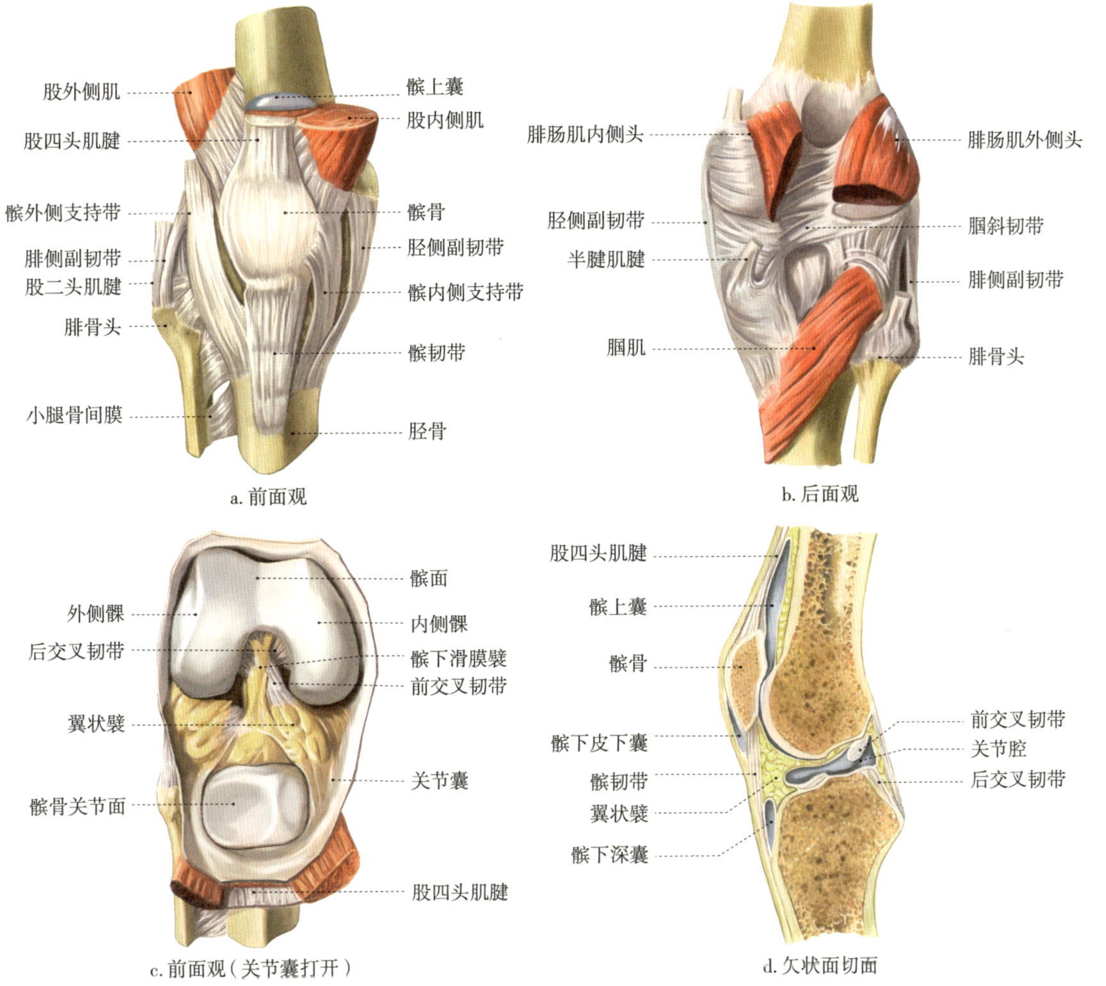

图 2-28 膝关节

2. 膝关节辅助结构

膝关节作为人体最复杂的关节包含多种辅助结构。

①**半月板**:分为内侧半月板和外侧半月板。**内侧半月板**较大,呈"C"形;**外侧半月板**较小,近似"O"形。半月板的外缘厚而内缘薄,它们位于股骨、胫骨之间(图 2-29)。半月板属于纤维软骨,其作用为加深关节窝,从而加强了膝关节的稳定性;此外起着弹性垫作用,可传递负荷、减轻震荡。半月板的外缘 1/3 的血管较丰富,中间 1/3 仅有很少的毛细血管,内缘 1/3 为无血管区。

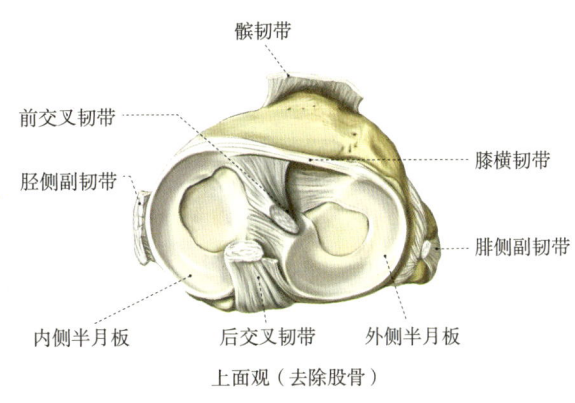

图 2-29 膝关节的韧带与半月板

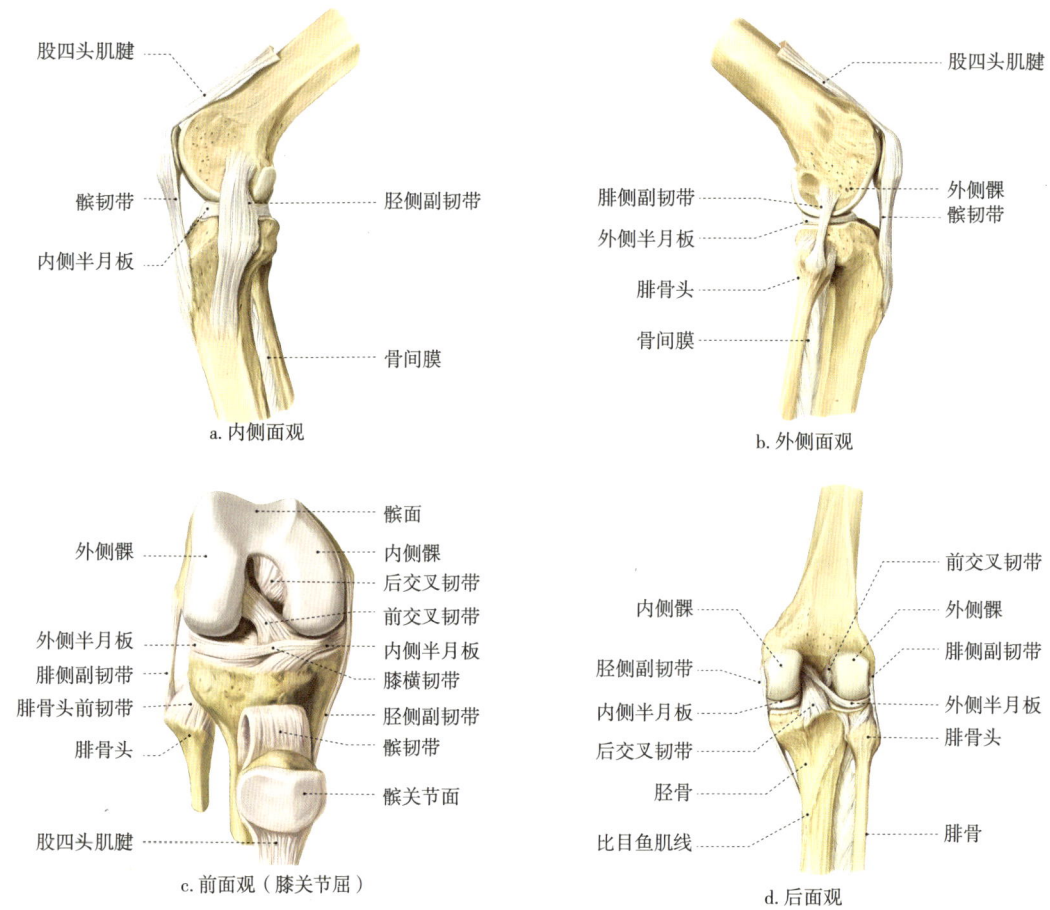

图 2-29 膝关节的韧带与半月板（续）

②**韧带**：膝关节囊薄而松弛，周围有韧带加固，以加强关节的稳定性（图 2-29）。

髌韧带：为股四头肌腱的延续部，起自髌骨，止于胫骨粗隆，位于膝关节囊正前方，是全身最强大的韧带之一。从前方加固膝关节和限制膝关节过度屈。

腓侧副韧带：为条索状坚韧的纤维，起自股骨外上髁，向下延伸至腓骨头，位于膝关节外侧。此韧带与关节囊之间有疏松结缔组织，与半月板之间有腘肌肌腱相隔，两者不直接相连，当屈膝及小腿旋内时，胫侧与腓侧副韧带均松弛。

胫侧副韧带：呈宽扁束状，起自股骨内上髁，向下附着于胫骨内侧髁及相邻骨体，与关节囊和内侧半月板紧密结合，位于膝关节内侧后方。胫侧副韧带和腓侧副韧带在伸膝时紧张，屈膝时松弛，半屈膝时最松弛。因此，在半屈膝位允许膝关节做少许旋内和旋外运动。

交叉韧带：位于膝关节腔中央稍后方，可分为前、后两条。**前交叉韧带**起自胫骨髁间隆起的前方，与外侧半月板的前角愈着，斜向后上方外侧止于股骨外侧髁的内侧面。伸膝时前交叉韧带最紧张，防止胫骨近侧端前移。**后交叉韧带**起自胫骨髁间隆起的后方，斜向前上方内侧止于股骨内侧髁的外侧面。屈膝时后交叉韧带最紧张，防止胫骨近侧端后移。

③**滑膜囊**：膝关节囊的滑膜层是人体中最宽阔、最复杂的，滑膜层向关节腔外突起形成滑膜囊，填充在肌腱或韧带与骨面之间，具有减少摩擦的作用，如**髌上囊**与**髌下深囊**等（图 2-28d）。

④**滑膜襞**：膝关节关节囊的滑膜层向关节腔内堆叠形成，内有脂肪组织填充在关节

腔内的间隙，具有加强关节稳定性和调节关节内压力的作用。最大的滑膜襞为**翼状襞**（图 2-28d）。

3. 膝关节的运动

膝关节属于椭圆滑车关节，可绕冠状轴做屈、伸运动，绕垂直轴做回旋运动，这一运动在屈膝位明显，在伸膝位则不能回旋（表 2-6）。

表 2-6　膝关节运动

关节运动	运动轴	运动幅度	动作举例
屈/伸	冠状轴	0°~135°/—	高抬腿跑

【知识与应用】

半月板的损伤机制：因半月板会随着胫骨的运动而运动，当膝关节屈曲（半月板随胫骨滑向后方）、回旋（半月板随胫骨的运动，一端向前，另一端向后）并突然伸直时，半月板正好位于股骨、胫骨内、外侧髁的突起部位，易受挤压而损伤。因内侧半月板与胫侧副韧带紧密相连，因此它的损伤概率比外侧半月板高 7~10 倍。

（三）小腿骨连结

小腿骨连结是指胫骨、腓骨间的连结，包括近侧端的胫腓关节、中间的小腿骨间膜和远侧端的胫腓韧带相连结。由于上述结构的限制，胫骨和腓骨之间的活动度甚小（图 2-30）。

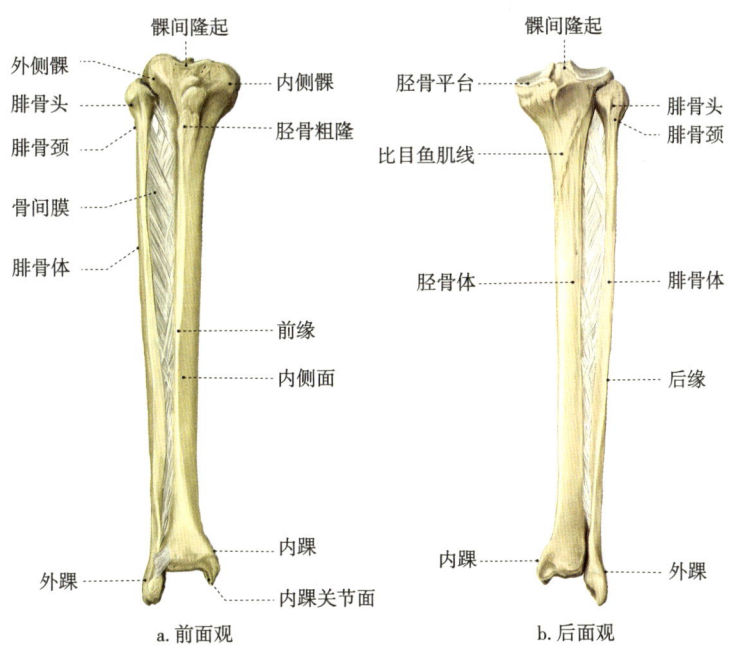

图 2-30　小腿骨间连结

1. 近端连结

腓骨头与胫骨的腓关节面构成的**胫腓关节**，属微动关节。

2. 骨体连结

骨体间借骨间膜连结，称为**小腿骨间膜**。

3. 远端连结

胫、腓骨远端借胫、腓前、后韧带连结，可把它们视为一个环节。

（四）足关节

足的关节包括踝关节、跗骨间关节、跗跖关节、跖骨间关节、跖趾关节和趾骨间关节（图2-31）。

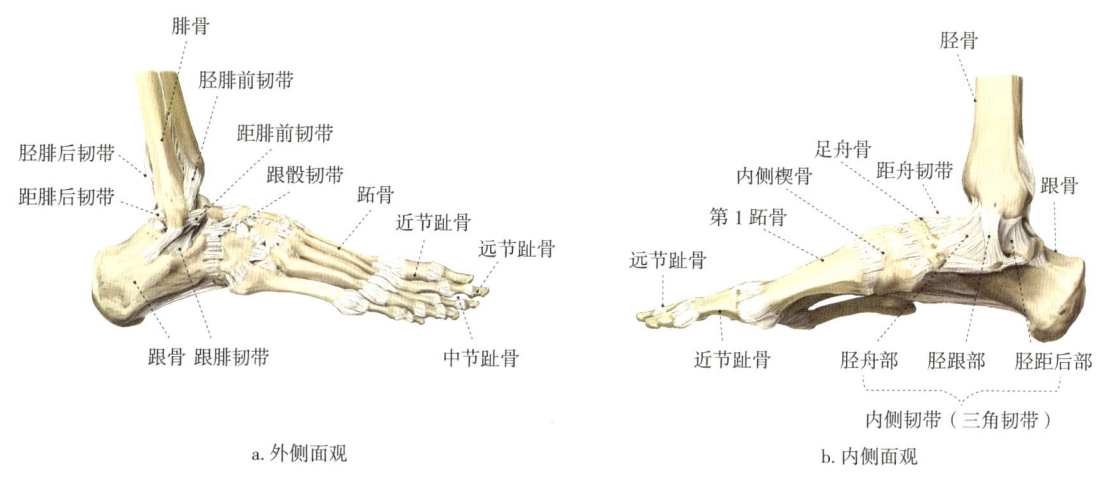

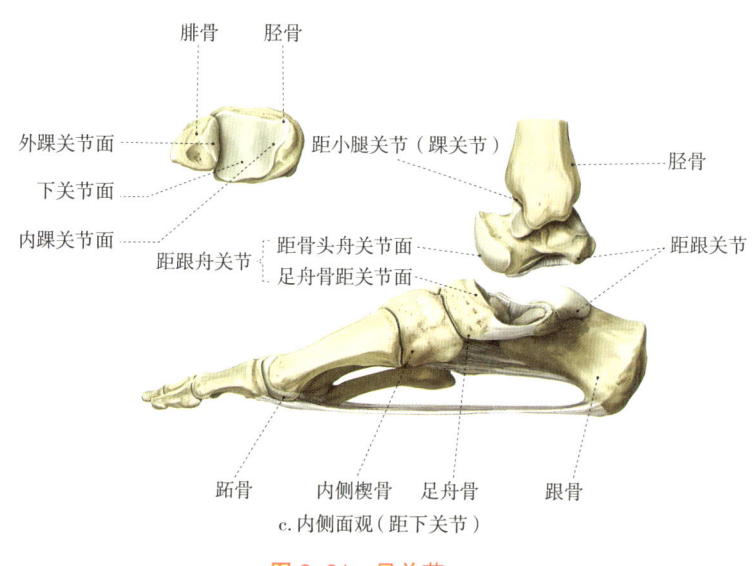

图2-31 足关节

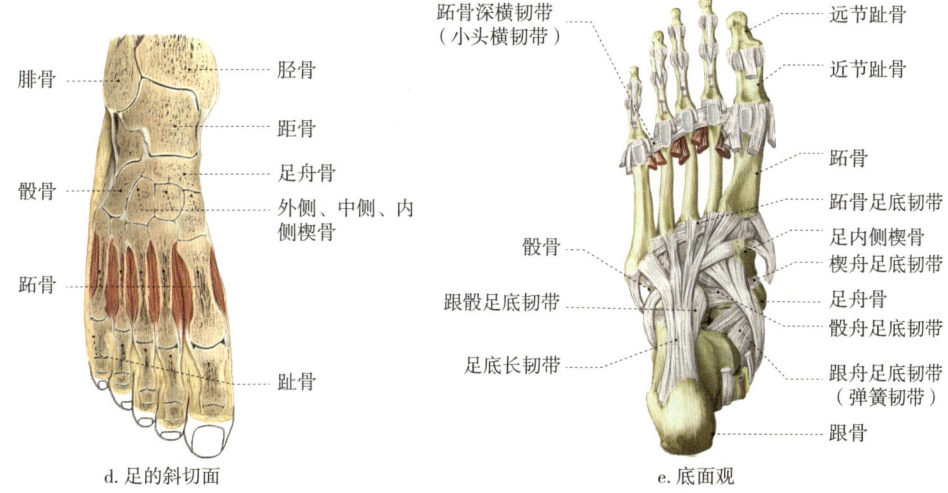

d. 足的斜切面　　　　e. 底面观

图 2-31　足关节（续）

踝关节

1. 踝关节

踝关节又称为**距小腿关节**或**距上关节**。由胫骨下关节面、内踝关节面和腓骨外踝关节面构成叉形的关节窝，距骨滑车关节面作为关节头，共同构成。

①**踝关节主要结构**：关节囊前、后薄而松弛，两侧厚而紧张。因重力由此关节垂直下传至足部，所以组成关节的各骨较紧密契合。

②**踝关节辅助结构**：关节内侧有**胫侧副韧带**，为一强韧的三角形韧带，又名**三角韧带**，起自内踝，呈扇形向下止于距、跟、舟三骨，三角韧带主要限制足的过度外翻。位于关节外侧的是**腓侧副韧带**，从前往后排列有**距腓前韧带**、**跟腓韧带**、**距腓后韧带**三条独立的韧带，均起自外踝，分别向前、向下和向后止于距骨和跟骨，均较薄弱。距腓后韧带可防止小腿骨向前脱位与足的过度内翻。

③**踝关节的运动**：踝关节属滑车关节，可沿通过横贯距骨体的冠状轴做屈伸运动。足尖向上，足与小腿间的角度小于 90° 为伸，也称**背屈**；足尖向下，足与小腿间的角度大于 90° 为屈，也称**跖屈**（表 2-7）。由于距骨滑车前宽后窄，当足伸时，较宽的滑车前部嵌入关节窝内，关节较稳定；但在足屈时，由于较窄的滑车后部进入关节窝内，此时足可有轻微的侧向活动，关节不够稳定，因此踝关节扭伤多发生在足处于跖屈（如下山、下坡或下楼梯）位置时。

表 2-7　足关节的运动

关节运动	运动轴	运动幅度	动作举例
踝关节 屈（跖屈）/伸（背屈）	冠状轴	0°~50° / 0°~15°	绷足动作/勾足动作
距下关节和跗横关节 内翻（旋前）/外翻（旋后）	斜矢状轴	0°~35° / 0°~20°	脚内侧踢球/脚外侧踢球

2. 跗骨间关节

跗骨间关节由距跟关节、距跟舟关节、跟骰关节、楔骰关节、楔舟关节等组成，属平面关节。

①**距下关节**：由距跟关节和距跟舟关节构成（图2-31c）。**距跟关节**由距骨和跟骨的后关节面连结而成；**距跟舟关节**由距骨、跟骨及舟骨相对应的关节面连结而成。距跟关节和距跟舟关节在功能上是联合关节，可以使足绕一个不典型的斜矢状轴做**内翻**（足内侧缘提起、外侧缘下降，足底转向内侧）和**外翻**（足外侧缘提起、内侧缘下降，足底转向外侧）运动。

由于受相同的肌肉作用，距下关节常与踝关节协同运动，即踝关节伸时常伴有足外翻，屈时常伴有足内翻。此外，足还可以借此完成环转运动。

②**跗骨间的其他关节**：在跗骨之间除距下关节外，还有**跗横关节**（由跟骰关节与距跟舟关节联合构成）、**楔骰关节**和**楔舟关节**等关节，跗骨间关节有跟舟足底韧带（弹簧韧带）和**分歧韧带**等强劲的韧带连结于跗骨各骨之间，它们对维持足弓均有重要作用（图2-31d）。

3. 足部其余关节

足部其余关节有**跗跖关节**、**跖骨间关节**、**跖趾关节**、**趾骨间关节**等。

（五）足弓

足弓

1. 足弓的组成

足弓是足的跗骨、跖骨借韧带、肌腱共同组成的一个凸向上方的弓形结构（图2-32）。足弓可分为前后方向的纵弓和内外方向的横弓。纵弓又可分为内侧纵弓和外侧纵弓。

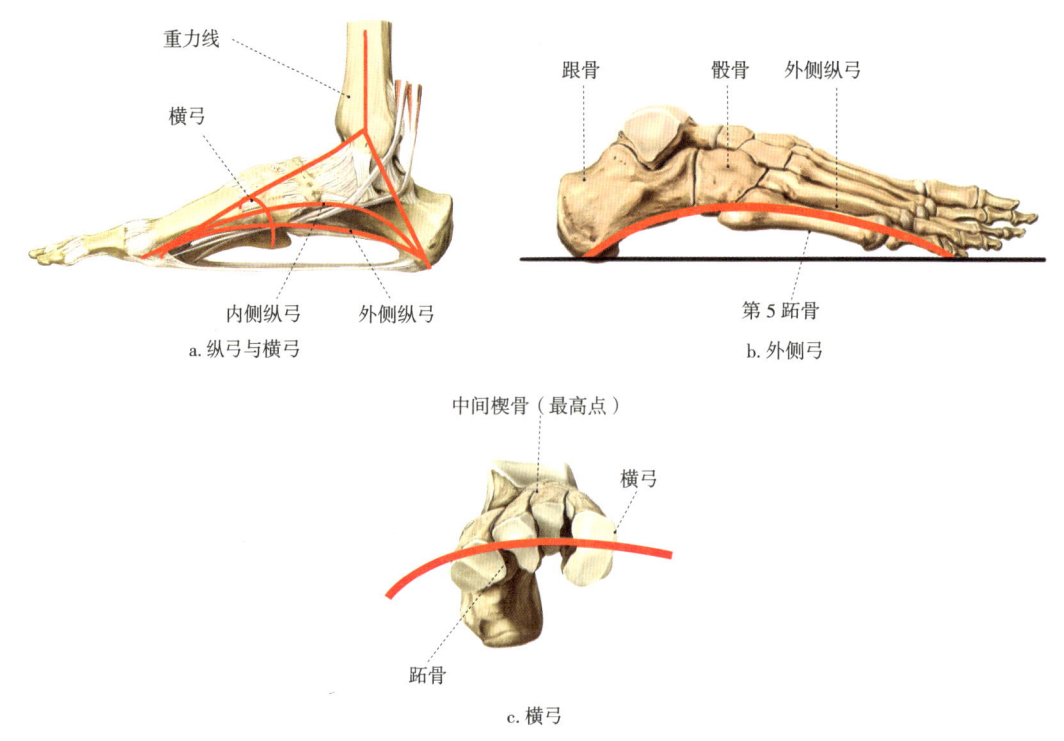

图2-32 足弓

内侧纵弓由跟骨、距骨、舟骨、三块楔骨及第1~3跖骨构成，相较外侧弓曲度较大，有较大的弹性，故又称**弹性足弓**，起缓冲震荡的作用。**外侧纵弓**由跟骨、骰骨及第4、5跖骨构成，相较内侧弓较低，弹性较差，主要与维持身体直立姿势有关，故又称**支撑足弓**。

横弓由3块楔骨、骰骨及跖骨的后部连结构成，弓的最高点在中间楔骨。横弓呈半穹隆状，当两足并拢时横弓形成一完整的穹窿。横弓通常由骰骨头传递力，腓骨长肌肌腱是维持横弓的强大力量。

2.足弓的功能

足弓可将重力从踝关节经距骨向前、后分散到第1、5跖骨头和跟骨，从而保证了人体直立时足底呈三脚架着地支撑的稳定性；且其具有弹性，可缓冲足部在走、跑及跳跃时的震荡，减小地面对身体的冲击，保护体内脏器，特别是保护大脑免受震荡；同时，足弓还可保护足底的血管、神经免受压迫。良好的足弓有助于运动能力提高，对跑跳等项目的运动员尤为重要。

足弓的维持除了依靠各骨的连结之外，足底的韧带（跟舟足底韧带、跟骰足底韧带和足底长韧带等）及足的长短肌腱的牵引对维持足弓亦起着重要作用（图2-31e）。如果足骨、足底韧带或肌肉发育异常，或因足部结构受到损伤而使足弓塌陷，称为**扁平足**。有扁平足的人，一般走、跑及跳跃功能减弱，小腿和足易出现疲劳，甚至疼痛。

第六节 体育运动对关节的影响

不同的运动方式或运动项目会对关节的形态结构和功能产生不同影响，规律、系统、科学的体育运动会对关节产生良好影响，而超负荷、不合理的体育运动会导致关节损伤。

一、规律、系统、科学的体育运动会对关节产生良好影响

（一）体育运动对关节面软骨的影响

关节面软骨属于透明软骨，主要由软骨细胞和细胞外基质组成，应力的作用可对关节面软骨细胞形状产生影响，并改变软骨细胞的生物化学特性和基质代谢，促其生长，体育运动对青少年的关节面软骨发育有益。同时，体育运动对关节面软骨量与厚度产生影响。体育运动对关节面软骨各成分的影响也会因运动强度和持续时间而有所差异，短期、中等强度的运动可以增加软骨细胞的数量和蛋白多糖的合成，而长期或高强度的运动则会带来负面的影响。短时间的运动可以使关节面软骨肿胀，运动停止后肿胀逐渐消失。研究表明，跑步过程中会减小膝关节软骨的厚度、体积，减少松弛时间，但这种变化很小而且短暂，表明一次跑步对膝关节软骨没有损害。

（二）体育运动对关节囊及周围韧带、肌腱的影响

体育运动可以改善关节囊及周围韧带、肌腱的微环境，刺激产生运动因子；有利于缓解关节囊、韧带及周围软组织的挛缩或粘连，提高关节囊、韧带的生物力学性能；同时有利于关节囊周围肌腱胶原蛋白的合成。研究表明，长期低强度有氧运动有助于中老年人群关节韧带松弛的恢复；伸展性运动可以提高关节囊、韧带和关节周围骨骼肌的伸展性，从而增大关节运动幅度，对防老年人跌倒效果显著。

（三）体育运动对关节周围肌肉的影响

抗阻运动可以增大关节周围骨骼肌的体积和收缩力，促进关节周围肌肉增粗增厚，这对

提高关节的稳固性、平衡性及运动功能等有重要作用。研究表明，经常参加体育运动可以延缓老年人肌肉力量的减退，抗阻运动可以提高肌少症人群的肌肉量、肌力和活动能力，被视为肌少症预控的一种基本方式。

（四）体育运动对关节柔韧性的影响

体育运动可使关节周围肌腱和韧带增粗（在骨附着处直径增大，胶原含量增加，单位体积内细胞增加），提升关节的稳固性，从而可承受更大的负荷。系统的柔韧性练习可以提高关节周围肌、韧带等的弹性和伸展性，从而使关节运动幅度增加，灵活性增加。研究表明，在八段锦练习过程中，反复蹲起的动作可使膝关节周围肌群处于循环性的收缩与拉长中，股四头肌受到持续牵张刺激，紧张的血管肌肉得以放松，髌韧带区域的气血流动增加，肌肉的伸展性得以提高。在进行力量性练习时结合一定的柔韧性练习，可以使力量与柔韧素质同时发展，有助于动作的协调。另外，不同的运动项目对各关节的柔韧性有不同作用，如游泳和体操可以使肩关节、肘关节、手关节和足关节等的运动幅度增大，跨栏和跳高可以增大髋关节的关节运动幅度，艺术体操和花样滑冰则可以增大脊柱的运动幅度。儿童青少年时期骨骼的可塑性较强，是发展柔韧素质的关键时期。在训练中伸展性和力量性练习交替进行，并以伸展性练习为主，既能提高关节的灵活性，又能增强关节的稳固性。

二、超负荷、不合理的体育运动会导致关节损伤

超负荷、过量的运动或者逆关节结构的动作会导致关节面软骨的损伤、运动员早期骨性关节炎等关节损伤。有研究表明，太极拳练习者的动作不规范、方向错误、发力不正确、长时间运动不当、运动过度等因素会造成膝关节的疼痛与损伤，如半月板损伤、髌骨损伤、韧带损伤等现象。如膝关节股四头肌拉力、胫股关节面上水平方向作用力及垂直方向作用力增大，可能导致股四头肌肌腱腱鞘炎、关节面软骨和半月板磨损、关节面软骨受伤和半月板破裂等关节损伤。

 复习思考题

1. 请详述构成关节的主要结构。
2. 影响关节运动幅度的主要因素有哪些？哪些因素通过训练可以改变其特性？
3. 体操中的前滚翻、侧手翻、站立旋转360°是绕何种基本轴、在何种基本切面内进行运动？
4. 简述椎体之间连结的结构及作用。
5. 简述脊柱的组成。侧面观有哪些生理弯曲，有何生理意义？
6. 简述脊柱的运动。
7. 简述肩关节的构成，其属何种关节，并举例说明其能做哪些运动。
8. 简述肘关节的构成，其属何种关节，并举例说明其能做哪些运动。
9. 简述腕关节的构成，其属何种关节，并举例说明其能做哪些运动。
10. 简述髋关节的构成，其属何种关节，并举例说明其能做哪些运动。
11. 简述膝关节的构成，其属何种关节，并举例说明其能做哪些运动。
12. 简述踝关节的构成，其属何种关节，并举例说明其能做哪些运动。

第三章 骨骼肌

【学习目标】

要求学生**掌握**骨骼肌的构造、工作术语及功能确定方法；**熟悉**全身骨骼肌的位置、起止点、功能及力量和伸展性练习方法；**了解**体育运动对骨骼肌形态结构的影响。**培养**学生用解剖学知识科学地进行肌肉功能锻炼的能力；**提升**学生对解剖学理论知识的实践运用能力；充分**发挥**体育运动对骨骼肌功能的良好促进作用，为运动训练、科学健身奠定基础。

骨骼肌是人体运动的动力，绝大多数附着于骨骼，少数附着于皮肤，多呈对称分布。骨骼肌在神经系统的支配下，通过收缩与舒张牵拉骨引起人体的各种随意运动。骨骼肌在人体内分布广泛，约639块，在体育动作分析中常用的约150块。成年男性骨骼肌约占体重的40%，女性约为35%。

第一节 骨骼肌概述

根据人体的肌组织结构和功能不同分为心肌、平滑肌和骨骼肌。心肌为心脏所特有，构成心壁的主要部分，收缩有节律性；平滑肌主要分布于中空性内脏器官及血管壁，收缩缓慢而持久；骨骼肌主要分布于躯体，收缩快速有力，引起肢体运动（图3-1）。

心肌和骨骼肌在显微镜下观察均有横纹，属于横纹肌。心肌与平滑肌不受大脑意识的控制，又属于不随意肌；骨骼肌直接受大脑意识控制，属于随意肌。

一、骨骼肌的分类与命名

人体骨骼肌数量众多，为了便于学习和记忆，通常按形状可分为长肌、短肌、扁肌和轮匝肌（图3-2）；按肌头的数量可分为二头肌、三头肌和四头肌；按肌腹的数量可分为二腹肌和多腹肌；按照肌纤维排列方向与长轴的关系可分为梭形肌、半羽状肌、羽状肌、多状羽肌、斜肌、横肌等（图3-3）；按功能可分为屈肌、伸肌、展肌、收肌、旋前肌、旋后肌、括约肌、开大肌、提肌和降肌等；按跨过关节的多少可分为单关节肌、双关节肌和多关节肌。骨骼肌按部位命名有胸肌、腹肌、肋间肌和臀肌等。

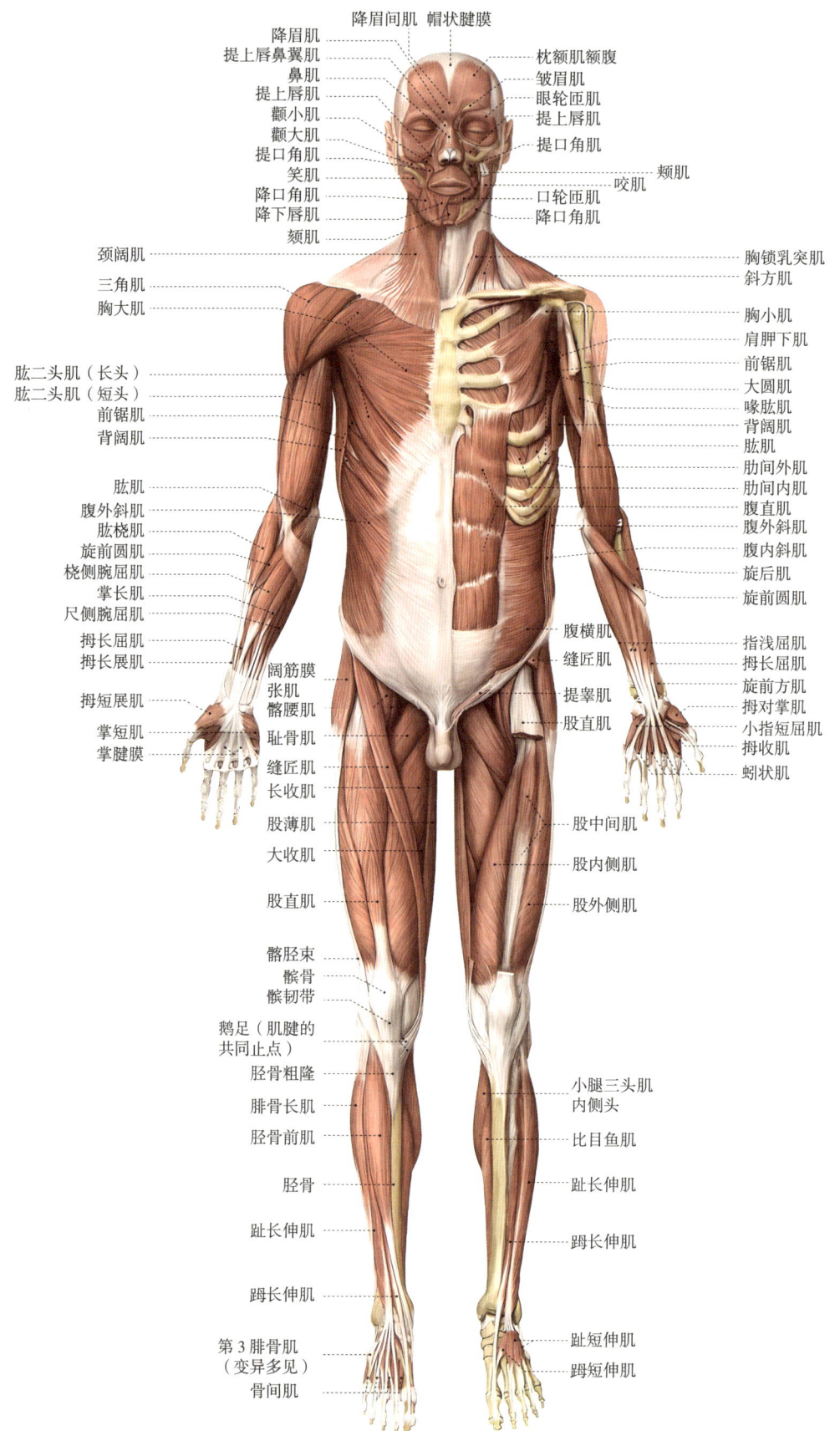

图 3-1 人体的骨骼肌

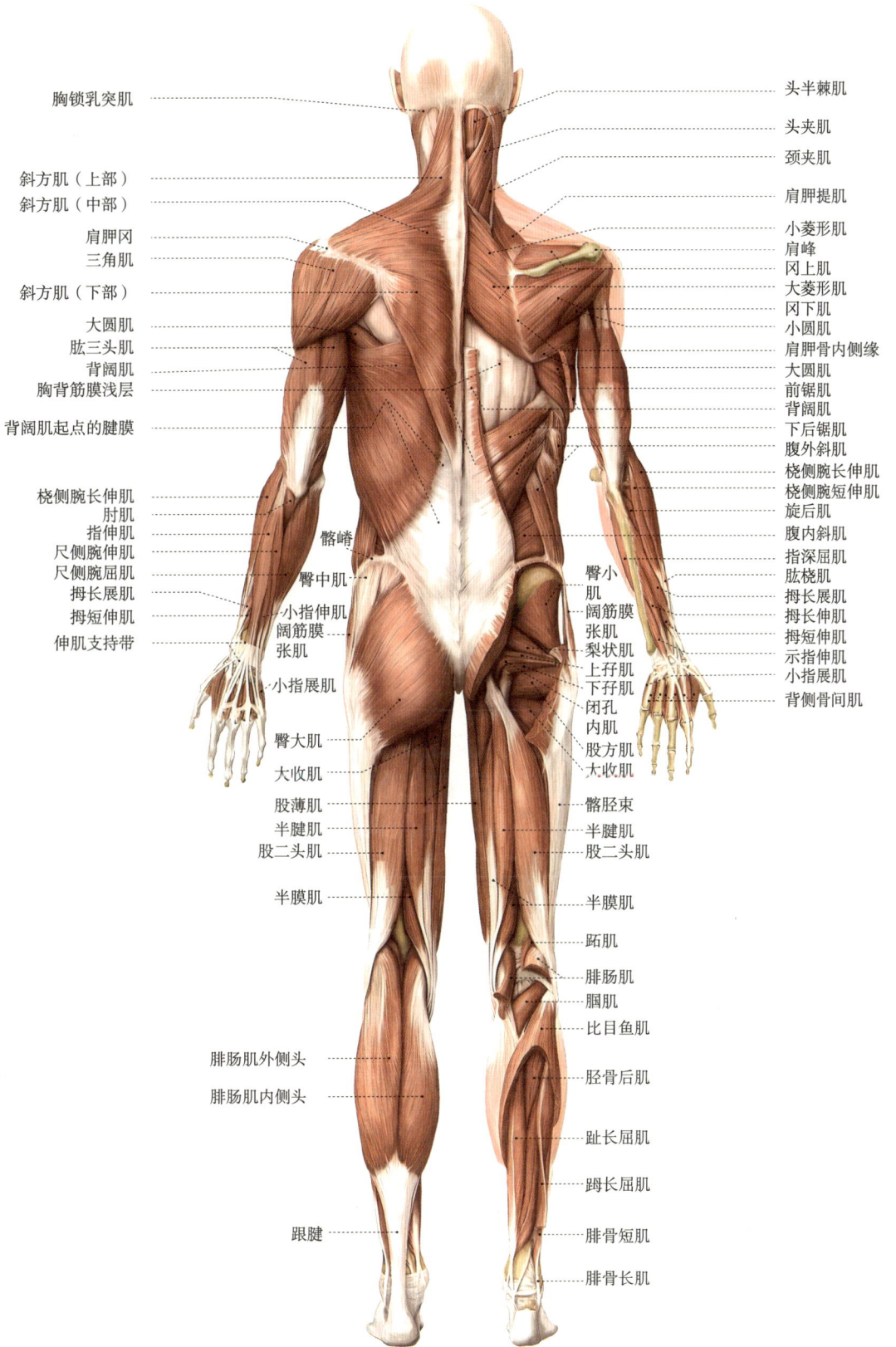

图 3-1 人体的骨骼肌（续）

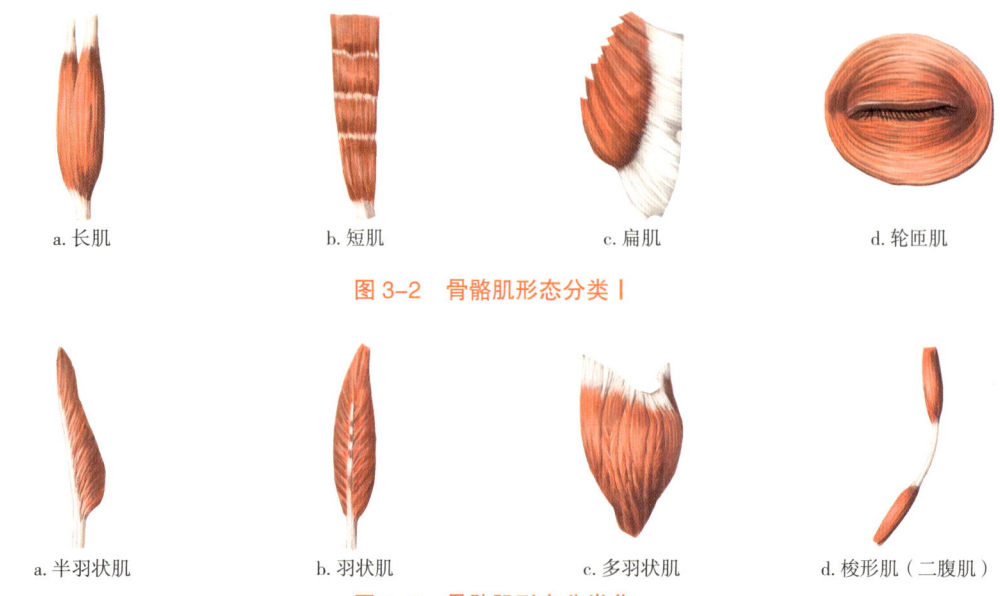

图 3-2　骨骼肌形态分类 I

图 3-3　骨骼肌形态分类 II

二、骨骼肌的构造

（一）骨骼肌的主要结构

骨骼肌由肌腹、肌腱、血管和神经构成（图 3-4）。

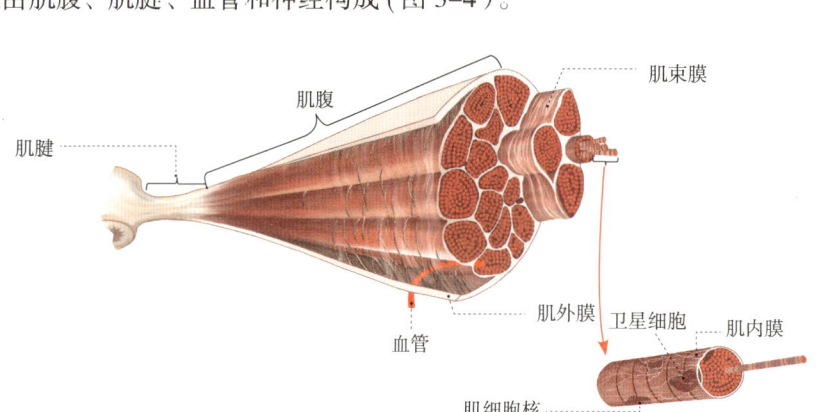

图 3-4　骨骼肌的结构

1. 肌腹

肌腹由肌纤维组成，每条肌纤维的外面包有一层结缔组织膜称**肌内膜**。由 100~150 条肌纤维集合在一起形成肌束，外面包有**肌束膜**。由若干肌束组成整块肌腹，外面包有**肌外膜**。在肌内膜、肌束膜和肌外膜中都分布有丰富的血管和神经，与肌的营养和神经支配有关。

2. 肌腱

肌腱大都位于肌腹两端，以条索或扁带的形状附着于骨骼并与骨膜牢固地编织在一起，主要由致密的胶原纤维束构成。胶原纤维强韧而无收缩功能，但有很强的抗张力（拉力）性能。

(二)骨骼肌的辅助结构

在骨骼肌周围起保护、协调和辅助肌肉工作的结构,称骨骼肌的辅助结构。主要有筋膜、腱鞘、滑膜囊、籽骨、滑车等。

骨骼肌的辅助结构

1. 筋膜

筋膜是包在骨骼肌周围的结缔组织膜,较厚,可分为浅筋膜与深筋膜(图3-5)。**浅筋膜**内大多含有脂肪组织,对其深部的肌肉、血管和神经有一定的保护作用,如手掌和足底的浅筋膜较发达,能起缓冲作用。**深筋膜**包在骨骼肌周围,随骨骼肌的分层而分层,形成的筋膜鞘将作用不同的肌群分隔开,可保证肌群能单独进行活动、减少运动时的摩擦,起到保护作用。

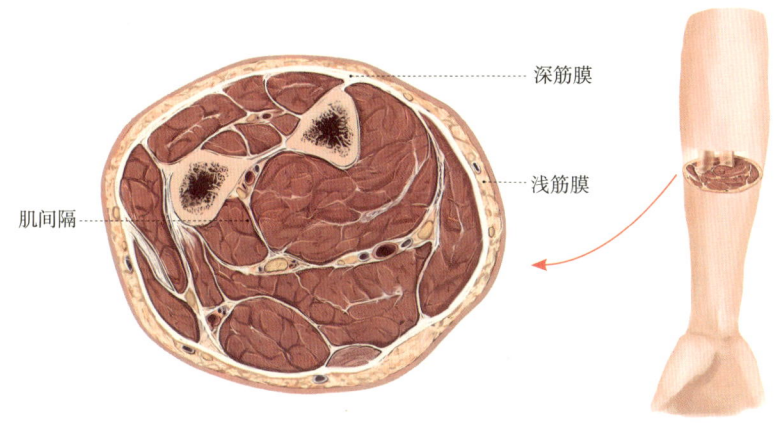

图 3-5 前臂筋膜示意图

2. 腱鞘

腱鞘是套在肌腱外面的结缔组织膜,呈长管状(图3-6)。腱鞘由外层和内层组成。外层厚而韧称**纤维鞘**,对肌腱起滑车和约束作用。内层称**腱滑膜鞘**,分为**壁层**和**脏层**,两层之间有滑液。腱鞘有保护肌腱的作用,主要分布于活动性较大的部位。

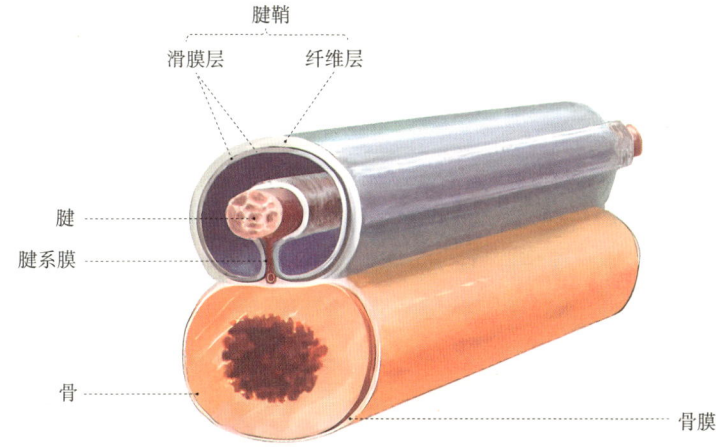

图 3-6 腱鞘示意图

3. 滑膜囊

滑膜囊也称**滑液囊**，为封闭的结缔组织小囊，壁薄，内有滑液可减少摩擦。滑膜囊位于软组织与骨之间，有肌下滑膜囊、腱下滑膜囊和皮下滑膜囊等。滑膜囊炎症可影响肢体局部的运动功能。

4. 籽骨

籽骨通常位于肌腱与骨之间。例如，髌骨位于股四头肌止点腱与股骨髌面间。籽骨有减小肌腱与骨面间摩擦的作用，有改变肌拉力方向、增大肌力臂等功能，更利于肌肉收缩发力。

5. 滑车

滑车有两种：一种是**骨性滑车**，即**骨性槽**，滑车表面覆以软骨，有肌腱或籽骨在此滑动，如股骨下端前面的髌面就是骨性滑车，髌骨在此滑动；另一种滑车是由结缔组织构成的环，有肌腱从环中通过，可以防止肌腱向旁边移位，还可改变骨骼肌的牵拉方向。

三、骨骼肌的配布规律

骨骼肌在人体上的配布与劳动、直立行走及关节运动轴有关。上肢肌分化程度高，较细长灵活，适应于抓握器械与工具。下肢肌粗壮发达，适应于直立行走或负重。通常在一个关节运动轴的不同方位配布功能相互拮抗的两组肌群。如在关节冠状轴前后有功能相互拮抗的屈肌群与伸肌群，在关节矢状轴内外有功能相互拮抗的内收肌群与外展肌群，在关节垂直轴前后有功能相互拮抗的旋内肌群与旋外肌群。

四、骨骼肌的物理特性

骨骼肌主要的物理特性为伸展性、弹性和黏滞性，这些特性与体育运动密切相关，影响完成动作的力量、速度与幅度，并与骨骼肌的损伤有关。

骨骼肌的物理特性

（一）伸展性与弹性

骨骼肌具有伸展性和弹性，在外力的作用下可被拉长，表现为**伸展性**；当外力去除后又可恢复到原有长度，表现为**弹性**。运动实践中适当地提高肌肉的伸展性和弹性，对肌肉工作有利。肌肉的伸展性好，关节灵活性就好，完成动作的运动幅度就大，而且不易拉伤；肌肉的弹性好，肌肉收缩时弹性回缩力就大，肌肉释放的力量就大，动作效率就高。

（二）黏滞性

肌肉收缩与舒张时，肌纤维内部的分子之间、肌纤维之间及肌群之间会有摩擦，这种因摩擦产生的内在阻力称为肌肉的**黏滞性**。运动实践中，肌肉的黏滞性大，既影响肌肉的快速收缩与舒张，又妨碍肌肉的快速伸展。肌肉黏滞性的大小与温度的变化有密切关系，温度越低，黏滞性越大；温度越高，黏滞性就越小，越灵活。准备活动也称热身运动，可提高肌肉温度，减小黏滞性，对提高成绩、减少损伤有重要意义。冬季气温较低，肌肉在进行高强度爆发式收缩练习时容易拉伤，应特别注意做好准备活动。

五、骨骼肌的工作术语

（一）骨骼肌的附着

骨骼肌通常以两端的肌腱附着于骨上，附着点可分为起点与止点（图3-7）。**起点**是指靠近身体正中面或肢体近侧端的附着点；**止点**是指远离身体正中面或肢体远侧端的附着点。骨骼肌的起止点是固定不变的。

骨骼肌的附着

三种杠杆

骨骼肌的工作条件

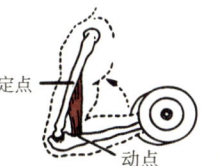

图3-7 骨骼肌的附着

（二）骨骼肌的工作条件

1. 定点与动点

骨骼肌工作时，通常一个附着点相对固定，另一个附着点明显运动，相对固定的附着点称为**定点**，相对移动的附着点则称为**动点**。骨骼肌的定点与动点随动作的变化而改变，是可变的（图3-8）。

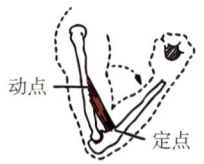

图3-8 骨骼肌工作时定点与动点示意图

2. 近固定（近侧支撑）与远固定（远侧支撑）

四肢肌收缩时，定点在近侧称为**近固定**，或**近侧支撑**。此时，起点为定点，止点则为动点。四肢肌收缩时，定点在远侧称为**远固定**，或**远侧支撑**。此时，起点为动点，止点为定点。如肱肌在"持杠铃屈前臂"动作中的工作条件为近固定，而在"单杠引体向上"动作中则为远固定（图3-9a）。

3. 上固定（上支撑）与下固定（下支撑）

躯干肌工作时一般有上、下固定。当肌肉上端的附着点相对固定时称为**上固定**或**上支撑**。当肌肉下端的附着点相对固定时称为**下固定**或**下支撑**。如腹直肌在"悬垂举腿"动作中的工作条件为上固定，而在"仰卧起坐"动作中则为下固定（图3-9b）。

4. 无固定

骨骼肌工作时，其两端的附着点都不固定，人体各环节完成相向运动，称**无固定**。如竖脊肌在"俯卧腿臂上振"动作中的工作条件为无固定（图3-9c）。

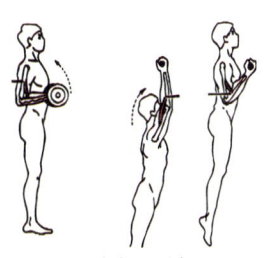
a. 近固定与远固定

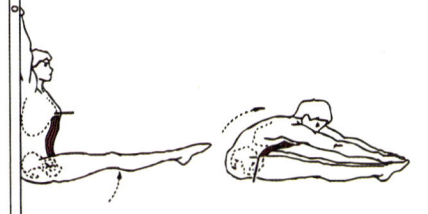
b. 上固定与下固定

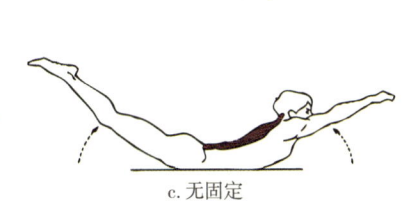
c. 无固定

图3-9 骨骼肌不同工作条件示意图

六、影响肌力大小的解剖学因素

影响肌力大小的解剖学因素主要是肌肉的生理横断面积和肌肉的初长度。

（一）肌肉的生理横断面积

肌肉的**生理横断面积**指横切整块骨骼肌的所有肌纤维面积之和，它是决定骨骼肌力量大小最重要的解剖学因素。肌肉的生理横断面不同于肌肉的解剖横断面，与骨骼肌纵轴相垂直的断面称为肌肉的**解剖横断面**。在梭形肌中，生理横断面与解剖横断面相等；在羽状肌中，生理横断面大于解剖横断面。

（二）肌肉的初长度

骨骼肌收缩前的长度称为**肌肉的初长度**。在一定范围内，肌肉的初长度增加，肌力增大。实践证明，骨骼肌在收缩前被适度拉长，能将拉长骨骼肌产生的动能以弹性势能的形式贮存，使骨骼肌收缩时弹性回缩力增大，从而有效增大骨骼肌收缩的速度和幅度。

七、确定骨骼肌功能的方法

确定骨骼肌功能的方法有多种，包括解剖学分析法、扪触法、临床观察法、电刺激法和肌电图法等。解剖学分析法指根据肌拉力线与关节运动轴的位置关系对骨骼肌的功能进行分析，是运动解剖学教学过程中最常用的方法。

（一）肌拉力线及其确定

骨骼肌收缩时，每条肌纤维都对起点和止点产生拉力，所有肌纤维拉力的合力作用线简称**肌拉力线**。

大多数情况下，从肌肉的动点中心到定点中心的直线即表示该肌肉的肌拉力线。如果肌肉或肌腱在某一骨突起或滑车处弯转，则用由肌肉动点中心向转弯处中心做的直线表示该肌肉的肌拉力线，如股四头肌肌腱在髌骨处发生弯转，屈膝位伸膝时，股四头肌的肌拉力线是从胫骨粗隆至髌骨的连线。

（二）肌拉力线与关节运动轴的关系

由于肌拉力线从关节运动轴的不同方位通过，因此肌肉收缩使环节产生不同的运动（表3-1）。

表3-1　骨骼肌功能分析简表

关节运动轴	肌拉力线通过方向	肌的功能	举例	特殊情况
冠状轴	前	屈	肱二头肌	膝关节、踝关节运动方向相反
	后	伸	肱三头肌	
矢状轴	外上	外展	三角肌	远固定时，脊柱、头颈为侧屈，骨盆为侧倾
	内下	内收	胸大肌/背阔肌	
垂直轴	顺时针方向斜行（右侧）	旋外/后	旋后肌	
	逆时针方向斜行（右侧）	旋内/前	旋前圆肌	

第二节 头颈肌

头颈肌包括头肌和颈肌，主要负责完成表情、咀嚼、吞咽及颈部运动等动作。

一、头肌

头肌可分为面肌（表情肌）和咀嚼肌两部分。

（一）面肌

面肌也称**表情肌**（图3-10），属于皮肌，分布在眼、鼻、口和耳周围。面肌大多一端起于颅骨（或皮肤上），另一端止于皮肤。收缩时改变眼裂、口裂形状、皮肤皱褶，产生喜、怒、哀、乐等各种表情，同时对咀嚼、吸吮、吹奏等动作也有明显作用。

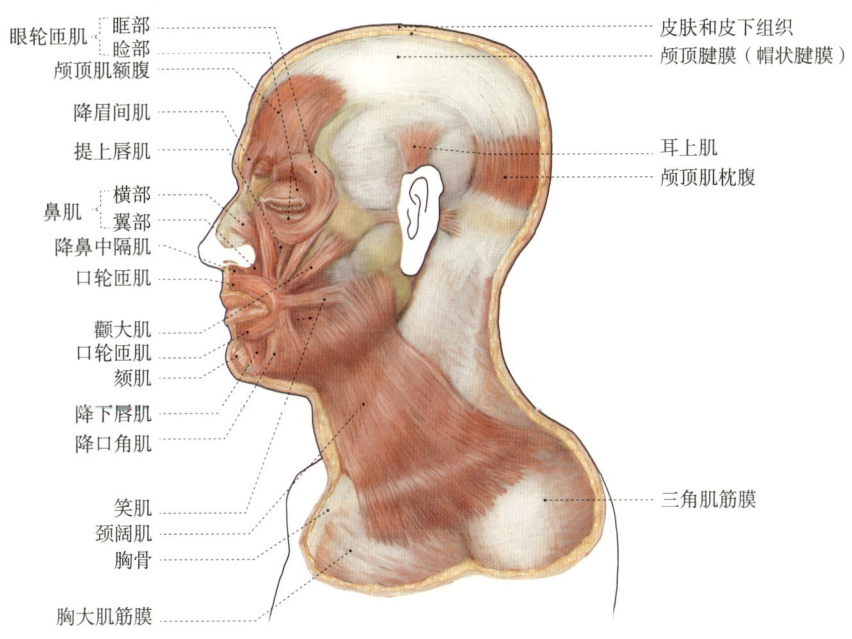

图3-10 面肌

（二）咀嚼肌

咀嚼肌（图3-11）是运动颞下颌关节的肌群，包括咬肌、颞肌、翼内肌和翼外肌，配布在颞下颌关节周围，参与咀嚼运动。

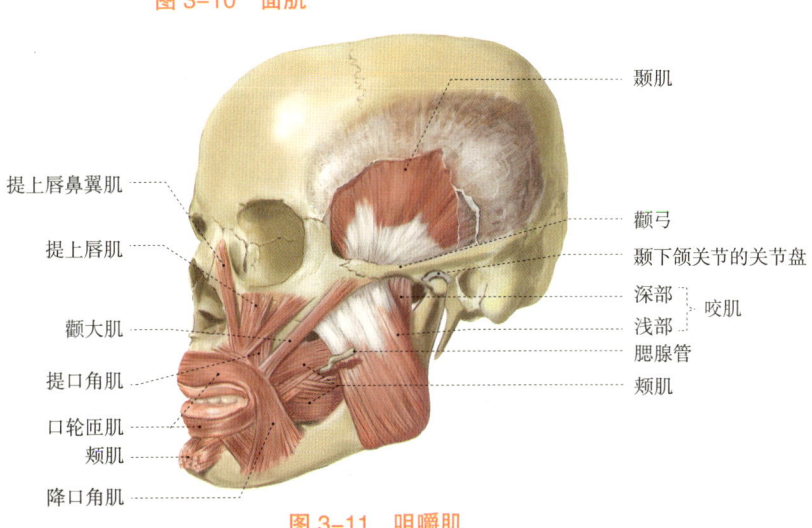

图3-11 咀嚼肌

二、颈肌

颈肌分颈浅层肌群、颈中层肌群、颈深层肌群。

颈肌

（一）颈浅层肌群

包括颈部皮下最浅层的颈阔肌和两侧的胸锁乳突肌。

1. 颈阔肌

位于颈部浅筋膜中，为皮肌，薄而宽阔，属于表情肌。起于胸大肌和三角肌表面的深筋膜，向上止于口角。收缩时向下拉口角，并使颈部皮肤出现皱褶（图3-10）。

2. 胸锁乳突肌

位于颈部两侧皮下，大部分被颈阔肌覆盖，在颈部形成明显的体表标志。起于胸骨柄前面和锁骨的胸骨端，二头会合斜向后上方，止于颞骨乳突。下固定时，一侧胸锁乳突肌收缩使头向同侧倾斜，脸转向对侧；两侧同时收缩时，若肌拉力线通过寰枕关节冠状轴前方，则使头颈前屈（低头动作）；若肌拉力线通过寰枕关节冠状轴后方，则使头颈后伸（抬头动作）。上固定时，收缩可协助提胸以肋深吸气（图3-12）。

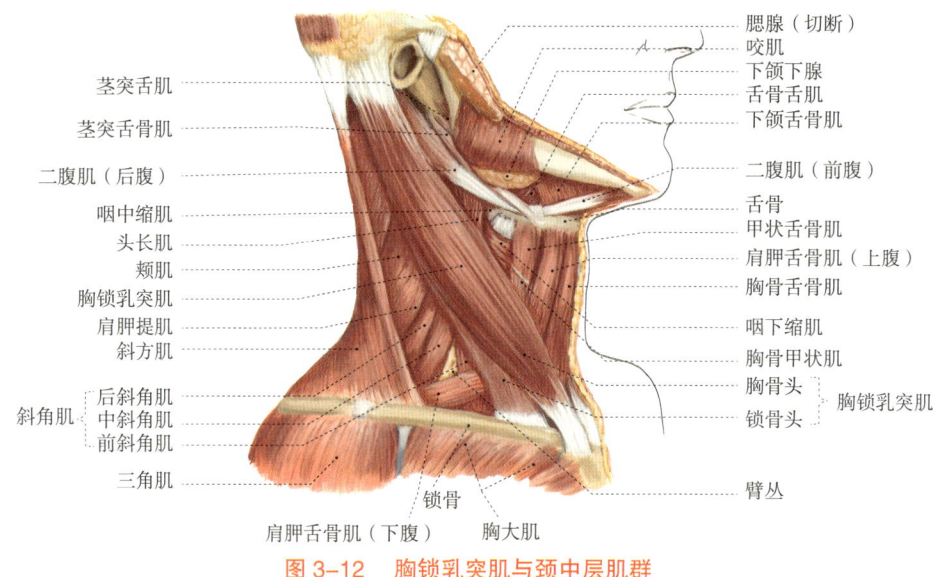

图3-12　胸锁乳突肌与颈中层肌群

（二）颈中层肌群

舌骨肌即颈中层肌群，附着舌骨上，分为舌骨上肌群和舌骨下肌群（图3-12）。

（三）颈深层肌群

颈深层肌群可分为内侧群和外侧群（图3-13）。

1. 内侧群

位于颈椎体的前方，包括颈长肌和头长肌等，合称**椎前肌**。收缩时可使头前俯，颈前屈。

2.外侧群

位于脊柱颈段两侧,包括**前斜角肌**、**中斜角肌**和**后斜角肌**。一侧肌群收缩,使颈侧屈;两侧肌群同时收缩可上提第1、2肋,协助深吸气。

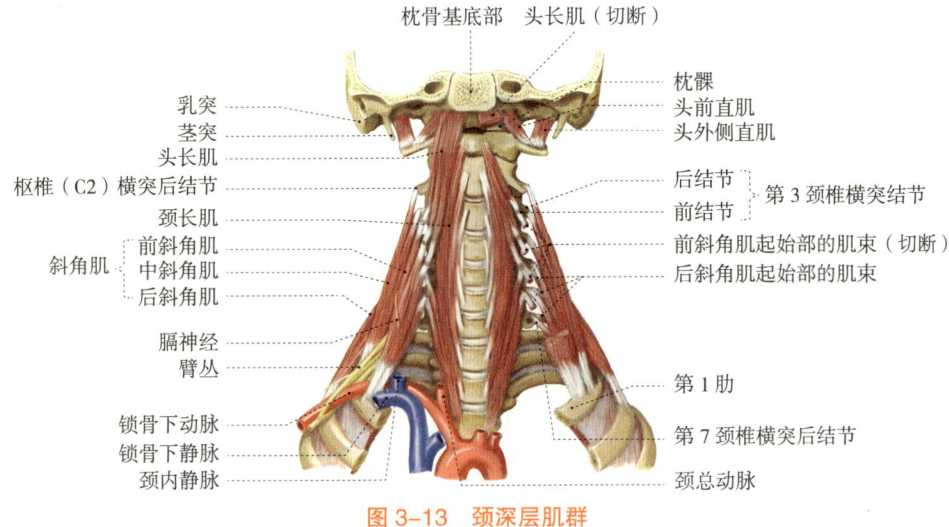

图3-13 颈深层肌群

三、头颈肌功能练习方法

各种表情练习,如"抬眉""耸鼻""噘嘴""示齿"等动作可发展面肌的力量;"咀嚼""撕咬"等动作可发展咀嚼肌的力量。

"颈部静力性侧推""负重颈屈伸"等练习可发展颈肌的力量;"转头""头向对侧侧屈并向同侧回旋"等动作可发展颈肌的伸展性。

第三节 躯干肌

躯干肌附着在躯干上,一般扁而阔。按部位可分为背肌、胸肌、膈肌、腹肌和会阴肌。

一、背肌

背肌是位于躯干后面的肌群,分层排列,可分为浅、深两群。浅群主要为阔肌,如斜方肌、背阔肌、肩胛提肌和菱形肌,它们起自脊柱的不同部位,止于上肢带骨或肱骨。深群位于棘突两侧的脊柱沟内,可分为数层。浅层有夹肌及长的竖脊肌;深层为节段性比较明显的肌群,能运动相邻的椎骨,也能加强椎骨间的联结。

(一)背浅肌

背浅肌位于躯干背面浅层,均起于脊柱的不同部位,止于上肢带骨或自由上肢骨。浅层有斜方肌、背阔肌、肩胛提肌和菱形肌。

背浅肌

1.斜方肌(图3-14)

位于项部和背部的皮下,一侧呈三角形扁肌,两侧合起来为斜方形。起于上项线、枕外隆凸、项韧带、第 7 颈椎和全部胸椎的棘突。上部肌束斜向外下方、中部肌束平行向外、下部肌束斜向外上方，止于锁骨的外侧 1/3 部分、肩峰和肩胛冈。近固定（脊柱固定），上部肌束收缩使肩胛骨上提、上回旋、后缩（靠近脊柱）；中部肌束收缩使肩胛骨后缩；下部肌束收缩使肩胛骨下降、上回旋、后缩；三部肌束同时收缩使肩胛骨后缩。远固定（肩胛骨固定），单侧上部肌束收缩使头向同侧屈和向对侧旋转；双侧同时收缩使肩胛骨向脊柱靠拢，头和脊柱后伸。

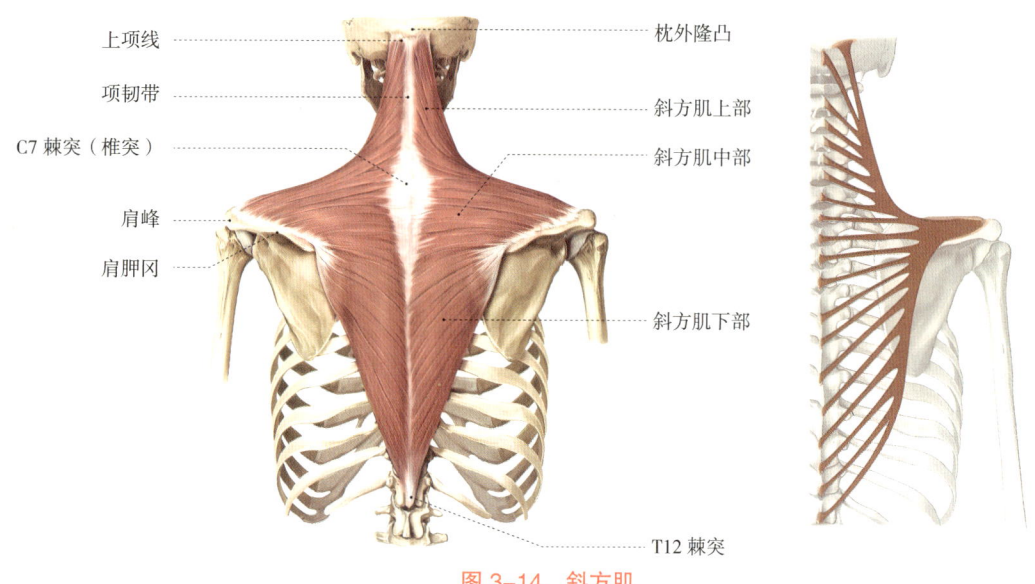

图 3-14 斜方肌

2. 背阔肌（图 3-15）

位于腰背部和胸部后外侧皮下，呈扇形，为全身最大的扁肌，该肌上内侧部被斜方肌遮盖，肌束呈放射状排列，由内下斜向外上方集中。起于第 7~12 胸椎和全部腰椎棘突及髂嵴后部等。肌束向外上前方集中，止于肱骨小结节嵴。近固定时，使上臂在肩关节处伸、内收、旋内；远固定时，拉引躯干向上臂靠拢，提肋助吸气。

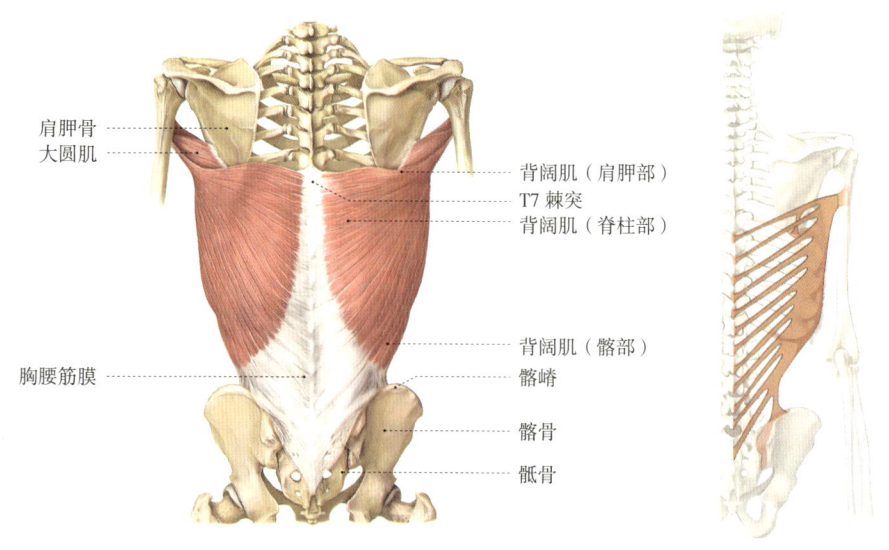

图 3-15 背阔肌

3. 肩胛提肌（图 3-16）

位于项部两侧、斜方肌深面，为带状长方形肌。起于第 1~4 颈椎的横突。肌纤维向后外下方，止于肩胛骨上角。近固定时，使肩胛骨上提和下回旋；远固定时，单侧收缩使脊柱颈段向同侧屈和回旋，双侧同时收缩使脊柱颈段伸。

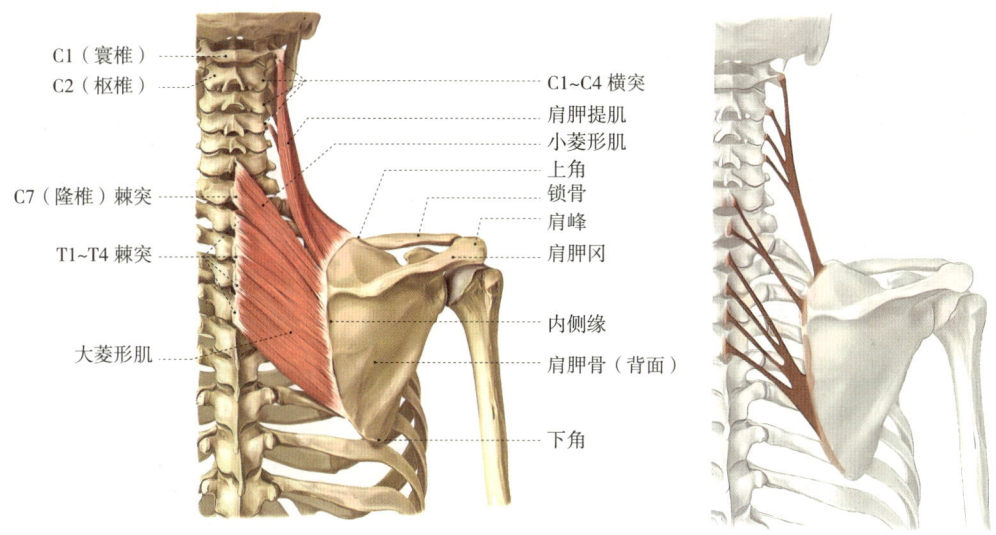

图 3-16　肩胛提肌和菱形肌

4. 菱形肌（图 3-16）

位于斜方肌深面，为一对菱形的扁肌。起于第 6、7 颈椎和第 1~4 胸椎的棘突。止于肩胛骨的内侧缘。近固定时，使肩胛骨上提、后缩和下回旋；远固定时，两侧收缩使脊柱颈、胸段伸。

（二）背深肌

主要有竖脊肌和夹肌。竖脊肌又称骶棘肌，是维持人体直立的重要肌。竖脊肌的深部为数目众多的短肌，附于椎骨与椎骨之间，加强椎骨的连结，增加脊椎运动的灵活性。

背深肌

1. 竖脊肌（图 3-17）

自骶骨到颅底，分为棘肌（内侧）、最长肌（中间）和髂肋肌（外侧）三部分。位于背部深层全部椎骨棘突两侧的纵沟内，为两条强大的纵行肌柱。起于骶骨背面、髂嵴后部、腰椎棘突和胸腰筋膜。向上分出 3 群肌束，沿途止于颈椎和胸椎的棘突、横突、颞骨乳突及肋骨的肋角。下固定（骶部固定）时，两侧收缩使头和脊柱后伸，一侧收缩使脊柱向同侧屈；上固定时，使骨盆前倾、脊柱后伸。

2. 夹肌（图 3-17）

由头夹肌和颈夹肌两部分组成。位于斜方肌、菱形肌等深面，上位的胸椎和颈椎两侧。起于第 3 颈椎以下至第 6 胸椎的棘突。头夹肌止于颞骨乳突，颈夹肌止于第 1~3 颈椎横突。下固定时，一侧收缩使头颈向同侧屈和回旋，两侧同时收缩使头颈后伸。

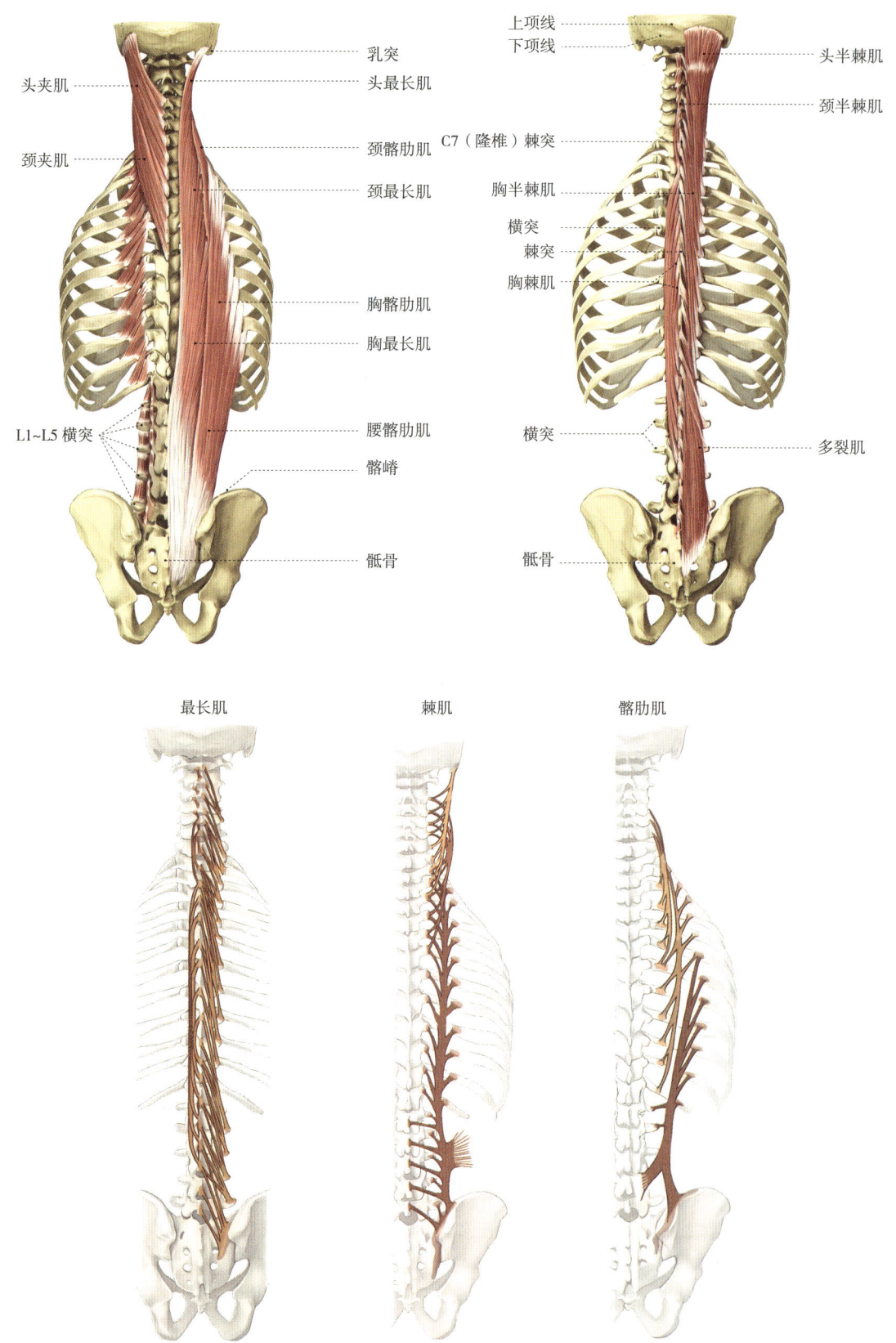

图 3-17 竖脊肌与夹肌

二、胸肌

胸肌可分为胸上肢肌和胸固有肌。胸上肢肌起于胸廓，止于上肢骨；胸固有肌起、止点均在胸廓上。

（一）胸上肢肌

包括胸大肌、前锯肌和胸小肌。

胸上肢肌

1. 胸大肌（图 3-18）

位于胸前皮下，覆盖胸廓前壁的大部，呈扇形，宽而厚。起于锁骨内侧半、胸骨侧缘和第 1~6 肋软骨、腹直肌鞘前壁。各部肌束聚合向外，以扁腱止于肱骨大结节嵴。近固定时，向内前拉引肱骨使上臂屈、内收和旋内；远固定或上肢上举后固定时，拉引躯干向上臂靠拢，提肋助吸气。

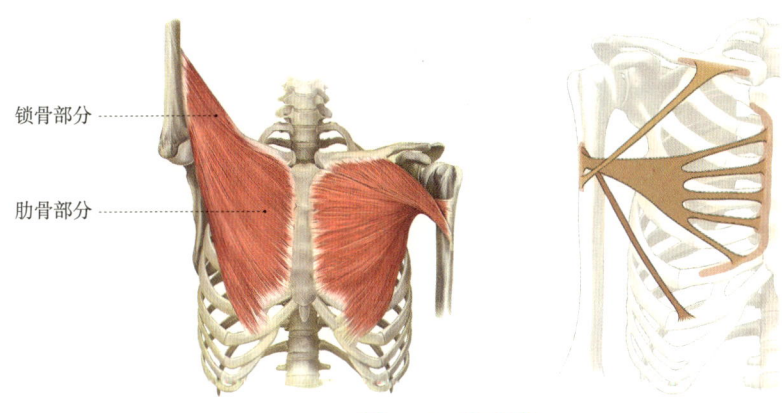

图 3-18 胸大肌

2. 前锯肌（图 3-19）

位于胸廓的外侧面浅层，上部被胸大肌和胸小肌遮盖，呈锯齿状的扁肌。该肌以数个肌齿起于第 1~8 或第 9 肋骨的外侧面。肌束斜向上内后方，经肩胛骨的前方，止于肩胛骨内侧缘和下角。近固定（肋骨固定）时，使肩胛骨前伸、上回旋和下降（下部肌束），该肌与斜方肌共同作用，能使上臂上举到垂直部位；远固定（肩胛骨固定）时，下部肌束收缩可提肋，助深吸气。

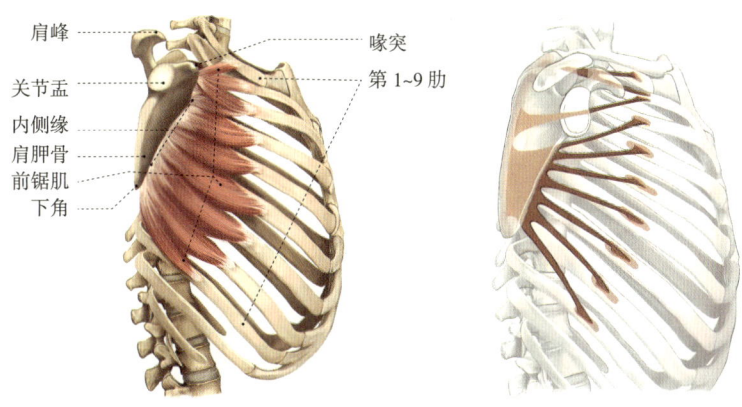

图 3-19 前锯肌

3. 胸小肌（图3-20）

位于胸大肌深层，为三角形扁肌。起于第3~5肋骨前面，止于肩胛骨喙突。近固定收缩时，使肩胛骨前伸、下降和下回旋；远固定收缩时，可提肋助吸气。

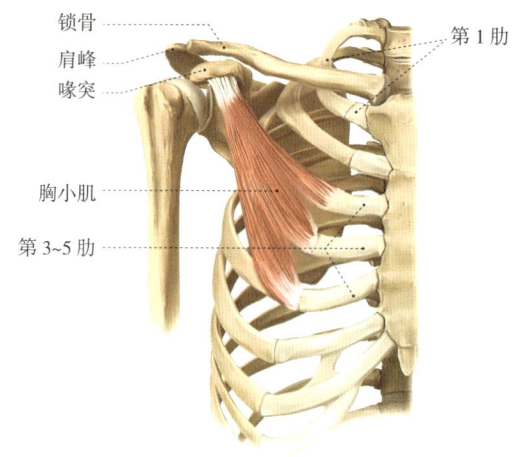

图3-20 胸小肌

（二）胸固有肌

包括肋间外肌和肋间内肌等（图3-21）。

1. 肋间外肌

位于肋骨间浅层，为扁肌，共11对。起于上位肋骨下缘，止于下位肋骨上缘。上固定时，上提肋骨使胸廓前后径和横径增大，引起吸气；下固定时，下降肋骨使胸廓前后径和横径减小，引起呼气。

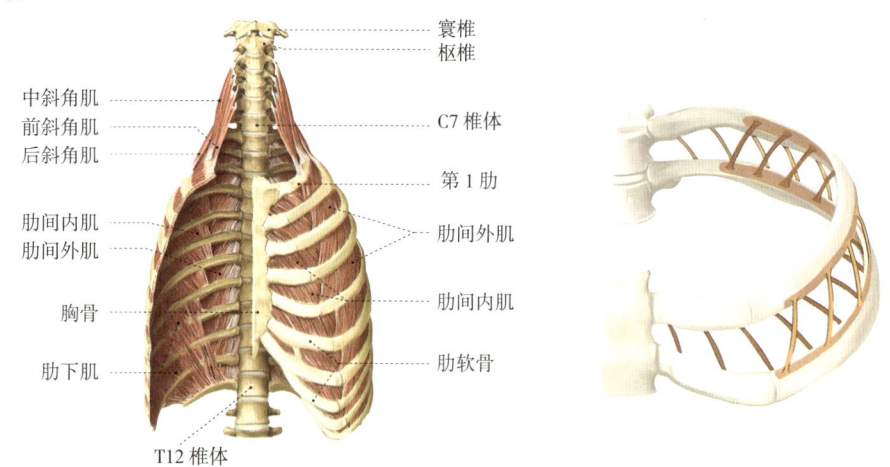

图3-21 胸固有肌

2. 肋间内肌

位于肋间外肌深层，为扁肌，共11对。起于下位肋骨上缘，止于上位肋骨下缘。上固定时，上提肋骨使胸廓前后径和横径增大，引起吸气；下固定时，下降肋骨使胸廓前后径和横径减小，引起呼气。

肋间外肌、肋间内肌是固有呼吸肌群。由肋间肌收缩引起的呼吸形式称胸式呼吸。

三、膈肌

膈肌即膈，位于胸腹腔之间，呈向上膨隆的穹隆形扁薄阔肌，构成胸腔的底和腹腔的顶。膈的肌束起于胸廓下口周缘和腰椎的前面，可分为三部分：胸骨部起自剑突后面；肋部起自下位6对肋骨的内侧面；腰部以左右两个膈脚起自第1~3节腰椎。各部肌束均止于中央的中心腱（图3-22）。

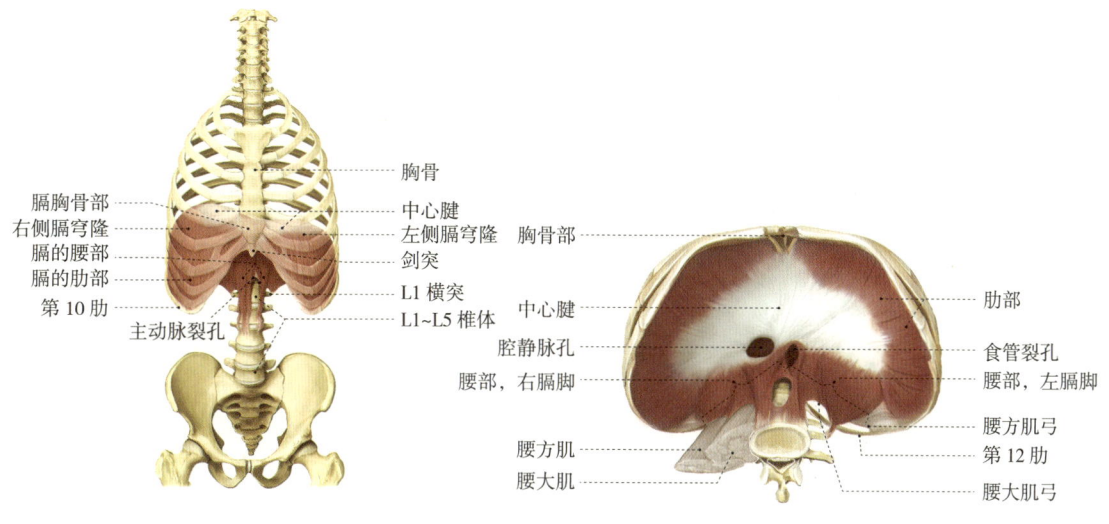

图 3-22 膈肌

膈收缩时，穹隆顶可下降1~3cm，最大可达6~10cm，使胸廓垂直径增大，引起吸气，与此同时，腹腔容积减小，腹压增大，所以膈既是呼吸肌，也是腹压肌。膈舒张时穹隆上升恢复原位，此时胸腔容积减小，实现呼气。深呼吸运动可发展膈肌的力量，体育运动也可以锻炼加强膈肌。

以膈活动为主的呼吸称为腹式呼吸，男性较为明显。通常情况下，人们的呼吸形式是胸式呼吸和腹式呼吸共同参与的混合型呼吸。

四、腹肌

腹肌是腹前壁、侧壁和后壁的主要组成部分，按部位可分为前外侧群和后群。

（一）前外侧群

包括腹直肌、腹外斜肌、腹内斜肌和腹横肌。

腹肌前外侧群

1.腹直肌（图3-23）

位于腹前壁正中线的两侧，居腹直肌鞘中，为上宽下窄的带形多腹肌，整条肌被3~4条横行的腱划分成多个肌腹。起于耻骨联合上缘和耻骨嵴，肌束向上止于胸骨剑突和第5~7肋软骨的前面。上固定时，两侧同时收缩，使骨盆后倾；下固定时，一侧收缩使脊柱向同侧屈，两侧同时收缩使脊柱腰段前屈，并可降肋助呼气。无固定时，可完成仰卧两头起或空中屈体的收腹动作。

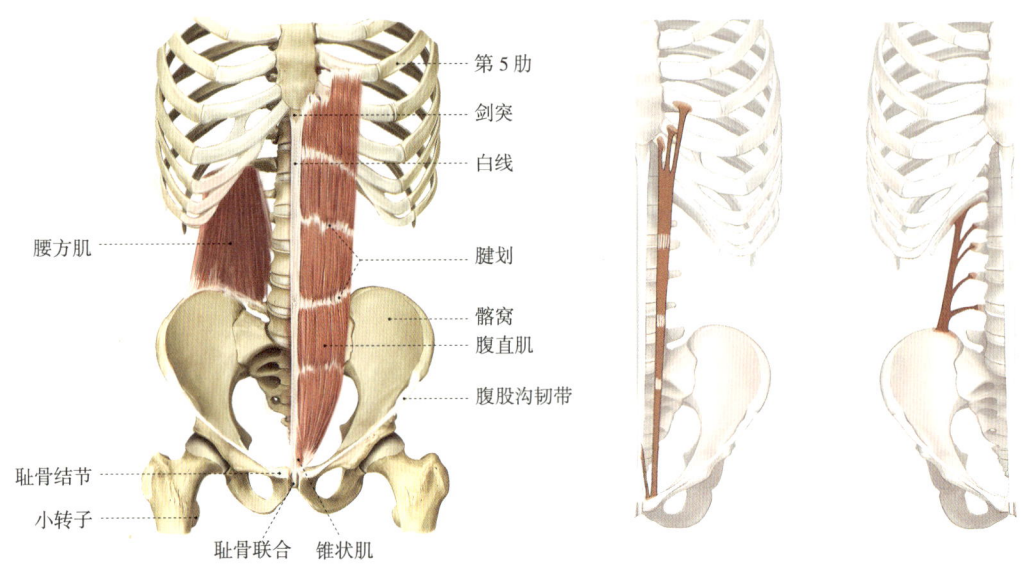

图 3-23 腹直肌和腰方肌

2. 腹外斜肌（图 3-24）

位于腹前外侧壁的浅层，为宽阔的扁肌，肌束由外上斜向前内下，两侧的腹外斜肌呈"V"字形，侧后方与背阔肌的肌齿交错。起于第 5~12 肋外侧面，肌束向前内下方斜行，后部肌束向下止于髂嵴前部，上中部肌束向内移行于腱膜，在腹直肌的前面构成腹直肌鞘的前层，止于腹白线。上固定时，单侧收缩使骨盆向同侧侧倾及回旋，脊柱向同侧屈及回旋，两侧同时收缩使骨盆后倾；下固定时，单侧收缩使脊柱向同侧屈和向对侧回旋；其余功能同腹直肌。

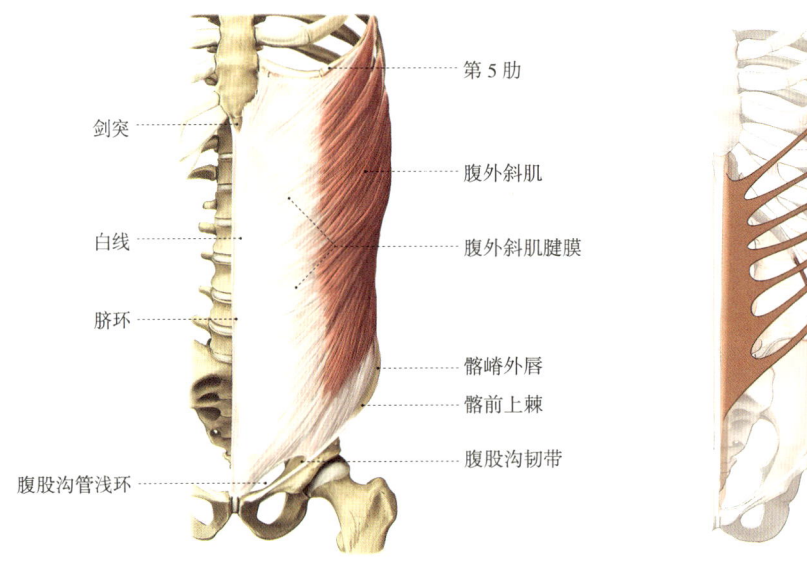

图 3-24 腹外斜肌

3.腹内斜肌（图 3-25）

在腹外斜肌深面，为宽阔的扁肌，肌束由后外下斜向前内上，两侧腹内斜肌呈"八"字形，同侧的腹内斜肌与对侧的腹外斜肌肌纤维方向一致。起于胸腰筋膜、髂嵴和腹股沟韧带的外侧 1/2，肌束呈扇形。大部分肌纤维向前内上方斜行，在腹直肌外缘移行为腱膜，参与构成腹直肌鞘前、后壁和腹白线，其余部分肌纤维止于第 10~12 肋。上固定时，一侧收缩使骨盆向同侧侧倾及对侧回旋，脊柱向同侧屈及向对侧回旋；其余功能同腹直肌；下固定时，一侧收缩使脊柱向同侧屈和回旋（这时与对侧的腹外斜肌共同完成向同侧的转体运动）。

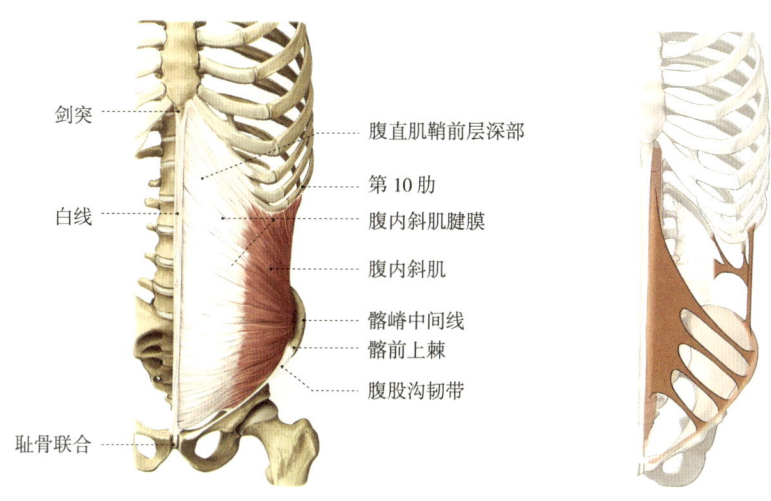

图 3-25　腹内斜肌

4.腹横肌（图 3-26）

在腹内、外斜肌深面，扁阔肌较薄弱。起于第 7~12 肋软骨的内面、胸腰筋膜、髂嵴和腹股沟韧带的外侧 1/3。肌束横行，止于腹白线，其腱膜参与腹直肌鞘后壁组成。该肌与其他腹肌协同收缩，可增加腹压，协助完成咳嗽、呕吐、排便等生理功能。

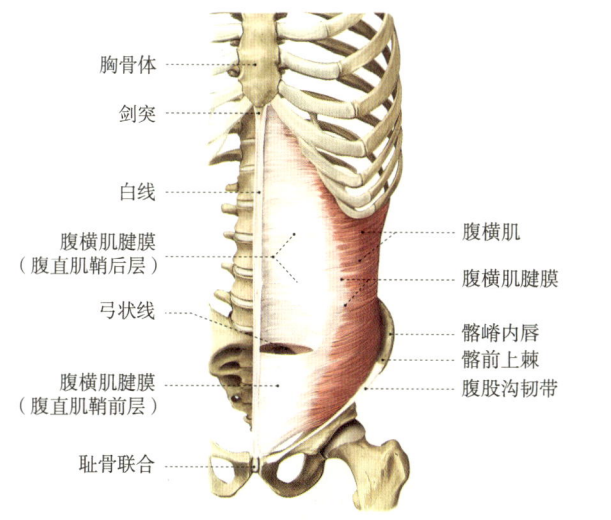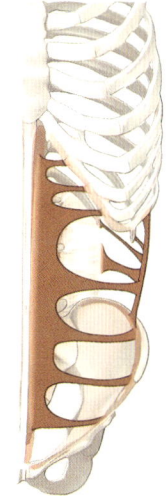

图 3-26　腹横肌

（二）后群

后群由腰方肌与腰大肌组成。

1. 腰方肌（图 3-23）

在腹腔后壁，脊柱两侧，起于髂嵴后部。向上止于第 12 肋和第 1~4 腰椎横突。上固定或下固定时，单侧收缩都可使脊柱向同侧屈；下固定时，两侧收缩可降肋助呼气、维持腹压和加固腰部椎间关节。

2. 腰大肌

见髂腰肌（P101）。

腹肌后群

（三）腹前壁的某些结构

包括腹直肌鞘、白线（图 3-27）和腹股沟管等。

腹前壁的某些结构

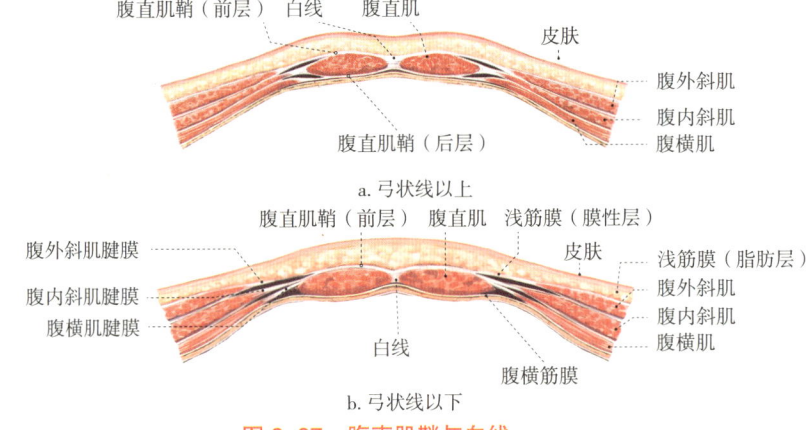

图 3-27　腹直肌鞘与白线

五、会阴肌

会阴肌是封闭小骨盆出口处肌肉的总称（图 3-28）。

会阴肌

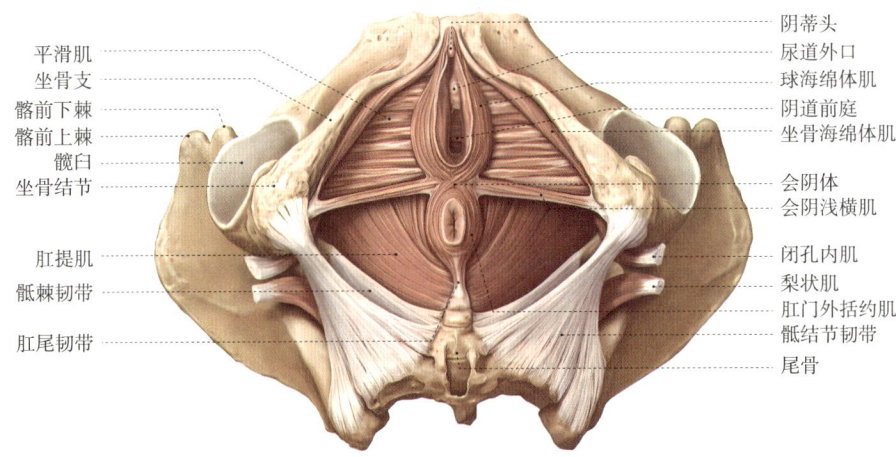

图 3-28　会阴肌（女性）

六、躯干肌功能及练习方法

按运动功能可以将躯干肌分为运动脊柱的肌群和运动胸廓产生呼吸运动的肌群两大类。

（一）躯干肌功能小结（表3-2）

表3-2 躯干肌功能一览表

作用部位	功能	完成动作的原动肌
脊柱	前屈	胸锁乳突肌、腹直肌、腹外斜肌、腹内斜肌、髂腰肌（见下肢肌）
	后伸	斜方肌、夹肌、竖脊肌
	侧屈	同侧胸锁乳突肌、腹直肌、腹外斜肌、腹内斜肌、斜方肌、夹肌、竖脊肌、肩胛提肌、腰方肌、髂腰肌（见下肢肌）
	回旋	同侧腹内斜肌、对侧腹外斜肌、肩胛提肌、夹肌、斜方肌、胸锁乳突肌
	环转	屈脊柱肌、侧屈脊柱肌及伸脊柱肌依次收缩完成
胸廓	吸气	膈、肋间外肌、肋间内肌、胸大肌、胸小肌、背阔肌、前锯肌、胸锁乳突肌
	呼气	肋间外肌、肋间内肌、腹横肌、腹外斜肌、腹内斜肌、腹直肌、腰方肌
腹腔	增压	腹直肌、腹外斜肌、腹内斜肌、腹横肌、腰方肌、膈、会阴肌

（二）躯干肌功能练习方法

1. 脊柱屈肌群的练习方法

仰卧起坐、仰卧举腿（图3-29）、仰卧两头起、负重转体、平板支撑等动作练习可发展脊柱屈肌群的力量；双膝跪撑后倒（图3-30）、体操桥等动作练习可发展其伸展性。

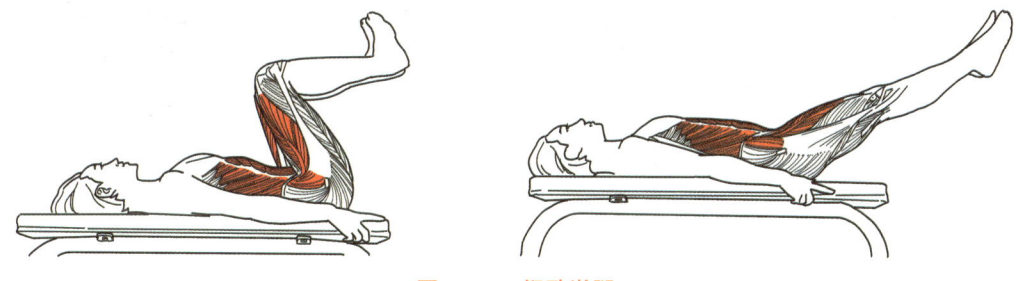

图3-29 仰卧举腿

图3-30 双膝跪撑后倒

2.脊柱伸肌群的练习方法

体屈伸（图3-31）、杠铃硬拉、俯卧臂腿上振等动作练习可发展脊柱伸肌群的力量；各种体前屈动作练习可发展其伸展性。

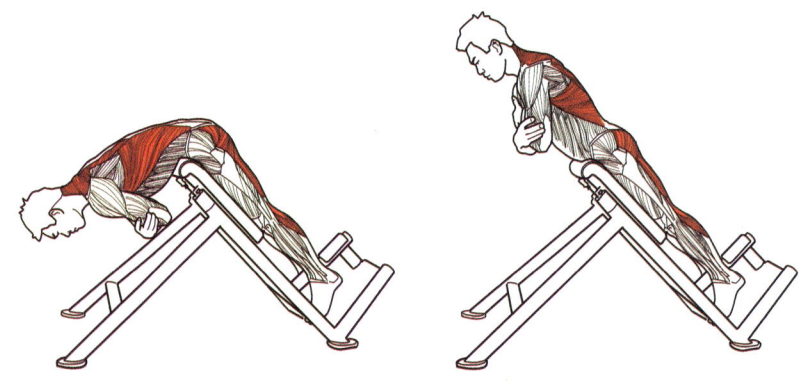

图3-31　体屈伸

3.脊柱侧屈肌群的练习方法

体侧屈、负重体侧屈、侧卧抬上体等动作练习可发展脊柱侧屈肌群的力量；发展一侧侧屈肌群力量的同时，对侧侧屈肌群的伸展性也可得到发展。

4.脊柱回旋肌群的练习方法

负重转体（图3-32）、仰卧左右转体起坐等动作练习可发展脊柱回旋肌群的力量；直立扭腰、体操桥、转体牵拉等动作练习可发展其伸展性。

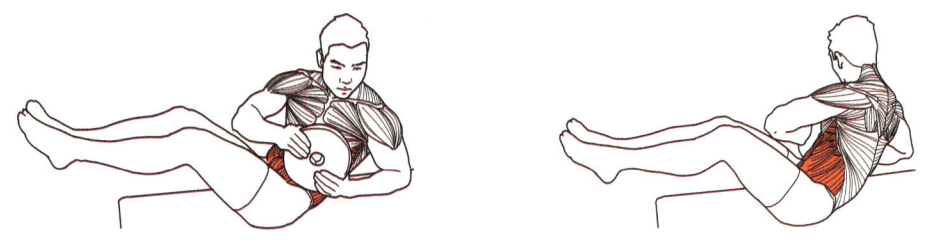

图3-32　负重转体

5.胸廓呼吸肌群的练习方法

通过唱歌、大声说话、广播操、慢跑、打太极、游泳等有氧运动增加呼吸深度，增强呼吸肌群的力量，从而提高肺活量。

第四节　上肢肌

上肢肌为全身肌肉中最灵活的部分，在体育运动支撑、悬垂和推拉等动作中起着重要作用。上肢肌按部位分为上肢带肌、上臂肌、前臂肌和手肌。

一、上肢带肌

上肢带肌也称**肩带肌**,分布在肩关节周围,起自锁骨和肩胛骨,止于肱骨,既能运动肩关节,又能增强关节的稳固性。包括三角肌、肩胛下肌、冈上肌、冈下肌、小圆肌和大圆肌。

冈上肌、冈下肌、小圆肌和肩胛下肌分别从肩关节上方、后方和前方跨过肩关节,并与肩关节囊紧贴,它们的腱共同形成"肌腱袖",又称**肩袖**。这些肌的收缩对加固和保护肩关节起到一定作用。

1. 三角肌(图 3-33)

位于肩部外侧,呈三角形包裹肩关节,使肩部膨隆,分前、中、后 3 部分肌束。前部肌束起于锁骨的外侧端,中部肌束起于肩峰,后部肌束起于肩胛冈,各部肌束逐渐向外下方集中,止于肱骨三角肌粗隆。近固定收缩时,前部肌纤维使上臂在肩关节处屈、旋内和内收;中部肌纤维使上臂在肩关节处外展至水平位;后部肌纤维使上臂在肩关节处伸、旋外和内收;三束肌纤维同时收缩产生的合力可使上臂外展,同时加固肩关节。

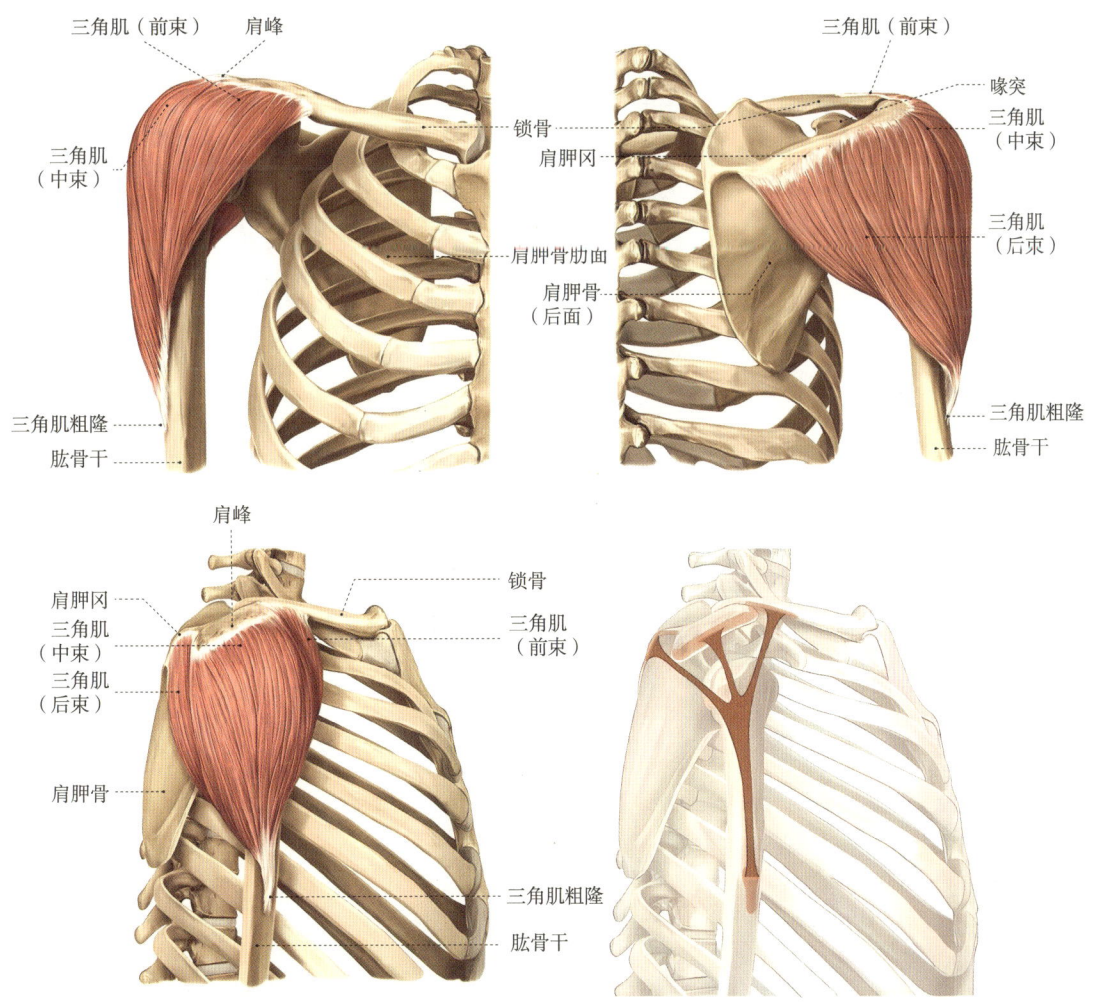

图 3-33 三角肌

2. 冈上肌（图 3-34）

位于肩胛骨冈上窝内，部分位于斜方肌和三角肌深面。起于冈上窝，肌束水平向外止于肱骨大结节上部。近固定收缩时，使上臂外展。上臂由下垂位外展 20° 以内时，主要由冈上肌起作用，故该肌也称肩关节外展的启动肌。

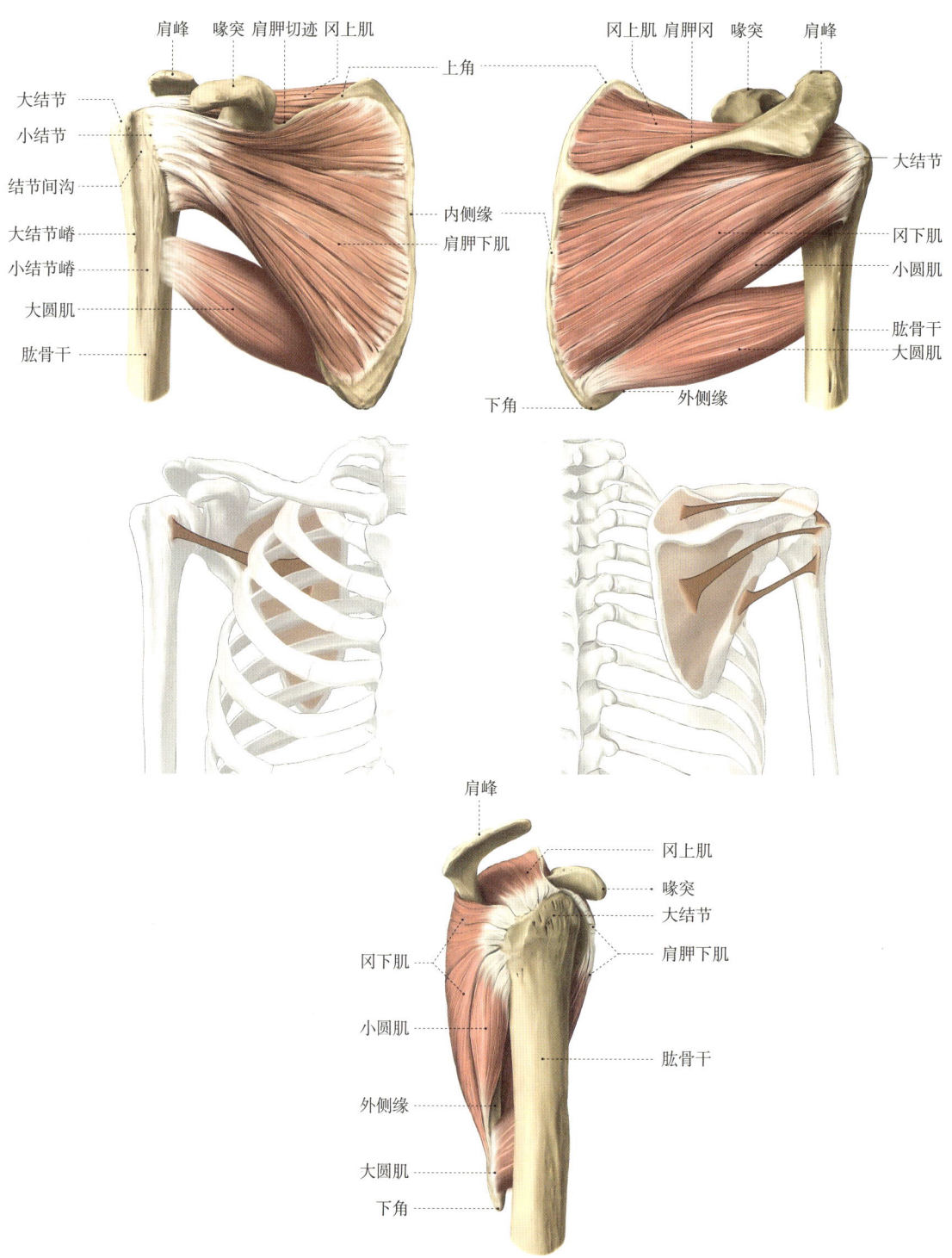

图 3-34　冈上肌、冈下肌、肩胛下肌、小圆肌和大圆肌

3. 冈下肌（图 3-34）

位于肩胛骨冈下窝内，部分被斜方肌和三角肌遮盖，为三角形的羽状肌。起于冈下窝。肌束由内向外逐渐集中，止于肱骨大结节中部。近固定收缩时，使肩关节内收、旋外、伸和水平伸。

4. 小圆肌（图 3-34）

位于冈下肌的下方，大部分被三角肌遮盖，为圆柱形的小肌。起于肩胛骨外侧缘的背面，肌束由内向外移行，止于肱骨大结节中部。近固定收缩时，使肩关节内收、旋外、伸和水平伸。

5. 大圆肌（图 3-34）

位于冈下肌和小圆肌的下方，其下缘被背阔肌上缘遮盖，整块肌呈柱状。起于肩胛骨下角背面，肌纤维束与背阔肌走向一致，共同止于肱骨小结节嵴。近固定收缩时，使肩关节内收、旋内和伸。

6. 肩胛下肌（图 3-34）

位于肩胛下窝内，前面与前锯肌相贴，为三角形扁肌。起于肩胛下窝，纤维向外上方行，止于肱骨小结节。近固定收缩时，使肩关节内收和旋内。

二、上臂肌

上臂肌覆盖肱骨，形成前、后两群，以内侧和外侧两个肌间隔相隔。前群为屈肌群，后群为伸肌群。

（一）前群（屈肌群）

包括肱二头肌、喙肱肌和肱肌。

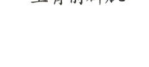

上臂前群肌

1. 肱二头肌（图 3-35）

位于上臂前面皮下，肌腹呈梭形，屈肘时，其轮廓清晰可见。该肌分长、短两头，肌束平行排列，为双关节肌。长头起于肩胛骨盂上结节，通过肩关节囊，经结节间沟下降；短头起于肩胛骨喙突，止于桡骨粗隆和前臂筋膜。近固定收缩时，使上臂在肩关节处屈（长头），前臂在肘关节处屈和旋外。远固定收缩时，使上臂在肘关节处屈，向前臂靠拢。

2. 喙肱肌（图 3-35）

位于肱二头肌短头内侧深面，被胸大肌遮盖，为长的梭形肌。起于肩胛骨的喙突，止于肱骨内面中部。近固定收缩时，使上臂屈、内收和水平屈。

3. 肱肌（图 3-35）

位于肱二头肌下半部的深层，为扁平梭形的羽状肌。起于肱骨前面下半部，止于尺骨粗隆。近固定收缩时，使前臂在肘关节处屈。远固定收缩时，使上臂在肘关节处屈。该肌是屈肘动作的主动肌。

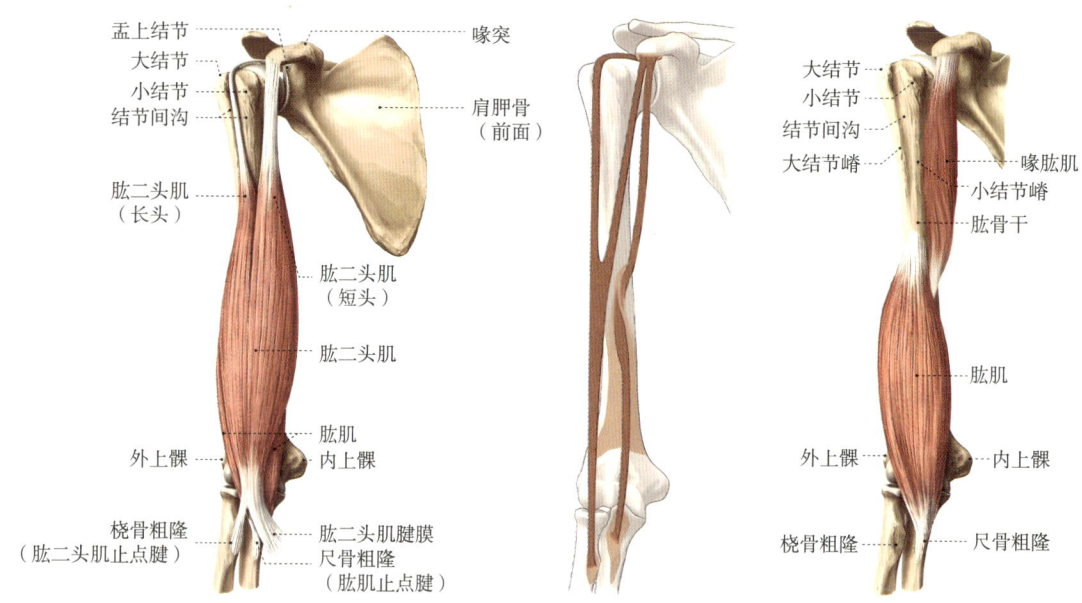

图 3-35 肱二头肌、喙肱肌与肱肌

(二)后群(伸肌群)

包括肱三头肌和肘肌。

1. 肱三头肌(图 3-36)

上臂后群肌

位于上臂后面皮下,用力伸肘时此肌轮廓可见。该肌分长头、内侧头和外侧头,其中长头为双关节肌,内侧头和外侧头为单关节肌。长头起于肩胛骨盂下结节,外侧头起于肱骨后桡神经沟外上方的骨面,内侧头起于桡神经沟内下方的骨面,三个头合为一个肌腹,形成一个肌腱,止于尺骨鹰嘴。近固定时,使前臂在肘关节处伸,长头还可使上臂在肩关节处伸。远固定时,使上臂在肘关节处伸。

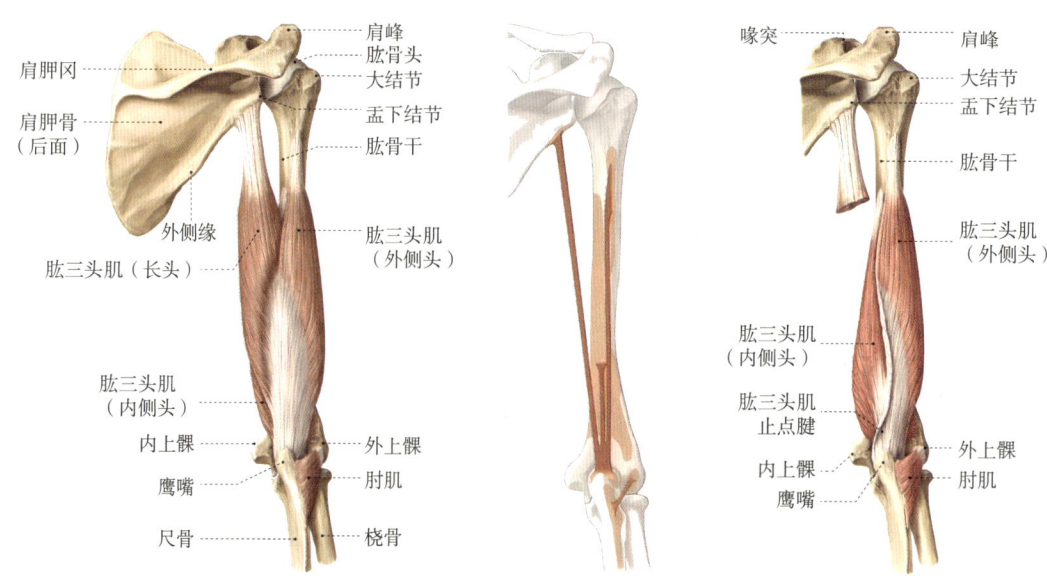

图 3-36 肱三头肌

2. 肘肌（图 3-36）

位于肘关节后外下方皮下，呈三角形。起于肱骨外上髁，止于尺骨背面上部。近固定时，使肘关节伸，并加固肘关节；远固定时，使上臂在肘关节处伸。

三、前臂肌

前臂肌位于尺、桡骨的周围，分为前、后两群，大多数是具有细长肌腱的长肌。肌腹位于近端，细长的肌腱位于远端，所以前臂的上半部膨隆，下半部逐渐变细。

（一）前群肌

前群肌位于前臂的前面和内侧面，具有屈肘、屈腕、屈指、前臂旋前或旋后，以及使腕内收或外展的功能。前群肌共 9 块，分 4 层排列，第 1、2 层为浅层，第 3、4 层为深层（图 3-37）。

前臂前群肌

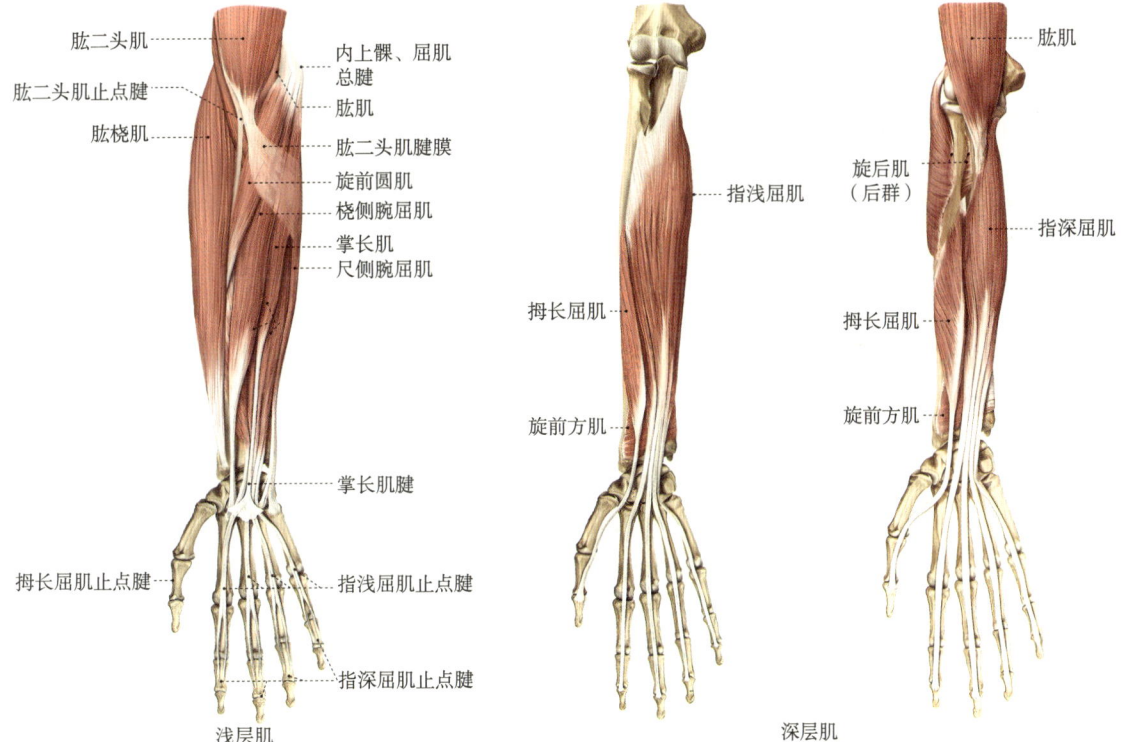

图 3-37　前臂前群肌

1. 第一层

5 块肌肉，自桡侧向尺侧依次为肱桡肌、旋前圆肌、桡侧腕屈肌、掌长肌、尺侧腕屈肌。

①**肱桡肌**：位于前臂外侧皮下，为长而扁的梭形肌，用力屈肘时可见此肌外形。起于肱骨外上髁上方，止于桡骨茎突。近固定时，使前臂在肘关节处屈。当前臂处于旋前位时，可使前臂旋后；当前臂处于旋后位时，能使前臂旋前。正常情况下，此肌使前臂处于"正中"位置，可以把该肌看成一块"调节肌"。远固定收缩时，可使上臂向前臂靠拢。

②**旋前圆肌**：位于肘关节前面，前臂前面上部皮下，为圆锥状长肌，肌束从内上斜向下

方平行排列。起于肱骨内上髁,止于桡骨体中部外侧。近固定收缩时,使前臂旋前,辅助屈肘关节。远固定收缩时,助上臂向前臂靠拢。

③**桡侧腕屈肌、掌长肌、尺侧腕屈肌**:位于前臂内侧皮下。起于肱骨内上髁和前臂筋膜。分别止于第2掌骨底、掌腱膜和豌豆骨。近固定时,桡侧腕屈肌可使腕关节屈和外展,尺侧腕屈肌可使腕关节屈和内收;同时,这三块肌参与固定桡腕关节和肘关节。

2. 第二层

1块肌肉,为指浅屈肌。

位于浅层肌的下方。起于肱骨内上髁、尺骨和桡骨的前面。肌腹向下移行为4条肌腱,通过腕管和手掌,分别进入第2~5指的屈肌腱鞘。每一个肌腱在近节指骨中部分为两脚,止于中节指骨体的两侧。近固定时,屈近侧指间关节、屈掌指关节、屈腕和屈肘。

3. 第三层

2块肌肉,包括拇长屈肌和指深屈肌。

①**拇长屈肌**:位于前臂前群深层。起于桡骨上端前面及骨间膜。肌束下行移行为腱,经腕管入手掌,止于拇指远节指骨底掌面。近固定时,屈拇指指间关节和掌指关节。

②**指深屈肌**:位于前臂前群深层。起于尺骨上端前面及骨间膜,肌束下行移行为4条腱,经腕管入手掌,穿过指浅屈肌相应腱的分叉处,止于第2~5指远节指骨底掌面。收缩时屈第2~5指的远侧、近侧指骨间关节和掌指关节及腕关节。

4. 第四层

1块肌肉,为旋前方肌。

此肌为扁的四方形小肌,贴附在尺骨、桡骨下1/4的掌面,肌束横行,起于尺骨,止于桡骨。近固定时,可使前臂旋前。

(二)后群肌

后群肌位于前臂的后面,主要为伸腕、伸指、使前臂旋后和使腕关节内收或外展的肌群(图3-38)。浅层有桡侧腕长伸肌、桡侧腕短伸肌、指伸肌、小指伸肌、尺侧腕伸肌,深层有旋后肌、拇长展肌、拇长伸肌、拇短伸肌和示指伸肌。

前臂后群肌

浅层大多起于肱骨外上髁,深层起于桡、尺骨背面和骨间膜,分别止于掌骨和相应指骨背面。近固定时,可使腕关节伸、小指、食指、拇指伸及拇指外展,如乒乓球、羽毛球等的反手扣球动作。远固定时,可加固桡腕关节和肘关节。

桡侧腕屈肌、桡侧腕长伸肌、桡侧腕短伸肌、拇长展肌、拇短伸肌和拇长伸肌,这些肌由前臂抵达拇指和掌骨,均经过桡腕关节矢状轴的桡侧。近固定时,使手(拇指)在腕关节处外展,完成乒乓球正手扣杀时的腕部动作等。

尺侧腕屈肌和尺侧腕伸肌由前臂尺侧经桡腕关节矢状轴尺侧抵达腕骨和掌骨。近固定收缩时,使手内收,完成掷标枪出手时的腕部动作等。

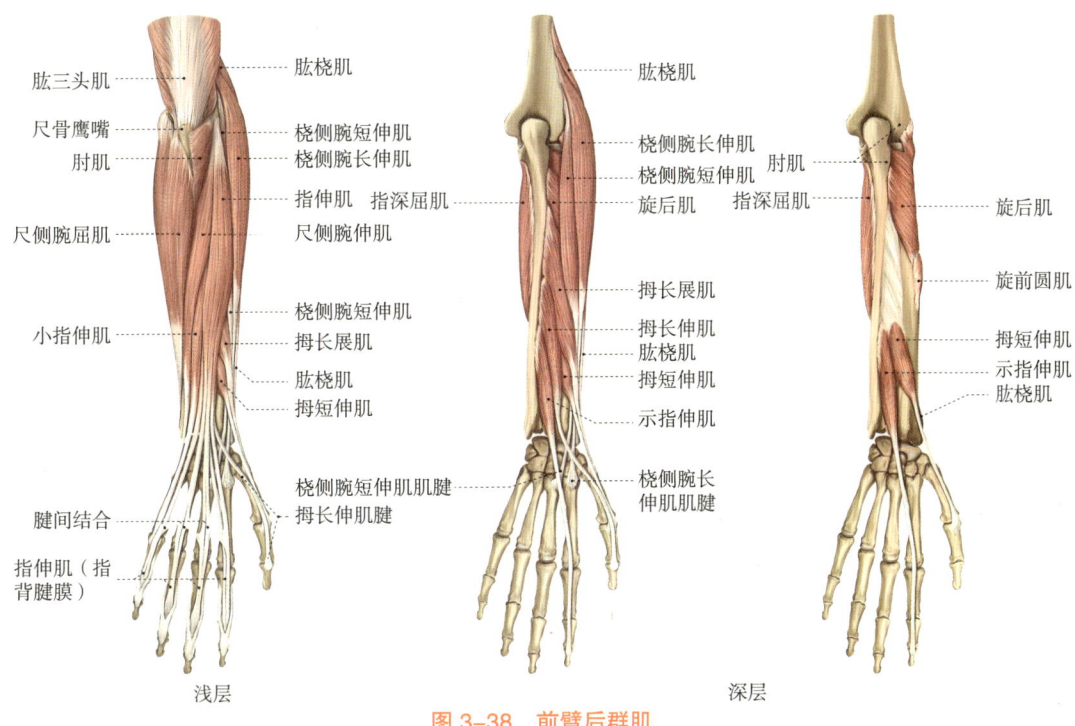

图 3-38 前臂后群肌

四、手肌

手肌（图 3-39）即手部的肌肉，主要位于手的掌侧面，虽是一些短小的肌肉，但具有较大的力量，对于抓握器械的项目，如体操、举重、摔跤等有重要意义。

手肌

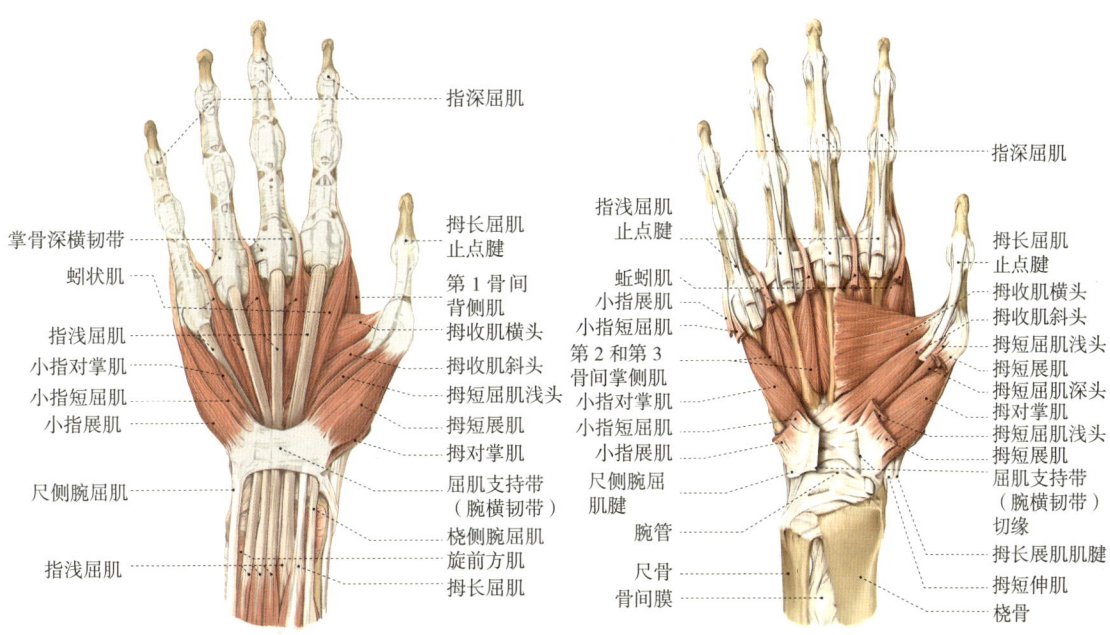

图 3-39 手肌

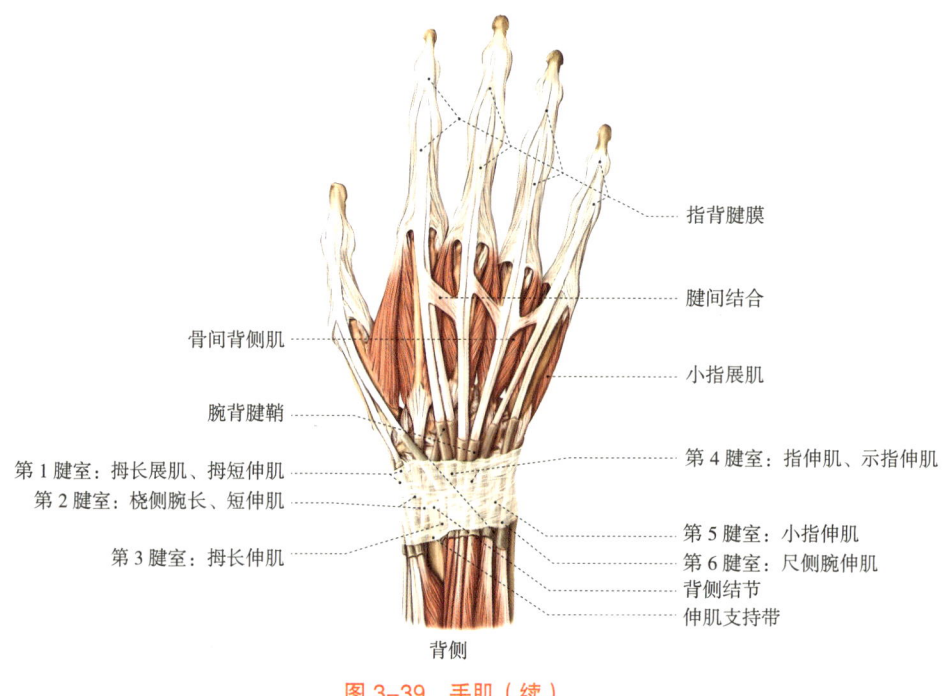

图 3-39 手肌（续）

五、上肢肌功能及练习方法

按运动功能可以将上肢肌分为运动肩带的肌群、运动肩关节的肌群、运动肘关节的肌群、运动前臂的肌群和运动腕关节的肌群。

（一）上肢肌功能小结（表 3-3）

表 3-3 上肢肌功能一览表

作用部位	功能	完成动作的原动肌
肩带	上提	斜方肌上部、菱形肌、肩胛提肌
	下降	斜方肌下部、前锯肌下部、胸小肌
	后缩	斜方肌、菱形肌
	前伸	前锯肌、胸小肌
	上回旋	斜方肌上部、下部纤维、前锯肌下部纤维
	下回旋	胸小肌、菱形肌、肩胛提肌
肩关节	屈	胸大肌、三角肌前部、喙肱肌、肱二头肌
	伸	背阔肌、三角肌后部、大圆肌、小圆肌、冈下肌、肱三头肌长头
	外展	三角肌、冈上肌
	内收	胸大肌、背阔肌、大圆肌、小圆肌、冈下肌、肩胛下肌
	旋内	肩胛下肌、胸大肌、三角肌前部、背阔肌、大圆肌
	旋外	三角肌后部、冈下肌、小圆肌

续表

作用部位	功能	完成动作的原动肌
肘关节	屈	肱二头肌、肱肌、肱桡肌、旋前圆肌
	伸	肱三头肌、肘肌
前臂	旋前	旋前圆肌、旋前方肌
	旋后	旋后肌
腕关节	屈	桡侧腕屈肌、掌长肌、尺侧腕屈肌、指浅屈肌、指深屈肌
	伸	桡侧腕长伸肌、桡侧腕短伸肌、指伸肌、尺侧腕伸肌、拇长伸肌、拇短伸肌、示指伸肌等
	外展	桡侧腕屈肌、桡侧腕长伸肌、桡侧腕短伸肌、拇长展肌、拇短伸肌、拇长伸肌
	内收	尺侧腕屈肌、尺侧腕伸肌

（二）上肢肌功能练习方法

1. 运动肩带的肌群练习方法

肩带的运动一般表现为肩胛骨的运动。肩带肌群的主要功能是使肩胛骨产生上提、下降、前伸、后缩、上回旋及下回旋等动作形式。

（1）**肩带上提肌群的练习方法**

提杠铃耸肩（图3-40）、负重侧上举、俯立持哑铃扩胸、肩上推举等动作练习可发展肩带上提肌群的力量；向肩胛骨产生下降动作方向进行的拉伸动作练习可发展其伸展性。

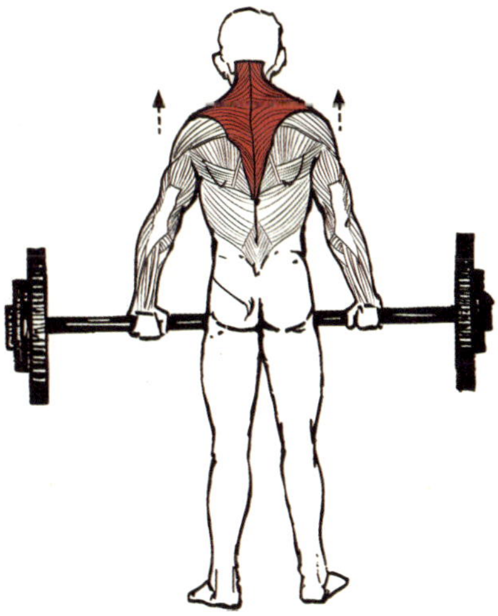

（2）**肩带下降肌群的练习方法**

引体向上、双杠直臂支撑、下斜卧推等动作练习可发展肩带下降肌群的力量；向肩胛骨产生上提动作方向进行的拉伸动作练习可发展其伸展性。

（3）**肩带前伸肌群的练习方法**

卧推（图3-41）、负重俯卧撑、拳击沙包、仰卧飞鸟等动作练习可发展肩带前伸肌群的力量；扩胸运动、单手握肋木向对侧转体等动作练习可发展其伸展性。

图3-40 提杠铃耸肩

（4）**肩带后缩肌群的练习方法**

负重扩胸、俯身划船等动作练习可发展肩带后缩肌群的力量；含胸抱肩、单手握肋木向同侧转体等动作练习可发展其伸展性。

（5）**肩带上回旋肌群的练习方法**

负重侧上举、肩上推举等动作练习可发展肩带上回旋肌群的力量；向肩胛骨产生下回旋动作方向进行的拉伸动作练习可发展其伸展性。

（6）肩带下回旋肌群的练习方法

爬杆、爬绳、引体向上等动作练习可发展肩带下回旋肌群的力量；向肩胛骨产生上回旋动作方向进行的拉伸动作练习可发展其伸展性。

2. 运动肩关节的肌群练习方法

（1）肩关节屈肌群的练习方法

俯卧撑、卧推（图 3-41）、负重前平举等动作练习可发展肩关节屈肌群的力量；向后拉肩等使肩关节产生后伸方向进行的拉伸动作练习可发展其伸展性。

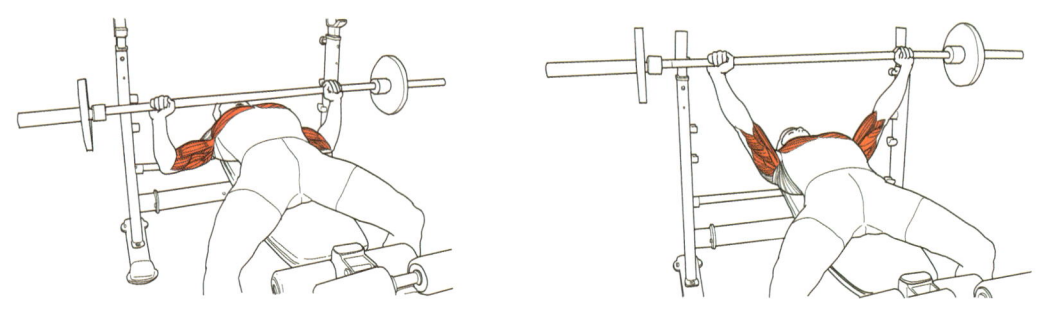

图 3-41　卧推

（2）肩关节伸肌群的练习方法

绳索直臂下压、坐姿划船（图 3-42）、卧拉、引体向上、爬绳等动作练习可发展肩关节伸肌群的力量；压肩、含胸抱肩等动作练习可发展其伸展性。

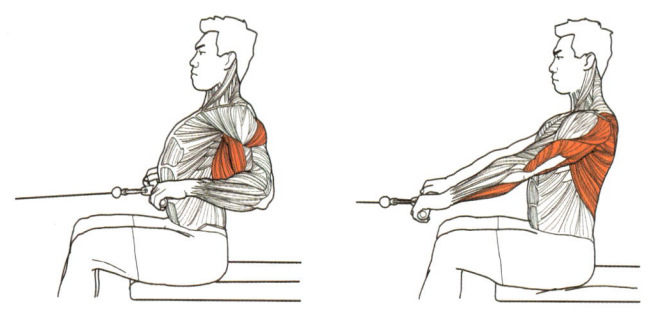

图 3-42　坐姿划船

（3）肩关节外展肌群的练习方法

站姿负重提拉（图 3-43）、肩上推举等动作练习可发展肩关节外展肌群的力量；向前内侧、后内侧收直臂等动作可发展其伸展性。

（4）肩关节内收肌群的练习方法

宽握距引体向上、握力棒、吊环的十字支撑、爬杆等动作练习可发展肩关节内收肌群的力量；悬垂吊肩等动作练习可发展其伸展性。

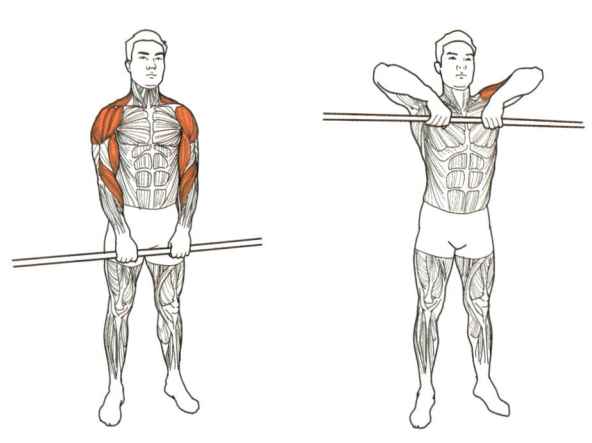

图 3-43　站姿负重提拉

（5）肩关节旋内肌群的练习方法

上臂旋内拉弹力带等动作练习可发展肩关节旋内肌群的力量；挺胸肩旋外等向肩关节产生旋外动作方向进行的拉伸动作练习可发展其伸展性。

（6）肩关节旋外肌群的练习方法

上臂旋外拉弹力带等动作练习可发展肩关节旋外肌群的力量；含胸抱肩等向肩关节产生旋内动作方向进行的拉伸动作练习可发展其伸展性。

3. 运动肘关节的肌群练习方法

（1）肘关节屈肌群的练习方法

哑铃屈前臂（图3-44）、负重弯举、引体向上等动作练习可发展肘关节屈肌群的力量；将双手向后，手掌心对着手掌心进行向后拉伸，然后挺胸收腹、后压臂等动作练习可发展其伸展性。

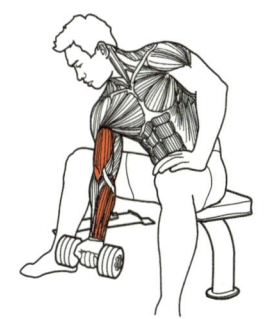 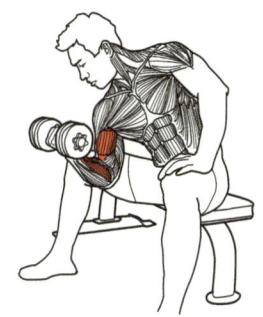

图3-44　哑铃屈前臂

（2）肘关节伸肌群的练习方法

支撑臂屈伸（图3-45）、俯卧撑、负重颈后上举等动作练习可发展肘关节伸肌群的力量；后背勾手、毛巾擦背等动作练习可发展其伸展性。

图3-45　支撑臂屈伸

4. 运动前臂的肌群练习方法

（1）前臂旋前肌群的练习方法

前臂旋前拉弹力带等动作练习可发展前臂旋前肌群的力量；后拉肩前臂旋后等向前臂产生旋后动作方向进行的拉伸动作练习可发展其伸展性。

（2）前臂旋后肌群的练习方法

前臂旋后拉弹力带等动作练习可发展前臂旋后肌群的力量；后拉肩前臂旋前等向前臂产生旋前动作方向进行的拉伸动作练习可发展其伸展性。

5. 运动腕关节的肌群练习方法

（1）腕关节屈肌群的练习方法

反握负重腕屈伸（图3-46）、反缠重锤等动作练习可发展腕关节屈肌群的力量；手掌伸位下压等使腕关节产生后伸方向进行的拉伸动作练习可发展其伸展性。

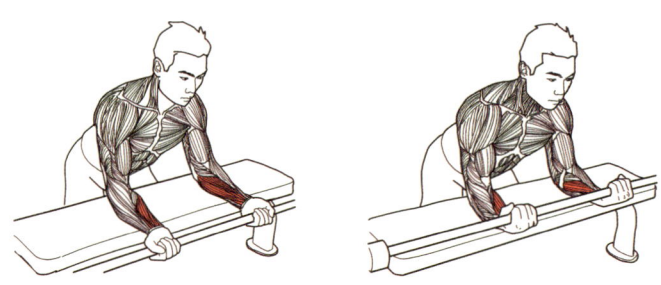

图3-46 反握负重腕屈伸

（2）腕关节伸肌群的练习方法

正握负重腕屈伸（图3-47）、正缠重锤等动作练习可发展腕关节伸肌群的力量；手掌屈位下压等使腕关节产生前屈方向进行的拉伸动作练习可发展其伸展性。

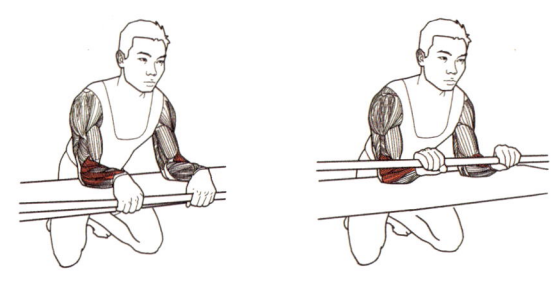

图3-47 正握负重腕屈伸

（3）腕关节外展肌群的练习方法

负重腕外展等动作练习可发展腕关节外展肌群的力量；向内压腕等使腕关节产生内收方向进行的拉伸动作练习可发展其伸展性。

（4）腕关节内收肌群的练习方法

负重腕内收等动作练习可发展肩关节内收肌群的力量；向外压腕等使腕关节产生外展方向进行的拉伸动作练习可发展其伸展性。

第五节　下肢肌

下肢肌按部位可分为盆带肌、大腿肌、小腿肌和足肌。与上肢肌相比，下肢肌较粗大、有力，在人体的支持和位移中起着积极作用。站立时，下肢肌在远固定下进行收缩工作；走、跑、跳（下肢离开地面）时，下肢肌则是在近固定下进行收缩工作。

一、盆带肌

盆带肌起于骨盆的内面和外面，跨过髋关节，止于股骨上部。按其所在部位和作用，可分为前、后两群。

盆带前群肌

（一）前群

包括髂腰肌和阔筋膜张肌。

1. 髂腰肌（图3-48）

位于腰椎体两侧和骨盆内，由腰大肌和髂肌两部分组成。腰大肌起于第12胸椎和第1~5腰椎体侧面和横突，髂肌起于髂窝。两肌腱合并，经腹股沟韧带深面，止于股骨小转子。近固定时，使大腿在髋关节处屈和旋外。远固定时，一侧收缩使脊柱向同侧屈和回旋，两侧同时收缩使脊柱前屈和骨盆前倾。

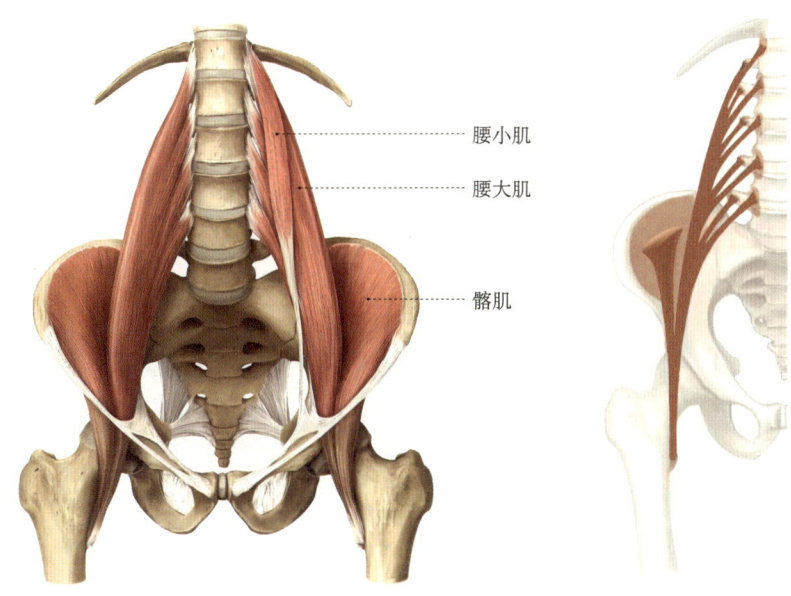

图3-48 髂腰肌

2. 阔筋膜张肌（图3-49）

位于大腿前外侧，包在大腿筋膜鞘内，为梭形肌。起于髂前上棘，当高抬腿时，可以在髂前上棘前外侧下方触摸到阔筋膜张肌的肌腹。该肌在大腿外侧上中部移行为髂胫束，止于胫骨外侧髁。近固定收缩时，使大腿在髋关节处屈、旋内和外展。远固定时，一侧收缩使骨盆向同侧倾，两侧收缩使骨盆前倾。

（二）后群

主要位于臀部，故又称臀肌，包括臀大肌、臀中肌、臀小肌、梨状肌、闭孔内肌、闭孔外肌和股方肌等。

1. 臀大肌（图3-49）

位于臀部皮下，大而肥厚。起于髂骨翼外面后部，骶骨和尾骨的背面，止于股骨的臀肌粗隆和髂胫束。近固定时，使大腿在髋关节处伸和旋外。外上部纤维收缩可使大腿外展，内下部纤维收缩可使大腿内收。远固定时，一侧收缩使骨盆后倾并向对侧旋转；两侧收缩使骨盆后倾并维持人体直立。

盆带后群肌

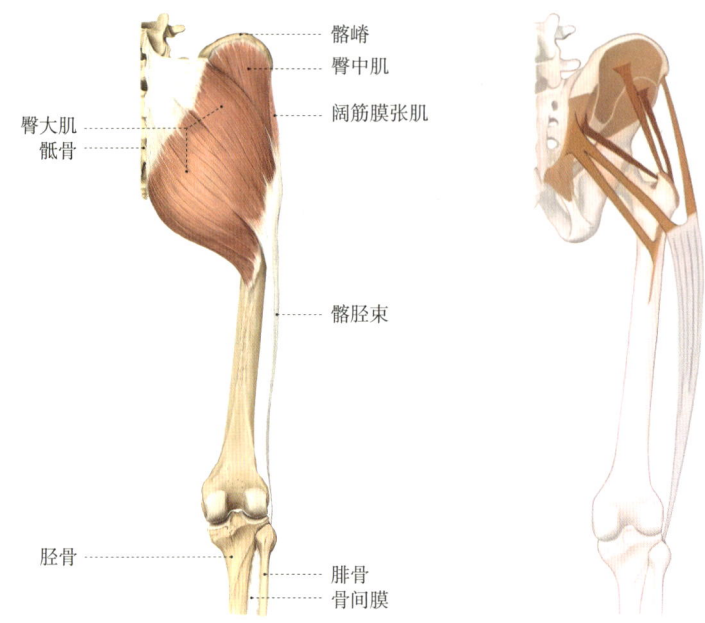

图 3-49　臀大肌、阔筋膜张肌

2. 臀中肌和臀小肌（图 3-50）

位于臀部外上方，大部分被臀大肌覆盖，两肌呈扇形，臀中肌在浅层，臀小肌在深层。两肌均起于髂骨翼外面，止于股骨大转子。近固定收缩时，使大腿外展，前部纤维可使大腿屈和旋内，后部纤维使大腿伸和旋外。远固定收缩时，一侧收缩使骨盆向同侧倾，前部纤维使骨盆前倾和向同侧旋转、后部纤维使骨盆后倾和向对侧旋转。

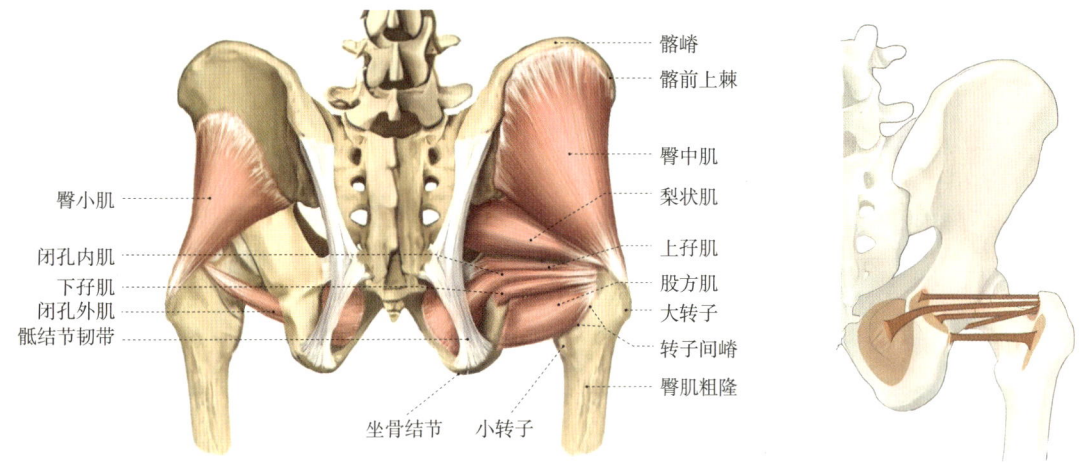

图 3-50　臀中肌、臀小肌、梨状肌、闭孔内肌、闭孔外肌和股方肌

3. 梨状肌（图 3-50）

位于小骨盆内，经坐骨大孔穿出到达臀部，呈三角形。起于骶骨（第 2~5 骶椎）前面，止于股骨大转子。近固定时，能使大腿外展、旋外。远固定时，一侧收缩使骨盆向同侧倾和向对侧转。由于梨状肌和坐骨神经一同出骨盆，受损伤时往往影响坐骨神经，并引起腰腿痛，即梨状肌损伤综合征。

4. 闭孔内肌和闭孔外肌（图 3-50）

位于小骨盆侧壁内外。闭孔内肌起于闭孔膜内面及其周围骨面，肌束向后集中成为肌腱，由坐骨小孔出骨盆转折向外。闭孔外肌起于闭孔膜外面及其周围骨面，经股骨颈的后方向外，共同止于转子窝。两肌收缩均使大腿旋外。

5. 股方肌（图 3-50）

位于髋关节后面。起于坐骨结节，止于转子间嵴。收缩时可使大腿旋外。

二、大腿肌

大腿肌位于股骨周围，可分为前群、内侧群和后群。

（一）前群肌

包括股四头肌和缝匠肌。

大腿前群肌

1. 股四头肌（图 3-51）

位于大腿的前面和外侧面，是全身体积最大的肌肉之一。该肌共有 4 个头，即股直肌、股中肌、股内侧肌和股外侧肌，4 个头均为羽状肌。股直肌位于大腿前面皮下，股中肌位于股直肌的深面，股内侧肌位于大腿前内侧，股外侧肌位于大腿前外侧，其中股直肌是双关节肌。股直肌起于髂前下棘，股中肌起于股骨前面，股内侧肌起于股骨粗线内侧唇，股外侧肌起于股骨粗线外侧唇，四头下行合并为一腱，包绕髌骨，继而下延为髌韧带，止于胫骨粗隆。近固定时，使小腿在膝关节处伸，大腿在髋关节处屈（股直肌作用）。远固定时，拉大腿向前保持膝关节伸直，故能维持人体直立。

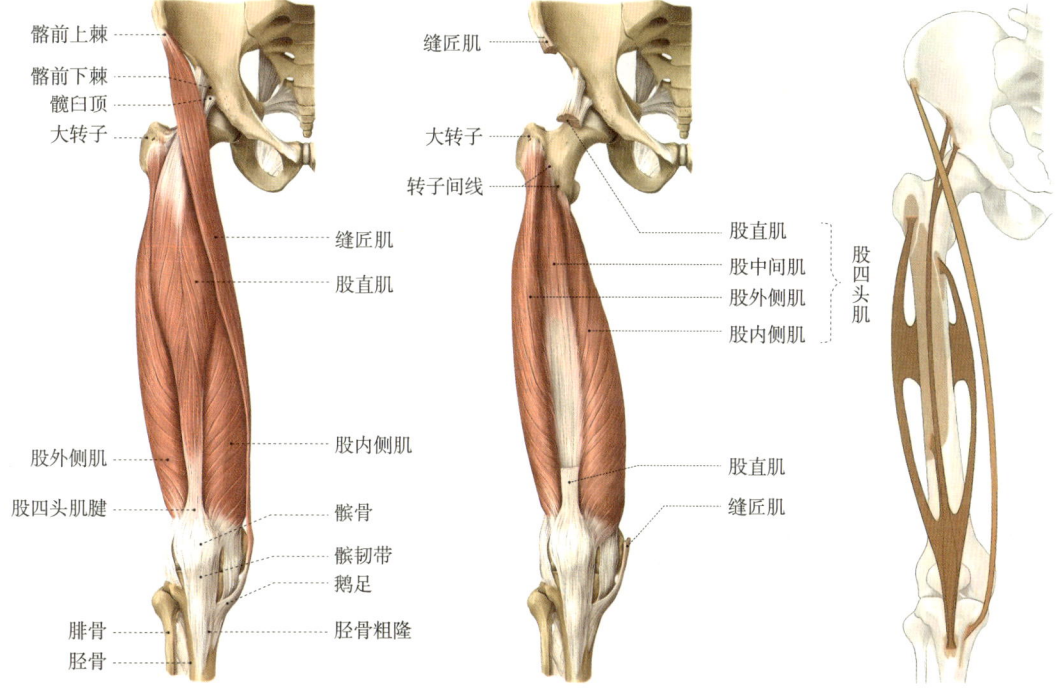

图 3-51　股四头肌

2. 缝匠肌（图3-51）

位于大腿前面及内侧皮下，呈扁带状，是人体最长的肌肉。起于髂前上棘，向大腿内下方斜行。止于胫骨粗隆内侧。近固定时，使大腿在髋关节处屈、旋外，小腿在膝关节处屈、旋内；远固定时，两侧收缩可使骨盆前倾，一侧收缩可使大腿在膝关节处屈。用力伸膝时，可增强膝关节的稳定性。

（二）内侧群

位于大腿的内侧，包括耻骨肌、长收肌、短收肌、大收肌和股薄肌（图3-52）。

大腿内侧肌群

1. 耻骨肌（图3-52）

位于大腿内侧上部，为长方形短肌。起于耻骨上支，止于股骨粗线内侧唇的上部。近固定时，使大腿内收、旋外和屈。远固定时，一侧收缩使骨盆向对侧倾斜和回旋；两侧收缩使骨盆前倾。

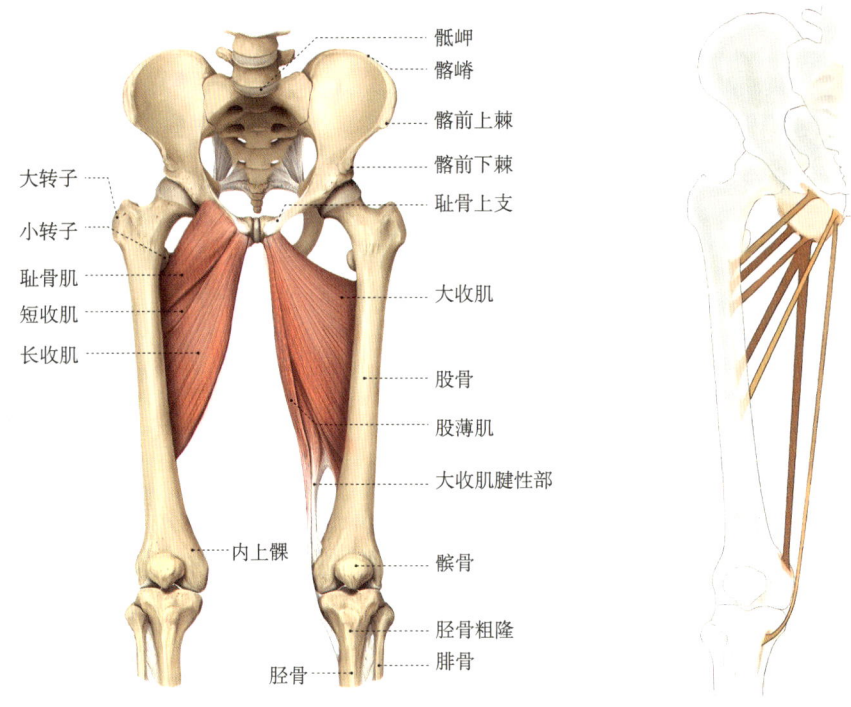

图3-52 耻骨肌、长收肌、短收肌、大收肌和股薄肌

2. 长收肌（图3-52）

位于耻骨肌内侧，为三角形扁肌。起于耻骨上支，止于股骨粗线内侧唇中部。近固定时，使大腿内收、旋外和屈。远固定时，一侧收缩使骨盆向对侧倾斜和转动；两侧收缩使骨盆前倾。

3. 短收肌（图3-52）

位于耻骨肌和长收肌深面，较长收肌短而厚，为三角形扁肌。起于耻骨下支，止于股骨粗线内侧唇中部。近固定时，使大腿在髋关节处内收、旋外和屈；远固定时，两侧收缩使骨盆前倾。

4. 大收肌（图 3-52）

位于大腿内侧深面，短收肌深层，为最大的内收肌，呈三角形。起于坐骨结节、坐骨支和耻骨下支，止于股骨粗线内侧唇上 2/3 和股骨内上髁。近固定时，使大腿内收、旋外和伸；远固定时，两侧同时收缩可使骨盆前倾；一侧收缩可与臀大肌一起完成跑步后蹬的"送髋"动作。

5. 股薄肌（图 3-52）

位于大腿内侧，是髋关节内收肌群中唯一跨过髋、膝两个关节的肌，为带状长条肌。起于耻骨下支，止于胫骨粗隆内侧。近固定时，使大腿在髋关节处内收，并使小腿在膝关节处屈和旋内。远固定时，两侧收缩可使骨盆前倾。

（三）后群

位于大腿后面，共 3 块，包括股二头肌、半腱肌和半膜肌（图 3-53）。

股二头肌、半腱肌和半膜肌合称**股后肌群**，又称腘绳肌，在蹲踞式起跑、急跑、跨栏或跳高起跳动作中易被拉伤，故平时应注意发展其伸展性。

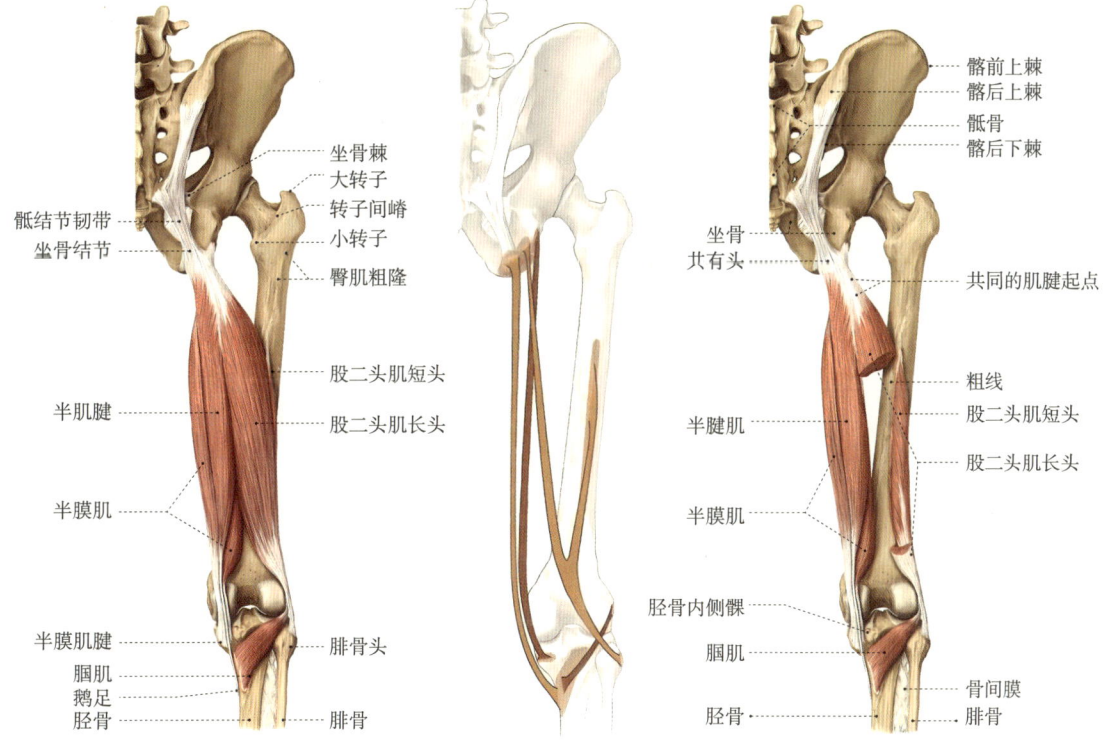

图 3-53 股后肌群

1. 股二头肌（图 3-53）

位于大腿后面的外侧，呈梭形，有长、短两个头，肌束平行排列。长头起于坐骨结节；短头起于股骨粗线外侧唇下半部，两头合并以长腱止于腓骨头。近固定时，使大腿在髋关节处伸，小腿在膝关节处屈和旋外。远固定时，一侧收缩可使大腿在膝关节处屈；两侧收缩可使骨盆后倾。

2. 半腱肌和半膜肌（图 3-53）

位于大腿后面内侧，半腱肌在浅层，半膜肌在深层，为单羽肌。两肌起于坐骨结节，半腱肌止于胫骨粗隆内侧，半膜肌止于胫骨内侧髁内侧面。近固定时，使大腿伸、小腿在膝关节处屈和旋内。远固定时，一侧收缩使大腿在膝关节处屈，两侧收缩使骨盆后倾。

三、小腿肌

小腿肌位于小腿周围，参与维持人体的直立姿势和行走。可分为前群、后群和外侧群 3 群。

（一）前群

位于骨间膜的前面，包括胫骨前肌、姆长伸肌和趾长伸肌（图 3-54）。

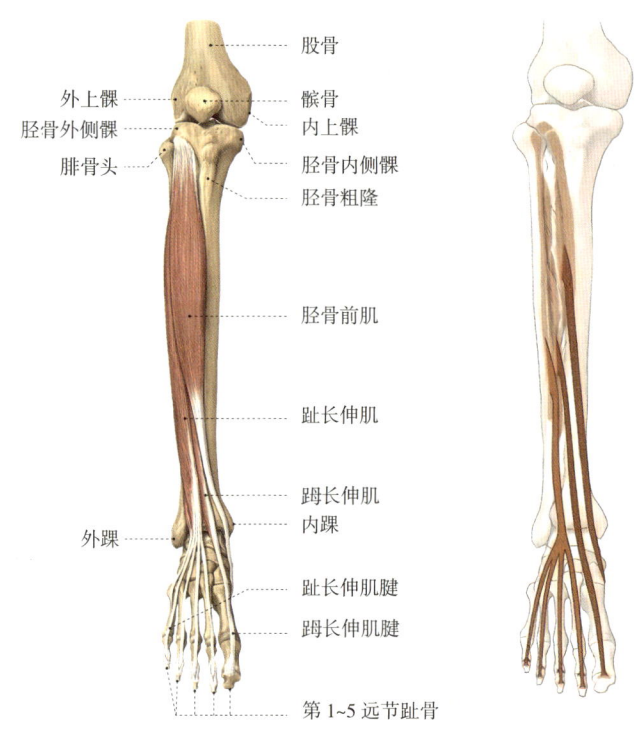

图 3-54 胫骨前肌、姆长伸肌和趾长伸肌

1. 胫骨前肌

位于胫骨前缘外侧，为三角形的长肌。当足背屈时，可以在小腿上方、胫骨前外侧触摸到此块肌肉。起于胫骨体外侧面，向下止于足底内侧缘第 1 楔骨和第 1 跖骨。近固定时，可使足背屈和内翻；远固定时，可拉小腿向前移动。胫骨前肌和腓骨长肌组成一个"肌袢"，共同维持足弓。

2. 姆长伸肌

位于胫骨前肌和趾长伸肌之间。起于腓骨内侧面下部和骨间膜，止于姆趾远节趾骨底背面。近固定时，可使足背屈和姆趾伸；远固定时，可拉小腿向前移动。

3. 趾长伸肌

位于胫骨前缘外侧。起于腓骨前面、胫骨上端和小腿骨间膜，向下经伸肌上、下支持带深面至足背分为 4 个腱到第 2~5 趾，成为趾骨腱膜，止于中、远节趾骨底。近固定时，可伸踝关节、伸趾。由此肌另外分出一腱，止于第 5 趾骨底，称第 3 腓骨肌，仅见于人类，是新发生的肌，可使足外翻。

（二）后群

位于骨间膜的后面，包括浅层的小腿三头肌和深层的趾长屈肌、胫骨后肌和𧿹长屈肌。

小腿后群肌

1. 小腿三头肌（图 3-55）

位于小腿后方皮下，特别发达，形成小腿后部的隆起。该肌由浅层的腓肠肌和深层的比目鱼肌组成。小腿三头肌是构成小腿形态的主要肌肉。在行走、跳跃中，是足蹬伸的主要肌肉。腓肠肌的内、外侧头分别起于股骨的内、外上髁，比目鱼肌起于胫、腓骨后面上方。两肌肌腹在小腿中部合并，向下形成跟腱，止于跟骨结节。近固定时，使足在踝关节处跖屈，使小腿在膝关节处屈，同时腓肠肌内侧头使屈曲的小腿旋外，外侧头使屈曲的小腿旋内。远固定时，拉小腿骨上端和股骨下端向后，使膝关节伸直，维持人体直立。

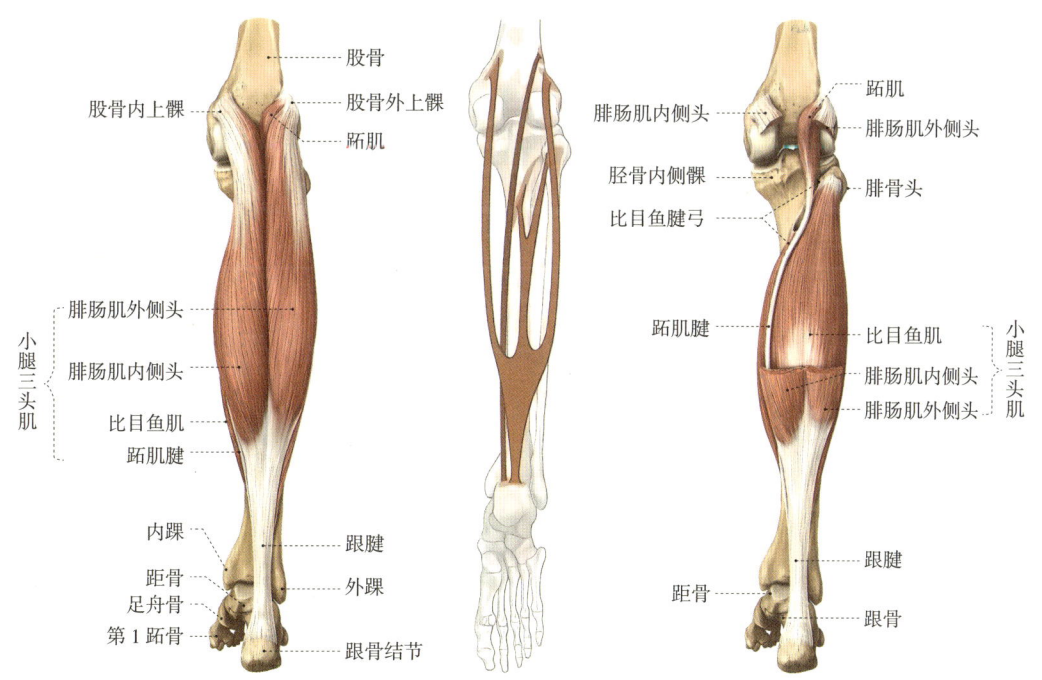

图 3-55 小腿三头肌

2. 趾长屈肌（图 3-56）

位于胫骨后肌内侧，为羽状肌。起于胫骨后面中部，肌腱经内踝后方转至足底，止于第 2~5 趾骨底。近固定时，可使足在踝关节处屈，并屈第 2~5 趾。远固定时，可使小腿在踝关节处屈，维持足尖站立姿势。

3. 胫骨后肌（图3-56）

位于小腿三头肌深层，为羽状肌。起于胫、腓骨和骨间膜的后面，经内踝后方转至足底，止于舟骨和3个楔骨。近固定时，可使足跖屈伴内翻。远固定时，可拉小腿向后，维持足尖跷立。

4. 跨长屈肌（图3-56）

位于胫骨后肌外侧，为羽状肌。起于腓骨体后面下方，经内踝后方转至足底，止于跨趾远节趾骨底。近固定时，可使足在踝关节处屈、内翻并屈跨指。远固定时，可使小腿在踝关节处屈，维持足尖站立姿势。

（三）外侧群

位于腓骨的外侧面，包括腓骨长肌和腓骨短肌（图3-57）。

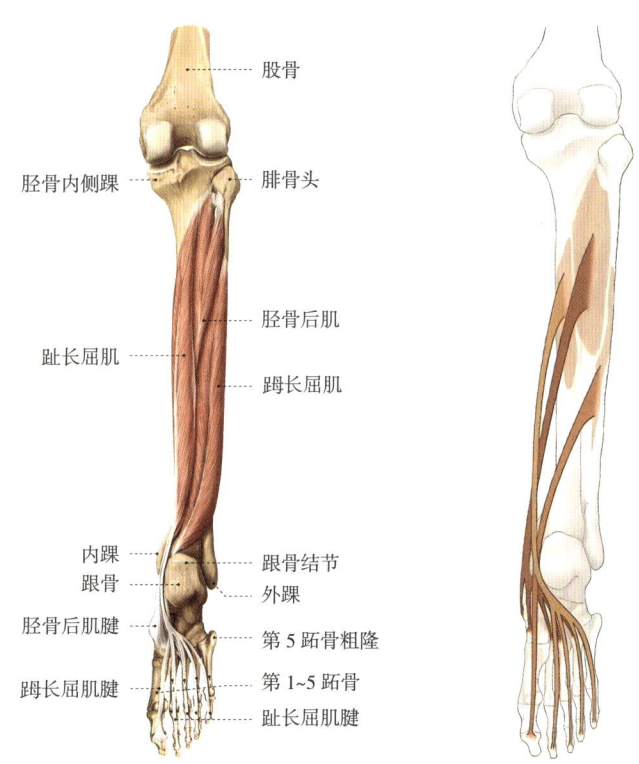

图3-56 胫骨后肌、跨长屈肌和趾长屈肌

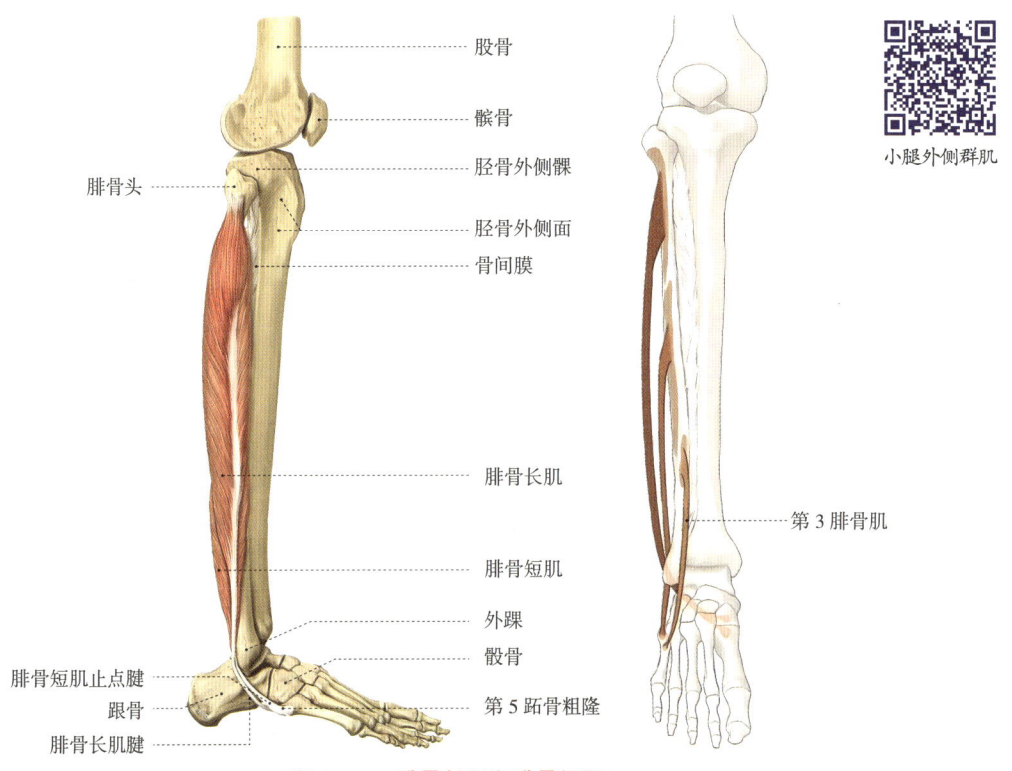

图3-57 腓骨长肌和腓骨短肌

1. 腓骨长肌

位于小腿外侧浅层,为单羽肌。起于腓骨体的外侧面,肌腱经外踝后面转至足底,止于第1楔骨和第1跖骨。近固定时,可使足在踝关节处跖屈并外翻。远固定时,可使小腿在踝关节处屈,参与完成足尖站立和维持足弓。

2. 腓骨短肌

位于小腿外侧皮下,为单羽肌,较腓骨长肌短。起于腓骨体外侧下 1/3 处。肌腱经外踝转至足底,止于第5跖骨粗隆。近固定时,可使足在踝关节处跖屈并外翻。远固定时,可使小腿在踝关节处屈,参与维持足尖站立和维持足弓。

四、足肌

足肌可分为足背肌和足底肌(图 3-58)。足背肌较弱小,包括𧿹短伸肌和趾短伸肌。足底肌分内侧群、中间群和外侧群,内侧群包括𧿹展肌、𧿹短屈肌和𧿹收肌。中间群浅层有趾短屈肌,中层有足底方肌,深层有蚓状肌4块、骨间足底肌3块、骨间背侧肌4块,外侧群包括小趾展肌和小趾短屈肌。

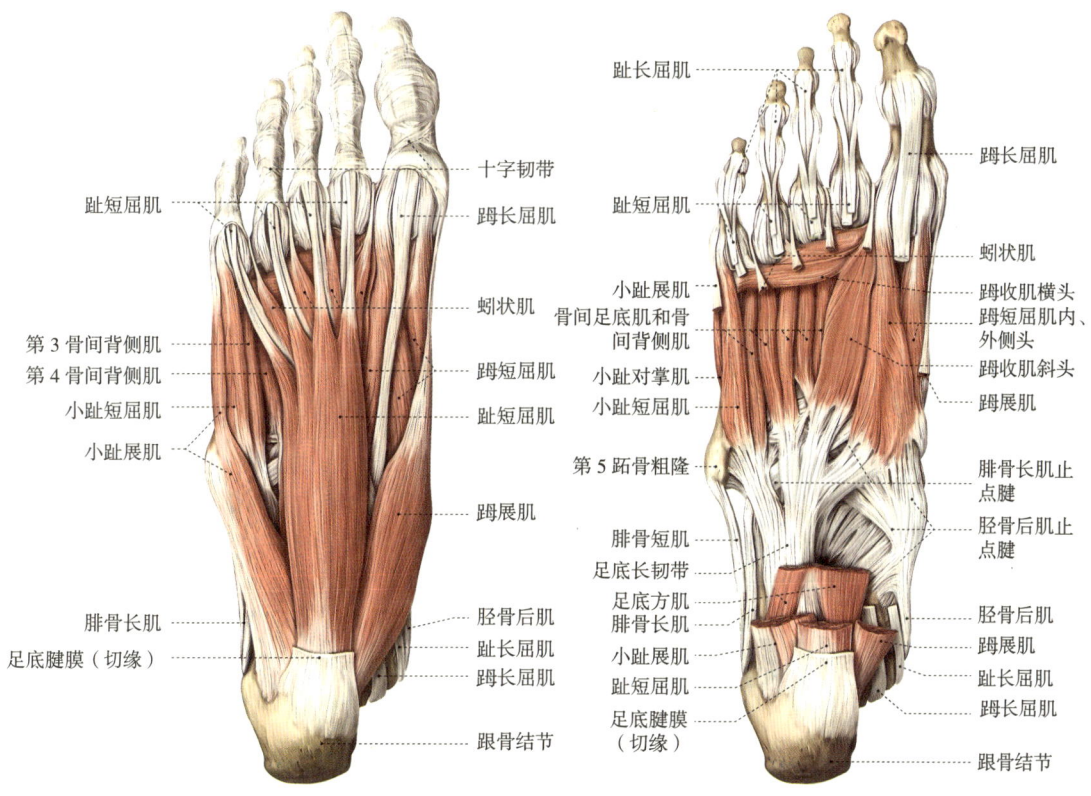

图 3-58 足底肌

五、下肢肌功能及练习方法

按运动功能可以将下肢肌分为运动髋关节的肌群、运动膝关节的肌群和运动足关节的肌群。

足肌

（一）下肢肌功能小结（表3-4）

表3-4 下肢肌功能一览表

作用部位	功能	完成动作的原动肌
骨盆	前倾	髂腰肌、股直肌、缝匠肌、长收肌、耻骨肌、股薄肌、臀中、小肌前部（均为远固定）
	后倾	臀大肌、臀中、小肌后部、股二头肌、半腱肌、半膜肌、大收肌（远固定）、腹直肌、腹外斜肌（近固定）
	侧倾	臀中肌、臀小肌（远固定）
	旋转	臀大肌、梨状肌（远固定）
髋关节	屈	髂腰肌、股直肌、缝匠肌、阔筋膜张肌、耻骨肌、长收肌、短收肌
	伸	臀大肌、股二头肌、半腱肌、半膜肌、大收肌
	外展	臀中肌、臀小肌、梨状肌、臀大肌上部、阔筋膜张肌
	内收	大收肌、长收肌、短收肌、耻骨肌、股薄肌臀头肌下部
	旋外	髂腰肌、臀大肌、臀中肌和臀小肌的后部、缝匠肌、梨状肌
	旋内	臀中肌和臀小肌前部、阔筋膜张肌
膝关节	伸	股四头肌
	屈	股二头肌、半腱肌、半膜肌、缝匠肌、股薄肌、腓肠肌
	旋内	缝匠肌、股薄肌、半腱肌、半膜肌、腓肠肌内侧头
	旋外	股二头肌、腓肠肌外侧头
足关节	屈（跖屈）	小腿三头肌、胫骨后肌、趾长屈肌、跨长屈肌、腓骨长肌、腓骨短肌
	伸（背屈）	胫骨前肌、跨长伸肌、趾长伸肌
	内翻	胫骨后肌、跨长屈肌、趾长屈肌、胫骨前肌
	外翻	腓骨长肌、腓骨短肌、第3腓骨肌、趾长伸肌
足弓	维持	胫骨前肌、腓骨长肌、腓骨短肌、第3腓骨肌

（二）下肢肌功能练习方法

1.运动髋关节的肌群练习方法

（1）髋关节屈肌群的练习方法

负重前摆腿、悬垂举腿、高抬腿、前控腿、仰卧剪腿等动作练习可发展髋关节屈肌群的力量；双膝跪撑后倒（图3-59）、后摆腿、后压腿、纵劈叉等动作练习可发展其伸展性。

（2）髋关节伸肌群的练习方法

抗阻伸髋（图3-60）、负重蹲起、俯卧背腿、后蹬跑、

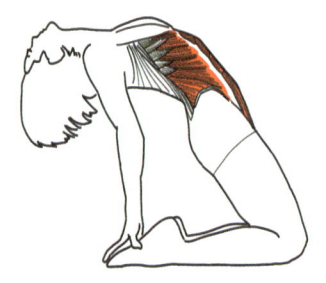

图3-59 双膝跪撑后倒

蛙跳等动作练习可发展髋关节伸肌群的力量；直腿体前屈（图3-61）、单腿跪弓步、仰卧单腿屈髋、正压腿等动作练习可发展其伸展性。

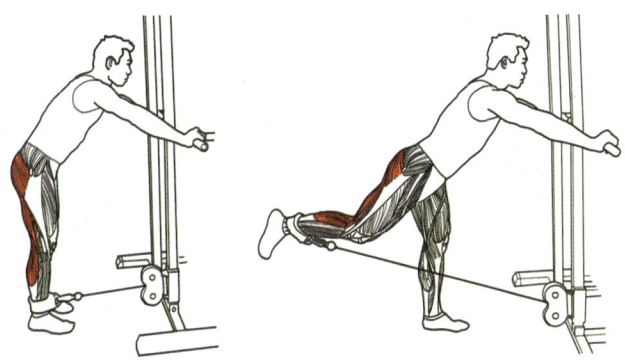

图 3-60　抗阻伸髋

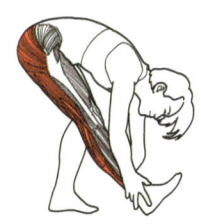

图 3-61　直腿体前屈

（3）髋关节外展肌群的练习方法

负重侧摆腿、侧控腿、跳橡皮筋等动作练习可发展髋关节外展肌群的力量；侧压腿等动作练习可发展其伸展性。

（4）髋关节内收肌群的练习方法

抗阻力内摆腿、抗阻力夹腿、武术里合腿等动作练习可发展髋关节内收肌群的力量；横劈腿、侧压腿等动作练习可发展其伸展性。

（5）髋关节旋内肌群的练习方法

大腿旋内拉弹力带等动作练习可发展髋关节旋内肌群的力量；侧卧后压腿等向髋关节产生旋外动作方向进行的拉伸动作练习可发展其伸展性。

（6）髋关节旋外肌群的练习方法

大腿旋外拉弹力带等动作练习可发展髋关节旋外肌群的力量；侧卧前压腿等向髋关节产生旋内动作方向进行的拉伸动作练习可发展其伸展性。

2.运动膝关节的肌群练习方法

（1）膝关节伸肌群的练习方法

负重伸小腿、负重深蹲（图3-62）、跳深、各种跳跃等动作练习可发展膝关节伸肌群的力量；跪撑后倒、俯卧反弓展体、跪姿单腿拉伸等动作练习可发展其伸展性。

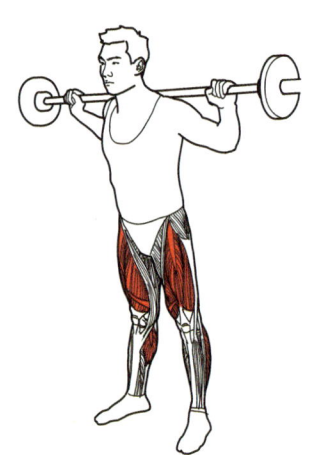

图 3-62　负重深蹲

（2）膝关节屈肌群的练习方法

抗阻屈小腿、后踢腿跑等动作练习可发展膝关节屈肌群的力量；正压腿、直腿体前屈等动作练习可发展其伸展性。

（3）膝关节旋内肌群的练习方法

屈膝位小腿旋内拉弹力带等动作练习可发展膝关节旋内肌群的力量；屈膝位小腿旋外等向膝关节产生旋外动作方向进行的拉伸动作练习可发展其伸展性。

（4）膝关节旋外肌群的练习方法

屈膝位小腿旋外拉弹力带等动作练习可发展膝关节旋外肌群的力量；屈膝位小腿旋内等向膝关节产生旋内动作方向进行的拉伸动作练习可发展其伸展性。

3. 运动足关节的肌群练习方法

（1）足关节屈（跖屈）肌群的练习方法

负重提踵（图 3-63）、负重蹲起、后蹬跑、纵跳等动作练习可发展足关节屈肌群的力量；勾脚尖压腿、正压腿等动作练习可发展其伸展性。

（2）足关节伸（背屈）肌群的练习方法

负重抬脚尖等动作练习可发展足关节伸肌群的力量；绷脚尖或跪坐压足背等动作练习可发展其伸展性。

（3）足关节内翻肌群的练习方法

足内翻勾拉弹力带等动作练习可发展

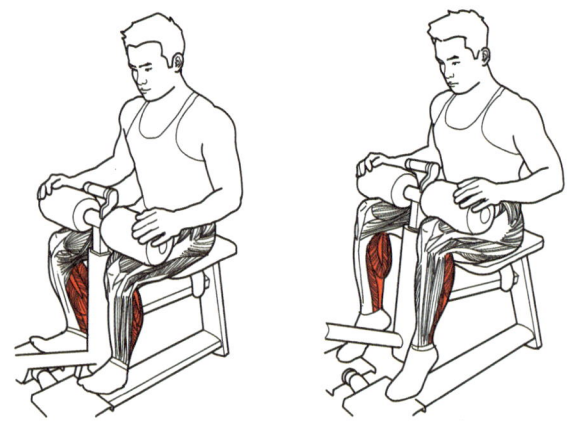

图 3-63　负重提踵

足关节内翻肌群的力量；外翻压足背等向足关节产生外翻动作方向进行的拉伸动作练习可发展其伸展性。

（4）足关节外翻肌群的练习方法

足外翻勾拉弹力带等动作练习可发展足关节外翻肌群的力量；内翻压足背等向足关节产生内翻动作方向进行的拉伸动作练习可发展其伸展性。

第六节 体育运动对骨骼肌的影响

体育运动会影响骨骼肌的形态结构，进而影响其功能，但不同负荷强度、运动时间和负荷量则会导致积极影响或不良影响。

一、一次性运动对骨骼肌的影响

一次性体育运动，尤其是剧烈运动，会对骨骼肌纤维微细结构产生明显改变，对宏观结构改变不明显。最新的研究表明，即使是单一的剧烈运动也能引起肌肉蛋白合成的增加，激活肌肉生长相关基因的表达，以及促进卫星细胞的增殖和分化，这些都是肌肉修复和生长的关键因素。此外，一次性运动还可能通过影响肌肉内代谢途径，如增加乳酸的产生和随后的清除过程，来促进肌肉的代谢适应。然而，过量的一次性运动也可能导致肌肉微损伤和延迟性肌肉酸痛（DOMS），这是因为激烈的运动可能导致肌纤维的微小撕裂。不过，这种损伤和随后的修复过程也是肌肉适应性增长的一部分。重要的是，适量并逐步增加运动强度可以最大程度地促进肌肉的正向适应，同时避免过度损伤。

二、长期、科学的运动对骨骼肌的影响

长期、系统、科学的运动对骨骼肌有着显著的积极影响。运动能够促进骨骼肌的健康和功能，增强肌肉力量和耐力，同时对肌肉损伤后的修复也起到关键作用。

（一）长期、科学的运动对骨骼肌形态结构的影响

1. 骨骼肌质量增加、体积增大

长期进行抗阻训练或力量训练可以导致肌肉体积增大，这是因为肌肉纤维增粗和肌肉细胞数量增加。运动可以刺激肌肉纤维内部的肌原纤维增生，导致纤维变粗，从而增加肌肉的横截面积。随着肌肉体积增大，肌肉组织变得更加紧密，肌肉的密度也会相应增加。比如，举重等力量性项目运动员的肌肉体积和肌肉含量就明显大于一般常人。此外，不同专项运动对不同部位骨骼肌体积增大有较大差异性。

正常人骨骼肌重量约占体重的40%，而运动员可达50%~60%，可见体育锻炼可明显地增大肌肉体积，其主要原因是肌肉收缩蛋白合成增加，导致肌纤维增粗，肌肉生理横断面增大，肌肉质量增加，从而肌力得到提高。肌纤维直径增加、增粗还包括细胞内含物的增多和增大。

2. 骨骼肌中结缔组织增多、力学性能提高

长期体育运动可使骨骼肌中的结缔组织增厚增多。研究表明，运动中由于肌肉收缩的反复牵拉刺激，促使肌肉内部结缔组织的生长，包括肌腱、肌束膜和肌外膜等。这些结缔组织对肌肉的支持和保护作用增强。随着结缔组织的增强，肌肉的整体力学性能也会提高，包括肌肉的力量、耐力和弹性。强化的结缔组织可以更好地分散肌肉在运动中受到的力量，降低肌肉拉伤和其他损伤的风险。

运动训练可增大肌腱横截面积并改变肌腱组成成分，提高肌腱力学性能。研究发现，跑步爱好者和排球运动员的跟腱横截面积较少动者明显增大。

3. 骨骼肌中脂肪减少

运动是减少骨骼肌中脂肪含量的有效手段，有助于提高肌肉功能和其整体健康水平。然而，运动类型、强度、持续时间和频率等因素都会影响运动对脂肪减少的效果。在骨骼肌表面和肌纤维之间有脂肪存在，过多脂肪对肌纤维的收缩会形成阻力，降低肌肉收缩效率。运动增加身体的总能量消耗，特别是有氧运动，可提高脂肪氧化率，促进脂肪的燃烧，脂肪的减少使骨骼肌收缩时的粘滞性阻力变小，肌肉的收缩效率也就相应提高。研究表明，运动可以激活肌肉中的脂肪分解酶（如激素敏感性脂肪酶），加速脂肪的分解过程，减少肌肉周围脂肪细胞的大小，降低局部脂肪的积累。此外，运动可使肌肉和其他组织分泌脂肪因子（如脂联素和抵抗素），这些因子参与调节脂肪的代谢和分布。随着肌肉中脂肪含量的减少，肌肉的力量和耐力通常会得到提高，因为肌肉更加"精瘦"和高效。

运动可以提高身体的胰岛素敏感性，有助于改善糖和脂肪的代谢，减少脂肪在肌肉中的积累。长期、规律的运动有助于改善身体成分，减少体脂比例，增加肌肉比例。

4. 骨骼肌中毛细血管及分支吻合增多

毛细血管是血管中唯一能进行物质交换的部位。系统的训练可使骨骼肌内的毛细血管在数量上或形态上发生改变，主要表现为骨骼肌中毛细血管的数量增多、血管更加迂曲和富有分支吻合，管径扩张，进一步增加了肌肉的血液供应，加强了肌肉组织的新陈代谢能力，从而提高骨骼肌的工作能力。

研究表明，运动可使毛细血管增多，肌肉组织中氧气和营养物质的供应得到改善，这对于肌肉的活动和恢复至关重要。更多的毛细血管利于更有效地清除代谢废物（如二氧化碳和乳酸），减少肌肉疲劳。毛细血管的增加可以提高肌肉的耐力，因为它们能够提供持续的能量供应，支持长时间的运动。运动后，肌肉需要修复和生长，毛细血管的增多有助于提供必要的营养物质和生长因子。毛细血管网络的扩展有助于肌肉内激素和信号分子的传递，这对于肌肉的生长和代谢调节非常重要。规律的运动有助于延缓肌肉和血管的老化过程，保持肌肉和血管的健康状态。

（二）长期、科学的运动对骨骼肌微结构的影响

1. 肌原纤维增粗

肌原纤维由多个肌节组成，每个肌节含有明带（I带）和暗带（A带）。运动训练可以增加肌节的数量和长度，导致肌原纤维整体增粗。肌原纤维内部由肌丝组成，包括肌凝蛋白（肌球蛋白）和肌动蛋白。运动可以促进这些肌丝的增生，特别是肌凝蛋白丝，使肌原纤维增粗。运动刺激肌肉蛋白的合成速率，特别是肌凝蛋白和肌动蛋白，这有助于肌原纤维的增粗。随着肌原纤维的增粗，肌肉纤维的横截面积增加，从而导致整个肌肉体积的增大。肌原纤维增粗通常与肌肉力量的提升有关，因为更多的肌丝参与收缩，产生更大的力量。不同的运动项目对收缩物质的影响不同，力量性抗阻练习对肌原纤维增粗效果明显，这也是力量性抗阻练习能够显著增大肌肉体积的主要原因之一。

2. 肌纤维中线粒体数目增多、体积增大

线粒体是细胞的供能中心、是物质氧化产生 ATP 的场所。耐力性练习使骨骼肌线粒体数量、结构和氧化功能发生重塑。耐力性练习可使快缩肌纤维和慢缩肌纤维内的线粒体数量都有所增加，但前者增加更明显。线粒体的增加，可为肌肉提供更多的能量，以适应耐力运动的需要。

随着年龄的增长，线粒体功能可能会下降，而运动训练可以维持或提高线粒体的数量和功能，有助于维护肌肉的健康。此外，增加的线粒体还有助于改善血糖和脂肪的代谢，降低患代谢综合征和 2 型糖尿病的风险。

3. 骨骼肌中化学成分发生变化

运动刺激肌肉蛋白合成，促进肌糖原的消耗和再合成，以支持能量需求。脂肪酸代谢得到增强，以提供耐力运动时的能量。运动还激活了与能量代谢相关的酶（如乳酸脱氢酶、琥珀酸脱氢酶等），提高了肌肉的代谢效率。线粒体的数量增加和体积增大，增强了肌肉的有氧代谢能力。此外，运动提高了肌肉中的抗氧化物质水平（如谷胱甘肽和超氧化物歧化酶），以抵抗氧化应激。激素水平的变化，如胰岛素、生长激素和睾酮，对肌肉生长和修复起到关键作用。肌肉的 pH 值调节能力得到改善，减少了运动引起的乳酸积累。这些化学成分的适应性变化共同提升了肌肉的力量、耐力和整体健康状态。

4. 神经—肌肉控制能力加强

肌肉力量训练对神经控制方面的影响主要体现在运动单位的动员数量、运动单位动员的同步性程度即肌内协调性，以及肌肉之间的协调性即肌间协调程度。神经—肌肉控制能力的加强是运动训练对肌肉功能改善的一个关键方面，这种加强主要体现在神经系统对肌肉纤维的精确激活能力，以及肌肉对这些信号的快速和有效响应。随着训练的进行，神经肌肉协调性得到提升，肌肉的反应时间缩短，动作执行更加流畅和准确。

人体运动时，肌肉的运动单位并不是同时全部参加活动，通常参加活动的运动单位占全部运动单位的 60% 左右，只有训练水平高的运动员，神经—肌肉控制能力强，才可能动员较多的运动单位同时参加工作。

三、超负荷、过量运动对骨骼肌的影响

长时间剧烈或过度运动会对骨骼肌产生相对不良的影响，可引起肌纤维、肌腱、肌束膜和肌内膜等软组织发生损伤，导致肌纤维、肌腱力学性能和黏弹性发生改变，表现为骨骼肌收缩功能下降。过度运动可造成骨骼肌收缩机能下降、物质代谢改变，甚至肌肉超微结构损伤，不易恢复，引起肌肉持续酸痛。

研究表明，运动强度或量过大如力竭运动，超过了骨骼肌本身的适应和代偿能力，电镜下可见骨骼肌肌原纤维排列不规则、肌丝卷曲、萎缩、肌膜溶解、肌核肿胀和固缩、肌小节结构紊乱、Z 线异常，线粒体体积增大，内质网肿大，毛细血管增生或出现破裂等一系列失代偿的表现，从而破坏了骨骼肌细胞的结构和功能。

复习思考题

1. 简述骨骼肌的结构。
2. 简述骨骼肌的物理特性及其在运动实践中的运用。
3. 影响肌力大小的解剖学因素有哪些?
4. 如何通过肌拉力线与关节运动轴的位置关系确定肌肉功能?
5. 体育锻炼对骨骼肌形态结构的影响有哪些?
6. 简述胸锁乳突肌、斜方肌、背阔肌、竖脊肌、胸大肌、前锯肌、三角肌、肱二头肌、臀大肌、股四头肌、腘绳肌、小腿三头肌的主要作用。
7. 腹前外侧群肌包括哪些,共同作用是什么?
8. 分析参与下列关节运动的肌群:脊柱、肩关节、肘关节、髋关节、膝关节。
9. 就自己熟悉的运动项目,设计相关的肌肉专项力量练习方法。

第四章 体育动作的解剖学分析

> 【学习目标】
>
> 要求学生掌握肌肉工作的基本理论；体育动作解剖学分析的基本内容、方法与步骤；熟悉具体体育动作的解剖学分析。**培养**学生用解剖学知识对体育动作进行解剖学分析的能力，**提升**学生对解剖学理论知识的实践运用能力，为学习后续课程奠定基础。

在体育教学、运动训练等与运动相关的科学研究实践中，对动作的了解不能只停留在知其然上面，还需要知其所以然。体育动作的解剖学分析（以下简称动作分析），就是要找出人体在运动时参与运动的关节，根据环节受力分析法找出参与动作的原动肌，并分析各关节的运动形式，肌肉的工作性质和工作条件，以及不同运动阶段肌肉工作变化的规律等。本章主要介绍动作分析的原理、方法、步骤，以及在运动实践中的应用。

第一节 肌肉工作的基本理论

骨骼肌是人体运动的动力来源，了解骨骼肌的运动原理对提高人体动力表现、改善训练方法、预防运动损伤有重要意义。

一、肌肉的工作性质

肌肉收缩产生肌张力，这种力可以克服阻力引起关节运动，或平衡阻力使肢体保持某种动作姿势，我们称这种现象为**肌肉工作性质**。按肌肉的收缩特征和力的作用、肌肉的工作是否引起运动环节发生位移或相对身体位置变化，肌肉的工作性质可分为动力性工作和静力性工作两大类。

（一）动力性工作

动力性工作是指肌肉收缩产生肌力，肌肉的长度发生变化，肌力矩和阻力矩不平衡，使运动环节产生位移的工作。动力性工作可分为向心工作和离心工作。

1. 向心工作

肌收缩产生的肌力矩大于阻力矩，肌纤维收缩变短克服阻力做功，使运动环节朝向肌拉力方向运动的工作，又称**克制**工作。例如，持杠铃屈前臂（图 4-1a），肱二头肌和肱肌做向心工作；负重深蹲的蹲起阶段，膝关节伸，股四头肌做向心工作。

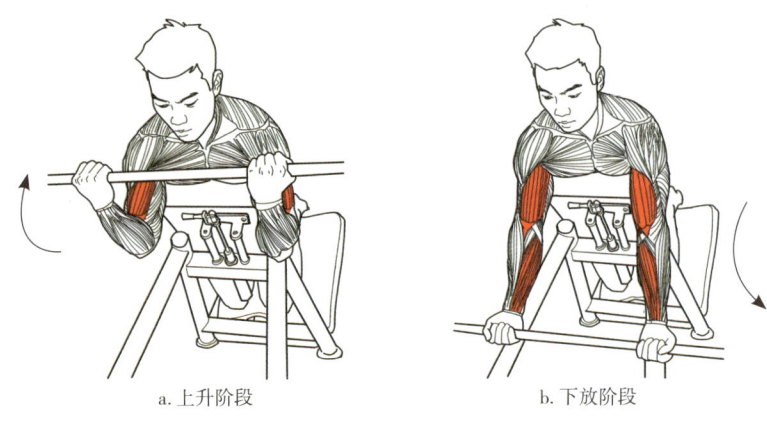

a. 上升阶段　　　　　b. 下放阶段

图 4-1　持杠铃屈前臂

2. 离心工作

肌收缩产生的肌力矩小于阻力矩，肌肉收缩（发力）但肌纤维在此过程中渐渐被拉长，运动环节朝肌拉力相反的方向运动的工作，又称**退让工作**。例如，持杠铃屈前臂下放阶段，肱二头肌和肱肌做离心工作（图 4-1b）；俯卧撑动作的下降阶段，肱三头肌的工作性质就是离心工作；原地纵跳的落地缓冲阶段，臀大肌、股四头肌、小腿三头肌要保持紧张做离心工作，以缓冲落地时的冲击，保护人体、避免冲击性损伤。

（二）静力性工作

静力性工作是指肌收缩产生的肌力矩等于外力矩，使环节固定以保持一定的动作姿势时完成的工作。根据平衡外力矩的情况（静力性工作所产生的作用），可分为支持工作、加固工作和固定工作。

1. 支持工作

肌收缩或拉长到一定程度后，长度保持不变，肌收缩产生的肌力矩与阻力矩相等，使运动环节保持一定姿势的工作称为**支持工作**。如悬垂收腹举腿时（图 4-2），髂腰肌和股直肌保持髋关节屈位时，其工作性质即为支持工作。

2. 加固工作

当外力（包括重力）使各运动环节之间产生离散趋势时，肌收缩保持一定的紧张度，防止关节在外力作用下断离的工作称为**加固工作**。如悬垂时（图 4-2），肘关节周围肌保持一定的紧张度，防止肘关节断离所做的工作即为加固工作。

3. 固定工作

肌收缩使关节固定不动的工作称为**固定工作**。如站立时（图 4-2），膝关节周围肌的工作是固定工作；又如倒立时，肘关节周围肌的工作就是固定工作。

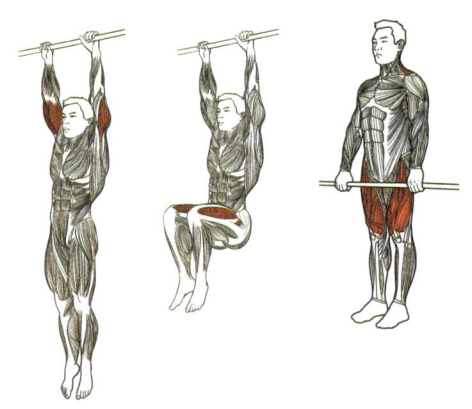

图 4-2　肌肉静力性工作分类图

二、肌肉的协作关系

人体完成的各种体育动作，即使是最简单的动作，往往也不是由某一块肌独立工作所完成的，而是由多块肌或多群肌共同配合完成的。肌的协作关系是指人体在完成各种体育动作过程中，多群肌共同参与、互相协调配合的关系，简称**肌肉的协作**。依据肌群在完成某一动作中的作用，可将参与完成动作的各种肌群分为原动肌与拮抗肌、固定肌与中和肌等。

（一）原动肌

原动肌是指在运动中主动收缩发力，直接参与完成动作的肌肉或肌群，是引起运动环节运动的原动力。在原动肌中起主要作用的肌群称为**主动肌**，起次要作用的肌群称为**次动肌**。如前臂弯举动作（图4-3），肱肌、肱二头肌、肱桡肌与旋前圆肌是屈肘关节的原动肌。其中，肱肌和肱二头肌是主动肌，肱桡肌和旋前圆肌是次动肌。

（二）拮抗肌

拮抗肌是指位于原动肌相对的一侧，与原动肌作用相反的肌肉或肌群。拮抗肌在原动肌工作时相对放松，一方面可使原动肌工作时所对抗的阻力下降；另一方面，拮抗肌在动作之末收缩，可防止动作过度而导致肌肉损伤，或使动作制动更为准确。如前臂弯举动作（图4-3），肱三头肌、肘肌是屈肘关节的拮抗肌。原动肌和拮抗肌只是相对的，不是固定不变的，它们会随着动作的改变而发生变化。

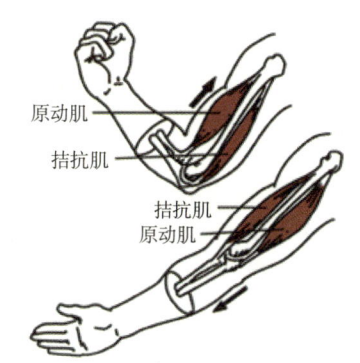

图4-3　原动肌与拮抗肌作用示意图

（三）固定肌

固定肌是指固定原动肌定点附着骨或环节的肌肉或肌群。固定肌的协调参与，可以防止原动肌两端附着的骨或环节产生相向运动，出现多余的、错误的动作。如前臂弯举动作（图4-4），肩关节周围的肌群固定肱骨，防止肱二头肌在牵拉前臂屈的同时，出现上臂在肩关节屈的多余动作，这时肩关节周围的肌群所做的工作就是固定工作。

（四）中和肌

大多数肌对其跨过的关节都具有多种功能。**中和肌**是指为了保证原动肌能按照动作的要求，有效地发挥与动作相关的功能，参与抵消原动肌其他（与动作无关）功能的工作肌肉或肌群。如前臂弯举动作（图4-4），为了保证旋前圆肌按动作要求牵拉肘关节屈，而不产生旋前的多余动作，肱二头肌、旋后肌作为中和肌，参与抵消旋前圆肌的旋前功能。

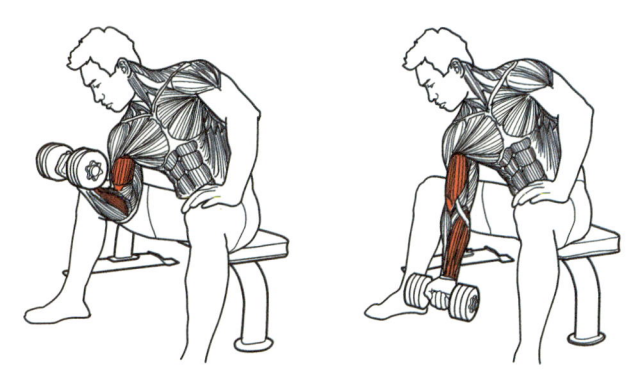

图4-4　固定肌与中和肌作用示意图

值得注意的是，肌群之间的这种协调关系不是固定不变的，它们会随着动作阶段的变化、运动状态的变化而改变。

三、多关节肌的工作特点

多关节肌的工作特点

起止点只跨过一个关节的肌肉称为**单关节肌**。跨过两个或两个以上关节的肌肉称为**多关节肌**，如股直肌、股后肌群（腘绳肌）等。多关节肌收缩时，若仅作用于一个关节的运动，则其具有收缩发力大、引起环节运动幅度大的优势；若同时作用于两个或两个以上关节时，则存在收缩时力量性"主动不足"和拉伸时伸展性"被动不足"现象（图4-5）。

（一）主动不足

多关节肌收缩时，作用于其中一个关节后，再作用于其余关节就不能充分发力的现象，称为多关节肌的"**主动不足**"。例如，屈膝伸髋时，存在股后肌群用力屈膝后，再伸髋无力，股后肌群出现"主动不足"现象（图4-5a）。

（二）被动不足

多关节肌在一个关节处被拉长，在其余关节处就不能被充分伸展拉长的现象称为多关节肌的"**被动不足**"。例如，直膝屈髋时（图4-5b），会出现股后肌群在膝关节处被拉长，在髋关节处被拉伸的幅度受限的现象。

（三）主动不足和被动不足的关系

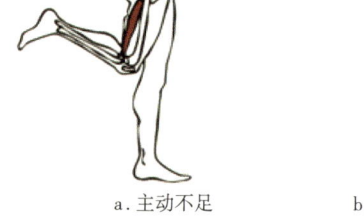

a. 主动不足　　　b. 被动不足

图4-5　多关节肌主动不足和被动不足示意图

在运动实践中，关节运动幅度受限，多关节肌的"主动不足"和"被动不足"往往同时起作用，如在用力屈腕的情况下再屈指感到很困难，既有屈指肌"主动不足"，也有伸指肌"被动不足"。因此进行技术动作创新时，应尽可能避免多关节肌的"主动不足"与"被动不足"。例如，跳高动作技术从跨越式、俯卧式到背越式的不断改进，逐渐避免了股直肌的"主动不足"和股后肌群的"被动不足"，形成了俯卧式动作技术的优势。现有的技术动作若必须在多关节肌处于"两个不足"的状态下运动，如跨栏的攻栏动作，实践中则必须加强多关节肌在"两个不足"的状态下进行训练，发展多关节肌的力量素质和柔韧素质，以适应专项动作的要求。

（四）多关节肌和单关节肌的协作关系

一些大关节周围往往同时配布单关节肌和多关节肌，它们互相协作、取长补短，以利于完成各种复杂的动作。单关节肌仅作用于一个关节，具有发力集中的特点，也是关节产生独立运动的基础。实践中加强单关节肌的力量训练，可弥补多关节肌的力量性不足。而多关节肌一般较长，收缩可引起相邻关节较大幅度的运动，弥补了单关节肌运动幅度小的缺陷。

第二节　动作分析的步骤、内容与方法

无论是简单的，还是复杂的体育动作，从运动解剖学的角度都可被描述为骨在肌拉力的作用下，绕关节运动轴完成的各种运动。因此，从运动解剖学的角度来说，体育动作均可简化为运动环节在3个基本面内，绕3个基本运动轴的运动。

一、动作分析的内容与目的

体育动作解剖学的分析内容主要是探讨在体育动作的完成过程中，人体骨、关节、骨骼肌在完成各种体育动作或保持某种动作姿势时的机械运动规律。其分析的目的主要是了解动作过程中关节运动的特点与幅度，参与工作的运动肌群及其工作特征，为科学地、有针对性地发展肌肉的力量、柔韧性等提供运动解剖学的理论指导。为评价、诊断体育动作技术的合理性、科学性，改进体育教学与专项运动训练，提高运动技术水平提供解剖学依据。

二、动作分析的步骤与方法

随着体育动作的创新与发展、传统体育项目的挖掘与传承、体育项目的日益增多，体育动作千姿百态、千变万化、数不胜数。体育动作的分类方法很多，角度不同分类也不同。依据肌工作的特征，可将体育动作分为两类，即在运动过程中运动环节发生位移或相对身体位置变化，肌以动力性工作为主的动力性动作，以及在运动过程中保持身体姿势相对不变，肌以静力性工作为主的静力性动作。

（一）动力性动作的分析步骤与方法

在进行动作分析时，一定要遵循体育动作自身的特点与规律，熟悉动作的完整过程，并抓住不同阶段动作的特征，用简明的方式表达出来，常常包括确定动作的开始姿势和结束姿势、划分动作阶段和各动作阶段的关节运动及其原动肌分析。

1. 确定动作的开始姿势和结束姿势

开始姿势是做动作前的准备姿势，结束姿势是完成动作后的结束状态，用简明扼要的文字描述，展现人体所处的状态，特别是各主要关节所处的运动状态，为下一步分析做好准备。如单手肩上投篮的开始姿势为：右手五指自然分开，指根以上部位触球，掌心空出，屈肘、伸腕持球于肩上方耳根附近，肩关节略内收，前臂与地面垂直，左手扶球，右脚稍向前，左脚略向后，重心放于两脚之间，膝关节微屈，目视篮筐；结束姿势为：手臂伸直，屈腕下压，髋、膝伸直。

2. 划分动作阶段

从事体育专业的学生与专业工作者，可按照专项理论与动作技术，依据组成动作的几个部分或动作结构划分动作阶段。如途中跑的下肢动作可分为支撑、后蹬、后摆、前摆与下压5个动作阶段。途中跑（图4-6）下肢动作的描述可结合专项技术动作要领与要求进行，如支撑动作阶段是下肢各关节屈曲以减小支撑反作用力；后蹬动作阶段是下肢各关节蹬伸以获得向前的动力；后摆动作阶段是通过屈膝形成大、小腿折叠；前摆动作阶段是以髋关节为支点

屈膝摆动使转动半径减小；下压动作阶段是通过大腿压小腿，积极伸髋带动伸膝，避免出现前踢小腿动作。非体育专业或对动作结构不够熟悉的人员，可按照关节运动状态的变化划分动作阶段。如途中跑的下肢动作，可将下肢屈曲的支撑动作确定为第1阶段，依次将下肢蹬伸的后蹬、膝关节屈小腿折叠的后摆、大腿屈髋的前摆和伸髋伸膝积极下压的动作，划分为第2~5个动作阶段。

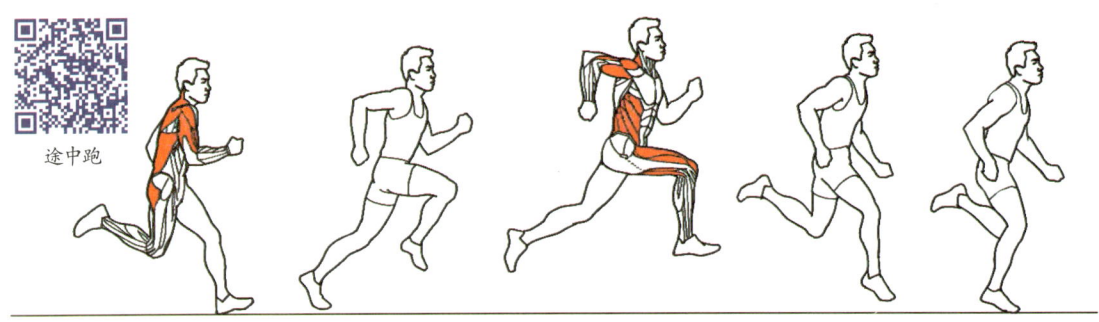

图4-6 途中跑动作示意图

3. 各动作阶段的关节运动及原动肌分析

关节运动及原动肌的分析，可采用文字描述与列表两种形式。文字描述有利于结合专项动作的要领与要求，适用于分析连贯性强的动作。列表分析具有简洁明了的特点，适用于分析结构层次较分明的周期性动作。

环节受力分析法

（1）**关节运动分析**

体育动作过程中的关节运动具有直观的特点，并且能够被相对准确感知，可以作为运动解剖学动作分析的已知条件。熟悉、掌握、准确地描述各种体育动作中的关节运动十分重要，是突破原动肌分析难点的关键。采用的方法是结合专项动作技术要领与要求，运用关节运动术语，逐阶段地进行描述。

（2）**环节受力分析法（原动肌分析）**

环节指人体的一段肢体或者一块骨骼。如上肢可分为上臂、前臂、手等若干环节；下肢可分为大腿、小腿、足等若干环节。环节可绕关节运动轴（基本轴）进行运动。

环节受力分析法是根据环节运动方向、外力矩作用方向和环节运动速度三者之间的关系，分析完成体育动作的原动肌的方法。原动肌分析的要求是指出原动肌群的工作条件、工作性质和原动肌名称。运用环节受力分析法，可以准确地找出完成动作的原动肌的位置，并根据解剖学知识，指出原动肌名称，有利于科学、正确地制订训练方案和计划。

环节运动方向与外力方向的关系。在体育运动实践中，环节运动方向通常分为对抗外力矩向上或向下运动，若重力作为阻力，外力矩的作用方向向下。一般情况下，环节运动方向与外力矩作用方向之间构成两种关系。第一种，环节运动方向与外力矩作用方向相反；第二种，环节运动方向与外力矩作用方向相同。综上所述，采用环节受力分析法进行原动肌分析，根据环节运动与外力矩作用方向可分为下述两种情况。

第一种：环节运动方向与外力矩作用方向相反。

环节运动方向与外力矩作用方向相反（表4-1）。在体育动作的完成过程中，若环节对抗外力矩运动时，肌力矩大于外力矩，收缩施力的方向与环节运动方向一致，原动肌在不同固定条件下完成**向心**工作使环节产生加速运动，此时，原动肌配布在关节运动方向的同侧（即关节完成屈的运动时，原动肌是该关节的屈肌群）。例如，前臂弯举动作，前臂运动方向向上，外力（主要是重力）的作用方向向下，肘关节做屈的动作，其原动肌即为肘关节的屈肌群。

第二种：环节运动方向与外力矩作用方向相同。

若环节运动方向与外力矩作用方向相同，参照外力矩使环节产生的运动速度的不同，有以下两种情况：一种是环节进行加速运动，另一种是环节进行减速运动。

①环节运动方向与外力矩作用方向相同的加速运动，原动肌在关节运动方向的同侧（表4-1）。

原动肌在不同固定条件下完成**向心**工作使环节产生加速运动，体育运动中"鞭打"类动作属于此范畴，如羽毛球的扣杀阶段，上肢各环节运动方向朝下且为加速运动，肩、肘关节做伸的动作，其原动肌即为肩、肘关节的伸肌群。

②环节运动方向与外力矩作用方向相同的减速运动，原动肌在关节运动方向的对侧（表4-1）。

环节运动方向向下进行减速运动时，原动肌为配布在关节运动方向的对侧（即关节完成屈的运动时，原动肌是该关节的伸肌群），原动肌收缩发力方向在环节运动方向的对侧，形成阻力，以延缓环节的运动速度。由于肌力矩小于外力矩，原动肌虽尽力收缩但渐渐退让拉长完成**离心**工作，所以环节仍然向外力矩的作用方向进行运动，使运动速度减慢。如立定跳远落地缓冲动作，下肢各环节运动方向朝下，且速度为减速，此时髋关节屈、膝关节屈、踝关节伸，原动肌为在关节运动方向的对侧肌群，即髋关节的伸肌群、膝关节的伸肌群、踝关节的屈肌群。

表4-1 原动肌分析表

环节运动方向与外力矩作用方向	速度	原动肌的配布	肌工作特征		作用
			肌力矩与外力矩	工作性质	
相反	—	关节运动方向同侧	肌力矩＞外力矩	向心工作	加速
相同	加快	关节运动方向同侧	肌力矩＞外力矩	向心工作	加速
	减慢	关节运动方向对侧	肌力矩＜外力矩	离心工作	减速

4. 小结与建议

小结完成该动作的要领及原动肌群，以及在完成该动作过程中需要注意的事项等。

（二）静力性动作的分析步骤与方法

静力性动作的运动解剖学分析，通常可分为描述动作姿势、分析维持动作姿势的原动肌、小结与建议3个步骤。

1. 描述动作姿势

对静力性动作进行分析时应结合动作要领与要求，使用关节运动术语描述维持动作姿势过程中人体各环节所处的状态。例如，在直角支撑动作中，大腿前举保持在髋关节处的屈位状态。

2. 分析维持动作姿势的原动肌

分析维持静力性动作姿势的原动肌时，可根据在外力矩的作用下人体环节产生运动的趋势来确定原动肌。原动肌收缩产生的肌力矩用来对抗外力矩，以维持动作姿势。例如，直角支撑动作，大腿在髋关节处保持屈位，而重力的作用是使大腿在髋关节处产生伸（下落）的运动趋势，配布髋关节的屈肌群作为原动肌，在近固定条件下完成支持工作（肌力矩=外力矩）以维持动作姿势。

3. 小结与建议

小结完成静力性动作的要领，此静力性动作所要发展的肌群，以及在完成该静力性动作时需要注意的事项等。

三、列表各动作阶段分析内容

（一）关节名称/环节名称

在进行动作分析时，首先确定参与运动的关节名称或环节名称，其次确定环节的运动方向。如"深蹲"蹲起阶段，涉及大腿、小腿、足3个环节的运动，即髋关节、膝关节、踝关节参与运动；下肢整体的运动方向为"向上"。

（二）关节运动

环节运动是根据关节的运动形式来确定的。如"深蹲"蹲起阶段，涉及大腿、小腿、足3个环节的运动，即髋关节、膝关节、踝关节参与运动，3个关节的运动形式分别为髋关节做伸的运动、膝关节做伸的运动、踝关节做屈的运动。

（三）原动肌确定

原动肌为完成动作时直接收缩发力的肌肉，是引起环节运动的原动力。根据环节运动方向、外力矩作用方向和环节运动速度三者之间的关系，分析完成体育动作的原动肌，即环节受力分析法。分析出原动肌的分布规律，再结合解剖学中肌肉位置和功能的知识，确定完成该动作时具体的肌肉或肌群名称。例如，完成"引体向上"的上拉动作时，上肢环节的运动方向为向上，与外力（重力）方向相反，属于向心工作（克制工作），原动肌位于各关节运动方向的同侧，因此肩胛骨后缩的原动肌是斜方肌、菱形肌；使肩关节伸的原动肌是背阔肌、三角肌后部、肱三头肌长头；使肘关节屈的原动肌是肱二头肌、肱肌；使腕关节保持中立位做加固工作的原动肌是前臂屈肌群、前臂伸肌群（图4-7）。

图 4-7 引体向上动作

（四）工作条件

肌肉附着于骨骼上，一般有两个（部分肌肉有多个）附着点。在完成动作时，原动肌附着点可分为**定点**和**动点**。根据原动肌工作时其定点的位置，将四肢肌的工作条件分为**近固定**和**远固定**；将躯干肌的工作条件分为**上固定**、**下固定**和**无固定**。

如"前臂弯举"动作，肘关节的屈肌收缩，使肘关节屈，该肌起点移动幅度较小，止点移动幅度较大，工作条件即为近固定（图4-8）。

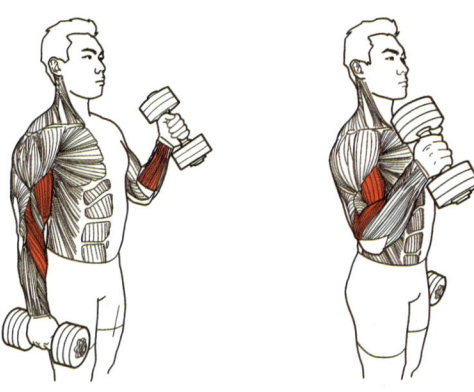

图4-8 前臂弯举

"负重深蹲"蹲起阶段，股四头肌收缩，使膝关节伸，该肌的定点在下部，即为远固定（图4-9）。"坐位体前屈"时，腹直肌起点部分移动幅度小，为下固定（图4-10）。"仰卧两头起"动作，在空中的收腹阶段，腹直肌附着点做相向运动，即起点、止点部分移动，幅度基本相同，为无固定（图4-11）。

图4-9 负重深蹲

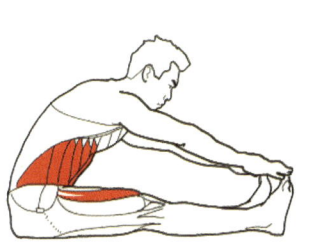

图4-10 坐位体前屈

图4-11 仰卧两头起

（五）工作性质

工作性质指完成动作时原动肌的收缩状况。根据环节运动方向与外力方向的关系，肌肉收缩时长度变短称为**向心工作**；肌肉在收缩时长度变长则称为**离心工作**；长度无变化称为**静力性工作**。

如"仰卧起坐"动作中，腹直肌为原动肌，其收缩变短抵抗外力（重力），牵引胸廓与骨盆相互靠近，为向心工作（图4-12）。

如"落地缓冲"动作中，股四头肌为原动肌，在膝关节处被拉长，减缓阻力（重力）作用下的速度，为离心工作（图4-13）。

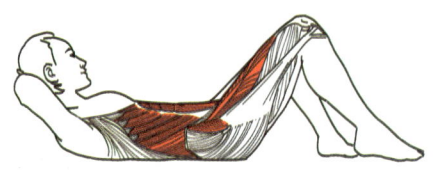

图4-12　仰卧起坐

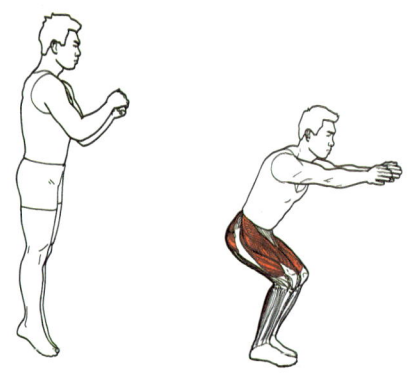

图4-13　落地缓冲

如"燕式平衡"动作中，后举腿的臀大肌为原动肌，其收缩以抵抗阻力（重力），但是长度不变，为静力性工作（图4-14）。

图4-14　燕式平衡

总结以上五部分内容，可以用一个表格简述（表4-2）。

表4-2　动作分析例表

关节名称/环节名称	关节运动	原动肌	工作条件	工作性质

第三节 人体主要部位常见动作的解剖学分析

体育动作的解剖学分析只有与运动实践相结合,才能对运动实践进行科学的指导。本节选择体育动作实例,对主要技术动作模式进行解剖学分析,为在运动实践中的应用提供参考。根据完成动作时的主要运动环节不同,均运用图表法对上肢、下肢、躯干常见体育动作进行解剖学分析。

一、上肢动作分析

根据运动模式的不同,上肢动作的解剖学分析主要有推、拉、挥臂等。

(一)推

上肢各关节的共同运动,将重物或器械推离身体的动作为"推"。体育运动中常见的"推"动作有"单手肩上投篮球""推铅球""俯卧撑""卧推杠铃"等。

下面以"夹臂俯卧撑"撑起阶段为例进行解剖学分析(图4-15)。

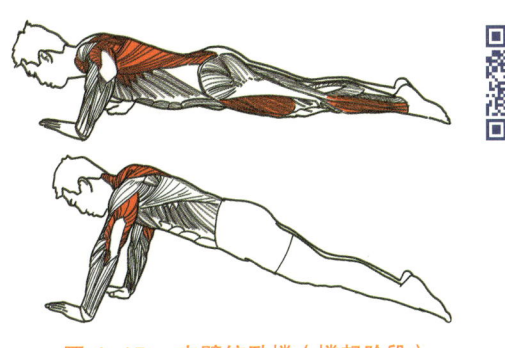

图4-15 夹臂俯卧撑(撑起阶段)

1.准备阶段

身体必须保持躯干和下肢呈一条直线,双足微微分开,两手、双臂与肩同宽,身体保持水平贴近地面。

2.动作阶段

下面以"夹臂俯卧撑"撑起阶段为例,对上肢动作进行解剖学分析,如表4-3所示。

表4-3 "夹臂俯卧撑"撑起阶段上肢动作的解剖学分析

关节名称/环节名称	关节运动	原动肌	工作条件	工作性质
肩胛骨	前伸	前锯肌、胸小肌	近固定	向心工作
肩关节	屈	胸大肌、三角肌前束、肱二头肌长头	远固定	向心工作
肘关节	伸	肱三头肌、肘肌	远固定	向心工作
腕关节	保持伸位	前臂屈肌群、前臂伸肌群	远固定	静力性支撑工作

3.小结和建议

在完成该动作时,双手支撑的距离不同,对肌肉的训练效果也不相同。窄距夹臂支撑时,肩屈主要锻炼肱二头肌长头和三角肌前部纤维;宽距支撑时,肩近似水平屈,主要锻炼胸大肌。无论采用窄距或宽距,肘关节均完成伸的动作,由肱三头肌和肘肌共同收缩完成。腕关节伸位撑地后几乎不发生变化,是静力性工作中的支持工作,肌纤维收缩或拉长后保持不变,所以前臂屈伸肌群都参与发力,因此俯卧撑是简单易行且高效的上肢力量训练动作。

（二）拉

上肢各关节的共同运动，将物体或器械拉近身体的动作为"拉"。体育运动中常见的"拉"动作有"引体向上""T杆下拉""划船""蛙泳划水"等。

下面以"正手宽握引体向上"上拉阶段为例进行解剖学分析（图4-16）。

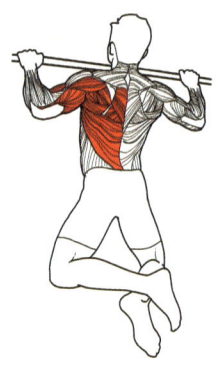

图4-16 正手宽握引体向上动作（上拉阶段）

1. 准备阶段

双手掌心朝前握杠，两手握距宽于肩，身体自然下垂，膝关节屈曲，两脚交叉。

2. 动作阶段

下面以"正手宽握引体向上"上拉阶段为例对上肢动作进行解剖学分析，如表4-4所示。

表4-4 "正手宽握引体向上"上拉阶段上肢动作的解剖学分析

关节名称/环节名称	关节运动	原动肌	工作条件	工作性质
肩胛骨	下回旋	胸小肌、肩胛提肌、菱形肌	近固定	向心工作
	后缩	斜方肌、肩胛提肌、菱形肌		
肩关节	内收	胸大肌、背阔肌、肱三头肌长头	远固定	向心工作
肘关节	屈	肱二头肌、肱肌、肱桡肌、旋前圆肌	远固定	向心工作
腕关节	保持伸位	前臂屈肌群、前臂伸肌群	远固定	静力性加固工作

3. 小结和建议

在训练中，引体向上动作根据掌心方向和握距的不同，肩关节运动形式不同，参与发力肌群也不一样。正手宽握主要锻炼背阔肌和胸大肌，对肩胛骨周围的许多小肌肉群，以及前臂肌群有一定的训练效果。窄握引体向上动作主要锻炼三角肌后部纤维、背阔肌、大圆肌、小圆肌和肱三头肌长头。无论采用宽握还是窄握，肘关节均完成屈的动作，由肱二头肌和肱肌共同收缩完成。但由于前臂需旋前才能完成正握，此时肱二头肌因前臂旋前产生了主动不足，因此完成正握引体向上动作时肘关节屈的难度较大。

（三）挥臂

上肢以大关节运动带动小关节，形成类似鞭打动作为"挥臂"。上肢肌在完成该动作时，肌肉工作条件均为近固定、肌肉工作性质均为向心工作。体育运动中常见的"挥臂"动作有排球"正面扣球"、羽毛球"正手击高球"与网球"发球"等。

下面以排球"正面扣球"扣球阶段为例进行解剖学分析（图4-17）。

图 4-17 排球正面扣球

1. 准备阶段

助跑起跳后,挺胸展腹,上体稍向右转,右臂向后上方抬起,身体成反弓形。挥臂时,以转体收腹动作发力,带动肩、肘、腕各部位关节形成鞭打动作向前上方挥动。

2. 动作阶段

下面以排球"正面扣球"扣球阶段为例对上肢动作进行解剖学分析,如表 4-5 所示。

表 4-5 排球"正面扣球"扣球阶段上肢动作的解剖学分析

关节名称/环节名称	关节运动	原动肌	工作条件	工作性质
肩胛骨	下回旋 前伸	胸小肌、肩胛提肌、菱形肌 前锯肌、胸小肌	近固定	向心工作
肩关节	伸	背阔肌、三角肌后束、肱三头肌长头	近固定	向心工作
肘关节	伸	肱三头肌、肘肌	近固定	向心工作
腕关节	屈	前臂屈肌群	近固定	向心工作

3. 小结和建议

扣球是排球基本技术中攻击性最强的一项技术,该动作要求上肢肌具有较强的爆发力,在训练中重点发展背阔肌、前锯肌、胸大肌、肱三头肌,以及前臂屈肌群的快速发力能力,有助于提高扣球的力量与速度。同时,还应注意下肢和躯干参与工作的肌肉的力量训练,有助于提高扣球的质量。

二、下肢动作分析

根据运动形式的差异,对下肢动作的解剖学分析主要分为蹬、摆、缓冲三类。

(一)蹬

下肢各关节的运动,通过腿向足底施加作用力的动作为"蹬"。根据完成该运动的肌肉工作条件不同,可分为近固定或远固定,但肌力矩均需大于外力矩才能完成"蹬"的动作,因此该动作的肌肉工作性质均为向心工作。体育运动中常见的"蹬"动作有"立定跳远""原地纵跳""负重深蹲""蛙泳蹬腿""蹲踞式起跑"等。

下面以"原地纵跳"起跳阶段为例进行解剖学分析（图4-18）。

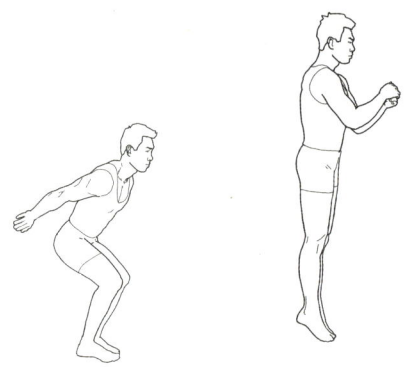

原地纵跳

图 4-18 原地纵跳（起跳阶段）

1. 准备阶段

起跳前，下肢处于微下蹲状态，屈髋、屈膝和伸踝，两臂置于身后。

2. 动作阶段

下面以"原地纵跳"起跳阶段为例对下肢动作进行解剖学分析，如表4-6所示。

表 4-6 "原地纵跳"起跳阶段下肢动作的解剖学分析

关节名称/环节名称	关节运动	原动肌	工作性质	工作条件
髋关节	伸	臀大肌、股二头肌、半腱肌、半膜肌	向心工作	远固定
膝关节	伸	股四头肌	向心工作	远固定
踝关节	屈	小腿三头肌及深层屈肌	向心工作	远固定

3. 小结和建议

蹬地时，上体稍前倾，下肢各关节适度屈曲，可以使原动肌处于最适初长度，增加肌肉力量。在起跳时，有力地摆臂并配合迅速地伸髋、伸膝、屈踝，要求原动肌具有较强的爆发力。

（二）摆

下肢各环节的运动，以髋关节为轴，完成各方向"钟摆式"动作为"摆"。下肢肌在完成该动作时肌肉工作条件均为近固定，肌肉工作性质均为向心工作。体育运动中常见的"摆"动作有"正踢腿""正脚背踢球""侧踢腿""后踢腿""外摆腿"等。

下面以"勾脚尖正踢腿"摆脚阶段为例进行解剖学分析（图4-19）。

图 4-19 勾脚尖正踢腿

1. 准备阶段

挺胸抬头，身体挺直，腿伸直，勾脚尖，以髋为轴，整个下肢置于躯干后方，躯干保持正直。

2. 动作阶段

下面以"勾脚尖正踢腿"摆脚阶段为例对下肢动作进行解剖学分析，如表 4-7 所示。

表 4-7 "勾脚尖正踢腿"摆脚阶段下肢动作的解剖学分析

关节名称/环节名称	关节运动	原动肌	工作条件	工作性质
髋关节	屈	髂腰肌、股直肌、缝匠肌	近固定	向心工作
膝关节	伸	股四头肌	近固定	静力性工作
踝关节	伸	小腿前群	近固定	静力性工作

3. 小结和建议

在完成"勾脚尖正踢腿"动作时，以髋为轴，积极上摆，可发展股直肌、髂腰肌以及股四头肌的肌肉力量，也可发展股后肌群和小腿后群肌肉的伸展性。

（三）缓冲

下肢各环节完成折叠运动，以延缓人体下降的冲击力和速度为"缓冲"。下肢肌在完成该动作时肌肉工作条件为远固定，肌肉工作性质为离心工作。体育运动中常见的"缓冲"动作主要有立定跳远的落地缓冲、跨栏的下栏着地、原地纵跳的落地缓冲、负重深蹲的下蹲等。

下面以"负重深蹲"下蹲阶段为例进行解剖学分析（图 4-20）。

图 4-20 负重深蹲（下蹲阶段）

1. 准备阶段

身体直立，站距与肩同宽（或与髋同宽），挺胸收腹，后背绷紧，缓慢屈髋屈膝下蹲，至大腿与地面平行。

2. 动作阶段

下面以"负重深蹲"下蹲阶段为例对下肢动作进行解剖学分析，如表 4-8 所示。

表 4-8 "负重深蹲"下蹲阶段下肢动作的解剖学分析

关节名称/环节名称	关节运动	原动肌	工作条件	工作性质
髋关节	屈	臀大肌、股二头肌、半腱肌、半膜肌	远固定	离心工作

续表

关节名称/环节名称	关节运动	原动肌	工作条件	工作性质
膝关节	屈	股四头肌	远固定	离心工作
踝关节	伸	小腿三头肌及深层屈肌	远固定	离心工作

3. 小结和建议

下蹲动作是运动项目中常出现的动作模式。在完成下蹲动作时，下肢各关节形成折叠动作，但由于要求动作延缓、控制人体下降速度，需要下肢各关节伸肌群完成离心工作，以抵消一部分重力加速度，减缓落地速度。下蹲动作训练，能够有效发展这些肌肉的离心收缩力量，提高控制能力，更好达到缓冲效果。

三、躯干动作分析

躯干动作主要包括胸廓、脊柱两个整体结构的运动。胸廓的运动以参与呼吸为主，躯干的运动主要表现为脊柱的运动。此外，由于骨盆与脊柱在构造上相互关联，所以往往两者的运动也是密切相关的。在体育动作的解剖学分析时一般不对胸廓的运动加以描述，而是主要分析脊柱与骨盆的运动。

根据运动形式，躯干运动主要分为屈、伸、侧屈和回旋。

（一）屈

脊柱绕冠状轴在矢状面向前运动，骨盆相对下肢绕两侧髋关节共同的冠状轴前倾为"屈"。根据完成运动时肌肉工作条件不同，可分为上固定、下固定或无固定，根据肌肉工作性质不同，可有向心工作或离心工作等多种"屈"的动作。常见的躯干"屈"的动作有"坐位体前屈""仰卧起坐""仰卧两头起"等。

下面以"屈膝仰卧起坐"坐起阶段为例进行解剖学分析（图4-21）。

图 4-21 屈膝仰卧起坐（坐起阶段）

1. 准备阶段

身体仰卧于地垫上，双手交叉贴于头后，膝部屈曲成90°，两腿并拢，脚部平放在地上。

2. 动作阶段

下面以"屈膝仰卧起坐"坐起阶段为例对躯干动作进行解剖学分析，如表4-9所示。

表 4-9 "屈膝仰卧起坐"坐起阶段躯干动作的解剖学分析

关节名称/环节名称	关节运动	原动肌	工作条件	工作性质
脊柱	屈	腹直肌、腹内斜肌、腹外斜肌	下固定	向心工作
骨盆	前倾	髂腰肌、股直肌、缝匠肌	远固定	向心工作

3. 小结和建议

仰卧起坐主要训练腹部的肌肉群，包括腹直肌、腹外斜肌、腹内斜肌和腹横肌。但在完成仰卧起坐时，若过度用力紧抱头部，使颈部过度屈曲，很容易引起颈部肌肉拉伤，以及脊柱的损伤。因此，在完成仰卧起坐时，如果双手置于颈后耳侧或头后，要注意双手不要紧抱后颈；可以将双手自然伸直平放在体侧或双手交叉放在胸前。

（二）伸

脊柱绕自身冠状轴向后，骨盆绕双侧髋关节冠状轴向后倾为躯干"伸"。根据完成运动时肌肉工作条件不同，可分为上固定、下固定或无固定，根据肌肉工作性质不同，可分为向心工作或离心工作等多种"伸"的动作。常见躯干"伸"的动作有"俯卧背腿""体操下桥"等。

下面以"俯卧背腿"动作为例进行解剖学分析（图4-22）。

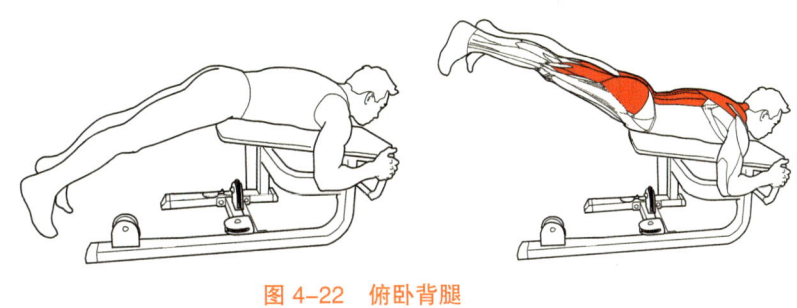

图4-22 俯卧背腿

1. 准备阶段

上体俯卧于器械上，双手握住器械，以髋关节为支点，双腿自然下垂，踝关节伸。

2. 动作阶段

下面以"俯卧背腿"展体阶段为例对躯干动作进行解剖学分析，如表4-10所示。

表4-10 "俯卧背腿"展体阶段躯干动作的解剖学分析

关节名称/环节名称	关节运动	原动肌	工作条件	工作性质
脊柱	伸	竖脊肌、腰方肌、多裂肌	上固定	向心工作
骨盆	前倾	竖脊肌	上固定	向心工作
髋关节	伸	臀大肌、股二头肌、半腱肌和半膜肌	近固定	向心工作

3. 小结和建议

在完成"俯卧背腿"的展体动作时，后伸脊柱的主要肌肉有竖脊肌、腰方肌、多裂肌等。此外，俯卧背腿动作对发展腰背部肌肉力量效果十分明显，尤其是患有腰背疼痛的人群长期坚持俯卧背腿训练，可以增加腰背肌力，从而减轻疼痛。

(三)侧屈

脊柱绕自身矢状轴侧向运动,骨盆相对下肢绕单侧髋关节的矢状轴向上运动为躯干"侧屈"。根据完成运动时肌肉工作条件不同,可分为上固定或下固定;根据肌肉工作性质不同,可分为向心工作或离心工作等多种"侧屈"的动作。常见的躯干"体侧屈"动作有"侧弯腰""哑铃体侧屈"等。

下面以"哑铃体侧屈"为例进行解剖学分析(图4-23)。

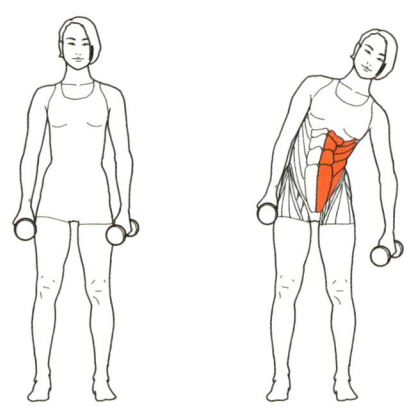

哑铃体侧屈

图 4-23 哑铃体侧屈

1. 准备阶段

身体直立,两脚开立与肩同宽,手持哑铃,置于大腿外侧,拳眼向前。

2. 动作阶段

下面以"哑铃体侧屈"向上阶段为例对躯干动作进行解剖学分析,如表4-11所示。

表 4-11 "哑铃体侧屈"向上阶段躯干动作的解剖学分析

关节名称/环节名称	关节运动	原动肌	工作条件	工作性质
脊柱	侧屈	同侧腹直肌、腹内斜肌、腹外斜肌、竖脊肌、腰方肌	下固定	向心工作
骨盆	侧倾	同侧臀大肌、臀中肌、臀小肌	远固定	向心工作

3. 小结和建议

在完成"哑铃体侧屈"动作时,主要集中训练躯干运动方向同侧面的腹部斜肌,如向左侧屈,克服的是右手哑铃,以及躯干重力产生的阻力;对腹直肌和腰方肌(附着于12肋、腰椎横突)也有一定的训练作用。同时对对侧的腹部斜肌、韧带等软组织具有拉伸作用,可发展其伸展性。

(四)回旋

脊柱绕垂直轴顺时针(或逆时针)转动为"回旋",也叫转体。该运动腹部肌群的工作条件为下固定,工作性质为向心工作。体育动作中常见的"转体"动作有"仰卧起坐带转体""仰卧左（右）转体"等。

下面以"仰卧左（右）转体"为例进行解剖学分析（图4-24）。

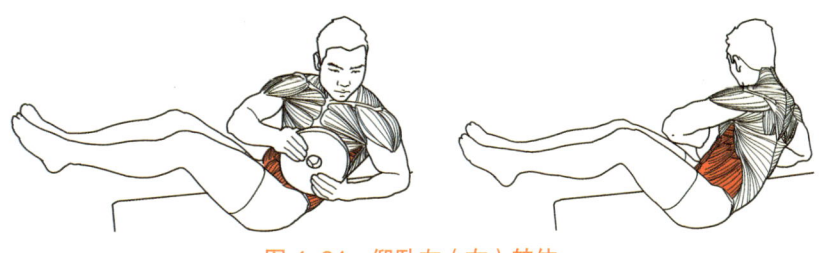

仰卧左（右）转体

图 4-24 仰卧左（右）转体

1. 准备阶段

身体仰卧位，上肢平抬于胸前，下肢屈髋脚跟离地。

2. 动作阶段

下面以"仰卧左（右）转体"右转体阶段为例对躯干动作进行解剖学分析，如表4-12所示。

表 4-12 "仰卧左（右）转体"右转体阶段躯干动作的解剖学分析

关节名称/环节名称	关节运动	原动肌	工作条件	工作性质
脊柱	右回旋	右腹内斜肌、左腹外斜肌	下固定	向心工作
骨盆	右回旋	左髂腰肌、臀大肌、梨状肌 右臀中肌、臀小肌前侧	远固定	向心工作

3. 小结和建议

在完成"仰卧左（右）转体"动作时，主要集中训练腹内外斜肌、臀大肌、髂腰肌。同时骨盆在左右"回旋"动作中也会伴随轻微运动，需要加以控制。

第四节　体育项目中常见动作的解剖学分析实例

一、田径运动中常见动作

（一）原地跳远

1. 动作简介

"原地跳远"是指不用助跑从立定姿势开始的跳远，能够较好地反映人体下肢爆发力水平。"原地跳远"是发展下肢爆发力与弹跳力的运动项目。它要求下肢与髋部肌肉协调快速用力，同时与上肢的摆动相配合，所以也需要一定的灵巧性（图4-25）。

图 4-25 原地跳远

2. 技术要领

跳时两腿稍分,膝微屈,身体前倾,然后两臂自然前后预摆两次,两腿随着屈伸,当两臂从后向前上方做有力摆动时,两脚用前脚掌迅速蹬地,膝关节充分蹬直同时展髋向前跳起,身体尽量前送,身体在空间成一斜线,过最高点后屈膝、收腹、小腿前伸,两臂自上向下向后摆。落地时脚跟先着地,落地后屈膝缓冲、上体前倾。

3. 动作阶段划分与解剖学分析

"原地跳远"包括上肢动作、躯干动作、下肢动作,动作的阶段可以分为预蹲、向上起跳、腾空、落地缓冲四个阶段。以向上起跳阶段(表4-13)及落地缓冲阶段(表4-14)下肢动作为例,进行分析。

表 4-13 "原地跳远"向上起跳阶段下肢动作的解剖学分析

关节名称/环节名称	关节运动	原动肌	工作条件	工作性质
髋关节	伸	臀大肌、股二头肌、半腱肌、半膜肌	远固定	向心工作
膝关节	伸	股四头肌	远固定	向心工作
踝关节	屈	小腿三头肌及深层屈肌	远固定	向心工作

表 4-14 "原地跳远"落地缓冲阶段下肢动作的解剖学分析

关节名称/环节名称	关节运动	原动肌	工作条件	工作性质
髋关节	屈	臀大肌、股二头肌、半腱肌、半膜肌	远固定	离心工作
膝关节	屈	股四头肌	远固定	离心工作
踝关节	伸	小腿三头肌及深层屈肌	远固定	离心工作

4. 小结与建议

"原地跳远"的运动表现主要取决于下肢肌群的爆发力,而且对踝关节的力量提出了较高的要求。但是也需要注意骨盆肌群与下肢肌群协调用力的能力及跳远时臂的摆动作用。

（二）原地侧向推铅球

1. 动作简介

"原地侧向推铅球"是非对称性、非周期性运动，运动持续时间短、技术性强，以速度为核心、以绝对力量为基础，对爆发力要求极高。该动作不仅需要投掷臂具有快速发力的能力，也要求较强的全身协调发力的能力（图4-26）。

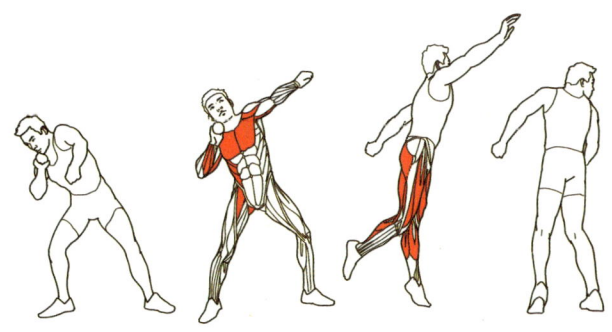

图4-26 原地侧向推铅球

2. 技术要领

"原地侧向推铅球"包括持球、预摆、蹬地、转髋、挺胸、抬头、挥臂、拨球、缓冲等技术动作。"蹬、转、挺、推、拨"五字简练又突出重点：后腿略屈，后腿的足前掌内侧蹬地，使重心前移和转髋，重心接近前腿，转髋带动转体，挺胸，顶肩，推臂，拨球出手。最后的发力首先以髋部肌肉群发力，右腿蹬地使右髋向上移，左肩、左臂配合做好左侧支撑，随后抬头挺胸，右臂向前上方做推球动作，将铅球沿40°~42°角方向迅速推出去。

3. 动作阶段划分与解剖学分析

"原地侧向推铅球"分为上肢动作、躯干动作、下肢动作。以右手投掷为例，进行该动作出球阶段的上肢、躯干、下肢动作的解剖学分析，如表4-15~表4-18所示。

（1）上肢动作分析

上肢分为持球手与协助手，两者运动不同，重点分析持球手的动作。

表4-15 "原地侧向推铅球"持球阶段上肢动作的解剖学分析

关节名称/环节名称	关节运动	原动肌	工作条件	工作性质
肩胛骨	后缩	斜方肌、菱形肌	近固定	静力性工作
肩关节	水平伸	背阔肌、三角肌后束	近固定	静力性工作
肘关节	屈	肱二头肌、肱肌	近固定	静力性工作
腕关节	伸	前臂伸肌群	近固定	静力性工作

表4-16 "原地侧向推铅球"铅球出手阶段上肢动作的解剖学分析

关节名称/环节名称	关节运动	原动肌	工作条件	工作性质
肩胛骨	前伸 上回旋	前锯肌、胸小肌 前锯肌、斜方肌	近固定	向心工作
肩关节	水平屈	胸大肌、三角肌前束	近固定	向心工作
肘关节	伸	肱三头肌、肘肌	近固定	向心工作
腕关节	屈	前臂屈肌群	近固定	向心工作

(2) 躯干动作分析

铅球出手阶段躯干为向左转体运动。

表4-17 "原地侧向推铅球"铅球出手阶段躯干动作的解剖学分析

关节名称/环节名称	关节运动	原动肌	工作条件	工作性质
脊柱	左回旋	左侧腹内斜肌、右侧腹外斜肌	下固定	向心工作
骨盆	左回旋	右侧臀大肌、左侧髂腰肌	远固定	向心工作

(3) 下肢动作分析

铅球出手阶段双侧下肢都是蹬地动作,其关节的运动相同。

表4-18 "原地侧向推铅球"蹬地阶段左、右下肢动作的解剖学分析

关节名称/环节名称	关节运动	原动肌	工作条件	工作性质
髋关节	伸、旋内	臀大肌、股二头肌、半腱肌、半膜肌、臀中肌和臀小肌前部	远固定	向心工作
膝关节	伸、旋内	股四头肌、半腱肌、半膜肌、腓肠肌内侧头	远固定	向心工作
踝关节	屈	小腿三头肌及深层屈肌	远固定	向心工作

4. 小结与建议

"原地侧向推铅球"动作表面看主要是投掷臂在用力,实则需要全身参与工作,下肢蹬地发力,通过躯干传递此力量给上肢,需要有较强的肌肉爆发力和全身的协调性。在完成该动作前应注意全身性的热身运动,以减小肌肉的黏滞性,既有利于动员全身肌肉参与工作,也能起到预防肌肉损伤的作用。

二、球类运动中常见动作的解剖学分析

(一) 篮球单手肩上投篮

1. 动作简介

"单手肩上投篮"是篮球运动中最基本的一种动作,是投篮的基础,它具有出手点高、不易被防守、便于结合其他动作等优点,并能在不同距离和位置上应用。该动作属于非周期性、非对称性运动(图4-27)。

2. 技术要领

右手指自然分开,掌心空出,指根以下部位触球,伸腕、屈肘持球于肩上方耳部附近,肩关节微内收,前臂与地面垂直,左手扶球的左侧,右脚稍前,左脚稍后,重心放在两脚之间,两膝微屈,目视投篮目标。投篮时,两脚前脚掌用力蹬地,伸展腰腹,抬肘,手臂上伸,

图4-27 单手肩上投篮

在即将伸直时,手腕用力前屈,手指拨球,最后经中指和食指指端将球投出。球出手后,腿、腰、臂自然伸直。

3. 动作阶段划分与解剖学分析

该动作以投篮手的动作为主要运动,配合下肢的蹬地,力量通过躯干传递至上肢完成投篮。以篮球出手阶段上肢动作和蹬地阶段下肢动作为例进行解剖学分析,如表4-19、表4-20所示。

(1) 上肢动作分析

表 4-19 "单手肩上投篮"篮球出手阶段上肢动作的解剖学分析

关节名称/环节名称	关节运动	原动肌	工作条件	工作性质
肩胛骨	上回旋	前锯肌、斜方肌	近固定	向心工作
肩关节	屈	胸大肌、三角肌前束、肱二头肌长头	近固定	向心工作
肘关节	伸	肱三头肌、肘肌	近固定	向心工作
腕关节	屈	前臂屈肌群	近固定	向心工作

(2) 下肢动作分析

表 4-20 "单手肩上投篮"蹬地阶段下肢动作的解剖学分析

关节名称/环节名称	关节运动	原动肌	工作条件	工作性质
髋关节	伸	臀大肌、股二头肌、半腱肌、半膜肌	远固定	向心工作
膝关节	伸	股四头肌	远固定	向心工作
踝关节	屈	小腿三头肌及深层屈肌	远固定	向心工作

4. 小结与建议

"单手肩上投篮"动作虽然主要为上肢运动,但下肢蹬地动作的力量通过躯干传递到上肢,有助于增加投篮远度和高度,故在运动训练中应注意下肢肌与躯干肌在力量传递过程中的协调配合方面的训练。

(二) 足球正脚背踢球

1. 动作简介

"正脚背踢球"指的是当踝关节跖屈并稍外翻时,用脚背正面去击球。"正脚背踢球"的特点主要表现为踢球力量大、准确性较强。在比赛中经常使用脚背正面踢地滚球(图4-28)、空中球、定位球、反弹球及倒勾球等。

正脚背踢球

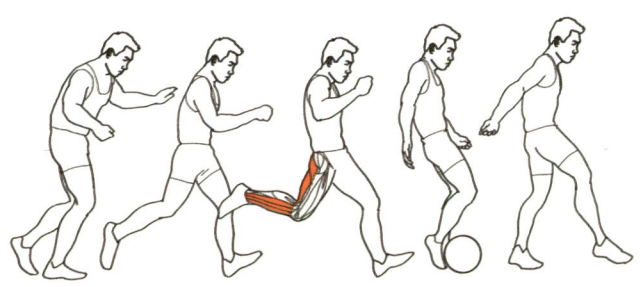

图 4-28 正脚背踢球

2. 技术要领

"正脚背踢球"前助跑的最后一步稍大些,支撑腿积极地着地支撑,在球的侧面 10~12cm 处,支撑腿脚尖正对出球方向,膝关节微屈;踢球腿随跑动先向后摆动,小腿屈曲,然后以髋关节为轴,大腿带动小腿由后向前摆动。当膝关节摆至接近球的正上方时,小腿做爆发式的摆动,脚趾屈,以脚背正面部位击球的后中部,击球后踢球腿随球前移。

3. 动作阶段划分与解剖学分析

"正脚背踢球"动作的踢球腿分为后摆阶段与踢球阶段,以右脚踢球为例进行解剖学分析,如表 4-21、表 4-22 所示。

表 4-21 "正脚背踢球"后摆阶段下肢动作的解剖学分析

关节名称/环节名称	关节运动	原动肌	工作条件	工作性质
髋关节	伸	臀大肌、股二头肌、半腱肌、半膜肌	近固定	向心工作
膝关节	屈	股二头肌、半腱肌、半膜肌、腓肠肌	近固定	向心工作
踝关节	屈	小腿三头肌及深层屈肌	近固定	向心工作

表 4-22 "正脚背踢球"前摆阶段下肢动作的解剖学分析

关节名称/环节名称	关节运动	原动肌	工作条件	工作性质
髋关节	屈	髂腰肌、股直肌	近固定	向心工作
膝关节	伸	股四头肌	近固定	向心工作
踝关节	屈	小腿三头肌及深层屈肌	近固定	向心工作

4. 小结与建议

在后摆阶段,应注意摆动幅度要适度,寻找原动肌的最适初长度,以保障屈髋关节肌群与伸膝关节肌群的收缩力量。在前摆击球时,要以大关节运动带动小关节运动,使原动肌产生爆发式收缩,下肢完成鞭打式踢球动作。

 复习思考题

1. 肌肉收缩时的固定方式有哪些?举例说明。
2. 肌肉的工作性质可分为哪几类?举例说明。
3. 肌肉工作时是如何协作的?
4. 举例说明多关节肌的"主动不足"和"被动不足"现象。
5. 如何确定原动肌?
6. 前臂以肘关节为支点做各种运动时,各有哪些肌肉参加工作?
7. 说明排球正面扣球时上推动作中上肢各环节是怎样运动的,各有哪些肌肉参加工作。
8. 试述体育动作解剖学分析的内容、步骤与方法。
9. 结合自身体育专项,试进行有关上肢体育动作解剖学分析,思考并试制订训练方案。

10. 结合自身体育专项，试进行有关下肢体育动作解剖学分析，思考并试制订训练方案。

【知识与应用】

侧平举　　　　肱二头肌弯举　　　　爬泳　　　　马步冲拳　　　　侧踢腿

内 脏

中国肝脏外科之父——吴孟超

第五章 内脏概述

> 【学习目标】
>
> 要求学生掌握内脏的一般构造；熟悉腹部的分区方法；培养学生运用整体的概念对体育运动进行解剖学分析的能力；提升学生对内脏概述理论知识的实践运用能力，为学习后续课程奠定基础。

内脏是指大多数位于胸腔、腹腔、盆腔内，并借一套完整的管道与外界直接或间接相通的器官，包括消化系统、呼吸系统、泌尿系统和生殖系统。它们的主要功能是进行物质代谢和繁殖后代。某些与内脏密切相关的结构，如胸膜、腹膜和会阴等，也归于内脏范畴。

腹膜、胸膜和纵隔

消化系统主要是从摄入的食物中吸取营养物质，并将食物的残渣形成粪便排出体外；呼吸系统是从空气中摄取氧气并将体内产生的二氧化碳排出体外；泌尿系统是把机体在物质代谢过程中所产生的代谢产物，特别是含氮的物质（如尿酸、尿素等）和多余的水、盐等形成尿液而排出体外；生殖系统能产生生殖细胞和分泌性激素，并进行生殖活动，借以繁殖后代。此外，内脏各系统中的许多器官还具有内分泌功能，产生多种类固醇或含氮类激素，参与对机体多种功能的调节活动。例如，胃肠道、睾丸、卵巢、前列腺及胰等，均具有内分泌功能。

内脏各系统的功能活动与机体其他各系统的活动紧密相关。例如，消化系统和呼吸系统分别从外界摄取的营养物质和氧气，需要经过脉管系统输送到全身各部的组织和细胞，供其利用；各部组织、细胞的代谢产物也需经脉管系统输送到排泄器官（如肺、肾及皮肤等）排出体外。另外，机体各器官系统通过神经体液的调控，相互制约、相互协调，形成一个统一的整体，以完成人体的生理功能。

第一节 内脏的一般构造

内脏器官数量较多，形态不一，但从基本构造上来看，可分为中空性器官和实质性器官两大类。

一、中空性器官

中空性器官呈管状或囊状，内部均有空腔，如消化道（胃、空肠等）、呼吸道（气管、支气管等）、泌尿道（输尿管、膀胱等）和生殖道（输精管、输卵管、子宫等）。其中，消化道各器官的管壁均由4层组织构成，呼吸道、泌尿道和生殖道的管壁通常由3层组织构成。以消化管为例，其管壁由内向外依次为黏膜、黏膜下层、肌层和外膜（图5-1）。

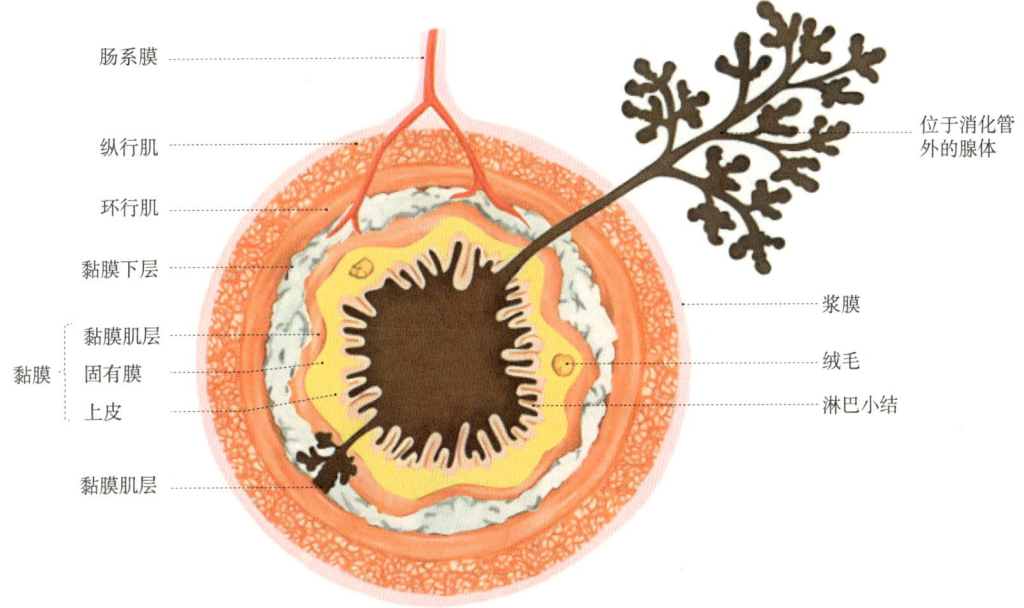

图 5-1 消化道管壁构造模式图

（一）黏膜

黏膜是消化管壁的内层，分泌黏液，保持腔面的滑润和黏性。黏膜分下列 3 层：

①**黏膜上皮层**是黏膜的最内层，因所在的位置和功能不同而有两种上皮。如口腔、咽、食管和肛门的上皮为复层扁平上皮，以运输物质和进行机械作用为主，具有保护作用；胃、小肠和大肠的上皮为单层柱状上皮，具有分泌、消化和吸收等功能。

②**黏膜固有层**位于黏膜上皮深面，由疏松结缔组织构成，内有神经、血管、淋巴组织和小腺体，具有联结、支持、缓冲和营养等作用。

③**黏膜肌层**位于黏膜固有层和黏膜下层之间，由薄层平滑肌构成，收缩时能改变黏膜形状，并引起局部运动，因而促使血液和淋巴流动、腺体分泌及营养物质的吸收。

（二）黏膜下层

黏膜下层是联结黏膜和肌织膜的疏松结缔组织，内含血管、淋巴管、神经、腺体和脂肪等。在管腔扩大或缩小时，具有缓冲机能。

（三）肌层

肌层位于黏膜下层的外面，主要由平滑肌组成，平滑肌的排列一般分内环和外纵两层，两层之间有肌间神经丛。环行肌和纵行肌交替收缩，可使管腔缩小或管腔的长度缩短，从而将内容物向前推进。

（四）外膜

外膜覆盖在肌织膜的外面，由结缔组织组成，此膜又称纤维膜，具有保护作用。有些器官的纤维膜外表面还覆有一层由间皮构成的膜，称为浆膜，能分泌少量浆液，使器官表面湿润光滑，可减少器官蠕动时的摩擦。

二、实质性器官

实质性器官内部没有特定的空腔，多属腺组织，具有分泌功能。以决定该器官功能的组织为主要成分，借结缔组织联结，并伴以血管、淋巴管和神经构成，表面包以结缔组织的被膜或浆膜，如肝、胰、肾及生殖腺等。这些实质性器官通常都以导管开口于中空性器官。结缔组织被膜深入器官实质内，将器官的实质分割成若干个小单位，称小叶，如肝小叶。分布于实质性器官的血管、神经和淋巴管以及该器官的导管等出入器官之处，常为一凹陷，称此处为该器官的门，如肺门和肝门。

第二节　腹部的分区和主要脏器体表投影

内脏大部分器官在胸、腹、盆腔内占据相对固定的位置。为了便于描述腹腔脏器的位置及其体表投影，通常将腹部体表划分为 9 个区域。即通过两侧肋弓最低点（即第 10 肋的最低点）所作的肋下平面和通过两侧髂结节所作的髂结节间平面，将腹部分为上腹部、中腹部和下腹部 3 部分；再由经两侧腹股沟韧带中点所作的两个矢状面（竖线），将腹部分成 9 个区域，包括上腹部的腹上区和左、右季肋区，中腹部的脐区和左、右腹外侧（腰）区，下腹部的腹下区和左、右腹股沟区（图 5-2）。

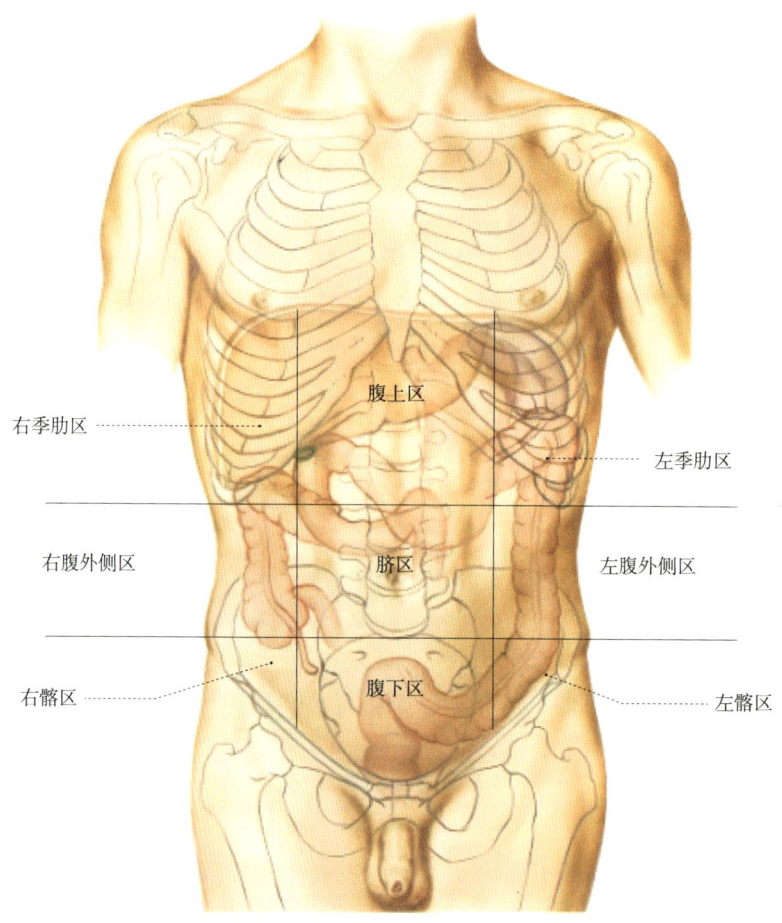

图 5-2　腹部表面分区

上述 9 个区的相互位置关系和各区内的主要器官如图 5-3 所示。

右季肋区	腹上区	左季肋区
肝右叶、结肠右曲、右肾	肝左叶、胆囊、胃、十二指肠、胰腺	胃底、胰尾、左肾、脾、结肠左曲
右腹外侧区	脐区	左腹外侧区
升结肠、右肾下部、回肠、右输尿管	胃大弯、横结肠、空肠、回肠、大网膜	降结肠、空肠、左肾下部、左输尿管
右腹股沟区	腹下区	左腹股沟区
回肠末端、盲肠、阑尾	回肠、膀胱、卵巢、输卵管、子宫	乙状结肠

图 5-3　内脏主要器官在腹部各区的位置

复习思考题

1. 简述中空性器官和实质性器官的结构特点。
2. 腹部的分区有哪些？各分区中有哪些器官？

第六章 消化系统

【学习目标】

要求学生掌握消化系统的组成概况，熟悉消化系统各主要器官的形态、位置、结构与功能，了解体育运动对消化系统的影响。培养学生应用解剖学知识科学地进行体育运动的能力，提升学生对解剖学理论知识的实践运用能力，充分发挥体育运动对消化系统的良好促进作用，有效降低或避免体育运动对消化系统产生的不良影响，为今后指导运动训练、科学健身奠定基础。

消化系统由**消化管**和**消化腺**两部分组成（图6-1）。消化系统的基本功能是摄取食物，对食物进行消化，吸收营养物质，最后将食物残渣以粪便的形式排出体外。

消化包括物理性消化和化学性消化。物理性消化是指消化管对食物的机械运动，包括咀嚼、吞咽及各种形式的蠕动运动，以减小食物体积，有利于消化液与食物充分混合，并推动管腔内容物前移等。化学性消化是指消化腺分泌的消化液对食物进行化学分解，如将蛋白质分解为氨基酸，多糖分解为单糖，脂肪分解为脂肪酸和甘油等，这些分解后的营养物质被吸收，进入血液或淋巴。食物残渣则通过消化管排出体外。此外，口腔、咽等还与呼吸、发音等功能活动有关。

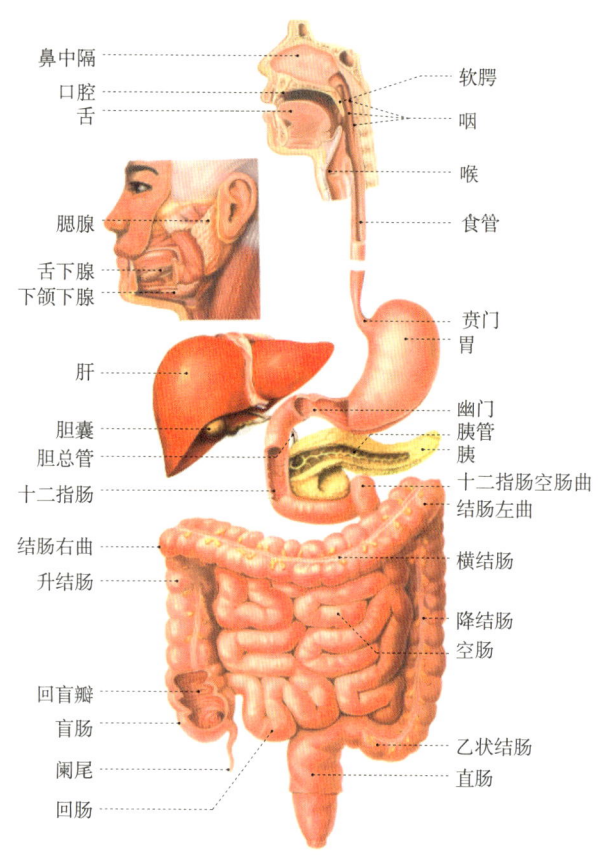

图6-1 消化系统模式图

第一节 消化管

消化管是一条从口腔到肛门的粗细不等的管道，从上至下依次为口腔、咽、食管、胃、小肠（十二指肠、空肠、回肠）和大肠（盲肠、阑尾、结肠、直肠、肛管）。临床上通常把口腔到十二指肠的这部分管道称**上消化道**，空肠及以下的部分称**下消化道**。

消化管概述

一、口腔

口腔是消化管的起始部，是以骨性口腔为基础形成的，具有感受味觉、咀嚼消化食物和发音等功能（图6-2）。口腔前方开口称**口裂**，由上、下唇围成。后方经咽峡与咽相通，上壁为腭，下壁为口腔底，两侧壁为颊。口腔被上、下牙弓和牙龈分隔为前、后两部，前部为口腔前庭，后部为固有口腔。**口腔前庭**是上、下唇和颊与上、下牙弓和牙龈之间的狭窄空隙；**固有口腔**为上、下牙弓和牙龈后空间，其顶为腭，底由黏膜、肌和皮肤构成。在上、下颌牙咬合时，两部可通过两侧第3磨牙后方的间隙相通。因此，在牙关紧闭不能进食时，可经此间隙插管并注入营养物质。口腔内有牙和舌，此外，还有3对大唾液腺开口于口腔黏膜表面。

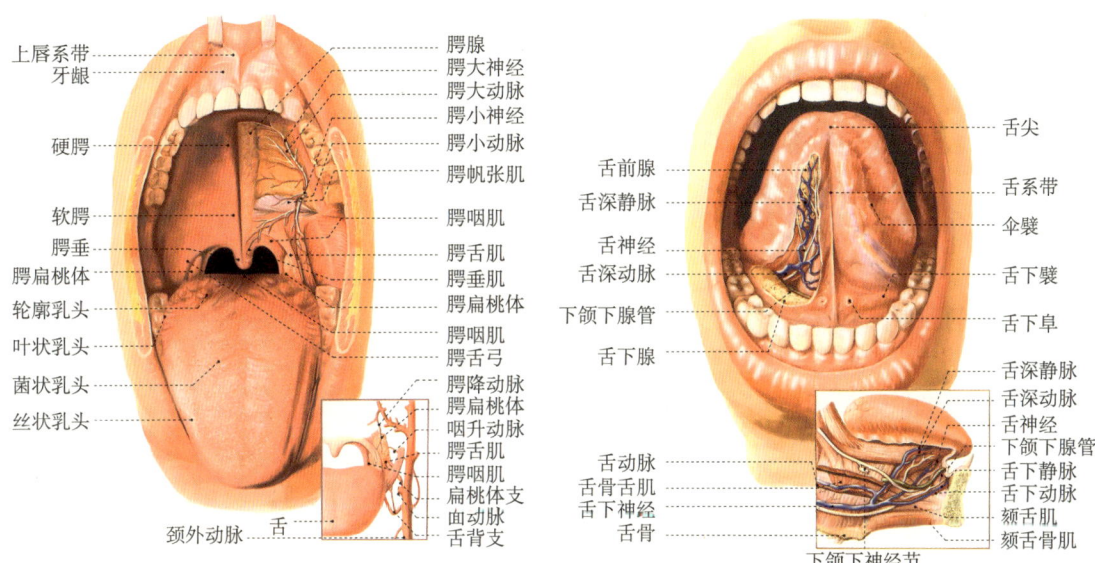

图6-2 口腔及咽峡

二、咽

咽是一个上宽下窄、前后略扁的漏斗形肌性管道，长约12cm，其内腔称**咽腔**，上端附着于颅底，下端平第6颈椎下缘或环状软骨高度续于食管。咽的前壁不完整，分别与鼻腔、口腔和喉腔相通，故咽自上而下分为**鼻咽、口咽和喉咽**3部分（图6-3）。咽腔是呼吸道和消化道的共同通道。

咽壁由黏膜、黏膜下层、肌层和外膜组成。咽的黏膜下层内含有丰富的淋巴组织。肌层由属于横纹肌的咽缩肌和咽提肌互相交织而成。咽缩肌由上而下依次收缩，将食团

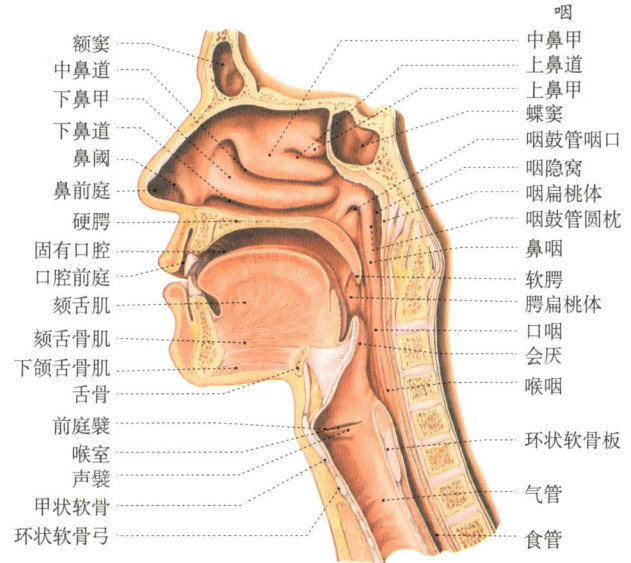

图6-3 头颈部正中矢状切面

推向食管；咽提肌收缩可使咽和喉上提协助吞咽。

三、食管

食管是一个前后扁平的肌性管状器官，位于脊柱前方，全长约 25cm。上端在第 6 颈椎下缘平面与咽相接，下端约平第 11 胸椎平面，其左侧与胃的贲门相连。

食管依其行径可分为**颈部**、**胸部**和**腹部**，全长有 3 处狭窄。第一狭窄位于食管和咽的连接处；第二狭窄位于食管与左主支气管的后方交叉处，相当于第 4、第 5 胸椎体之间水平；第三狭窄为食管穿经膈的食管裂孔处，相当于第 10 胸椎体水平。3 个狭窄处是食管异物滞留及食管癌的好发部位（图 6-4）。

食管壁的黏膜层为未角化的复层扁平上皮，黏膜下层中含有许多较大的血管、神经和淋巴管，以及大量的食管腺。

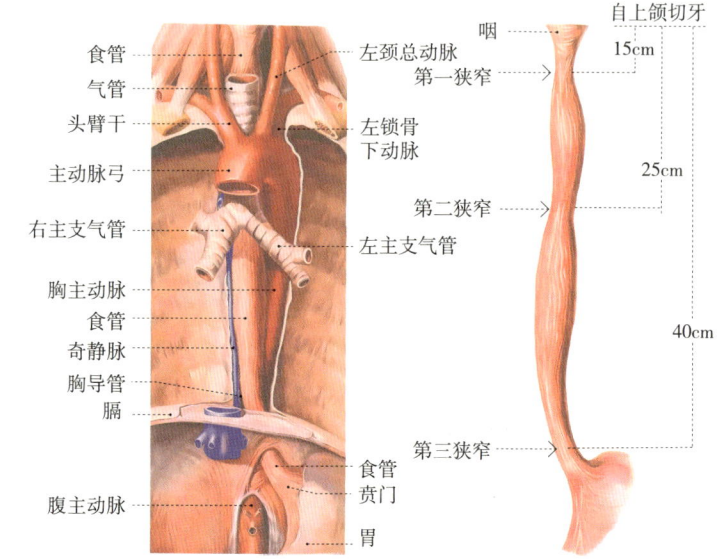

图 6-4　食道位置与形态

食管肌层上 1/3 为横纹肌，下 1/3 为平滑肌，中 1/3 既有横纹肌又有平滑肌。食管起始处环行肌纤维较厚，可起到括约肌作用。食管外膜为疏松结缔组织。

四、胃

胃是消化管各部中最膨大的部分，上连食管，下续十二指肠（图 6-5）。成人胃的容量约为 1500mL。胃除了具有受纳食物、分泌胃液和调和食糜的功能外，还有内分泌的作用。

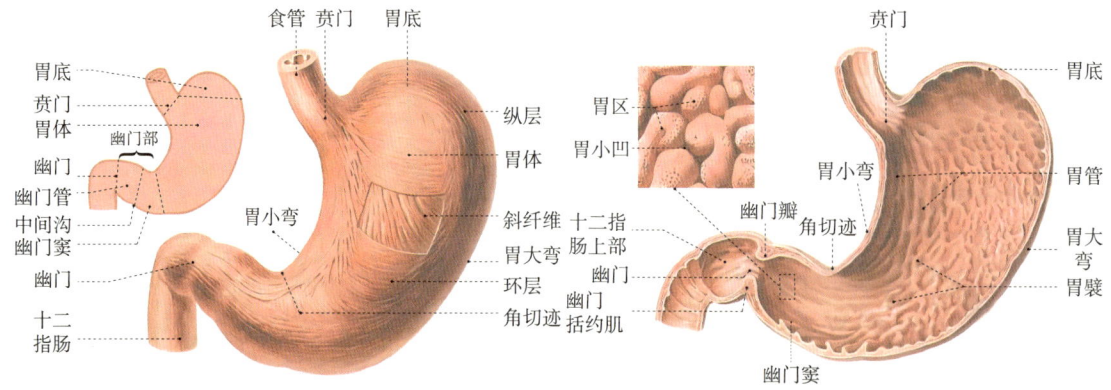

图 6-5　胃的形态、分部和结构

（一）胃的位置和形态

胃的位置和形态可受体位、体型、年龄、性别和胃的充盈程度的影响。通常胃在中等充盈程度时，大部分位于腹腔的左季肋区，小部分位于腹上区。胃在完全空虚时略呈管状，高度充盈时可呈球囊形。胃的入口称**贲门**，与食管相接；胃的出口称**幽门**，与小肠相接。胃近贲门的部分称**贲门部**，自贲门左上方膨出的部分称**胃底**，胃的中部称**胃体**，近幽门的部分称**幽门部**（图6-5）。

（二）胃壁的结构

胃壁由黏膜、黏膜下层、肌层和浆膜4层构成（图6-5）。

1. 黏膜

此层血供丰富，呈橙红色。胃空虚时形成许多皱襞，充盈时变平坦。幽门处的黏膜形成环形的皱襞称**幽门瓣**，有延缓胃内容物进入十二指肠的功能。

胃黏膜表面还有许多纵横交错的小沟，把胃黏膜分成许多小区，称为**胃区**。每个小区有许多小孔，称为胃小凹，底部是胃腺的开口。

2. 黏膜下层

由疏松结缔组织构成，内有丰富的血管、淋巴管和神经丛，当胃扩张和蠕动时起缓冲作用。

3. 肌层

较发达，由3层平滑肌构成，外层为纵行肌层，中层为环行肌层，内层为斜行肌层。其中环行肌最发达，在幽门处特别增厚形成**幽门括约肌**，位于幽门瓣的深面。幽门括约肌和幽门瓣具有控制胃内容物排空速度，以及防止肠内容物逆流至胃的作用。胃的肌层对维持胃的正常位置、形态和实现胃的蠕动起着重要的作用（图6-5）。

4. 浆膜

胃的最外层为浆膜层，可减少蠕动时产生的摩擦。

（三）胃的功能

胃能暂时容纳食物，并以其肌层收缩磨碎、搅拌食物。胃可通过分泌胃液分解食物中的蛋白质。胃还能吸收水、无机盐、葡萄糖、酒精和某些营养物质。此外，胃还可以分泌激素，具有调节胃液分泌等功能。

五、小肠

小肠是消化管中最长的一段，成人全长5~7m。上端起自胃幽门，下端连接盲肠。

（一）小肠的分段

小肠全长分为十二指肠、空肠和回肠3部分。

小肠

1. 十二指肠

十二指肠是小肠的起始部，绝大部分紧贴腹后壁，介于胃和空肠之间。上端起自幽门，下端在第 2 腰椎体左侧续于空肠，长 25~30cm，整体上呈 "C" 形包绕胰头，可分上部、降部、水平部和升部 4 部。在十二指肠降部中份的后内侧壁上有一乳头状隆起，称**十二指肠大乳头**，为胆总管和胰管的共同开口，胆汁和胰液由此流入小肠（图 6-6）。

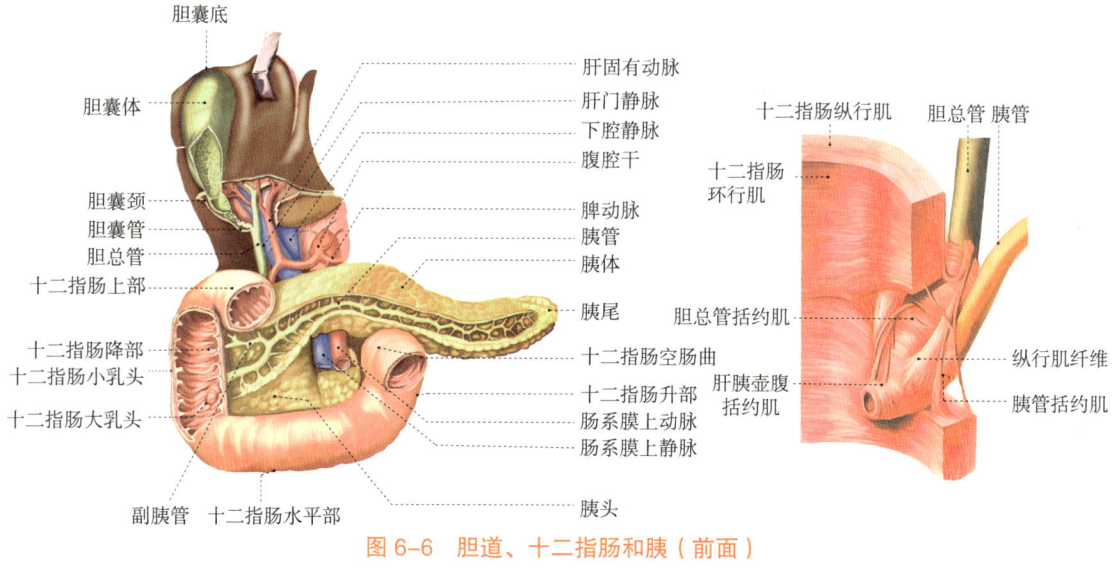

图 6-6 胆道、十二指肠和胰（前面）

2. 空肠

空肠上端起自十二指肠空肠曲，下接回肠。一般将空、回肠全长近侧的 2/5 称**空肠**，其主要位于腹腔的左上部，空肠管腔较大，黏膜环状皱襞较密、较高，管壁较厚，绒毛也较多，血液供应丰富，活体颜色较红（图 6-7a）。

3. 回肠

回肠上接空肠，下端接续盲肠。占空、回肠全长远侧的 3/5，一般位于腹腔的右下部。空肠与回肠在形态和结构上不完全一致，但二者间无明显界限。回肠与空肠相比，管腔较小，黏膜环状皱襞低而稀疏，管壁较薄，绒毛较少，颜色较淡（图 6-7b）。

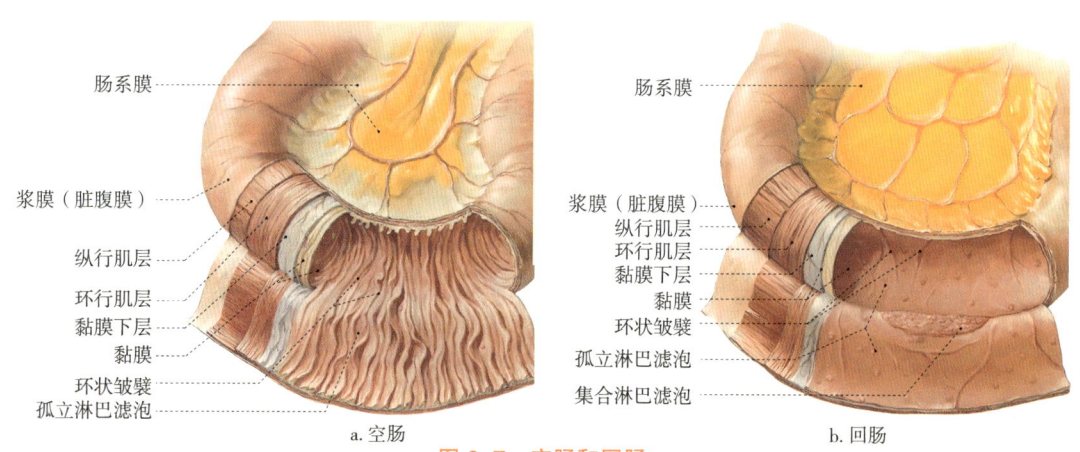

图 6-7 空肠和回肠

（二）小肠壁的结构

小肠壁具有中空性器官典型的 4 层管壁结构（图 6-8）。

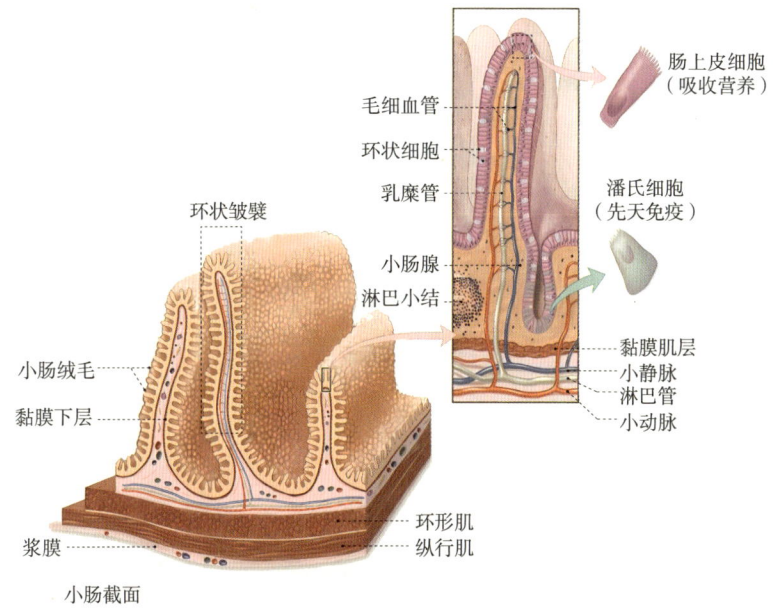

图 6-8　空肠的纵切面与小肠绒毛示意图

1. 黏膜

肠的黏膜层和黏膜下层形成环状皱襞，黏膜表面还有许多细小的**小肠绒毛**（图 6-8），为黏膜上皮和黏膜固有层向肠腔突起而成，长约 1mm，形状不一，以十二指肠和空肠头段最发达。环状皱襞和小肠绒毛使小肠内表面面积扩大 20~30 倍，有利于营养物质的消化和吸收。

小肠绒毛内有 1~2 条纵行的毛细淋巴管，称**中央乳糜管**，小肠上皮吸收的脂类物质由此进入淋巴循环。中央乳糜管周围有丰富的毛细血管网，小肠上皮吸收的葡萄糖、氨基酸等水溶性物质主要经此进入血液循环。

2. 黏膜下层

黏膜下层为疏松结缔组织，含有丰富的血管和淋巴管。黏膜下层中有由表层上皮下陷形成的肠腺，开口于黏膜表面，分泌黏稠的碱性液体（pH 值 8.2~9.3），保护十二指肠免受胃酸侵蚀。

3. 肌层

小肠的肌层由内环、外纵两层平滑肌组成。两层之间有少量的结缔组织和肌间神经丛。在回肠末端环行肌增厚，形成回盲括约肌，它可控制回肠内容物进入盲肠的速度和防止盲肠内容物的倒流。

4. 外膜

主要覆以浆膜。浆膜在小肠的一侧延续为小肠系膜。如在饭后激烈运动牵扯了肠系膜，会有疼痛感觉。

（三）小肠的功能

小肠是消化食物和吸收营养的重要场所。来自胃的食糜在小肠内与胆汁、胰液和小肠液混合后，其中的糖可分解为葡萄糖，蛋白质可分解为氨基酸，脂肪可分解为脂肪酸和甘油。最后由小肠绒毛将这些小分子的营养物质、维生素和水分子吸收，并把食物残渣推送到大肠。此外，小肠内分泌细胞还可以分泌激素，调节胰腺与胆囊活动。

六、大肠

大肠是消化管的下段，长约1.5m，起自右髂窝，终于肛门，围绕于空、回肠的周围（图6-9）。

大肠

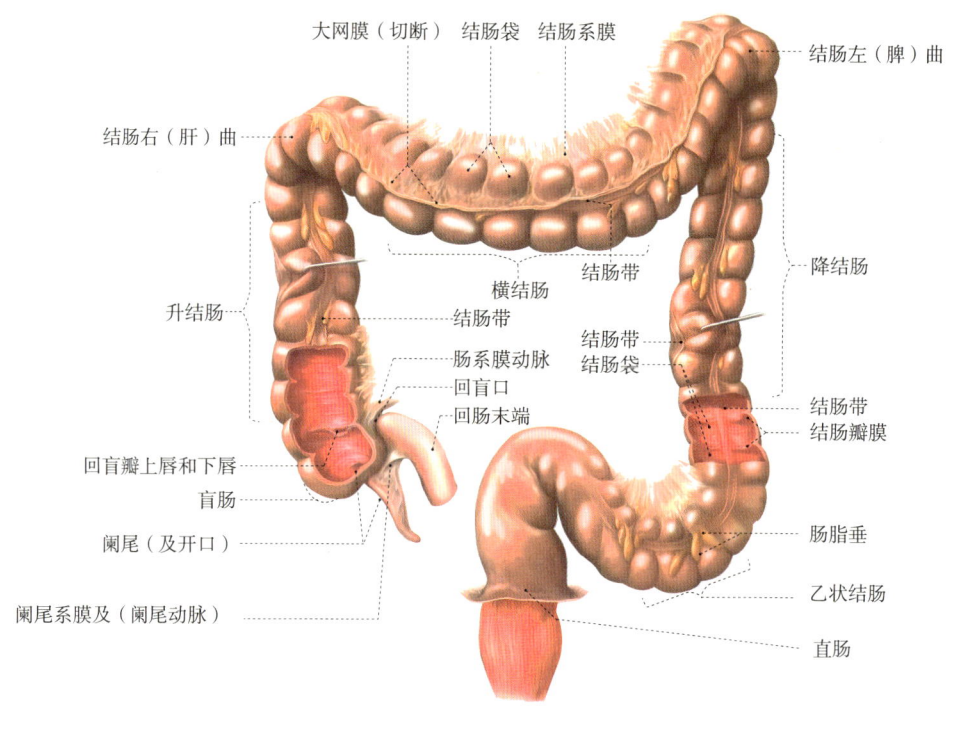

图6-9 大肠

（一）大肠的分段

1.盲肠

盲肠是大肠的起始部（图6-10），长6~8cm，位于右髂窝内，其下端为盲端，上续升结肠，左侧与回肠相连接。回肠末端突向盲肠的开口称为回盲口，此处肠壁内的环形肌增厚，并覆以黏膜，形成上、下两片半月形的皱襞称**回盲瓣**，其具有控制小肠内容物流入大肠速度的作用，以利于食物在小肠内充分消化吸收，并可防止盲肠内容物逆流回小肠。在回盲口下方约2cm处，有一条细长的蚓状突起，称为**阑尾**，一般长5~7cm，其内腔经阑尾孔（阑尾口）与盲肠腔相通。阑尾根部较固定，末端游离位置不固定，管腔狭小，排空欠佳，易发阑尾炎。

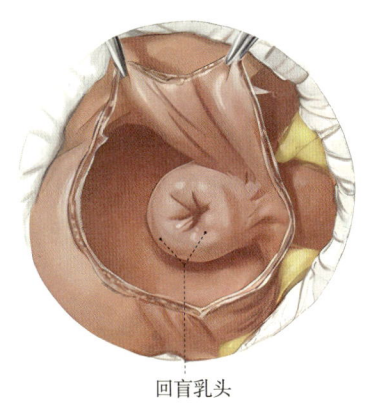 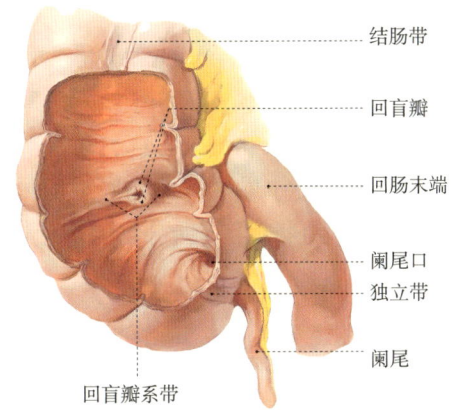

图 6-10　盲肠和阑尾

2. 结肠

结肠是介于盲肠与直肠之间的一段大肠，包绕于空、回肠周围，长约 130cm，可分为升结肠、横结肠、降结肠和乙状结肠 4 部分（图 6-9）。升结肠长约 15cm，在右髂窝处，起自盲肠上端，沿腰方肌和右肾前面上升至肝右叶下方，转折向左前下方移行于横结肠，转折处的弯曲称结肠右曲。横结肠长约 50cm，起自结肠右曲，先行向左前下方，后略转向左后上方，形成一略向下垂的弓形弯曲。至左季肋区，在脾的脏面下份处，折转成结肠左曲，向下续于降结肠。降结肠长约 25cm，起自结肠左曲，沿左肾外侧缘和腰方肌前面下降，至左髂嵴处续于乙状结肠。乙状结肠长约 40cm，在左髂嵴处起自降结肠，沿左髂窝转入盆腔内，全长呈"乙"字形弯曲，至第 3 骶椎平面续于直肠。

3. 直肠

直肠位于盆腔内，长 10~14cm。它上接乙状结肠，向外开口为**肛门**。肛门处有括约肌，排便结束时，其收缩能排出滞留在肛门处的粪便（图 6-11）。

（二）大肠壁的结构特点

大肠壁分为 4 层。大肠壁的纵行肌增厚形成 3 条带，称**结肠带**；结肠带短于大肠，使大肠管皱起形成**结肠袋**；在结肠带附近的浆膜内含有大量的脂肪组织，形成**肠脂垂**。大肠壁内含有大肠腺，大肠腺的分泌物不含消化酶，呈黏液状，有润滑肠腔、利于粪便排出的功能（图 6-9）。

（三）大肠的功能

大肠能够吸收食物残渣中的水分、维生素和无机盐，并将食物残渣形成粪便，排出体外。

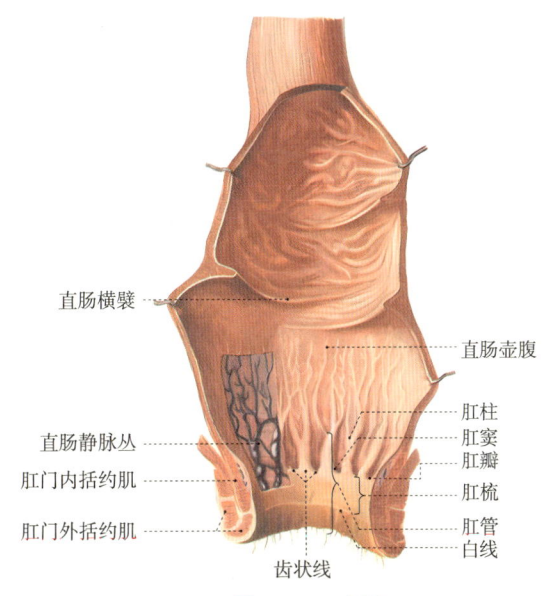

图 6-11　直肠

第二节 消化腺

消化腺按体积的大小和位置不同,可分为**小消化腺**和**大消化腺**两种。小消化腺分布于消化管各部的管壁内,位于黏膜层或黏膜下层,如食管腺、胃腺、肠腺等。大消化腺位于消化管壁外,为一个独立的器官,其所分泌的消化液经导管流入消化管腔内,如肝、胰和大唾液腺。这里只介绍大消化腺。

一、肝

肝是人体内最大的腺体,也是体内最大的消化腺。成人肝重1.1~1.45kg。肝的血液供应极为丰富,故活体肝呈红褐色。肝质软而脆,受到暴力打击时容易破裂,从而引起腹腔内大出血。

肝

(一)肝的位置和形态

肝大部分位于右季肋区和腹上区,小部分位于左季肋区,被胸廓掩盖,仅在腹上区左、右肋弓间露出,部分直接接触腹前壁。肝呈不规则的楔形,肝上面膨隆,与膈相接触,故又称**膈面**(图6-12)。膈面被**镰状韧带**分为左、右两叶,肝右叶大而厚,肝左叶小而薄。肝下面凹凸不平,朝向左下方,邻接一些腹腔器官,又称**脏面**(图6-12)。脏面中部有略呈"H"形的3条沟,其中横行的沟称**肝门**,长约5cm,是肝固有动脉、肝管、肝门静脉、淋巴管和神经出入肝的门户。出入肝门的这些结构被结缔组织包绕,构成**肝蒂**。脏面右前部有一浅窝,容纳胆囊,称**胆囊窝**。

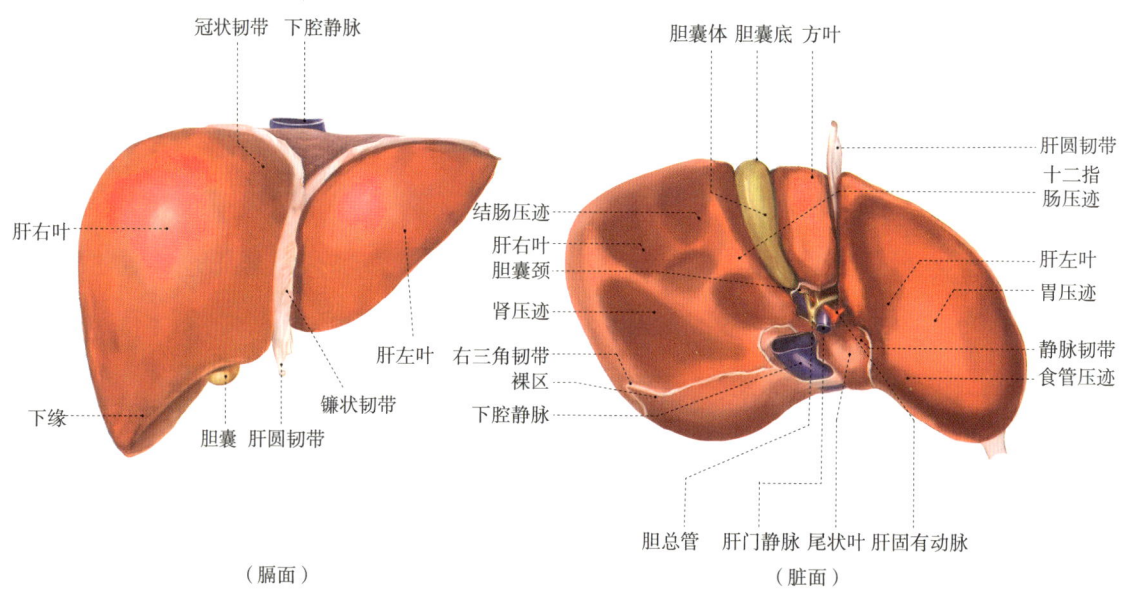

图6-12 肝

（二）肝的构造

肝表面覆以富有弹性纤维的致密结缔组织被膜。肝门处的结缔组织伸入肝实质，将肝分隔成许多**肝小叶**。肝小叶是肝的基本结构和功能单位，呈多角棱柱体，长约2mm，宽约1mm。成人肝由约100万个肝小叶构成（图6-13）。肝小叶的中央有一条沿其长轴走行的中央静脉，肝细胞以中央静脉为中心，单行排列呈板状，称为**肝板**。肝板不规则，大致呈放射状。肝板之间是**肝血窦**，窦内有肝巨噬细胞，具有吞噬异物的功能。肝小叶周边的一层环形肝板称**界板**。在切片中，肝板呈索状，称**肝索**。肝细胞相邻面的质膜局部凹陷，形成微细的小管，称胆小管，收纳肝细胞分泌的胆汁。

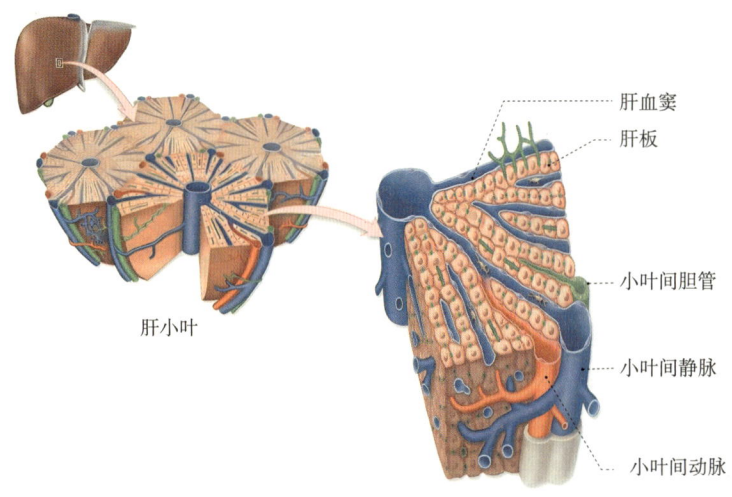

图6-13　肝小叶图解

肝内的血管可分为两套系统。一套为**营养性血管**，由入肝的肝固有动脉与出肝的肝静脉组成；另一套为**功能性血管**，由入肝的肝门静脉与出肝的肝静脉组成。两套血管系统均以肝静脉出肝（图6-14）。

（三）肝外胆道系统

肝外胆道系统是指将肝细胞分泌的胆汁输送到十二指肠的肝外管道，包括胆囊、胆囊管、肝左管、肝右管、肝总管与胆总管。

1. 胆囊

胆囊是呈长梨形的囊袋状器官，分底、体、颈、管4部分，容量为40~60mL，位于肝的胆囊窝内，借结缔组织与肝相连，为贮存和浓缩胆汁的器官。

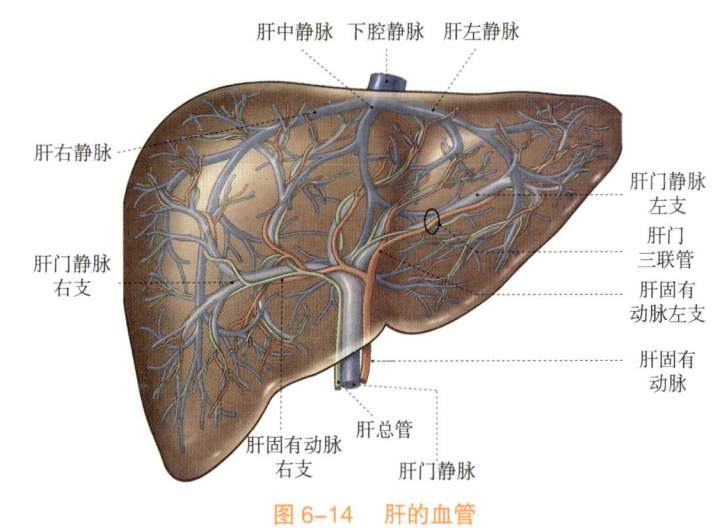

图6-14　肝的血管

2. 肝管与肝总管

肝小叶内胆小管汇集成毛细胆管，再逐级汇集，最后形成**左、右肝管**，出肝门后汇合为**肝总管**。肝总管长2~4cm，位于肝十二指肠韧带内，其下端与胆囊管汇合成**胆总管**。

3. 胆总管

胆总管由肝总管与胆囊管汇合而成，长4~8cm，管径6~8mm。胆总管沿十二指肠后方下行，最后斜穿十二指肠降部后内侧壁，在此处与胰管汇合，形成略膨大的**肝胰壶腹**，开口于十二指肠大乳头。在肝胰壶腹周围有**肝胰壶腹括约肌（Oddi括约肌）**包绕。肝胰壶腹括约肌平时保持收缩状态，由肝分泌的胆汁经肝左管、肝右管、肝总管、胆囊管进入胆囊内贮存。进食后，尤其是进食高脂肪食物后，在神经体液因素的调节下，胆囊收缩，肝胰壶腹括约肌舒张，胆囊内的胆汁经胆囊管、胆总管等排入十二指肠腔内（图6-15）。

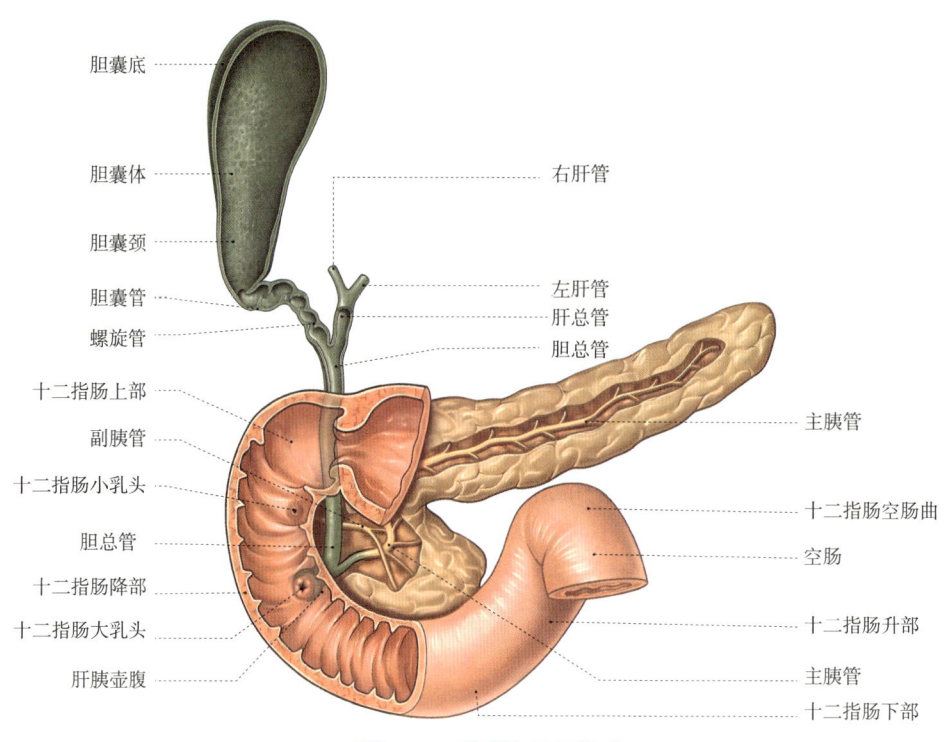

图6-15 胆囊与输胆管道

（四）肝的功能

肝的功能可概括为以下6个方面。

①分泌胆汁。成人每日分泌量为500~1000mL。胆汁是消化液的重要成分之一，能将脂肪和脂溶性物质乳化。

②参与物质代谢。身体内的糖、脂肪和蛋白质的分解与合成都在肝细胞内进行，使营养物质转变成人体自身的成分。如肝细胞可将过多的血糖转化为肝糖原，将血液中的氨基酸变为蛋白质加以储存，当身体需要时，可将这些物质再释放到血液中，以供利用。

③解毒作用。代谢产物中或外界进入机体的有毒物质，经肝细胞的氧化、还原、水解和结合等过程，能转化为无毒、毒性较低或溶于水的物质排出体外，对机体起保护作用。

④防御作用。肝血窦内的吞噬细胞有吞噬和吞饮的能力,可以清除由消化管进入门静脉血内的病毒、细菌和异物,以及处理抗原、参与免疫应答。

⑤胚胎期的肝是主要的造血器官。成人的肝有储存血液、调节循环血量的作用。

⑥内分泌功能。肝细胞的某些产物可直接释放到血液中,对机体代谢起重要作用。

二、胰

胰是人体第二大消化腺,属于腹膜后器官。

胰

(一)胰的位置和外形

胰是人体第二大消化腺,是一个扁长条形的腺体,质地柔软,呈灰红色,略呈三棱柱状,全长 17~20cm,重量为 82~117g,横卧于腹上区和左季肋区,位于胃的后方,平第 1~2 腰椎体。胰可分为**胰头**、**胰体**和**胰尾** 3 部分。胰头在右侧,被十二指肠包绕,胰尾与脾相贴(图 6-6)。

(二)胰的构造和功能

胰的表面包有结缔组织被膜,其实质由外分泌部和内分泌部组成。

1. 外分泌部

外分泌部占胰的绝大部分,由腺泡和导管组成。腺泡分泌胰液,导管由小到大逐级会合,最后合成胰管,胰管贯穿胰实质的全长。胰管与胆总管会合开口于十二指肠。胰液内含有胰脂肪酶、胰蛋白酶和胰淀粉酶等物质,这些酶可促使三大营养物质分解。

2. 内分泌部

内分泌部又称**胰岛**,是分布在外分泌部的腺泡之间的大小不一的细胞团,没有导管。细胞团内细胞常呈索状排列,细胞索之间有丰富的毛细血管。其功能是分泌胰岛素和胰高血糖素,调节体内糖的代谢。胰岛素分泌不足时,导致血糖过高,产生糖尿病。

第三节 体育运动对消化系统的影响

消化系统与体育运动之间关系密切。消化系统功能的好坏决定着是否可供应运动所需的营养物质,体育运动对消化系统的机能也有一定的影响。

一、消化系统对体育运动的保障作用

消化系统由消化管和消化腺组成。消化系统把食物转化为身体所需的营养物质送入淋巴和血液,供身体生长和维持生命,并将消化吸收后产生的残渣排出体外。运动时肌肉活动所需的营养物质主要依赖运动前消化系统吸收和储存于体内的营养物质供应。因此,消化系统功能障碍将影响体育运动正常进行。

二、体育运动对消化系统的良好影响

由于运动强度、运动量和运动持续时间等因素的不同,体育运动对消化系统的影响会有

所差异。体育运动可加速机体能量消耗。适当的体育运动可以增强胃和肠的蠕动能力,增加消化液的分泌,提高机体消化和吸收能力,增强人的食欲和精力,使其保持良好心态,促进其生长、发育,有助于增强体质,提高健康水平,对消化器官的机能有着良好的影响。

体育运动对消化系统的疾病具有一定的预防和治疗作用。如长期体育运动能加强固定肝、胃、脾和肠等内脏器官的韧带,防止胃下垂等病症;适当参加体育运动的人,其胃肠道出血的危险性相对较低;体育运动可以使胃、肠蠕动加强,能预防和改善胃、食管的反流;体育运动可改善溃疡部位的微循环,促进消化性溃疡愈合;循序渐进的体育运动可以有效地防治脂肪肝;经常参加体育运动可以降低应激反应及改变神经–免疫–内分泌系统,降低克罗恩病和溃疡性结肠炎的发生概率;适当体育运动可以减少胆固醇生成、促进胆囊和胆管运动,可以降低胆石症的发生概率;体育运动加速肠道运送,减少肠黏膜与致癌物的接触,可降低大肠癌的发生概率。

运动时呼吸加深,膈肌上下大幅度移动和腹肌大量活动,胃肠道机械撞击增多,对消化器官起到按摩作用,可以增强胃、肠等的消化功能。腹肌收缩致结肠压力增加,促进肠道内食物残渣排出,增加能量消耗后膳食纤维摄入,这些均可降低便秘发生概率。

复习思考题

1. 简述消化系统的组成与功能。
2. 简述小肠的组织结构和功能。
3. 简述肝的位置、形态、组织结构及功能。

第七章　呼吸系统

【学习目标】

要求学生**掌握**呼吸系统的组成概况，**熟悉**呼吸系统各主要器官的形态、位置、结构与功能，**了解**体育运动对呼吸系统的影响。**培养**学生利用解剖学知识科学地进行体育运动的能力，**提升**学生对解剖学理论知识的实践运用能力，充分发挥体育运动对呼吸系统的良好促进作用，为今后指导运动训练、科学健身奠定基础。

呼吸系统由呼吸道和肺组成（图7-1）。呼吸道是传送气体的管道，肺是进行气体交换的器官。呼吸系统具有气体交换功能，即吸入氧、排出二氧化碳。此外，其还具有嗅觉、发音和内分泌等功能。

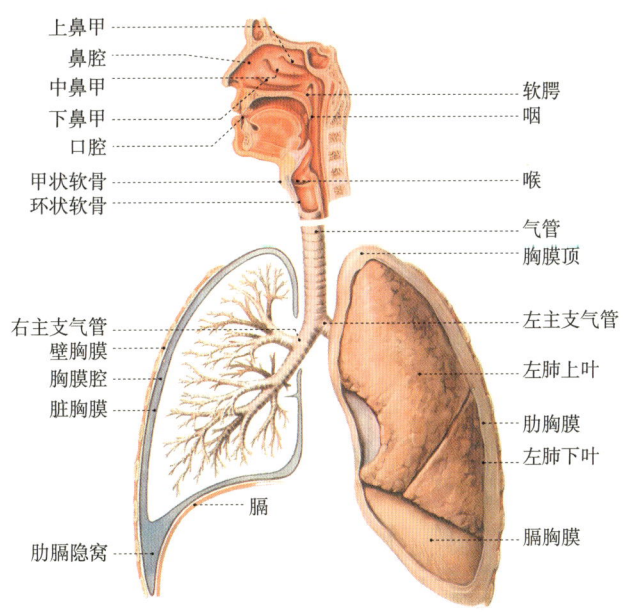

图7-1　呼吸系统全貌

第一节　呼吸道

呼吸道包括鼻、咽、喉、气管和各级支气管。通常称鼻、咽和喉为**上呼吸道**，气管和各级支气管为**下呼吸道**。

一、鼻

鼻由外鼻、鼻腔和鼻旁窦3部分组成，它既是呼吸道的起始部，也是嗅觉器官。

二、咽

参见消化系统。

三、喉

喉既是呼吸的管道，又是发音的器官。

喉

（一）喉的位置

喉位于颈前部正中，向上开口于咽部，向下与气管相通。喉的两侧有颈部的血管、神经和甲状腺的侧叶。喉位置的高低随性别、年龄有所不同。当吞咽、发音时，喉结可上下移动。

（二）喉的构造

喉以软骨为基础，借关节、韧带和肌肉连接而成。

1. 软骨

喉软骨构成喉的支架，包括不成对的甲状软骨、环状软骨、会厌软骨和成对的杓状软骨等（图7-2）。**甲状软骨**是喉软骨中最大的一块，形似盾牌，构成喉的前壁和侧壁，由两块近似四边形的左板和右板愈合而成。愈合处称**前角**，前角上端向前突出，成年男子尤为明显，称**喉结**。**环状软骨**位于甲状软骨下方，形似圆环状，是喉软骨中唯一完整的软骨环，对于保持呼吸道畅通有极为重要的作用。**会厌软骨**位于舌根和舌体后上方，上宽下窄，呈叶状，下端借韧带连于甲状软骨前角内面的上部。会厌软骨的前、后面均由黏膜被覆，称为**会厌**，是喉口的活瓣，吞咽时随喉上提并向前移，封闭喉口，防止食团误入喉腔，并引导食团入咽。**杓状软骨**成对，位于环状软骨后部上方，是透明软骨，呈三棱锥体。

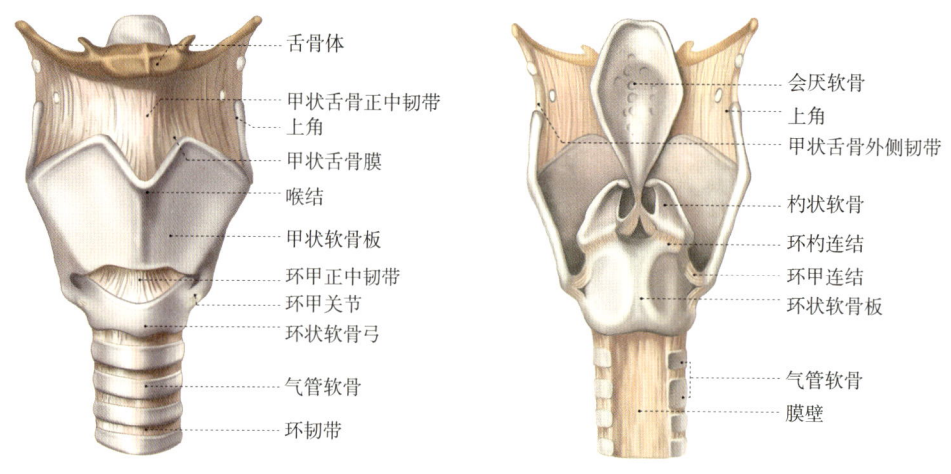

图7-2 喉软骨连结

2. 喉的连结与喉肌

喉的连结分喉软骨间的连结和舌骨、气管与喉之间的连结。喉肌属横纹肌，其作用是紧张或松弛声带，开大或缩小声门裂，并可缩小喉口。

3. 喉腔

喉腔为喉的内腔（图 7-3），内表面覆有黏膜。喉腔的上口称为**喉口**。喉腔的中部侧壁黏膜形成两对皱襞，上为**前庭襞**，下为**声襞**。声襞、声韧带和声带肌构成声带。左右声襞间的裂隙叫声门裂（图 7-4）。当气体通过声门裂时，声带发生振动而发声。喉肌收缩可增高或降低声带的紧张度，以便发出高低、强弱不同的声音；当憋气或屏息时，声门裂关闭。前庭襞以上的腔叫喉前庭；前庭襞和声襞之间的腔向两侧延伸的裂隙为喉室；声襞以下的腔叫声门下腔。喉黏膜很薄，与深部组织的结合很疏松，故在炎症或过敏反应情况下容易发生喉水肿，使声音嘶哑，严重时可产生呼吸困难。

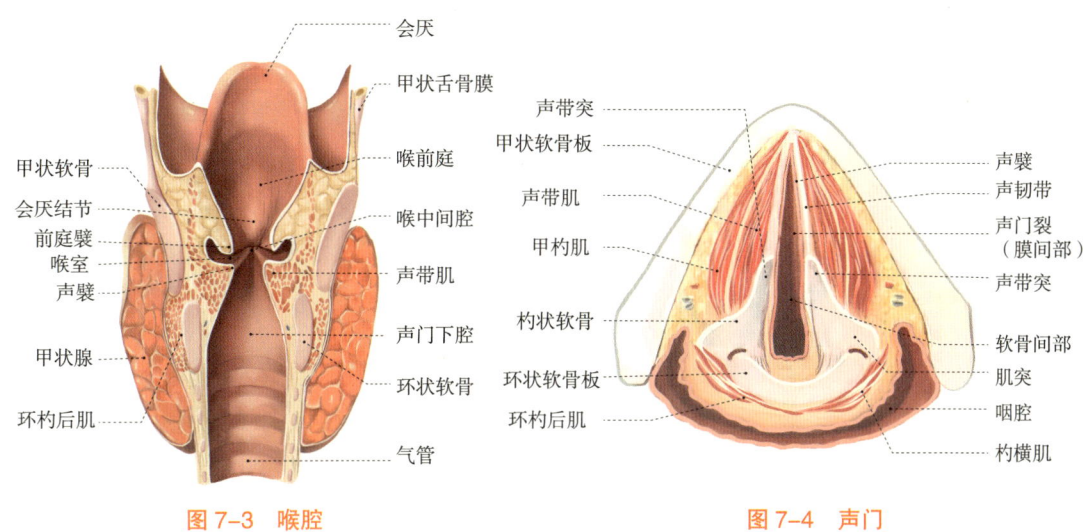

图 7-3 喉腔　　　　图 7-4 声门

四、气管与支气管

气管和支气管是连接喉与肺之间的管道。

1. 气管

气管位于食管前方，起于环状软骨下缘（约平第 6 颈椎体下缘），经颈部正中下行入胸腔，在胸骨角平面（约平第 4 胸椎体下缘）分为左、右主支气管（图 7-5）。气管由黏膜、气管软骨、结缔组织和平滑肌构成。气管软骨由 14~17 个缺口向后呈 "C" 形的透明软骨环构成，气管软骨后壁的缺口由弹性纤维及平滑肌封闭。气管内面衬以黏膜，表面覆盖纤毛上皮，黏膜分泌的黏液可黏附吸入空气中的灰尘颗粒，纤毛不断向咽部摆动，将黏液与灰尘排出，以净化吸入的气体。

气管与支气管

2. 支气管

支气管是指由气管分出的各级分支，其中第一级分支为左、右主支气管。**左主支气管**与**右主支气管**相比，前者较细长，走向倾斜；后者较粗短，走向较前者略直，所以经气管坠入的异物多进入右主支气管。

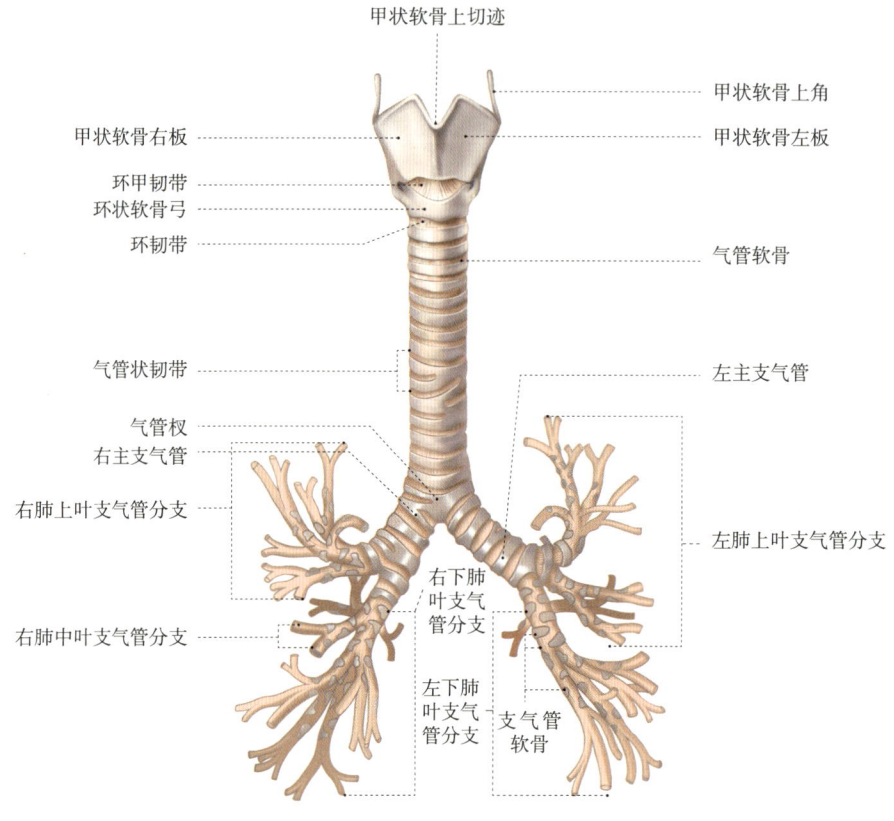

图 7-5　气管和支气管

第二节　肺

肺是机体与外界进行气体交换的器官，是呼吸系统的重要组成部分。

一、肺的位置和外形

肺位于胸腔内，膈的上方，纵隔的两侧，左、右各一。肺的表面被覆脏胸膜，光滑润泽。透过脏胸膜可见许多呈多边形的小区，称**肺小叶**。正常肺组织质地柔软呈海绵状，富有弹性。婴幼儿的肺呈淡红色，成人的肺因吸入的尘埃积聚而呈暗红或深灰色。

两肺外形不同，右肺宽短、左肺狭长。肺呈圆锥状，分一尖、一底、两面和三缘。**肺尖**圆钝，经胸廓上口突至颈根部。肺底紧邻膈，又称**膈面**，稍向上凹。两面为**肋面**和**纵隔面**。肋面邻接胸廓的侧壁和前、后壁，面积较大而圆凸；纵隔面朝向内侧，亦称**内侧面**，其中部有一长圆形的凹陷，称**肺门**，内有支气管、肺动脉、肺静脉、支气管动脉、支气管静脉、淋巴管和神经出入，出入肺门的诸结构被结缔组织包绕，总称为**肺根**。三缘为前缘、下缘和后缘。肺的前缘和下缘锐薄，而后缘钝圆。左肺前缘下部有**心切迹**。

左肺由**斜裂**自后上斜向前下，将左肺分为上、下 2 叶。右肺的**斜裂**和**水平裂**将右肺分为上、中、下 3 叶（图 7-6）。

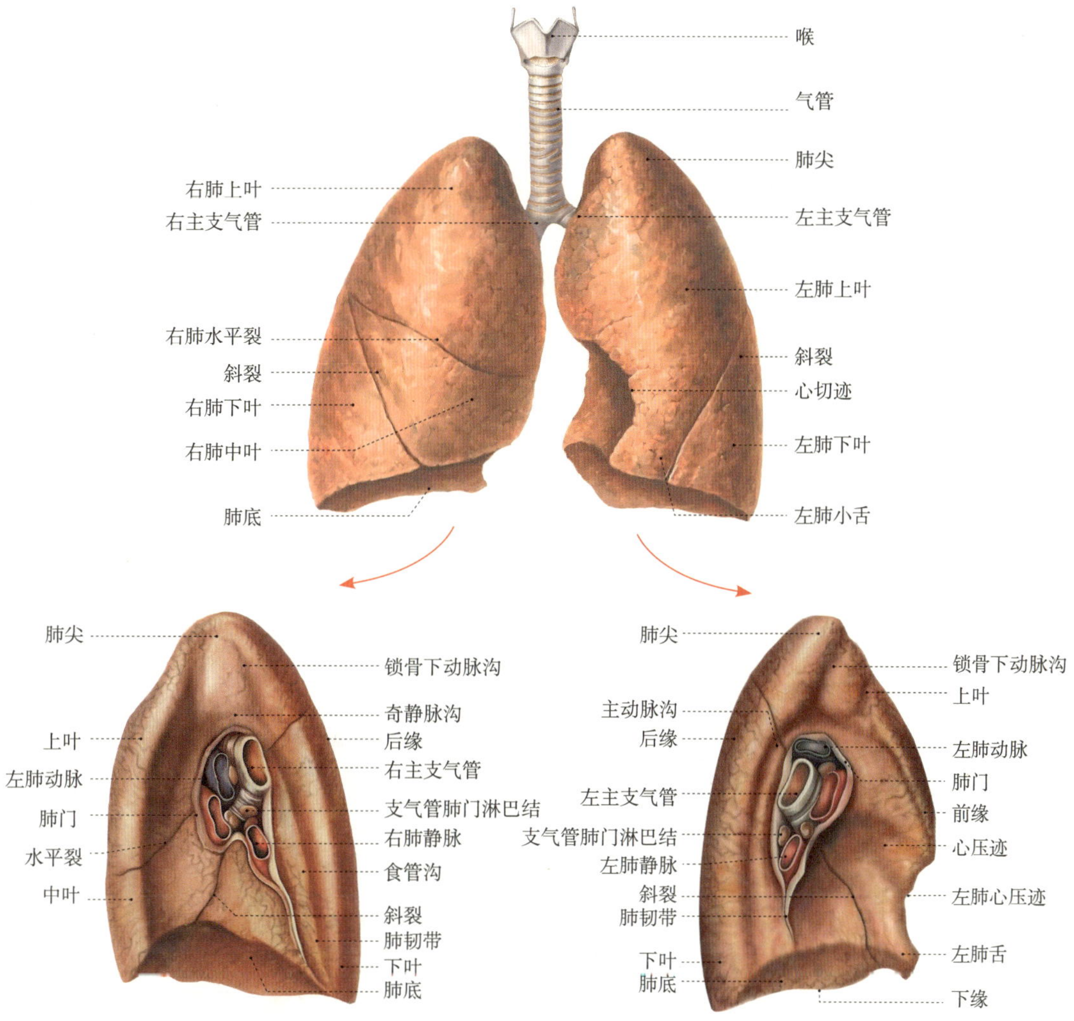

图 7-6 肺的构造

二、肺的构造

肺的构造

肺的表面覆以浆膜（即**胸膜脏层**），表面为间皮，深部为结缔组织。肺组织分为**实质**和**间质**两部分，**实质**即肺内的支气管和各级分支及其末端的大量肺泡，**间质**为肺内的结缔组织、血管、淋巴管和神经等。左、右主支气管在肺门入肺后反复分支呈树状，称为**支气管树**（图 7-1、图 7-5）。左、右主支气管（一级支气管）分为**肺叶支气管**（二级支气管，右肺 3 支、左肺 2 支）进入肺叶。支气管分支在直径 1mm 以下的称为**细支气管**。每一细支气管连同以下各级分支及其所连的肺泡组成一个**肺小叶**。肺小叶是肺的结构和功能单位。每个肺含有 50~80 个肺小叶。

（一）肺的导气部

从肺内的肺叶支气管分为**肺段支气管**（三级支气管），继而分为**小支气管**、**细支气管**到**终末细支气管**，只输送气体而无气体交换功能，称为**肺的导气部**。肺的导气部内各级支气管随着管道的不断分支，管径渐细，管壁渐薄，"C"形软骨环逐渐由完整变为不完整，继而为片状，最后完全消失；黏膜上皮逐渐由假复层柱状纤毛上皮变为单层柱状上皮（图 7-7）。

（二）肺的呼吸部

终末细支气管以下的分支称为**肺的呼吸部**，包括呼吸性细支气管、肺泡管、肺泡囊和肺泡。肺的呼吸部是肺组织执行气体交换功能的结构部分。其中，肺泡是支气管树的终末部分，也是进行气体交换的主要场所（图7-7）。

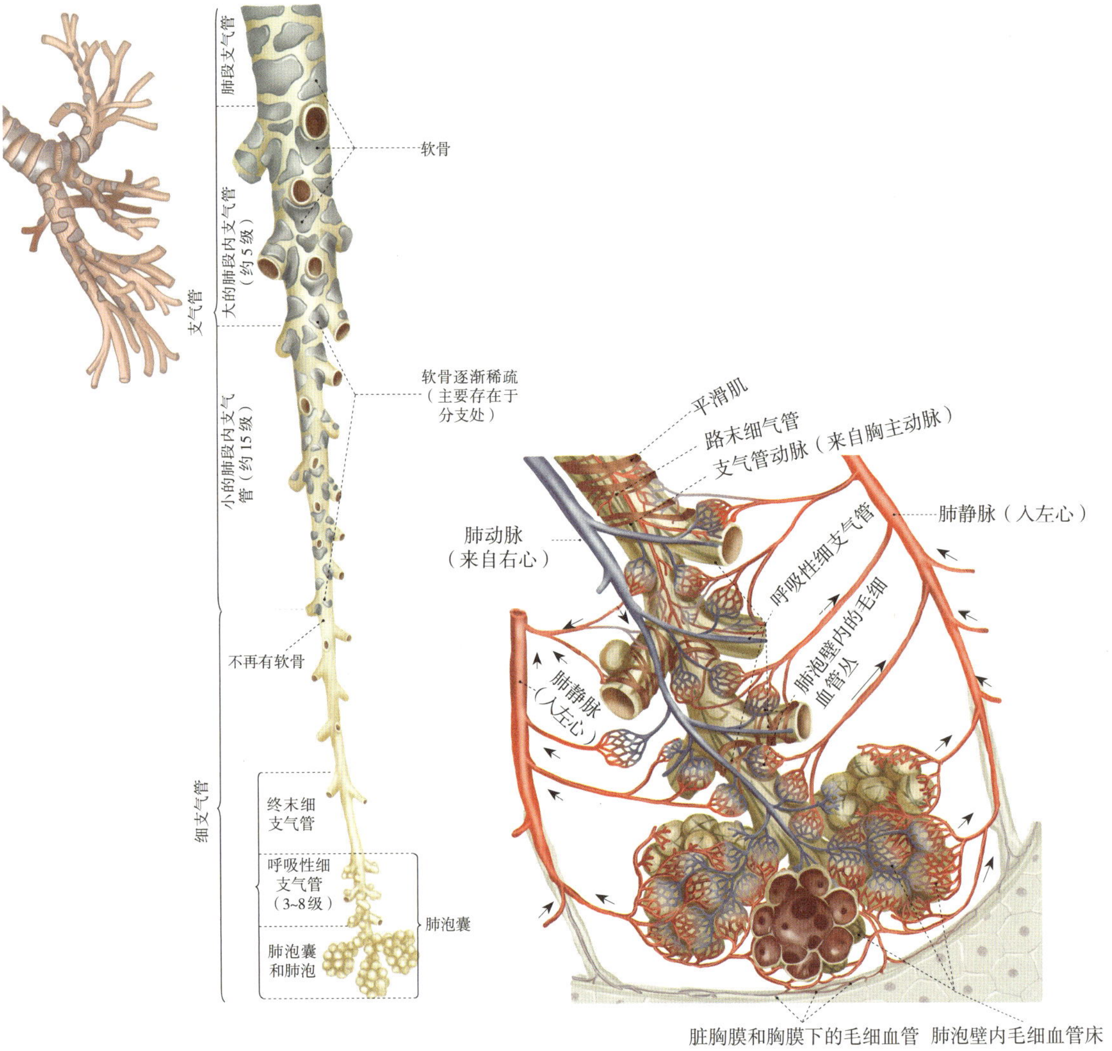

图7-7 肺的导气部与呼吸部

三、肺的血液循环

肺的血液循环

肺有两套血管。一套是肺动脉和肺静脉组成的肺循环血管，是**肺的机能血管**，具有完成气体交换的作用；另一套是由体循环发出的支气管动脉和支气管静脉，是**肺的营养血管**。

肺动脉干从右心室出发，经肺门入肺，随支气管反复分支，最后形成毛细血管网，包绕在肺泡壁上，在此进行气体交换，排出二氧化碳，吸入氧气，使静脉血变成动脉血，经肺静脉出肺流入左心房。

支气管动脉发自主动脉胸部或肋间后动脉，左右各两条，经肺门入肺，与支气管伴行，沿途形成毛细血管网，营养各级支气管。毛细血管网一部分连通肺静脉，另一部分汇集成支气管静脉，出肺门经上腔静脉回右心房。

第三节 体育运动对呼吸系统的影响

呼吸系统与体育运动之间关系密切。良好的呼吸功能有利于提高运动能力和运动表现,适当的体育运动能够改善呼吸系统的功能,增强身体的抵抗力。

一、呼吸系统对体育运动的保障作用

在进行体育运动时,机体代谢加强,呼吸系统的通气和换气机能也将随之发生一系列变化,以适应机体代谢的需求,从而保障技术动作的顺利完成。

随着运动强度逐渐增大,机体为适应代谢的需求,需要消耗更多氧气和排出更多二氧化碳。为此,通气机能将发生相应的变化。运动时,机体表现为呼吸加深加快,肺通气量增加。潮气量与呼吸频率也随运动强度的增大而增加。

肺的通气功能与肺容量紧密相关。有研究表明,有训练者的肺容量的各个成分(主要是深吸气量、补呼气量)都比无训练者大,这是呼吸功能良好适应运动训练的结果。

运动时换气机能(包括肺换气和组织换气)的变化,主要通过氧气的扩散和交换来体现。不参加或较少参加体育锻炼的人,20岁以后肺换气功能将日趋降低,而经常参加体育锻炼的人,肺换气功能降低的自然趋势将推迟。运动时组织换气机能的变化,促使肌肉的氧气利用率提高,肌肉的代谢率对比安静时可有较大幅度增高。

此外,运动时通过合理调节呼吸方式和呼吸节奏,既有利于保持内环境的基本恒定,又有利于提高训练效果和充分发挥人体的机能能力,从而创造优异的运动成绩。

二、体育运动对呼吸系统的促进作用

经常进行体育锻炼,可以促进和改善呼吸系统的功能,使呼吸机能与运动协调配合,适应和满足不同运动强度对呼吸系统的要求。主要表现为胸廓扩大,既加大了肺通气量,又为肺的扩张提供了充足的空间。呼吸肌在运动过程中受到运动负荷刺激会产生一些适应性的变化,进而增强呼吸肌的力量,提高膈肌的收缩和舒张能力,进一步增大肺活量。由于体育运动促进了肺的良好发育,使肺泡的弹性和通透性加大,更有利于进行气体交换,在增大肺通气量的同时,也可提高组织对氧的利用率,表现为安静时呼吸深度加深、呼吸频率变缓。

复习思考题

1. 简述呼吸系统的组成与功能。
2. 简述鼻、喉的位置、构造与功能。
3. 简述肺的位置形态、组织结构与功能。
4. 空气中的氧气是如何进入血液的?
5. 简述肺门、肺小叶和声带的定义。
6. 体育锻炼对呼吸系统有何影响?

第八章 泌尿系统

【学习目标】

要求学生掌握泌尿系统的组成与功能，肾的结构，尿的生成与排出的过程；熟悉肾、输尿管、膀胱的位置、形态与功能，体育运动对泌尿系统的影响；了解男、女尿道的区别。培养学生将泌尿系统各部分的形态、结构与尿液生成过程相结合的辩证唯物主义思想；提升学生对泌尿系统理论知识的理解，为学习后继课程奠定基础。

泌尿系统由肾、输尿管、膀胱及尿道组成（图8-1），其主要功能是生成并排泄尿液和代谢废物。同时，泌尿系统还调节水盐代谢和酸碱平衡，并产生多种具有生物活性的物质，对维持机体内环境的稳定有重要作用。

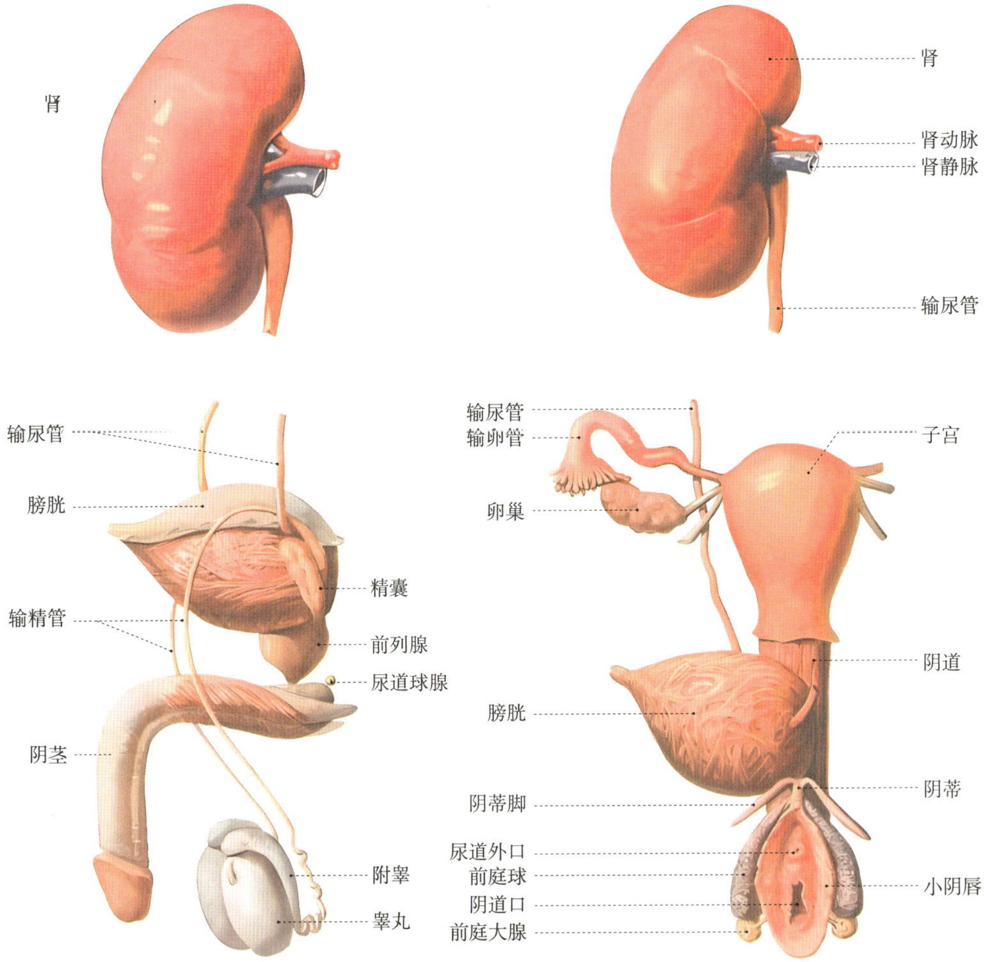

图 8-1 泌尿系统

第一节 肾

肾是产生尿液的器官，同时具有内分泌功能。

一、肾的位置与外形

肾是成对的实质性器官，左右各一，位于脊柱两侧，左肾在第 11 胸椎至第 3 腰椎之间，右肾略低（图 8-2）。新鲜肾呈红褐色，形似蚕豆。成年男性肾长约 11cm、宽约 6cm、厚约 3cm、重约 150g，女性略小于男性。肾可分为上下两端、前后两面、内外侧两缘。其前后略扁，外侧缘隆凸，**内侧缘**中部凹陷称为**肾门**，是肾的血管、淋巴管、神经和肾盂等结构出入的门户。

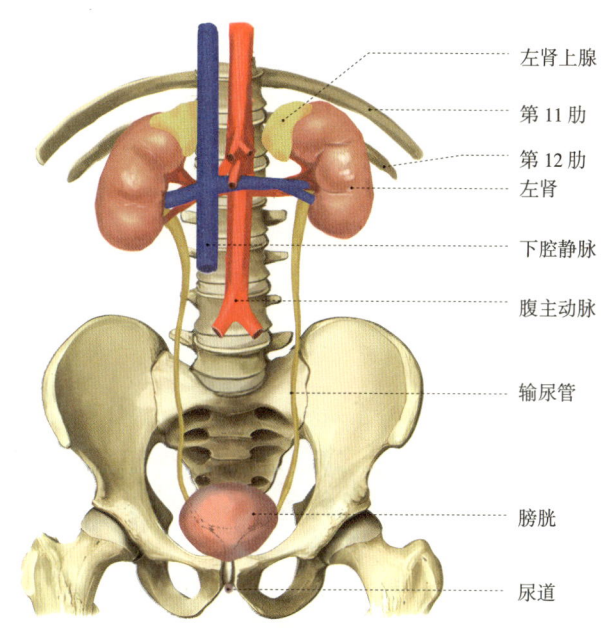

图 8-2 肾的位置

二、肾的结构

肾的大体结构由**肾窦**和**肾实质**构成，微观结构主要由**肾单位**构成，肾单位由**肾小体**和**肾小管**构成（图 8-3）。

肾的结构

（一）肾的大体结构

通过肾门将肾做冠状切面（图 8-3a），可见由肾门进入肾内扩大的腔，称为**肾窦**，内有肾小盏、肾大盏、肾盂、肾血管、肾淋巴管和神经等通过，并有疏松结缔组织和脂肪组织填充；肾窦周围则是肾实质部分，分为表层的**肾皮质**和深层的**肾髓质**。肾皮质主要位于肾被膜下，呈红褐色，内有许多肉眼可见的小红点状颗粒为**肾小体**。部分突入肾髓质，构成**肾柱**。肾髓质是位于皮质深部的 15~20 个分散的**肾锥体**。肾锥体为圆锥形，切面呈条纹状，其底朝外与皮质相连，尖向肾窦称为**肾乳头**，上有 10~25 个开口称**乳头孔**。肾产生的尿液由此流入漏斗形的**肾小盏**，每个肾小盏围绕 1~3 个肾乳头。相互邻近的 2~3 个肾小盏合成一个**肾大盏**，

2~3个肾大盏汇合成漏斗状的**肾盂**。肾盂在肾门处向下弯行,逐渐变窄移行为输尿管。

肾表面由外向内有肾筋膜、脂肪囊及纤维囊包裹,它们能将肾固定于正常的位置。

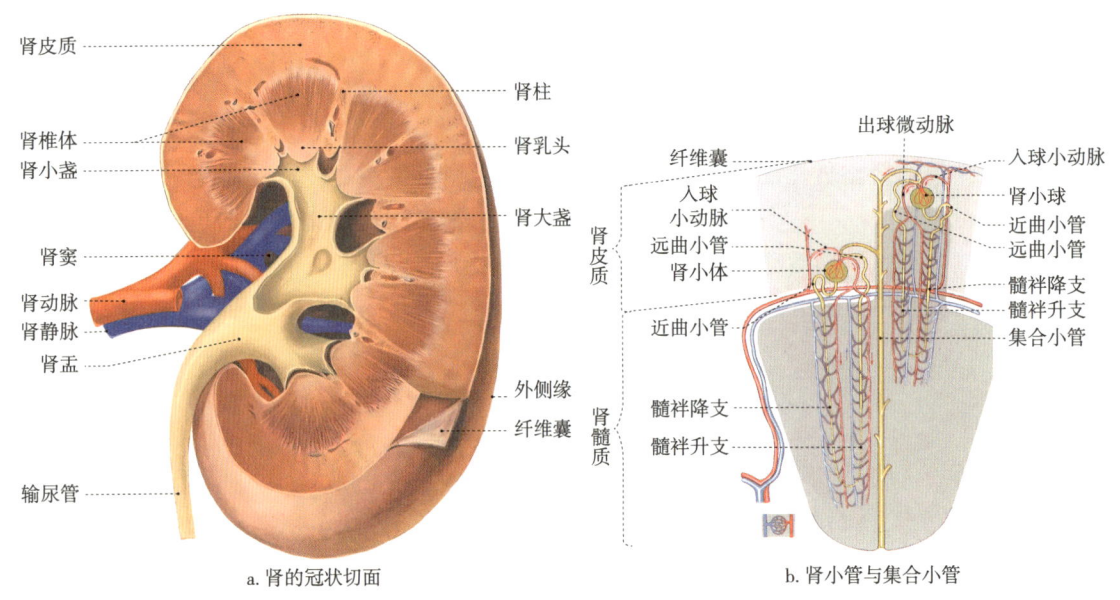

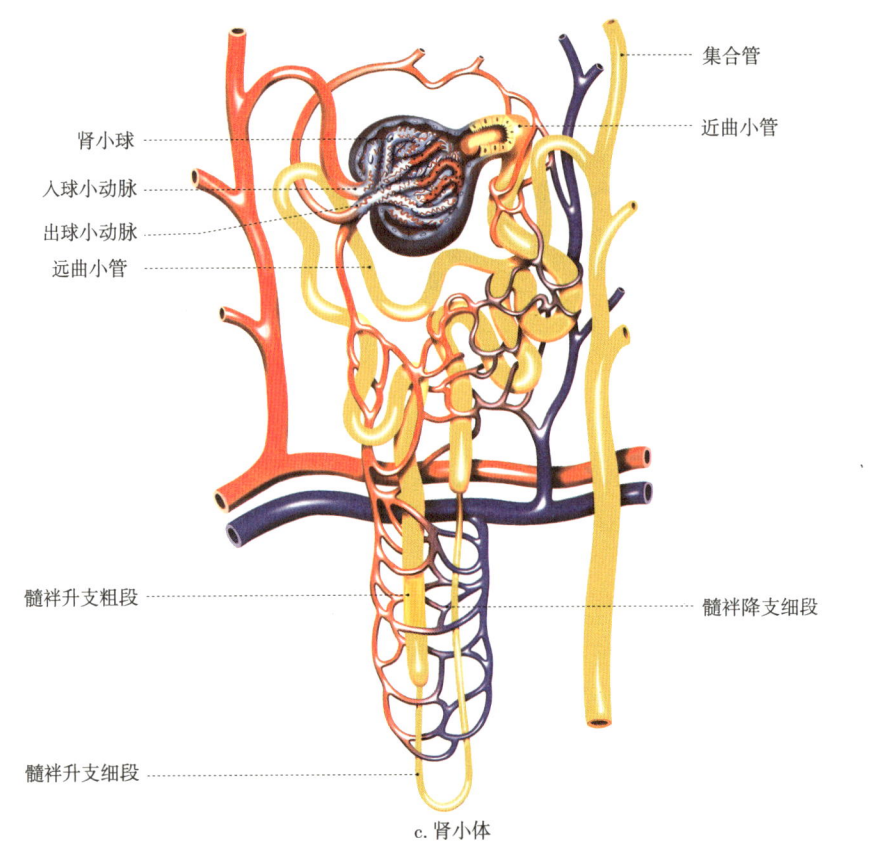

图8-3 肾与肾单位

（二）肾的微观结构

在显微镜下观察，**肾实质**主要由许多**泌尿小管**构成，其间有少量的结缔组织、血管、淋巴管和神经等构成**肾间质**。**泌尿小管**起始部（肾小囊）膨大，与血管球共同构成**肾小体**，末端连于**集合小管**（图 8-3b、图 8-4）。

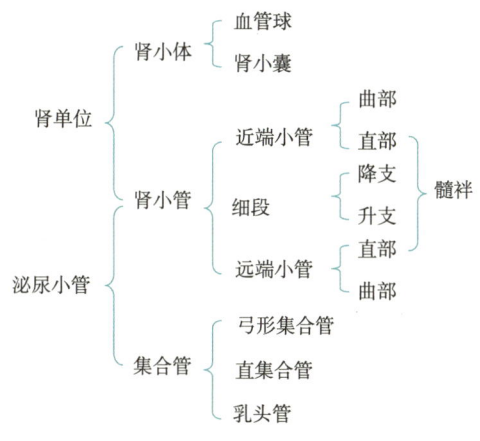

图 8-4　肾实质的组成

1. 肾单位

肾单位是肾的结构和功能单位。每个肾约有 200 万个肾单位，可分为**肾小体**和**肾小管**两部分（图 8-3c）。

①**肾小体**是肾单位的起始部，位于肾的皮质及肾锥体之间，呈球状，平均直径约为 200 μm，由毛**细血管球**和**肾小囊**组成。

②**肾小管**是与肾小囊壁层相连的细长上皮性管道，长 30~50mm。根据肾小管各段结构的特征可分为近端小管、细段和远端小管 3 部分，近端、远端小管的直部和细段称**髓袢**。肾小管与尿液的形成、浓缩有关，具有重吸收、分泌和排泄功能。

2. 集合管

集合管可分为弓形集合管、直集合管和乳头管三段（图 8-3b），有进一步重吸收水和离子交换的功能，从而控制尿液的浓度。

【知识与应用】

正常人每天产生原尿 180L，经肾小管和集合小管重吸收和离子交换后，其中约 99% 的水分和许多有用的物质均被吸收入血液循环，最后形成的终尿为 1~2L。

三、肾的血液循环

出入肾的血管只有一套，肾的血液循环有营养组织、参与尿的生成两种作用。

第二节 输尿管道

输尿管道由输尿管、膀胱和尿道组成。

输尿管道

一、输尿管

输尿管是一对输送尿液的细长肌性管道,长 20~30cm,约平第 2 腰椎上缘,起于肾盂,沿腰大肌前面下行,终于膀胱。因输尿管的走行,经过腹腔、盆腔和膀胱,可将其分为**腹部**、**盆部**和**管壁内部** 3 部分(图 8-2)。

输尿管全长有 3 处狭窄,第一处在输尿管起始处,第二处在小骨盆入口处,第三处在穿膀胱壁处。尿路结石常易停留在这些部位,引起疼痛和输尿障碍。

二、膀胱

膀胱是储存尿液的肌性囊状器官,其形状、大小、位置和壁的厚薄均随其所贮存的尿量及年龄、性别等发生变化。正常成人容量为 350~500mL。

(一)膀胱的位置与形态

成人膀胱位于小骨盆腔内,在耻骨联合后面(图 8-2)。空虚时,其顶端不超过耻骨联合上缘,呈锥体状,分尖、体、底和颈 4 部分(图 8-5)。

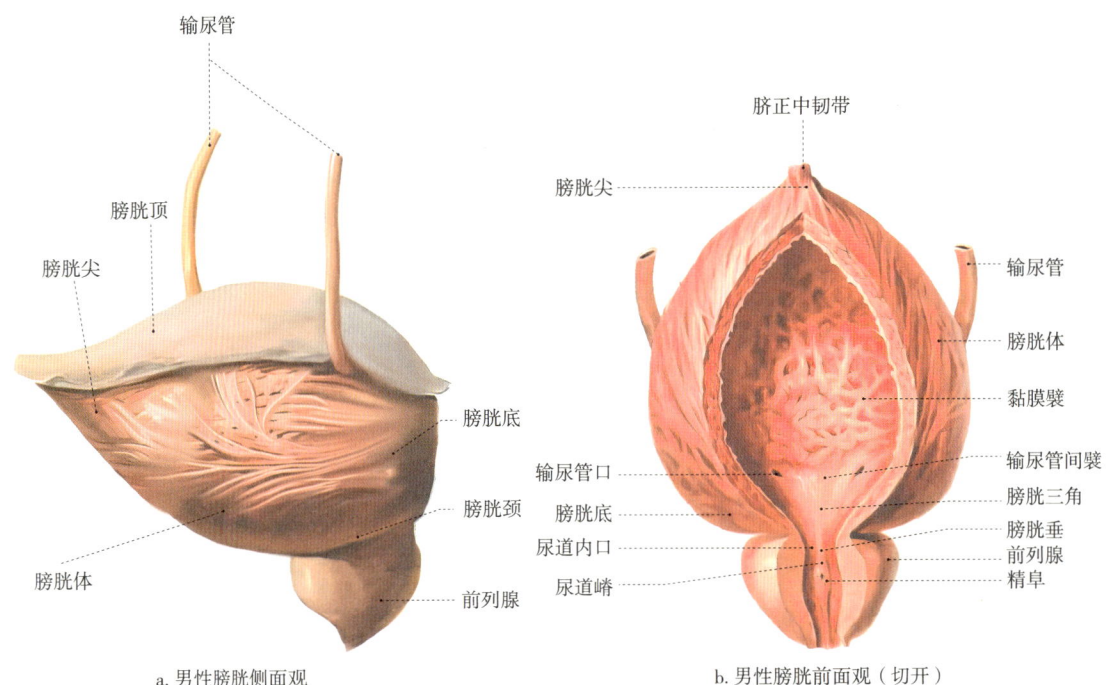

a. 男性膀胱侧面观 b. 男性膀胱前面观(切开)

图 8-5 膀胱

顶端细小,向前上方,称膀胱尖;底部膨大,向后下方,**称膀胱底**;尖底之间为**膀胱体**;膀胱的最下部称**膀胱颈**。膀胱充盈时呈卵圆形。老年人由于膀胱肌张力低,所以膀胱的大小和容积都略有增大。

(二)膀胱壁的结构

膀胱的壁由内到外分为黏膜、黏膜下组织、肌织膜和外膜 4 层。

膀胱收缩时,黏膜聚集成许多皱襞,称膀胱襞;膀胱膨胀时,皱襞即消失。肌织膜很发达,且伸张性好,由内纵行、中环行和外纵行 3 层平滑肌构成,各层相互交错、分界不清。外膜顶部为浆膜,其余均为疏松结缔组织构成的纤维膜。

三、尿道

尿道是将膀胱内贮存的尿液排出体外的通道。男女尿道的形态和机能均有所不同。男性尿道既是排尿通道,又是排精通道,起自膀胱的**尿道内口**,止于阴茎头的**尿道外口**,成人尿道长 16~22cm(图 8-6a)。女性尿道起于膀胱的尿道内口,止于阴道前庭的尿道外口,长 3~5cm(图 8-6b)。

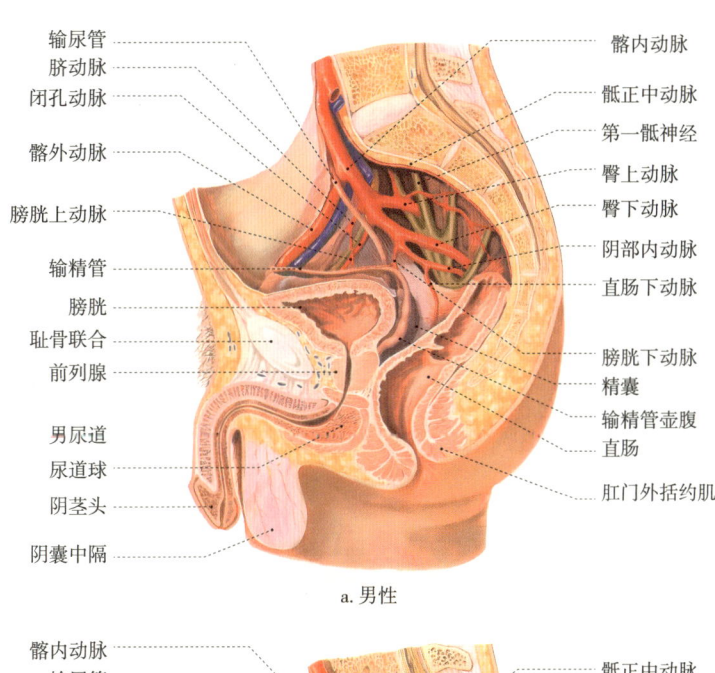

a. 男性

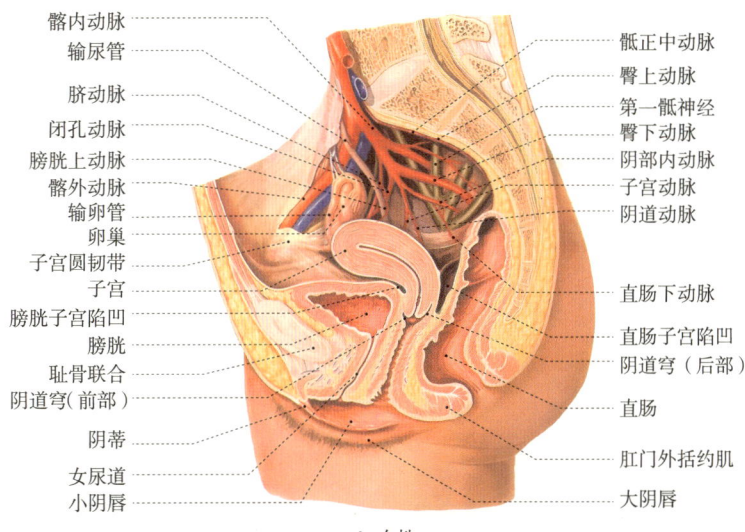

b. 女性

图 8-6 尿道

第三节　体育运动对泌尿系统的影响

一般而言，体育运动中泌尿系统机能活动减弱，供血量减少，减少的血量用于肌肉活动，以保证肌肉活动有充分的血液供应。运动时，体内代谢产生的废物多以汗液的形式排出体外，因此排尿量减少。运动后，泌尿系统的机能活动和供血量逐步恢复到运动前安静时的状态，并有加强的趋势，以便清除体内积蓄的代谢废物，维持水、盐平衡及酸碱平衡，使人体内环境保持相对稳定。

经常进行科学的体育锻炼，可对泌尿器官的形态、结构和机能产生良好的影响。同时在进行竞技训练中，可通过监测泌尿系统的机能及体内代谢指标的变化情况，了解人体的机能和评定运动量的大小，以便更加科学地指导训练。

【知识与应用】

正常成人尿中蛋白质含量极少，人体一天尿液中排出的蛋白质总量为10~150mg，采用一般方法不易检查出来。运动会引起尿中蛋白质含量增多，称为运动性蛋白尿。运动性蛋白尿与运动强度、运动项目（如短跑、游泳）、训练手段、年龄及环境等因素有关，可以作为评定运动员身体机能状态、运动负荷强度和量度的指标。运动性蛋白尿一般在运动后24h内能迅速自行恢复，不同于病理性蛋白尿。

复习思考题

1. 简述泌尿系统的组成与功能。
2. 简述肾的位置与大体结构。
3. 简述肾实质的组织结构。
4. 简述尿液的形成过程。
5. 简述人体内的代谢产物经泌尿系统排出体外的途径。
6. 简述男、女尿道的区别。

第九章 生殖系统

> 【学习目标】
>
> 要求学生掌握男性及女性生殖系统的组成,睾丸、卵巢及输卵管的结构;熟悉睾丸、卵巢及输卵管的位置、形态与功能,体育运动对男性及女性生殖系统的影响;了解男性及女性外生殖器的位置、形态、结构与功能。

生殖系统由内生殖器和外生殖器组成。**内生殖器**包括产生生殖细胞和激素的生殖腺、输送生殖细胞的管道和附属腺。**外生殖器**是裸露于体表,显示性别差异和实现两性生殖细胞结合的器官。生殖系统的主要功能是产生生殖细胞、繁殖后代、分泌性激素、形成并保持第二性征。男性和女性内、外生殖器组成如表9-1所示。

表9-1 男性和女性内、外生殖器组成

性别	内生殖器			外生殖器
	生殖腺	生殖管道	附属腺体	
男性	睾丸	附睾 输精管 射精管 男性尿道	前列腺 尿道球腺 精囊腺	阴囊 阴茎
女性	卵巢	输卵管 子宫 阴道	前庭大腺	女阴

第一节 男性生殖系统

男性生殖系统包括男性的内生殖器和外生殖器。男性内生殖器由生殖腺(睾丸)、生殖管道(附睾、输精管、射精管、男性尿道)和附属腺(精囊、前列腺、尿道球腺)组成。外生殖器由阴囊与阴茎组成(图9-1)。

男性生殖系统

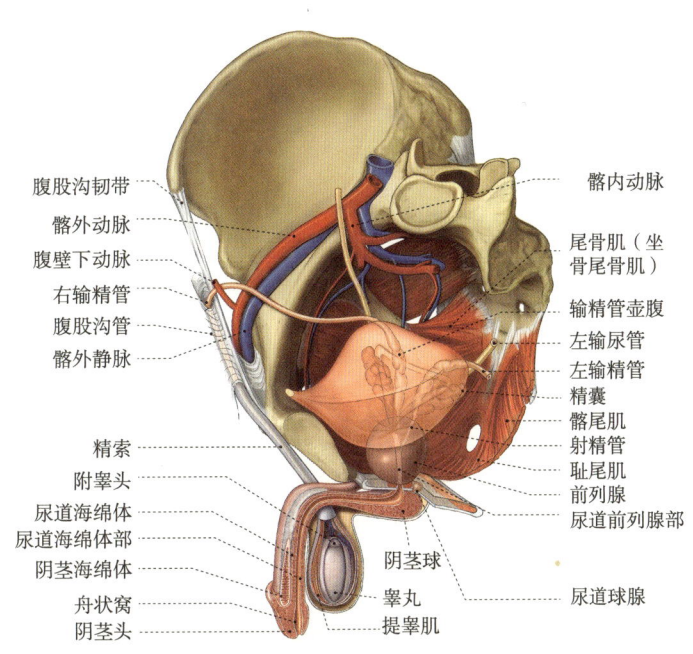

图9-1 男性生殖器

一、男性内生殖器

男性内生殖器

男性内生殖器由睾丸、输精管道和附属腺体组成。

（一）睾丸

睾丸为男性生殖腺，是产生精子和分泌雄性激素的器官。睾丸位于阴囊内，左右各一，呈稍扁的椭圆形。

在生精小管之间有睾丸间质细胞合成雄激素。雄激素的主要成分是睾酮，属类固醇物质，能促进男性性器官成熟及第二性征出现，并维持正常性欲及生殖功能（图9-2）。

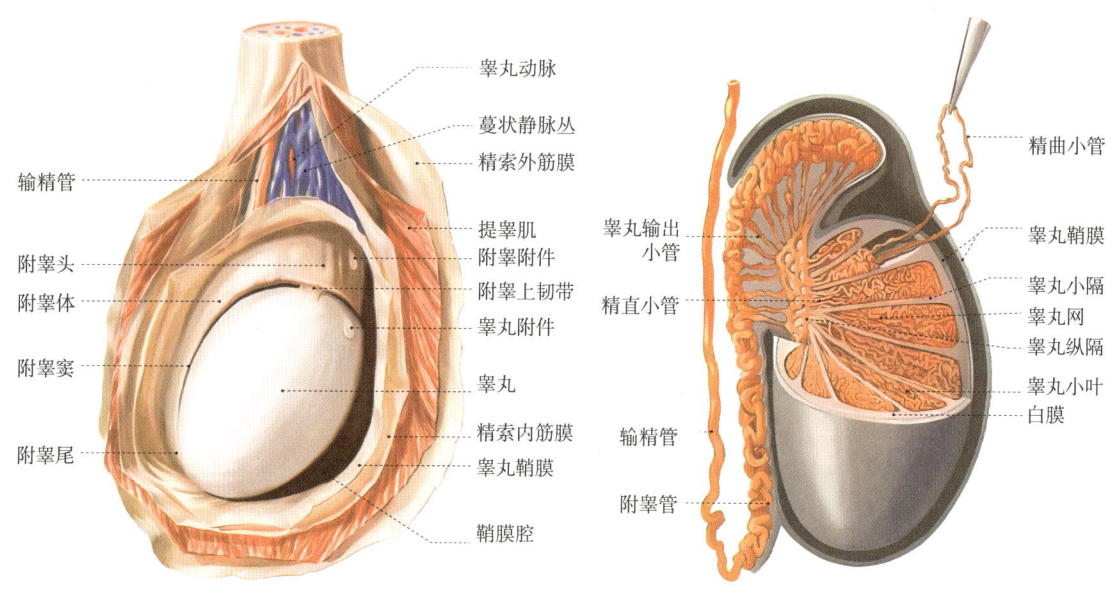

图9-2 阴囊与睾丸

（二）输精管道

输精管道包括附睾、输精管、射精管和男性尿道（男性尿道见泌尿系统）。

（三）附属腺体

男性生殖器的附属腺体有精囊腺、前列腺和尿道球腺。

二、男性外生殖器

男性外生殖器

男性外生殖器由阴囊与阴茎组成。

（一）阴囊

阴囊是位于阴茎后下方的囊袋状结构。内有睾丸、附睾和精索下部（图9-2）。

（二）阴茎

阴茎位于阴囊之前，可分为头、体和根3部分。
阴茎主要由两个阴茎海绵体和一个尿道海绵体组成，外包筋膜和皮肤（图9-3）。

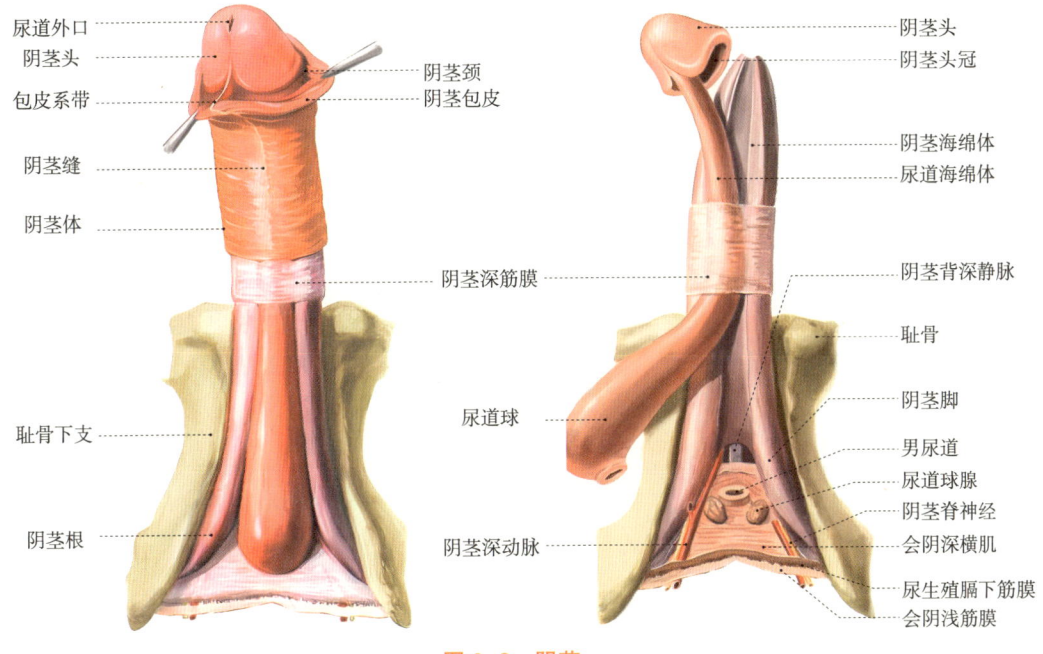

图 9-3 阴茎

第二节 女性生殖系统

女性生殖系统

女性生殖系统包括女性的内生殖器和外生殖器。女性内生殖器包括生殖腺（卵巢）、输送管道（输卵管、子宫和阴道）及附属腺体（前庭大腺）。外生殖器即**女阴**，包括阴阜、大阴唇、小阴唇、阴道前庭、阴蒂和前庭球等（图9-4）。卵巢产生的卵细胞成熟后，即突破卵巢表面的生殖上皮排至腹腔膜，再经输卵管伞吸入输卵管，受精后，游离至子宫，植入子宫内膜发育成胎儿，经阴道娩出。乳房是制造乳汁和哺乳的器官，在机能上与生殖器有密切关系。

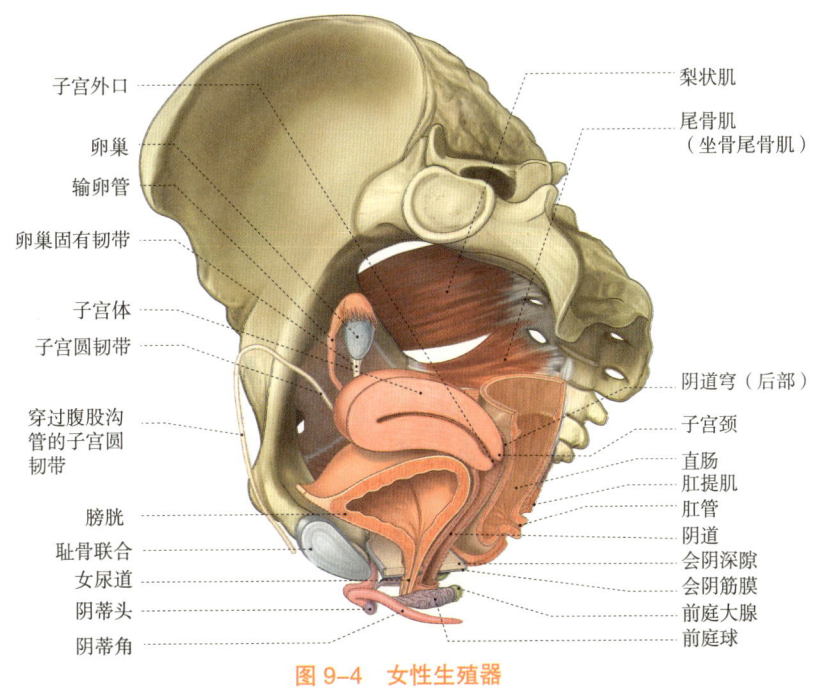

图 9-4 女性生殖器

一、女性内生殖器

女性内生殖器由卵巢、输送管道和附属腺体组成（图 9-5）。

女性内生殖器

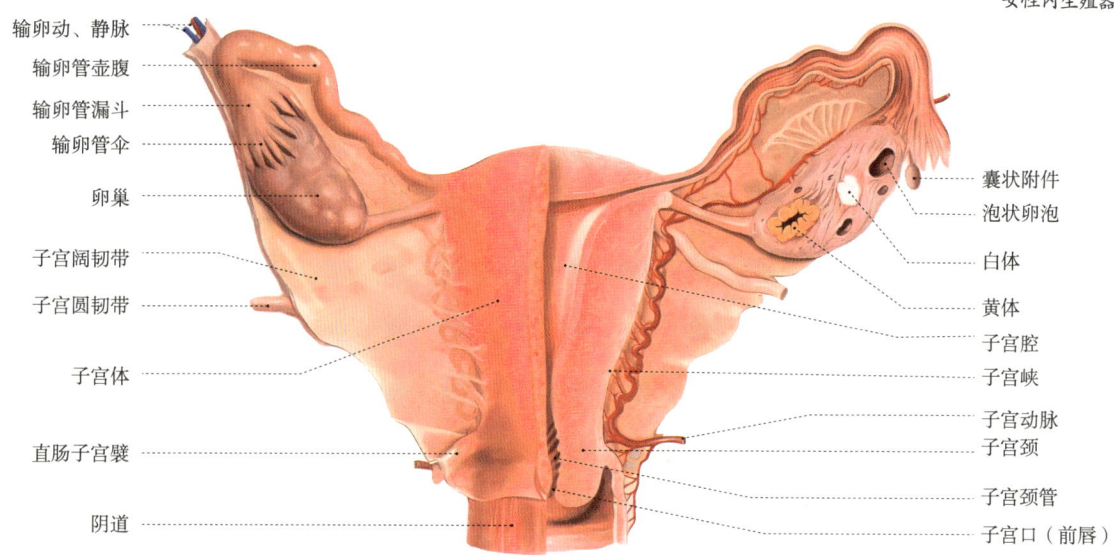

图 9-5　女性内生殖器

（一）卵巢

卵巢既是生殖腺，又是内分泌腺。它能产生卵细胞并分泌女性激素。卵巢左右各一，呈卵圆形，大小如鸽蛋，位于盆腔侧壁。可分为内、外侧两面，前、后两缘和上、下两端。外侧面与卵巢窝相依，内侧面朝向盆腔。后缘游离，称独立缘；前缘借卵巢系膜连于子宫阔韧带，称卵巢系膜缘，其中有血管、淋巴管和神经等出入，称**卵巢门**（图 9-5）。

卵巢表面有生殖上皮，上皮下有致密结缔组织组成的白膜，白膜深部为卵巢实质。实质分为皮质和髓质两部分。皮质是四周较宽的部分，内含许多不同发育阶段的卵泡。髓质是卵巢中心部分，内含血管、淋巴管、神经及结缔组织。

（二）输送管道

输送管道包括输卵管、子宫和阴道。**输卵管**是输送卵细胞至子宫的肌性管道，左右各一，长 10~14cm（图 9-5）。**子宫**是孕育胎儿的肌性囊状器官，位于盆腔中央，膀胱与直肠之间呈倒置梨形，分为底、体和颈 3 部分（图 9-5）。子宫壁厚，伸展性大，由内到外分别为黏膜、肌层和外膜。**阴道**是一扁形的肌性管道，是女性的性交接器官，也是排出月经和娩出胎儿的通道。

二、女性外生殖器

女性外生殖器即女阴，包括阴阜、大阴唇、小阴唇、阴道前庭、阴蒂和前庭球（图 9-6）。

女性外生殖器

阴阜为位于耻骨联合前面的皮肤隆起，其皮下富有脂肪。成人此处长有阴毛。**大阴唇**为一对纵行隆起的皮肤皱襞。大阴唇在阴裂的前后端相互联合，分别称**唇前联合**和**唇后联合**。**小阴唇**位于大阴唇的内侧，是一对较薄的皮肤皱襞，表面光滑无毛。**阴道前庭**是位于两侧小阴唇之间的裂隙。其前部有尿道外口，后部有阴道口。**阴蒂**由两个阴蒂海绵体组成，相当于男性的阴茎海绵体。其前端合并成**阴蒂头**，富有神经末梢和血管，较敏感，受到刺激可勃起。前庭球相当于男性的尿道海绵体，呈蹄铁形。

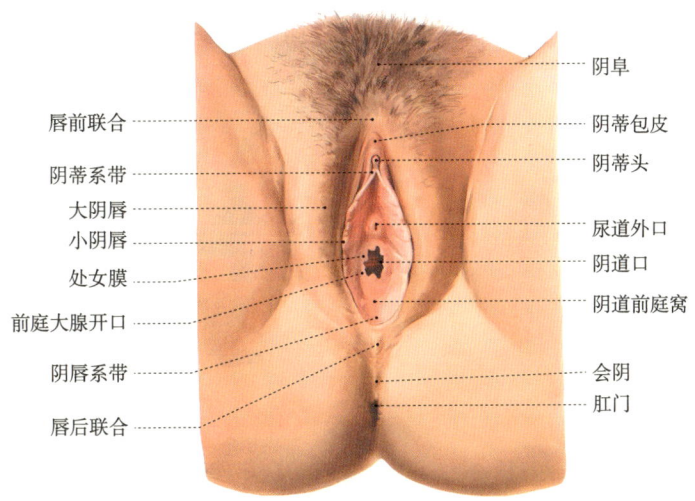

图 9-6　女性外生殖器

【附】乳房

乳房为人类和哺乳动物特有的结构。男性乳房不发达。女性乳房于青春期后开始发育生长，妊娠和哺乳期的乳房有分泌活动。

一、乳房的位置与形态

乳房位于胸大肌和胸肌筋膜浅面，第 2~3 肋至第 6~7 肋之间的皮下组织中。成年未哺乳女子的乳房呈半球形，紧张而有弹性。乳房中央的突起称**乳头**，约平第 5 肋间隙，周围色素较深的皮肤环形区称**乳晕**。乳晕表面有许多小突起为**乳晕腺**，可分泌脂性物润滑乳头（图 9-7）。

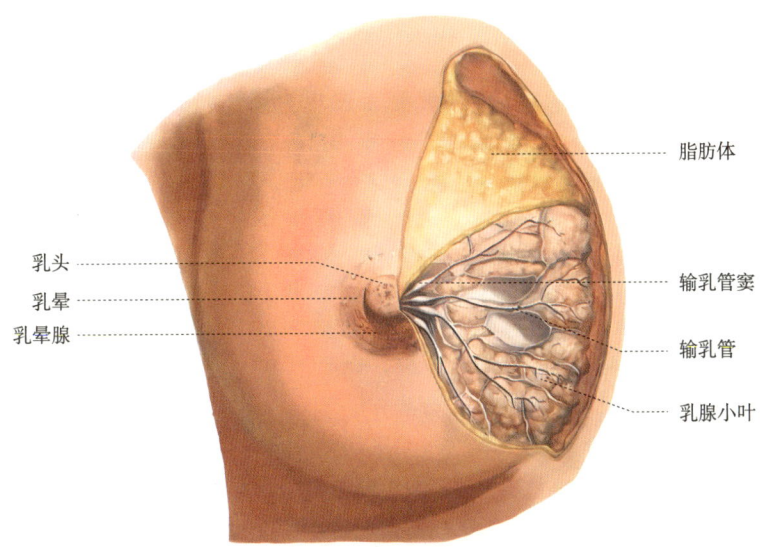

图 9-7　乳房

二、乳房的结构

乳房由皮肤、乳腺和脂肪组织等构成。脂肪组织向深面发出许多小隔，将乳腺分成15~20个**乳腺叶**，以乳头为中心呈放射状排列。每叶有一排泄管开口于乳头。女性乳腺在青春期增生，月经开始后逐渐发育成熟。至20岁前后发育到最高程度，40岁左右开始萎缩。妊娠期乳腺增生，授乳期分泌旺盛。乳腺的年龄和功能变化是神经和激素调节的结果。

第三节 体育运动对生殖系统的影响

运动时，生殖系统活动减弱、供血量减少，有利于肌肉活动时的血液供应。运动后，机体逐渐恢复到运动前安静时的状态。

一、体育运动对男性生殖系统的影响

不同运动强度、运动项目对男性运动员生殖系统影响不同。太极拳是保养生殖系统功能的一个最佳运动项目；山地赛车则可能导致精子减少，危害生殖系统健康。有研究表明，男性锻炼身体时过于消耗体力会影响生殖能力，表现为运动后精子浓度、一次射精量等精子质量指标下降，锻炼结束后一定时间内这些指标均会恢复，但是年龄越大恢复越慢。长时间中等强度的运动可提升男性血清睾酮水平，促进睾丸组织血液循环改善其功能提高精子质量。长期高强度运动会降低男性血清睾酮水平，影响睾丸功能，降低精子质量。

二、体育运动对女性生殖系统的影响

运动对女性运动员生殖系统的影响主要表现在对初潮年龄、月经、妊娠和生育的影响。统计资料发现，由于体内激素水平的不稳定，以及疲劳和情绪等因素的影响，女性运动员月经疾病（如痛经、功能性子宫出血等）的发病率明显增加。而长期运动是否影响初潮年龄，以及是否利于分娩，目前的观点并不一致。

【知识与应用】

月经周期紊乱是女性运动员常遇到的麻烦，表现为闭经、黄体期缩短、无排卵月经和青春期延迟。目前认为，练习的强度和类型、体成分、体重、能量平衡与营养问题、精神心理因素，以及训练开始的年龄等因素都可能是造成运动性月经周期紊乱的原因。

复习思考题

1. 简述男性生殖系统的组成和功能。
2. 简述女性生殖系统的组成和功能。
3. 分别简述体育运动对男性和女性生殖系统的影响。

脉管系统

体外膜肺氧合（ECMO）支撑心肺的"膜"法神器

第十章 脉管系统概述

【学习目标】

要求学生**掌握**脉管系统的组成和血液循环途径；**熟悉**动脉、静脉和毛细血管的管壁特点和淋巴系统的组成；**了解**血管吻合的基本情况；培养学生理解脉管系统知识，在体育运动过程中发挥其机体内物质运输功能的分析能力；**提升**学生对脉管系统理论知识的实践运用能力。

脉管系统是人体构成的重要组成部分，其主要功能是物质运输，即通过物质运输的过程将消化系统吸收的营养物质和肺吸入的氧气，以及内分泌器官分泌的激素运送到全身各器官、组织和细胞；同时又将细胞、组织的代谢产物如二氧化碳和尿酸等分别运送到肺、肾或皮肤等器官排出体外，保障新陈代谢，以维持机体内环境的相对稳定。此外，脉管系统还具有内分泌功能，淋巴系统的淋巴器官和淋巴组织也能产生淋巴细胞和抗体，参与机体的免疫功能。

第一节 脉管系统的组成

脉管系统分布于全身各部，是连续的、封闭的管道系统，包括心血管系统和淋巴系统。心血管系统内流动的液体是血液，淋巴系统内流动的液体是淋巴液。淋巴液在管道内向心流动，最终汇入静脉，故淋巴管道可视为静脉的辅助管道。

一、心血管系统的组成

心血管系统由心、动脉、静脉和毛细血管组成，其中毛细血管连于小动脉和小静脉之间（图10-1）。

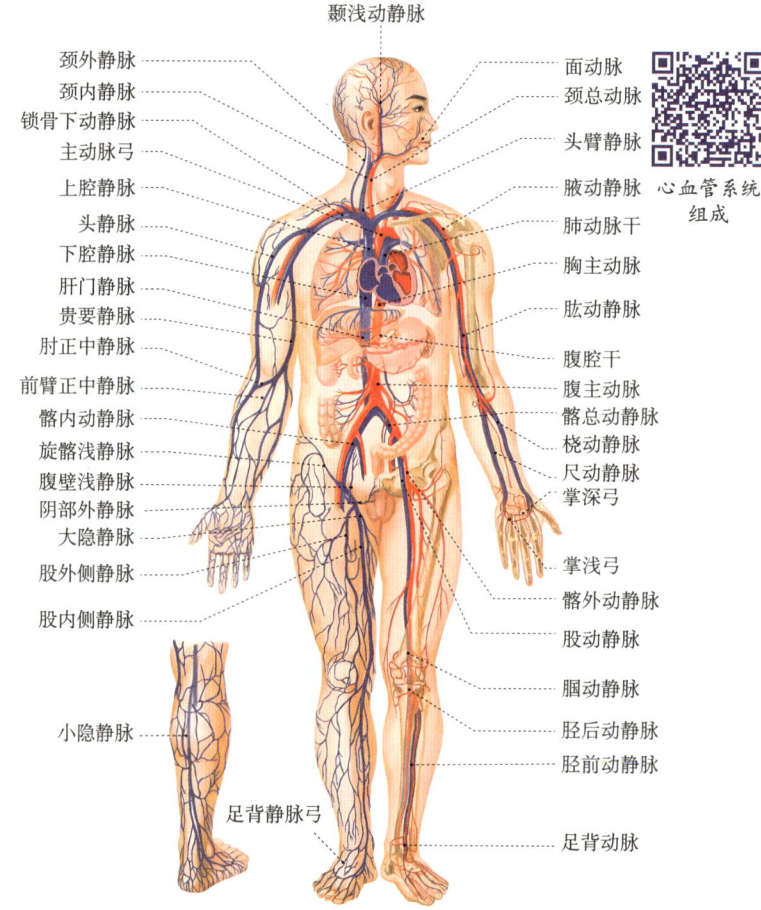

图10-1 心血管系统示意图

(一) 心

心是中空性器官,主要由心肌组织构成,是心血管系统的动力装置,其具有重要的内分泌功能。心有左心房、左心室、右心房和右心室四个腔。心与血管相连,心房接受静脉的血液,心室将血液射入动脉。通过心传导系的调控,心有节律地收缩与舒张,不停地将血液从动脉射出,由静脉吸入,使血液在心血管系统中周而复始地定向循环流动。

(二) 动脉

动脉是运送血液离心的管道。动脉离开心后,在行程中不断分支、变细,最后移行为毛细血管。动脉管壁较厚,由内膜、中膜和外膜组成。内膜菲薄,腔面为一层内皮细胞,能减少血流阻力;中膜较厚,含胶原纤维、弹性纤维和平滑肌,大动脉以弹性纤维为主,中动脉和小动脉以平滑肌为主;外膜主要由疏松结缔组织构成,可防止血管过度扩张(图10-2)。

动脉壁的结构与其功能密切相关。大动脉的中膜弹性纤维丰富,心室射血时,管壁被动扩张;心室舒张时,管壁弹性回缩,推动血液继续向前单向、不间断流动。中动脉和小动脉的中膜平滑肌可在神经体液调节下收缩或舒张,进而改变管腔大小,影响局部血流量和血流阻力,借以维持、调节血压。

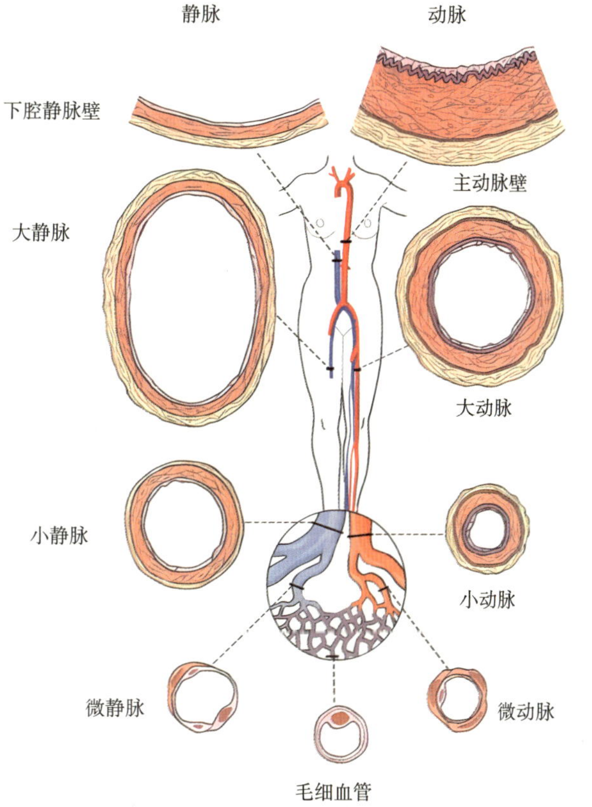

图 10-2 动脉、静脉与毛细血管

(三) 静脉

静脉是引导血液回心的血管。小静脉由毛细血管汇合而成,在向心回流过程中不断接受属支,逐渐汇合成中静脉、大静脉,最后注入心房。

静脉管壁也分为内膜、中膜和外膜3层(图10-2)。与动脉相比,静脉壁三层结构界线多不明显,平滑肌和弹性组织不如动脉丰富,结缔组织成分较多,故静脉管壁薄、管腔大、弹性小和容血量大。此外,静脉内皮突出形成**静脉瓣**,可防止血液倒流(图10-3)。

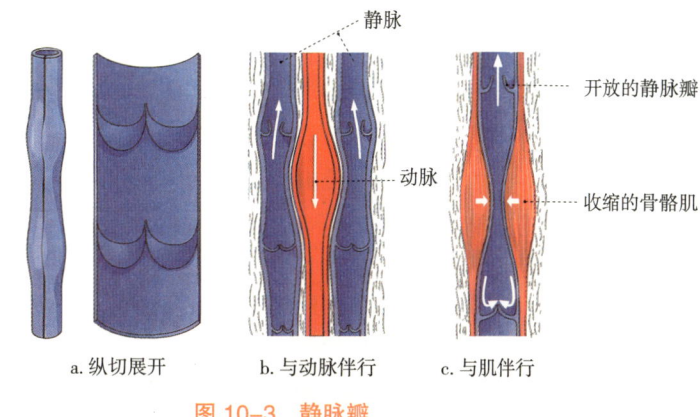

a. 纵切展开　　b. 与动脉伴行　　c. 与肌伴行

图 10-3 静脉瓣

（四）毛细血管

毛细血管是连接动脉和静脉末梢间的管道，管径6~8μm，管壁主要由一层内皮细胞和基膜构成（图10-2）。

毛细血管彼此吻合成网，除软骨、角膜、晶状体、毛发、牙釉质和被覆上皮外，遍布全身各处。毛细血管管壁薄、通透性大，管内血流缓慢，是血液与血管外组织液进行物质交换的场所。

二、淋巴系统的组成

淋巴系统由淋巴管道、淋巴组织和淋巴器官所组成。

根据结构和功能的不同，淋巴管道可分为毛细淋巴管、淋巴管、淋巴干和淋巴导管，淋巴导管最终汇入静脉角，可以协助静脉引流组织液。淋巴组织和淋巴器官具有产生淋巴细胞、过滤淋巴液和进行免疫应答的功能。

第二节　血液循环的途径

以心为中心通过血管与全身各器官组织相连，血液在其中单向不间断地循环流动过程，称为**血液循环**，包括**体循环**和**肺循环**（图10-4、图10-5）。

血液循环途径

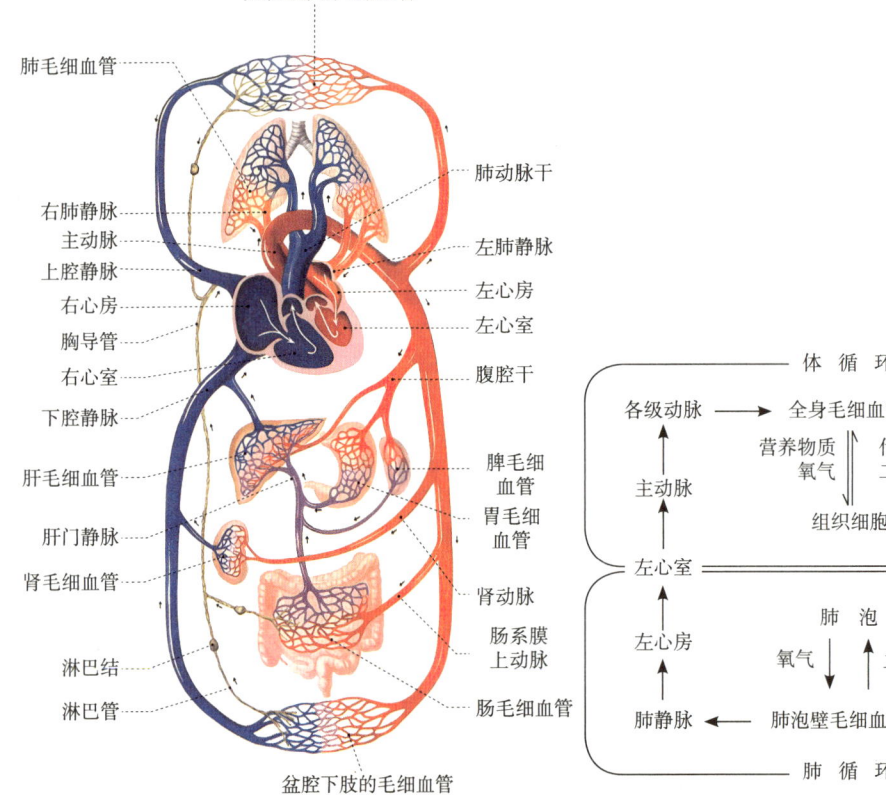

图10-4　心血管系统组成　　　　图10-5　血液循环途径

一、体循环

血液由左心室搏出，经主动脉及其各级分支到达全身毛细血管，在毛细血管处与周围的组织、细胞进行物质和气体交换，再通过各级静脉属支，最后经上腔静脉、下腔静脉和冠状窦返回右心房。这一循环路程较长、范围较广，故称为**体循环**，又称**大循环**，以动脉血滋养全身各部，并将代谢产物和二氧化碳运回心。

在体循环中，左心室和体循环动脉中的血液是动脉血，富含氧气，呈鲜红色；而体循环静脉、右心房中的血液是静脉血，富含二氧化碳，呈暗红色。

二、肺循环

血液由右心室搏出，经肺动脉干及其各级分支到达肺泡毛细血管，在毛细血管处进行气体交换，再经肺静脉进入左心房。这一循环路程较短，仅仅通过肺，故称为**肺循环**，又称**小循环**，主要使静脉血转变成氧饱和的动脉血。

在肺循环中，右心室和肺循环动脉中的血液是静脉血，富含二氧化碳，呈暗红色；而肺循环静脉、左心房中的血液是动脉血，富含氧气，呈鲜红色。

第三节　血管吻合

人体的血管除经动脉—毛细血管—静脉相连通外，动脉与动脉之间、静脉与静脉之间、甚至动脉与静脉之间，可借血管支（吻合支或交通支）彼此连接，形成血管吻合（图10-6）。

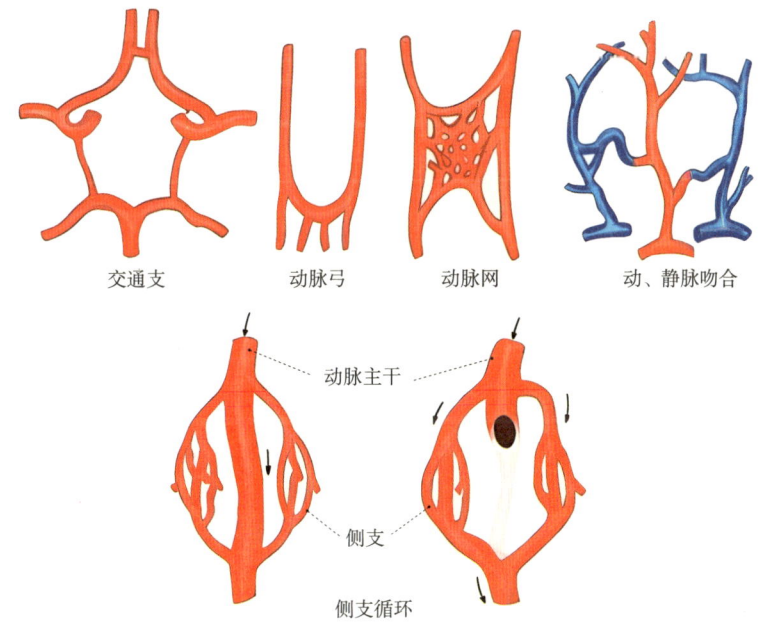

图 10-6　血管吻合和侧支循环示意图

一、动脉间吻合

人体内许多部位或器官的两动脉干之间可借交通支相连，如脑底动脉之间；在经常活动或易受压部位，其邻近的多条动脉分支常互相吻合成动脉网，如关节网；在时常改变形态的器官，两动脉末端或其分支可直接吻合形成动脉弓，如掌深弓、掌浅弓等。这些动脉间吻合都有缩短循环时间和调节血流量的作用。

二、静脉间吻合

静脉间吻合比动脉丰富，除具有和动脉相似的吻合形式外，常在脏器周围或脏器壁内形成静脉丛，以保证在脏器扩大或腔壁受压时血流通畅。

三、动静脉吻合

在体内的许多部位，如指尖、趾端、唇、鼻、外耳皮肤和生殖器勃起组织等处，小动脉和小静脉之间可借血管支直接相连，形成小动、静脉吻合。这种吻合具有缩短循环途径、调节局部血流量和体温的作用。

四、侧支吻合

有的血管主干在行程中发出与其平行的侧副支。发自主干不同高度的侧副支彼此吻合，称**侧支吻合**。侧副支在正常状态下比较细小，但当主干阻塞时，则逐渐增粗，血流可经扩大的侧支吻合到达阻塞以下的血管主干，使血管受阻区的血液循环得到不同程度的代偿恢复。

这种通过侧支建立的循环称为**侧支循环**或**侧副循环**。侧支循环的建立体现了血管的适应能力和可塑性，对于保证器官在病理状态下的血液供应具有重要意义。

复习思考题

1. 简述脉管系统的组成。
2. 简述动脉、静脉和毛细血管的管壁特点。
3. 简述血液循环的途径。

第十一章 心血管系统

【学习目标】

要求学生**掌握**心的结构特点和体循环动脉与静脉的配布特点;**熟悉**体循环动脉、与静脉的走行途径;**了解**体育运动对心血管系统器官的影响;**培养**学生理解心血管系统知识在体育运动过程中发挥其机体内物质运输功能的分析能力;**提升**学生对心血管系统理论知识的实践运用能力,为学习后继课程奠定基础。

心血管系统是机体运输营养物质和代谢产物的管道系统。心是人体血液循环的动力器官,血管是血液流动的管道,两者的结构和功能会直接影响人体所需要的氧气、营养物质及代谢产物和激素的运输,进而影响人体的基本生命活动。科学的体育运动对心、血管的结构和功能可产生良好的影响,而不科学的体育运动则会对心、血管的结构和功能产生不利的影响。

第一节 心

心是一个中空的肌性纤维器官,是心血管系统的主要动力系统。通过心有节律地收缩与舒张,血液在心血管内不断定向流动。同时,心还具有分泌激素的功能,其分泌的激素参与人体各种功能的调节。

一、心的位置

心位于胸腔纵隔内、两肺之间,约 1/3 在身体正中线的右侧,2/3 在身体正中线的左侧。心的长轴自右肩指向左肋下区,与身体正中线成 45°夹角;心前方朝向胸骨体和第 2~6 肋软骨;后方平对第 5~8 胸椎,与食管、迷走神经和胸主动脉相邻;两侧与胸膜腔和肺相邻;上方连出入心的大血管;下方紧贴膈(图 11-1)。心的位置可因体型因素和膈的升降而有所变化。

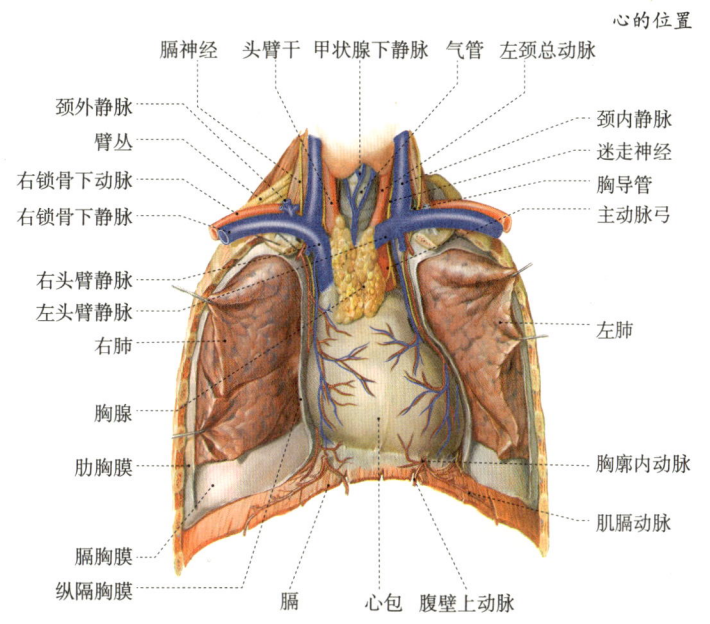

图 11-1 心的位置

二、心的外形

从外形上看，心近似于一个倒置的、前后略扁的圆锥体，大小与本人握拳时相近，有一尖、一底、两面和三缘，表面有四条沟（图11-2）。

心的外形

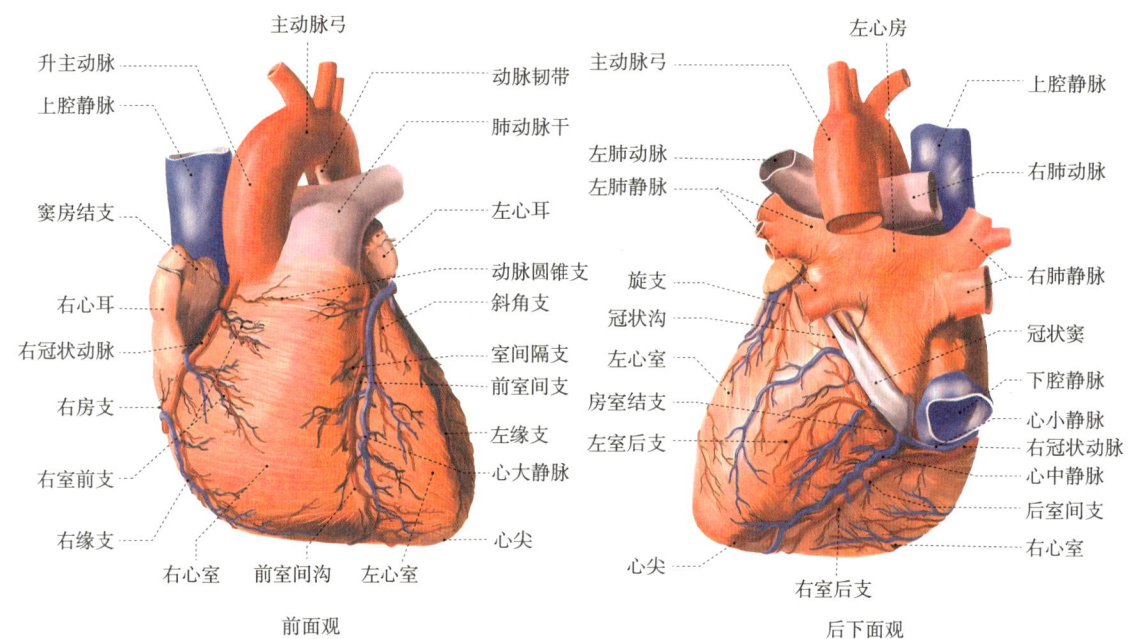

图 11-2　心的外形

一尖即**心尖**，朝向左前下方，由左心室构成。其外观圆钝，在左侧第5肋间隙交锁骨中线内侧 1~2cm 处可扪及心尖搏动。

一底即**心底**，朝向右后上方，大部分由左心房、小部分由右心房组成。上腔静脉、下腔静脉分别从上、下方注入右心房，左、右肺静脉分别从两侧注入左心房。

两面即**胸肋面**（前面）和**膈面**（下面）。**胸肋面**朝向前上方，大部分由右心房和右心室构成，左侧一小部分由左心耳和左心室构成。**膈面**几乎呈水平位，朝向下方并略斜向后，大部分由左心室、小部分由右心室构成。

三缘即下缘、右缘和左缘。下缘（锐缘）由右心室和心尖构成，边缘锐利，接近水平位。右缘不明显，由右心房构成。左缘（钝缘）绝大部分由左心室构成，仅上方一小部分由左心耳参与。

四沟即**冠状沟**、**前室间沟**、**后室间沟**和**后房间沟**。**冠状沟**又称房室沟，形似环形，近额状位，是右上方的心房与左下方的心室的表面分界。**前室间沟**和**后室间沟**分别位于左、右心室的胸肋面和膈面，二者从冠状沟走向心尖的右侧，前室间沟与室间隔前缘一致，后室间沟与室间隔下缘一致，二者是左、右心室在心表面的分界。**后房间沟**位于心底部，与房间隔后缘一致，是左、右心房在心表面的分界。

三、心的结构

心是中空的肌性器官，心中空的腔隙称**心腔**，心腔由心壁围成，心包包绕心壁。

心的构造

(一)心腔的结构

心有四个腔,心房位于上部,由房间隔分为左心房和右心房;心室位于下部,由室间隔分为左心室和右心室。心房与心室之间有房室口相通,但左、右心房之间和左、右心室之间互不相通(图11-3)。心发育的过程中出现沿心纵轴的轻度左旋转,故左半心位于右半心的左后方。

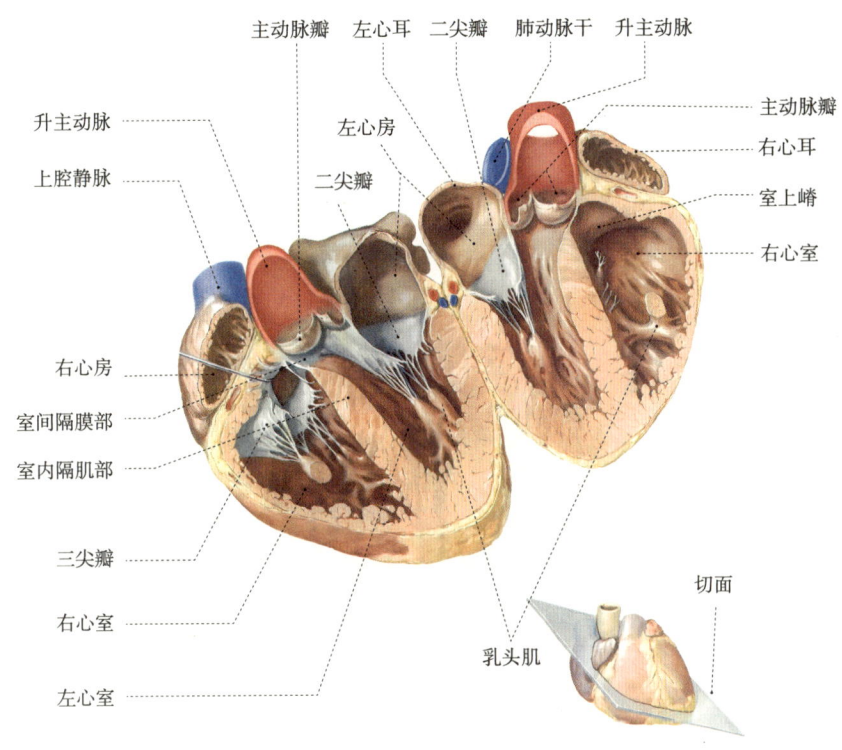

图11-3 心腔的结构

1. 右心房

右心房位于心的右上部,包括前部的固有心房和后部的腔静脉窦两部分。右心房壁薄腔大,其前壁向前内侧呈锥形突出的盲囊部分,称为**右心耳**(图11-4)。

固有心房内面有许多平行的肌隆起,称为**梳状肌**。腔静脉窦上方有**上腔静脉口**,后下方有**下腔静脉口**,是体循环静脉血注入右心房的两个主要入口。在下腔静脉口与右房室口之间有一小的圆形开口,称为**冠状窦口**,心壁的静脉血主要由此注入右心房。右心房和右心室通过**右房室口**相通,右心房的血液由右房室口流入右心室。

2. 右心室

右心室位于右心房的前下方,构成心胸肋面的大部分。其室腔被右房室口与肺动脉口之间的弓形肌性隆起,即室上嵴分为后下方的流入道(窦部)和前上方的流出道(漏斗部)两部分(图11-4)。

流入道是右心室的主要部分,其入口为卵圆形的右房室口,口周缘由致密结缔组织构成的**三尖瓣环**围绕。三尖瓣基底附着于该环上,瓣膜游离缘垂入心室腔。瓣膜被3个深陷的切迹分为3片近似三角形的瓣叶,按其位置分别称**前尖**、**后尖**和**隔侧尖**。与3个切迹相对处,两个相邻瓣膜之间的瓣膜组织称为**连合**,即前内侧连合、后内侧连合和外侧连合,连合处亦有腱索附着。三尖瓣的游离缘和心室面借腱索连于乳头肌。当右心室收缩时,由于三尖瓣环缩小,以及血液推动,使三尖瓣紧闭,因乳头肌收缩和腱索牵拉,使瓣膜不致翻向右心房,从而防止血液流向右心房。三尖瓣环、瓣尖、腱索和乳头肌在结构和功能上是一个整体,称为**三尖瓣复合体**。

流出道是流入道向左上方延伸的部分,形似倒置的漏斗,故称为**动脉圆锥**。动脉圆锥的上端是通向肺动脉干的开口,称为**肺动脉口**,其口周围有肺动脉瓣环,环上附有三片半月形的瓣膜,称为**肺动脉瓣**。当右心室收缩时,血流冲开肺动脉瓣流入肺动脉;而右心室舒张时,肺动脉瓣关闭,可阻止血液逆流入右心室。

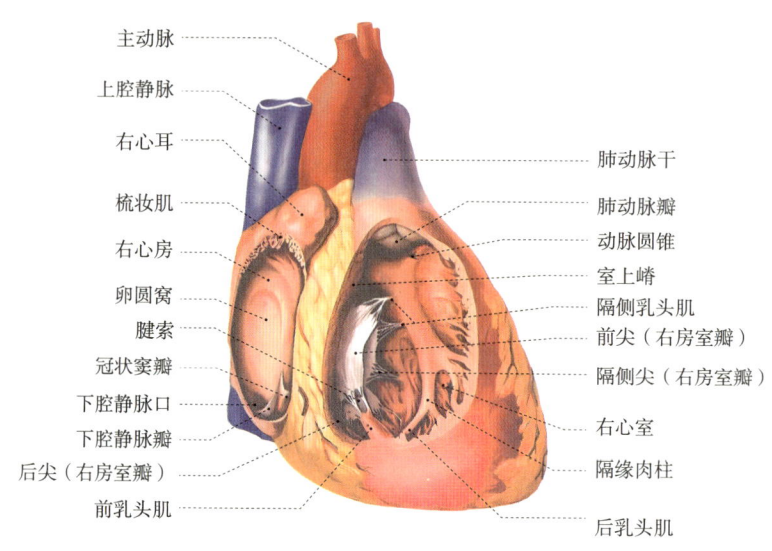

图 11-4　右心房与右心室

3. 左心房

左心房位于右心房的左后方,构成心底的大部分,是四个心腔中最靠后的部分。左心房可分为前部的**左心耳**和后部的**左心房窦**(图 11-5)。

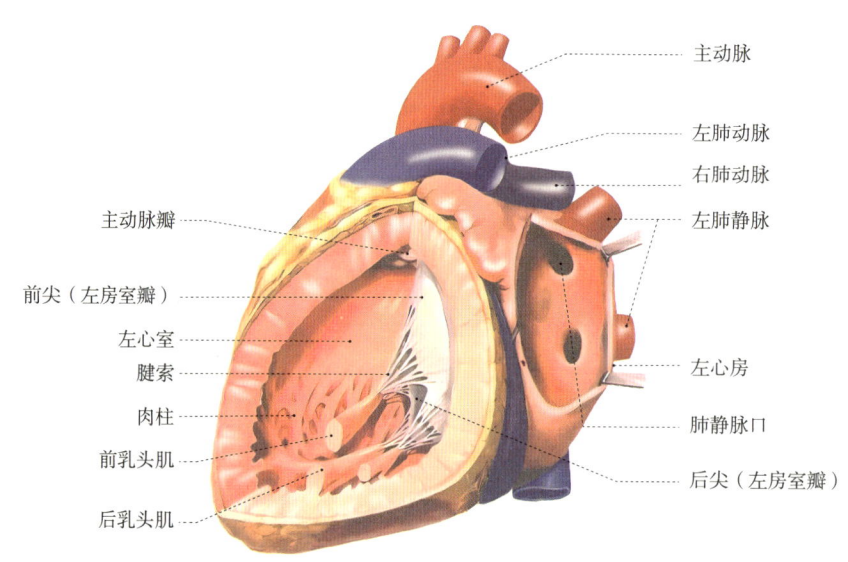

图 11-5　左心房和左心室(去除一侧肺动脉)

左心房窦内壁较光滑，后壁上有四个肺静脉入口，左、右各两个。肺毛细血管进行气体交换后的含氧血液，经肺静脉流入左心房。左心房的出口为**左房室口**，左心房的血液由左房室口流入左心室。

4. 左心室

左心室位于右心室的左后方，其室腔近似圆锥形，室壁较右心室壁厚。左心室室腔以二尖瓣的前尖为界，分为流入道（左心室窦部）和流出道（主动脉前庭）两部分（图 11-5）。

流入道（左心室窦部）是左心室的主要部分，入口为卵圆形的左房室口，口周缘有纤维环，环上附有两片近似三角形的瓣膜，称为**二尖瓣**（图 11-6），其作用与三尖瓣相同。

流出道（主动脉前庭）是左心室的前内侧部分，内壁光滑，其出口是向右上方通向主动脉的开口，称为**主动脉口**。主动脉口周缘有主动脉瓣环，环上附有三片半月形的瓣膜，称为**主动脉瓣**（图 11-6），其作用与肺动脉瓣相同。

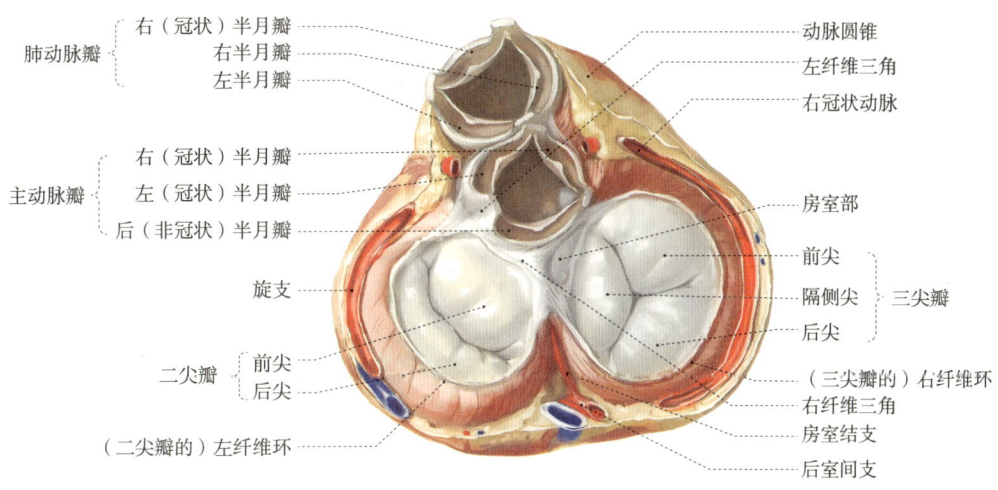

a. 二尖瓣和三尖瓣关闭，主动脉瓣和肺动脉瓣打开

b. 二尖瓣和三尖瓣打开，主动脉瓣和肺动脉瓣关闭

图 11-6　心的瓣膜

【知识与应用】

血液在心中的流动是由心房流向心室，二尖瓣、三尖瓣和主动脉瓣、肺动脉瓣保证血液在心腔内单向流动。当心室收缩时，室腔内压力增加，血液推顶二尖瓣和三尖瓣，使左、右房室口紧闭，防止血液向心房倒流；同时，主动脉瓣和肺动脉瓣被打开，左、右心室内的血液分别被注入主动脉和肺动脉干。随后，心室舒张，室腔内压力降低，主动脉瓣和肺动脉瓣被关闭，防止血液向心室倒流；同时，二尖瓣和三尖瓣开放，心房内的血液流入心室。二尖瓣和三尖瓣的关闭与开启是同步的，主动脉瓣和肺动脉瓣的开启与关闭也是同步的。二尖瓣、三尖瓣的关闭与开启和主动脉瓣、肺动脉瓣的开启与关闭交替规律进行，确保了血液在心内定向流动。

（二）心壁的结构

心壁由心内膜、心肌层和心外膜组成。

1. 心内膜

心内膜是被覆在心腔内面的一层光滑的薄膜，由内皮和内皮下层构成。内皮与血管的内皮相延续，内皮下层含血管、神经和心传导系的分支等。心瓣膜由心内膜向心腔折叠而成。

心壁的结构

2. 心肌层

心肌层由心肌纤维和心肌间质组成，构成心壁的主体，包括心房肌和心室肌两部分（图11-7）。心肌纤维呈内纵、中环和外斜排列。心肌纤维即心肌细胞，包括普通的心肌细胞和特殊分化的心肌细胞两种。

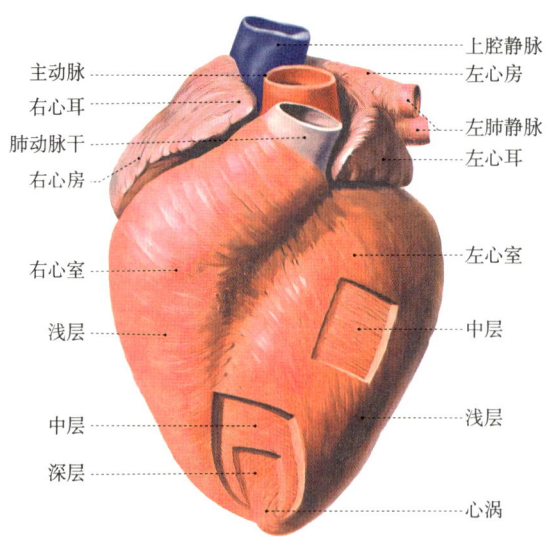

图 11-7　心壁的肌层

普通心肌细胞构成心房肌和心室肌，附着于心纤维支架，心房肌和心室肌彼此不延续，收缩与舒张交替进行。特殊分化的心肌细胞构成心传导系，在心的兴奋和传导过程中发挥重要作用。

3. 心外膜

心外膜被覆在心肌表面，是一层光滑的薄膜，也是浆膜心包的脏层。

（三）心包

心包为包裹心和大血管根部的纤维浆膜囊，对心有保护作用，分为浆膜心包和纤维心包（图11-1、图11-8）。

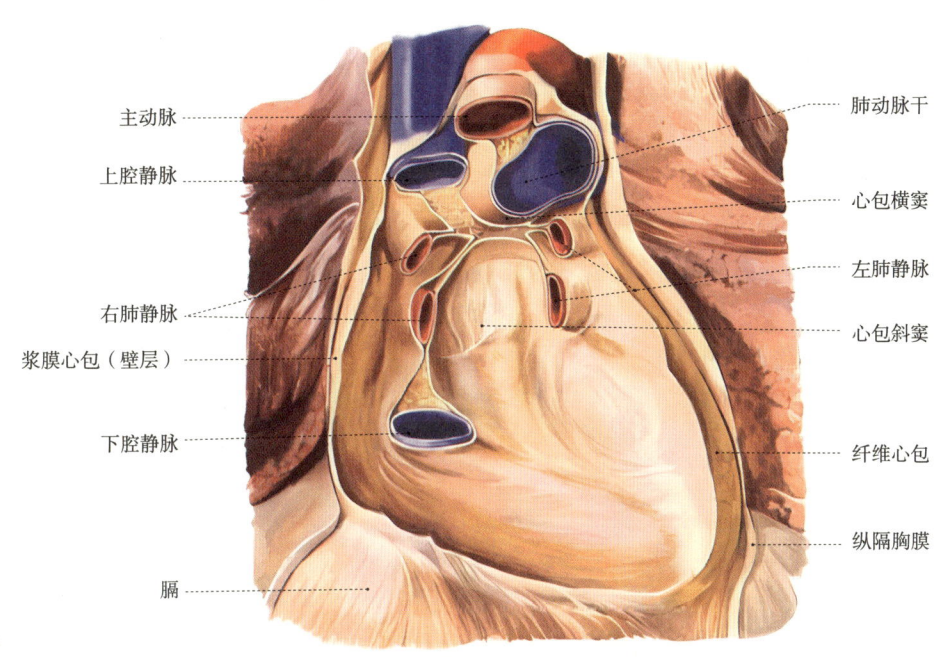

图 11-8　心包（后壁）

1. 浆膜心包

浆膜心包分脏、壁两层，脏层覆于心肌的外面，壁层贴于纤维心包的内面。脏、壁两层在出入心的大血管根部相移行围成的腔隙，称为**心包腔**，内含少量浆液，起润滑作用，可减少心在搏动时的摩擦。浆膜心包的脏、壁两层反折处的间隙称**心包窦**。

2. 纤维心包

纤维心包是一个坚韧的结缔组织囊，向上与出入心的大血管的外膜相移行，下面与膈中心腱相连接。

四、心的血管

心的血液供应来自左、右冠状动脉；心回流的静脉血绝大部分经冠状窦汇入右心房。心本身的循环称冠状循环，占心输出量的4%~5%，冠状循环中的侧支循环丰富（图11-2）。

心的血管

（一）动脉

营养心的动脉是左、右冠状动脉。

1. 左冠状动脉

左冠状动脉起于主动脉左冠状动脉窦，经左心耳与肺动脉干之间走向左前方，并分为前室间支和旋支。

2. 右冠状动脉

右冠状动脉起于主动脉右冠状动脉窦，经右心耳与肺动脉干根部之间，入冠状沟右行，至房室交点处分为后室间支和右旋支。

（二）静脉

心静脉血绝大部分经**冠状窦**流入右心房，另有一些小静脉，或直接注入冠状窦，或注入右心房。心的静脉属支有心大静脉、心中静脉和心小静脉。

心大静脉起于心尖，沿前室间沟上行至冠状沟，再沿冠状沟向左行，绕过心左缘至膈面转向右行，续为冠状窦。**心中静脉**起于心尖，沿后室间沟上行注入冠状窦。心小静脉起于下缘，在冠状沟内与右冠状动脉伴行，向左注入冠状窦。

五、心的传导与调节

心传导系具有产生和传导兴奋的能力，而心的神经对心具有重要的调节作用。

心传导系

（一）心传导系

心传导系由特殊分化的心肌细胞构成，具有自律性和传导性，其主要功能是产生并传导冲动、控制心的节律性活动。心传导系包括窦房结、结间束、房室交界区、房室束、左右束支和浦肯野氏（Purkinje）纤维网（图11-9）。

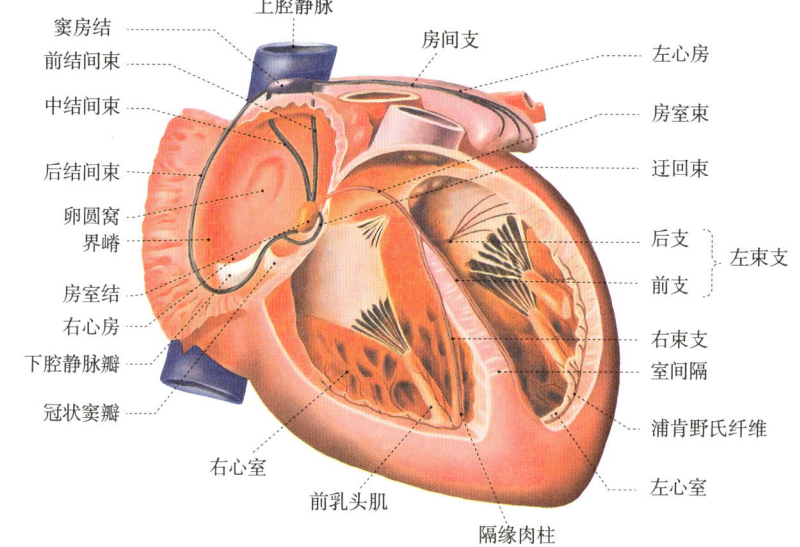

图11-9　心传导系模式图

1. 窦房结

窦房结位于上腔静脉口附近右心房壁的心外膜下，呈长椭圆形，是心节律性活动的正常起搏点。窦房结内有起搏细胞（P细胞）和过渡细胞（T细胞）。起搏细胞是心起搏冲动的发生部位，过渡细胞是起搏细胞与心肌细胞之间的连接细胞。窦房结能进行自律性兴奋，发出冲动传至心房肌，使心房肌收缩，并向下传至房室交界区。

2. 结间束

窦房结与房室结之间有结间束相连，可能存在 3 条特殊的结间通路，即前结间束、中结间束和后结间束，但目前尚未有充分的形态学证据。

3. 房室交界区

房室交界区是心传导系在心房与心室相互连接部位的特化心肌结构，位于房室隔内。房室交界区由 3 部分组成：房室结、房室结的心房扩展部（结间束的终末部）及房室束（His 束）的近侧部。房室交界区是冲动从心房传向心室的必由之路，且为最重要的次级起搏点，许多复杂的心律失常在此区域发生，这一区域有重要的临床意义。**房室结**位于房室隔下部右侧心内膜下，冠状窦口的前上方，是一个矢状位的扁薄结构。窦房结传来的冲动在房室结内做短暂延搁，再传至心室，使心房肌和心室肌不在同一时间内收缩。

4. 房室束

房室束又称 His 束，起自房室结，沿室间隔膜部下缘前行，在室间隔肌部上缘处分为左束支和右束支。

5. 浦肯野氏纤维网

左、右束支的分支在心内膜深面交织成心内膜下浦肯野氏（Purkinje）纤维网；由该网发出的纤维进入心室壁肌，形成心肌内浦肯野氏纤维网。房室束和左、右束支及浦肯野氏纤维网的功能是将心房传来的兴奋迅速传到整个心室的心肌。

由窦房结发出的节律性冲动，经上述传导系统，分别兴奋心房肌和心室肌，从而引起心的节律性搏动。

（二）心的调节

心的神经包括交感神经、副交感神经和感觉神经。交感神经兴奋可使窦房结发出冲动的频率增加，房室传导加快，心收缩力增强，心跳加速，供应心血液的冠状动脉扩张；副交感神经兴奋可使房室传导减慢，心收缩力降低，心跳变缓，供应心血液的冠状动脉收缩。交感神经和副交感神经受中枢神经调节，互相制约，使心处于适应的活动状态，并保持心率相对恒定。

感觉神经中，传导痛觉的传入纤维与交感神经并行，传至脊髓胸 1~4 和 5 节段的灰质后角；传导血压变化和化学刺激等感觉的传入纤维随迷走神经传至延髓孤束核。

第二节 动 脉

动脉是运送血液离心的管道。动脉离开心后，行程中不断分支、变细，最后移行为毛细血管。

一、动脉配布的特点

动脉配布主要有以下特点：①由于人体左、右对称，故动脉及其分支的配布也具有对称性。②在身体的每一大局部，都有 1~2 条动脉干。③因躯干部在结构上有体壁和内脏之分，故动脉亦有壁支和脏支之分,其中壁支仍保留着原始分节状态。④动脉常与静脉、神经伴行,构成血管神经束,有的还包有结缔组织鞘,在四肢的血管神经束行程多与长骨平行。⑤动脉在行程中多居于身体的屈侧、深部或安全隐蔽的部位。⑥常以最短距离到达它所分布的器官。⑦配布的形式与器官的形态有关。⑧动脉的管径与所供给的器官功能有关,而非完全与器官的大小相关。

二、体循环动脉

体循环动脉始于主动脉,起于左心室,经各级动脉分支,最后到达全身各级毛细血管(图 11-10、图 11-11)。

体循环动脉

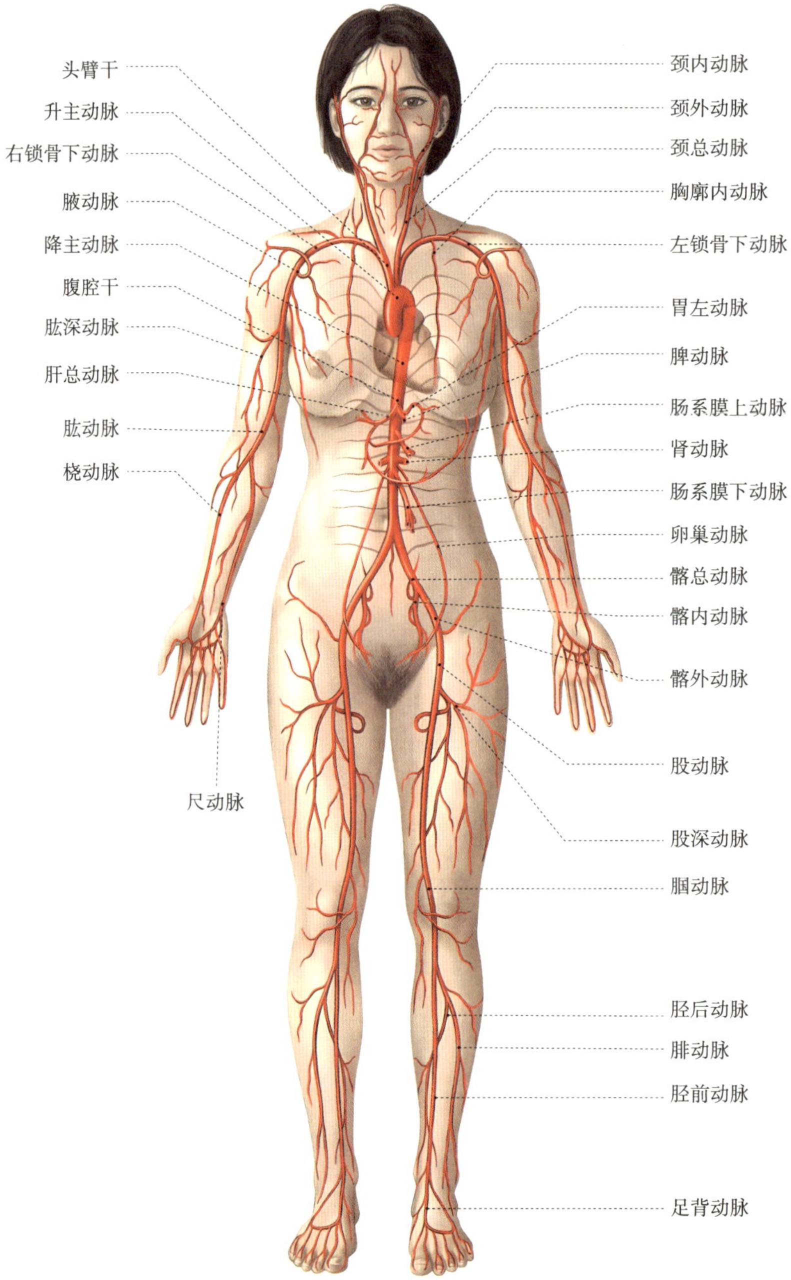

图 11-10 体循环动脉

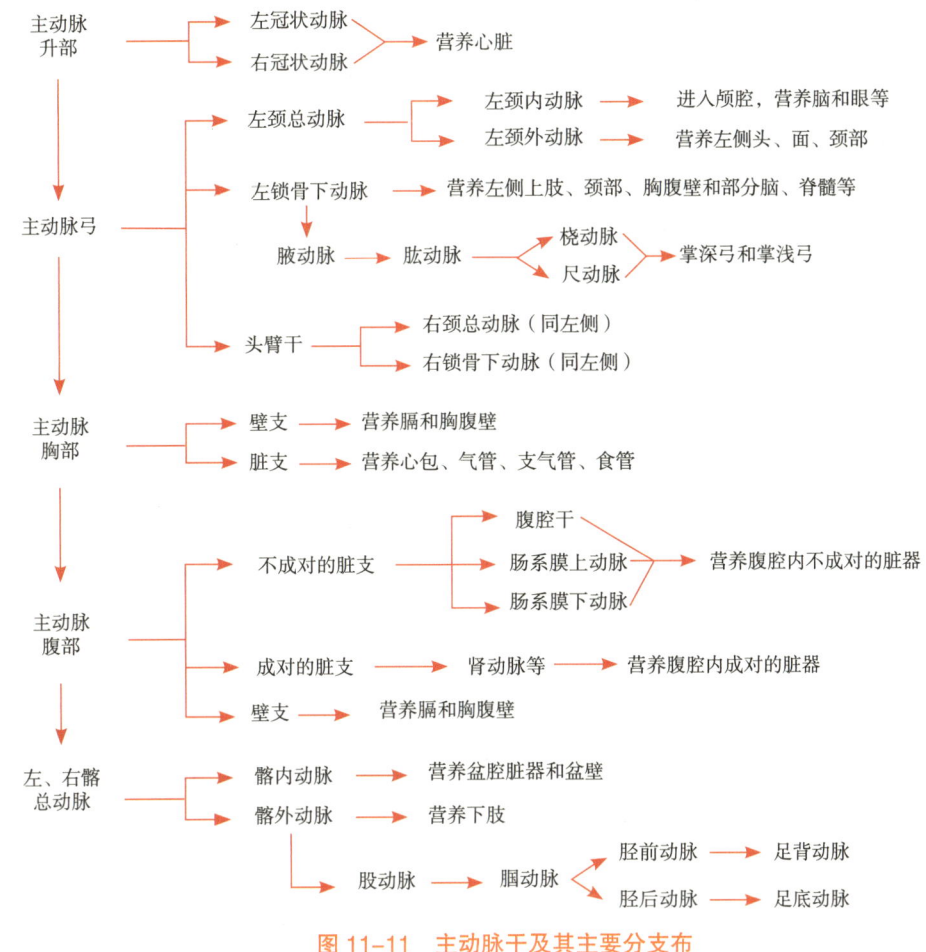

图 11-11 主动脉干及其主要分支布

（一）主动脉

体循环的动脉主干是主动脉，其全程可分为**升主动脉**、**主动脉弓**和**降主动脉**三段。

升主动脉起自左心室，在其起始部发出左、右冠状动脉营养心（图 11-12）。

主动脉弓是升主动脉的直接延续，在右侧第 2 胸肋关节后方，呈弓形，向左后方弯曲，到第 4 胸椎椎体的左侧移行为胸主动脉。在主动脉弓的凸侧，自右向左发出**头臂干**、**左颈总动脉**和**左锁骨下动脉**。

降主动脉是主动脉弓的直接延续，自第 4 胸椎椎体下降至第 4 腰椎椎体下缘。降主动脉分为上方的**胸主动脉**和下方的**腹主动脉**。**腹主动脉**是胸主动脉的延续，沿脊柱前方下降，至第 4 腰椎椎体下缘，分为左、**右髂总动脉**。

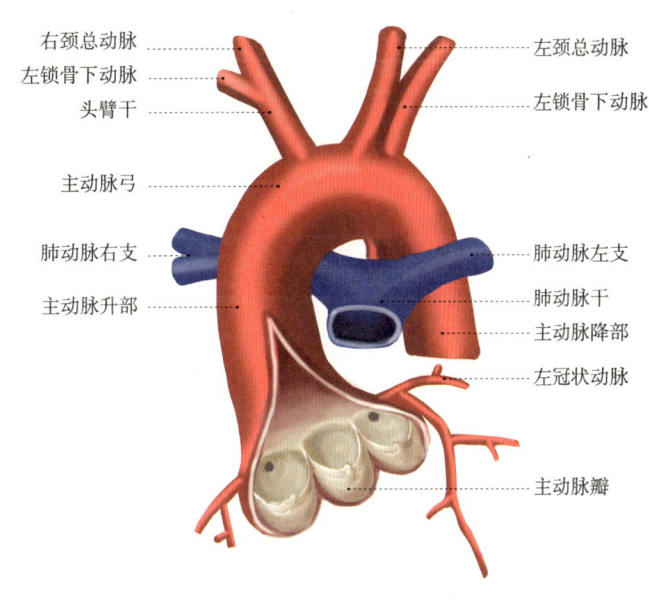

图 11-12 升主动脉和主动脉弓

(二) 头颈部动脉

1. 颈总动脉

头颈部动脉主要来源于**颈总动脉**。左颈总动脉直接发自主动脉弓，右颈总动脉起于头臂干。颈总动脉沿气管和食管的外侧上升，至甲状软骨上缘平面，分为颈内动脉和颈外动脉（图11-13）。

在颈动脉分叉处有两个重要结构，即颈动脉窦和颈动脉小球。

颈动脉窦是颈总动脉末端和颈内动脉起始部的膨大部分。窦壁外膜较厚，其中有丰富的游离神经末梢，为压力感受器。当血压增高时，窦壁扩张，刺激压力感受器，可反射性地引起心跳减慢、末梢血管扩张、血压下降。

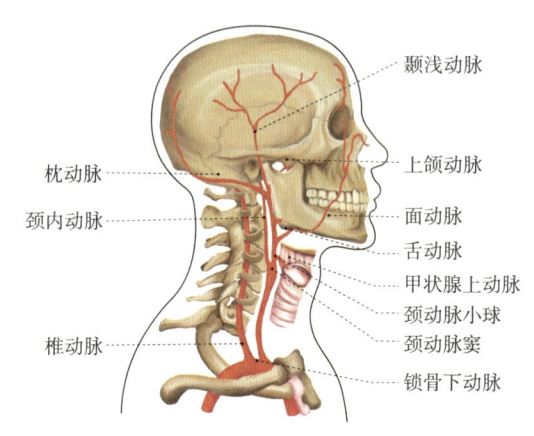

图 11-13　颈总动脉及其分支

颈动脉小球是一个扁椭圆形小体，借结缔组织连于颈动脉分叉的后方，为化学感受器，可感受血液中二氧化碳分压、氧分压和氢离子浓度变化。当血中氧分压降低或二氧化碳分压增高时，可反射性地促使呼吸加深、加快。

2. 颈外动脉

颈外动脉起始后，先在颈内动脉前内侧，后经其前方转至外侧，上行穿腮腺至下颌颈处，分为**颞浅动脉**和**上颌动脉**两个终支。

颈外动脉主要分支有面动脉、颞浅动脉和上颌动脉等。**面动脉**约平下颌角高度起始，向前经下颌下腺深面，于咬肌止点的前缘绕过下颌骨下缘至面部，后沿口角及鼻翼外侧，迂曲上行到内眦，易名**内眦动脉**。

3. 颈内动脉

颈内动脉由颈总动脉发出后，垂直上升至颅底，经颈动脉管入颅腔，分支分布于视器和脑。

(三) 上肢动脉

上肢动脉的主干是锁骨下动脉（图11-14）。

1. 锁骨下动脉

左锁骨下动脉直接起于主动脉弓，**右锁骨下动脉**起于头臂干。锁骨下动脉从胸锁关节后方斜向外至颈根部，呈弓状经胸膜顶前方，穿斜角肌间隙，至第1肋外缘，续于腋动脉。

锁骨下动脉主要分支有：**椎动脉**穿经颈椎的横突孔由枕骨大孔入颅，分布于脑和脊髓；**甲状颈干**分布于甲状腺、咽、喉和食管等处；**胸廓内动脉**分布于胸腹腔前壁等处。

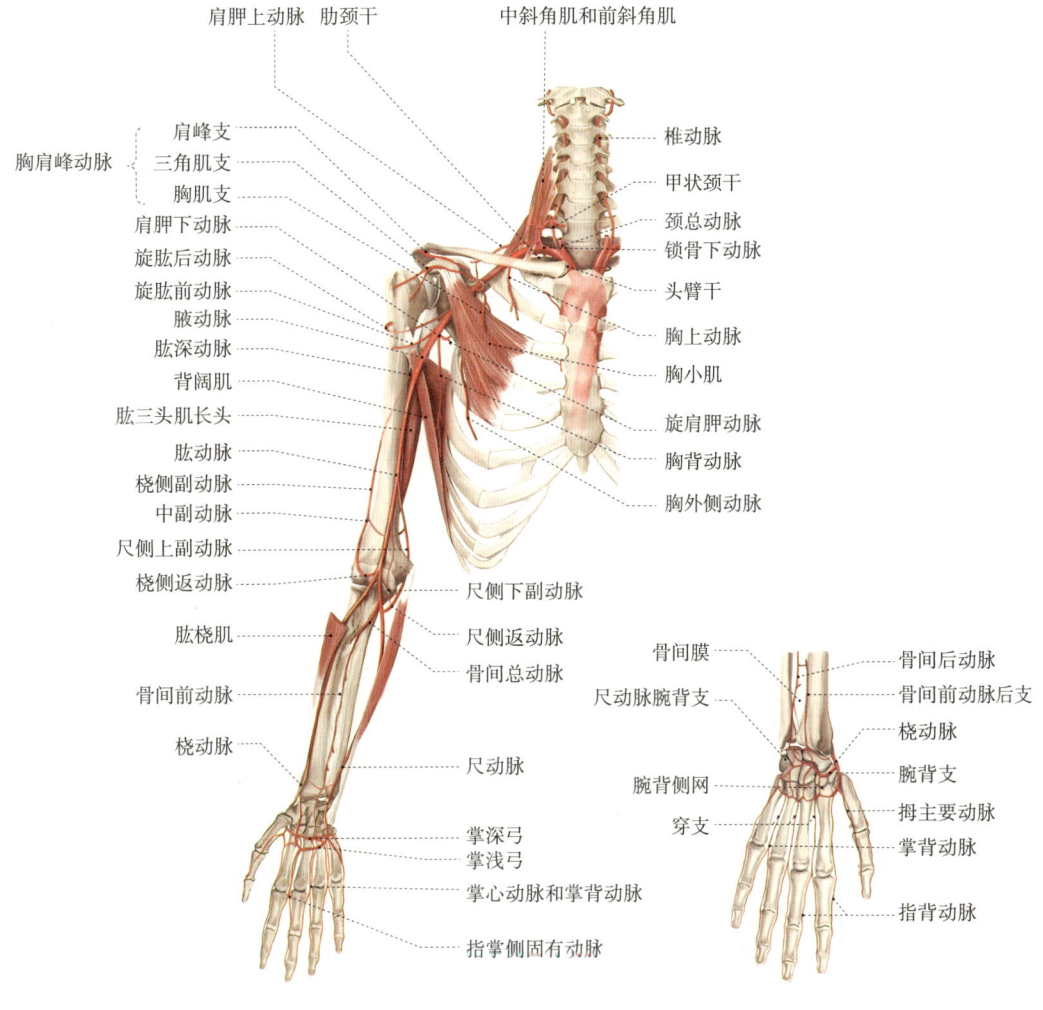

图 11-14 上肢动脉

2. 腋动脉

腋动脉是锁骨下动脉的延续,穿行于腋窝深部,至背阔肌下缘,移行于肱动脉。

腋动脉的主要分支有**胸上动脉**、**胸肩峰动脉**、**胸外侧动脉**、**肩胛下动脉**、**旋肱后动脉**和**旋肱前动脉**等,分布于肩部和胸壁。

3. 肱动脉

肱动脉沿肱二头肌内侧下行至肘窝,平桡骨颈高度,分为桡动脉和尺动脉。

肱动脉最主要的分支是**肱深动脉**,此外,还发出**尺侧上副动脉**、**尺侧下副动脉**、肱骨滋养动脉和肌支,营养臂肌和肱骨。

4. 桡动脉

桡动脉先经肱桡肌与旋前圆肌之间,继而在肱桡肌腱与桡侧腕屈肌腱之间下行,绕桡骨茎突至手背,穿第 1 掌骨间隙到手掌,与尺动脉掌深支吻合构成**掌深弓**。

桡动脉下段仅被皮肤和筋膜遮盖,是临床触摸脉搏的部位。桡动脉的主要分支是**掌浅支**和**拇主要动脉**。

5. 尺动脉

尺动脉在尺侧腕屈肌与指浅屈肌之间下行,经豌豆骨桡侧至手掌,与桡动脉掌浅支吻合成**掌浅弓**。尺动脉的主要分支是**掌深支和骨间总动脉**。

掌浅弓由尺动脉末端与桡动脉掌浅支吻合而成,**掌深弓**由桡动脉末端和尺动脉的掌深支吻合而成。两个弓的分支主要分布于手掌及手指,保证手指有充分的血液供应。

(四)胸部动脉

胸部动脉主要起源于胸主动脉(图11-15)。

胸主动脉约平第4胸椎椎体下缘左侧续于主动脉弓,开始在脊柱左侧,向下逐渐转至脊柱前方,在第12胸椎高度穿膈的主动脉裂孔移行为腹主动脉。

胸主动脉分支有壁支和脏支。壁支有肋间后动脉、肋下动脉和膈上动脉,分布于胸壁、腹壁上部、背部和脊髓等处。脏支细小,有支气管支、食管支和心包支,分布于气管、支气管、食管和心包等处。

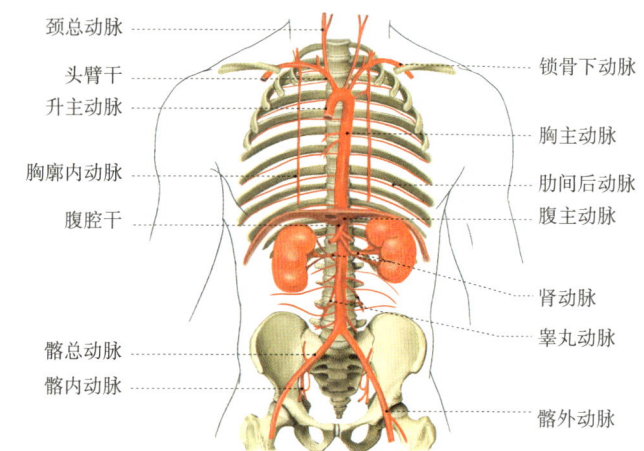

图11-15 胸主动脉及其分支与成对腹主动脉分支

(五)腹部动脉

腹部动脉主要发自腹主动脉。**腹主动脉**续于胸主动脉,在腹腔内沿脊柱左前方下降,至第4腰椎椎体下缘处分为左、右髂总动脉。腹主动脉也分壁支和脏支。

壁支分布于腹后壁和膈肌等处。**脏支**有成对脏支和不成对脏支。成对的脏支有**肾上腺中动脉、肾动脉、睾丸动脉**(男性)或**卵巢动脉**(女性)(图11-15)。不成对的脏支有腹腔干、肠系膜上动脉和肠系膜下动脉(图11-16)。**腹腔干**分布于胃、肝、脾、胰等处,**肠系膜上动脉**分布于小肠、盲肠、升结肠和横结肠等处,**肠系膜下动脉**分布于降结肠、乙状结肠和直肠上部等处。

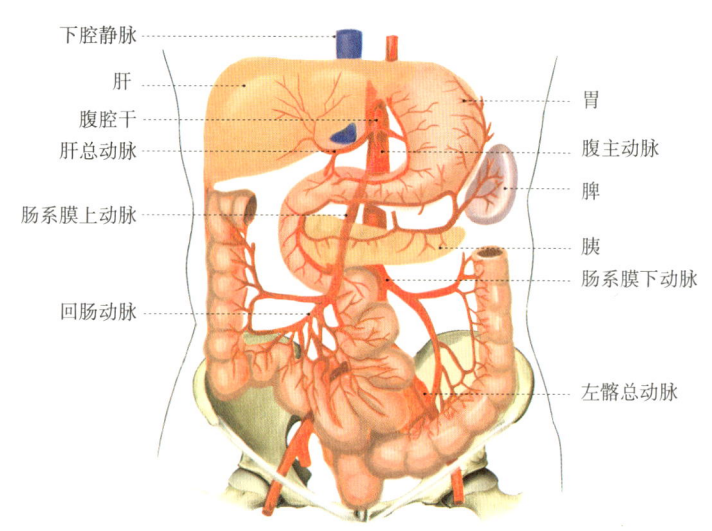

图11-16 不成对腹主动脉分支

（六）髂总动脉

腹主动脉在第4腰椎椎体的左前方，分为左、右髂总动脉（图11-17）。**髂总动脉**行至骶髂关节处又分为髂内动脉和髂外动脉。

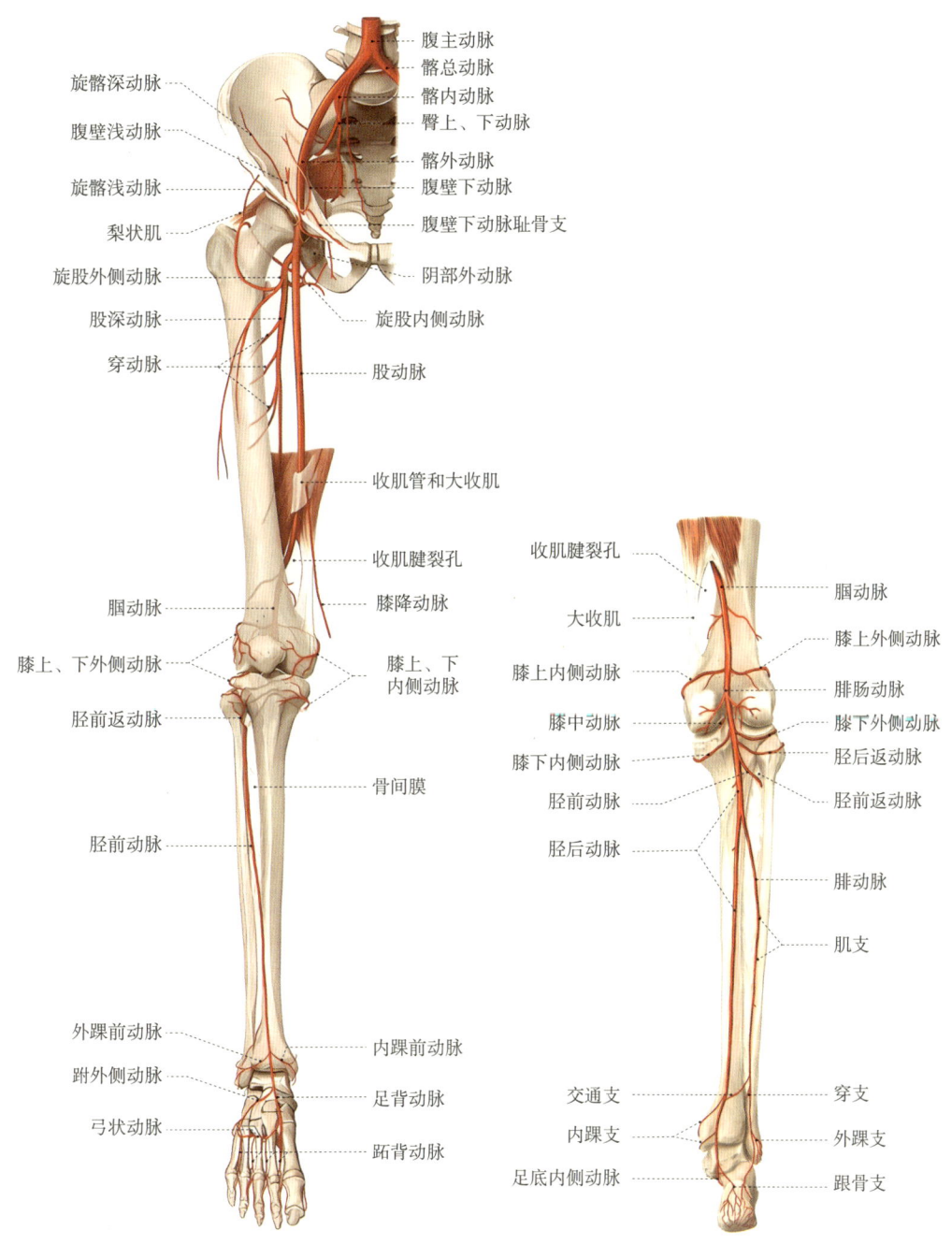

图 11-17　髂总动脉及其分支

1. 髂内动脉

髂内动脉较短，是盆部动脉的主干，沿小骨盆后外侧壁走行，分支有壁支和脏支。壁支分布于盆壁、臀部及股内侧部等处；脏支分布于膀胱、直肠下段和子宫等盆腔脏器。

2. 髂外动脉

髂外动脉较长，沿腰大肌内侧缘下行，穿腹股沟韧带中点的深面至股前部移行为股动脉，分支有**腹壁下动脉**、**旋髂深动脉**等，供养腹前壁下部等处。

（七）下肢动脉

股动脉是髂外动脉的直接延续，为下肢的动脉主干（图 11–17）。

1. 股动脉

股动脉源于髂外动脉，经股三角内下行，穿收肌腱裂孔至腘窝，移行为腘动脉。股动脉的主要分支为**股深动脉**，分布于大腿肌群和股骨等处。

2. 腘动脉

腘动脉在腘窝深部下行，至腘肌下缘，分为胫前动脉和胫后动脉。腘动脉在腘窝内发出数条关节支和肌支，分布于膝关节及邻近肌，并参与膝关节网。

3. 胫后动脉

胫后动脉沿小腿后面浅、深屈肌之间下行，经内踝后方转至足底，分为足底内侧动脉和足底外侧动脉两个终支。胫后动脉主要分支有**腓动脉**等，分布于小腿后面、外侧面和足底等处。

4. 胫前动脉

胫前动脉由腘动脉发出后，穿小腿骨间膜至小腿前面，在小腿前群肌之间下行，至踝关节前方移行为足背动脉。胫前动脉沿途分支至小腿前群肌，并参与膝关节网。

5. 足背动脉

足背动脉是胫前动脉的直接延续，经𧿹长伸肌腱和趾长伸肌腱之间前行，至第 1 跖骨间隙近侧，分为第 1 跖背动脉和足底深支两个终支。

三、肺循环动脉

肺循环动脉始于**肺动脉干**，起于右心室，在主动脉之前，向左上后方斜行，行至主动脉弓下方分为左、右肺动脉，经肺门入肺，随支气管的分支而分支，在肺泡壁周围形成稠密的毛细血管网。

肺循环动脉

第三节 静 脉

静脉是引导血液回心的血管，起始于毛细血管，止于心房，在向心汇集过程中接受各级属支，逐渐增粗。

一、静脉的分布特点

静脉有深静脉和浅静脉两种。**深静脉**与动脉伴行，其名称、行程和引流范围与其伴行的动脉大致相同，中等动脉一般都有两条静脉伴行。**浅静脉**又称**皮下静脉**，数目较多，不与动脉伴行，最终通过注入深静脉进入循环。静脉之间有丰富的吻合交通，浅静脉之间、深静脉之间和深、浅静脉之间均存在广泛的交通。

某些部位静脉结构特殊，如硬脑膜窦，其壁内无平滑肌，腔内无瓣膜，故外伤时出血难止。

二、体循环静脉

体循环的静脉数量多、行程长、分布广，主要包括上腔静脉系、下腔静脉系和心静脉系（见心的血管）（图11-18、图11-19）。

体循环静脉

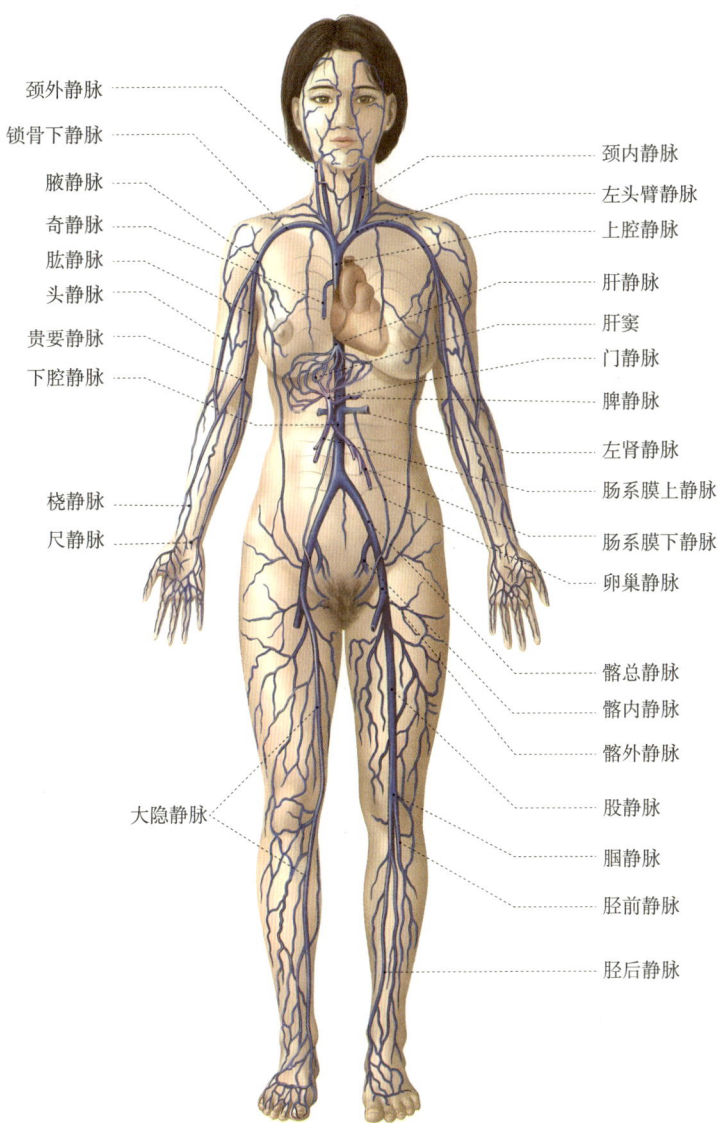

图 11-18　全身静脉模式图

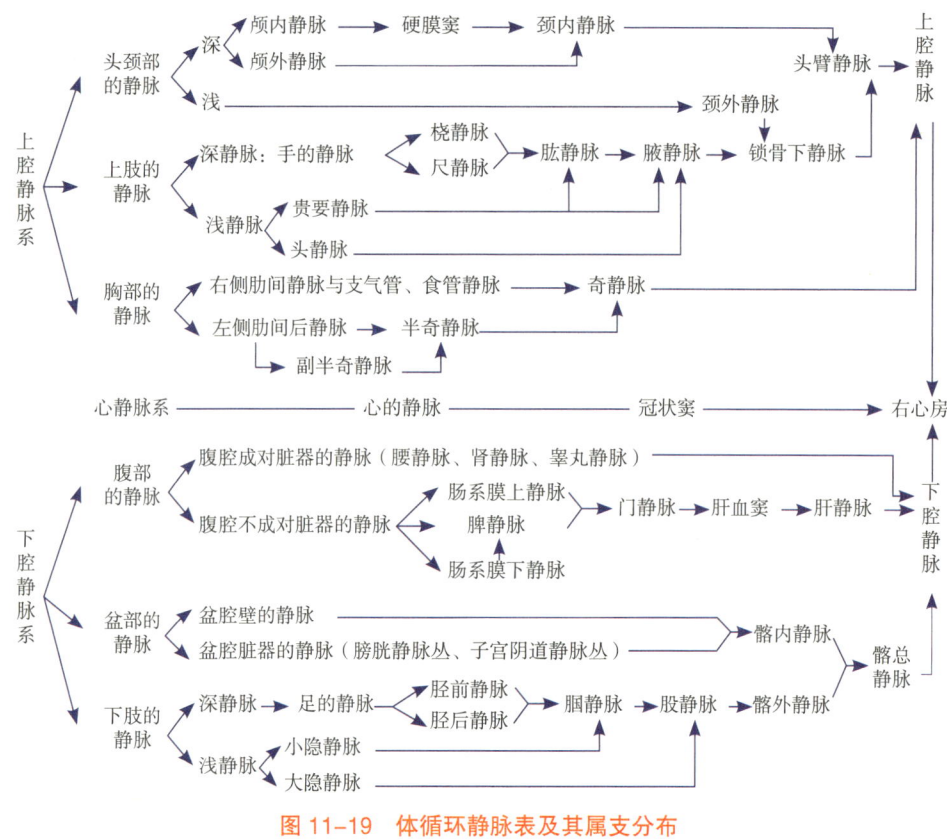

图 11-19　体循环静脉表及其属支分布

(一) 上腔静脉系

上腔静脉系收集头颈、上肢和胸部（心和肺除外）等处的静脉血，主干为上腔静脉，通过各级属支主要收集膈以上的上半身静脉血，最后流入右心房。

上腔静脉由在右侧第1胸肋结合处后方的左、右两侧头臂静脉汇合而成，沿升主动脉右侧垂直下行，至第3胸肋关节下缘处注入右心房。

头臂静脉左、右各一，在胸锁关节的后方由同侧的锁骨下静脉和颈内静脉汇合而成。汇合处的夹角为**静脉角**，是淋巴导管注入静脉的部位。头臂静脉属支有**颈内静脉、锁骨下静脉、椎静脉、胸廓内静脉、甲状腺下静脉**等。

1. 头颈部静脉

头颈部静脉有深、浅之分（图11-20）。浅静脉包括面静脉、颞浅静脉、颈前静脉和颈外静脉，深静脉包括颅内静脉、颈内静脉和锁骨下静脉等。

颈内静脉起自颅底的颈静脉孔，在颈内动脉和颈总动脉的外侧下行，接受颅内的静脉血及受纳从咽、舌、喉、甲状腺和头面部等处来的静脉血。

颈外静脉起始于下颌角，越过胸锁乳突肌表面下降，注入锁骨下静脉或静脉角。

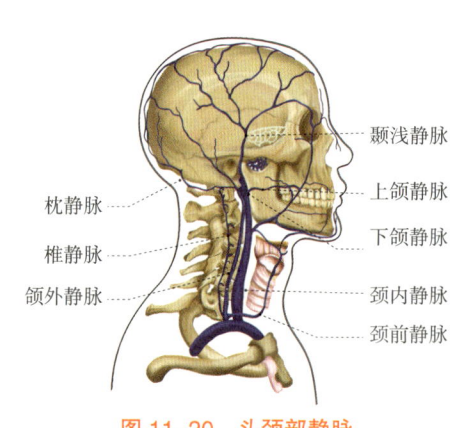

图 11-20　头颈部静脉

2. 上肢静脉

上肢静脉有深静脉和浅静脉两种，最终都汇入**腋静脉**或锁骨下静脉（图11-21）。

上肢深静脉与同名动脉伴行，多为两条。两条**肱静脉**多在大圆肌下缘处汇合成腋静脉。**腋静脉**位于腋动脉前内侧，收集上肢浅、深静脉的全部血液，跨过第1肋骨外缘后，汇入锁骨下静脉。

上肢浅静脉主要有头静脉、贵要静脉和肘正中静脉等属支。**头静脉**起自手背静脉网的桡侧，沿前臂桡侧前面等处上行至肘窝，再沿肱二头肌外侧沟上行，注入腋静脉或锁骨下静脉。**贵要静脉**起于手背静脉网的尺侧，沿前臂前面尺侧上行，在肘窝处接受肘正中静脉后，继续沿肱二头肌内侧沟上行，注入肱静脉或腋静脉。**肘正中静脉**是肘窝处斜行于皮下的短静脉干，由头静脉发出，向内侧汇入贵要静脉。

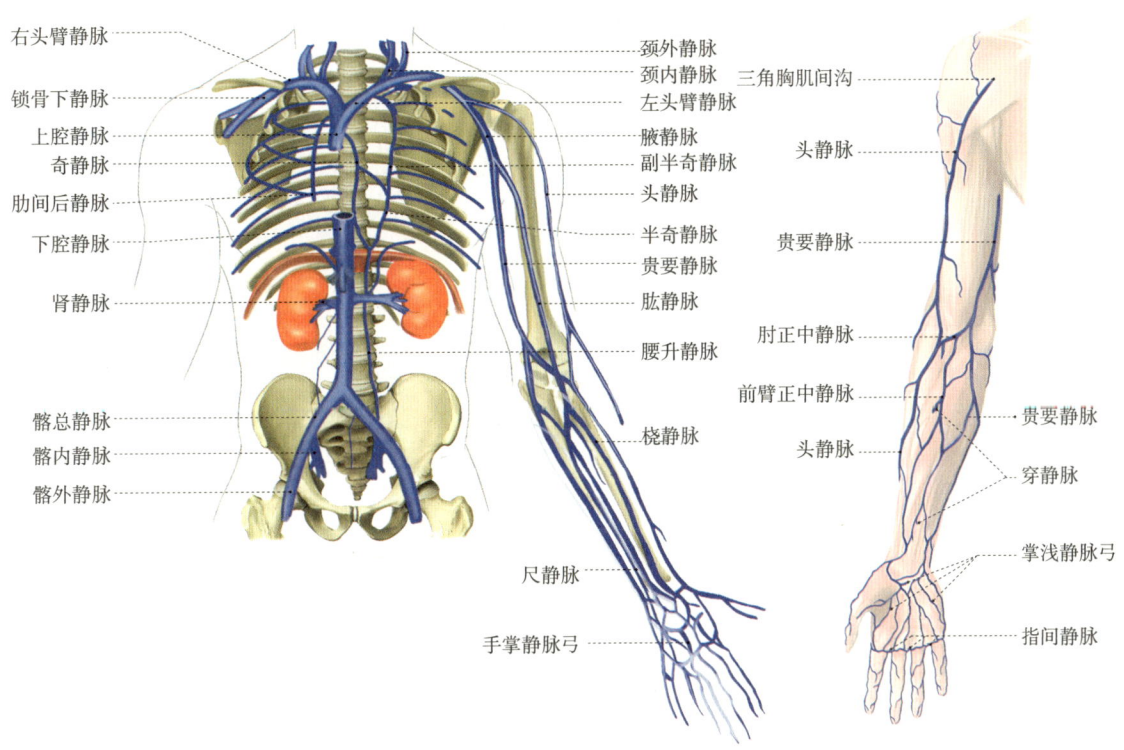

图11-21 胸部静脉与上肢深静脉、浅静脉

3. 胸部静脉

胸部静脉的主干为**奇静脉**，奇静脉汇入上腔静脉（图11-21）。胸部静脉的重要属支有**半奇静脉**、**副半奇静脉**及**椎静脉丛**等。

（二）下腔静脉系

下腔静脉系由下腔静脉及其各级属支组成，收集膈以下下半身的静脉血，最后注入右心房（图11-22）。

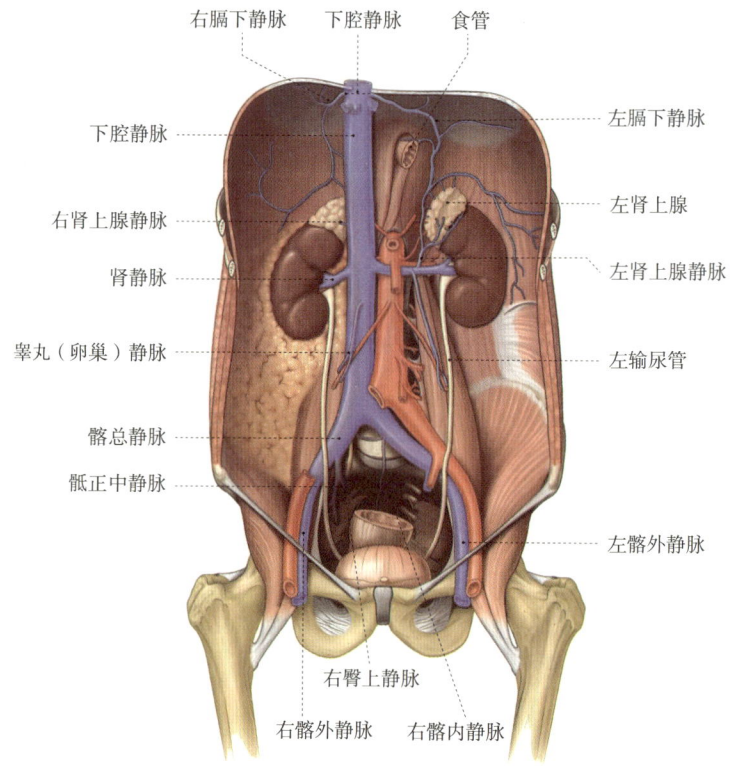

图 11-22 下腔静脉及其属支

1.腹盆部静脉

腹盆部静脉主要有下腔静脉、肝门静脉系和髂总静脉及其属支。

下腔静脉是人体最粗大的静脉干，主要收集膈以下、下肢、腹部和盆部的静脉血。下腔静脉在第4、第5腰椎体右前方由左、右髂总静脉汇合而成后，沿脊柱右前方、腹主动脉右侧上行，穿过膈的腔静脉孔进入胸腔，然后穿心包注入右心房。下腔静脉属支除左、右髂总静脉外，还有直接注入下腔静脉干的腹腔和盆腔的壁支与脏支。腹部静脉属支分壁支和脏支两种。壁支包括1对**膈下静脉**和4对**腰静脉**；脏支有成对和不成对之分，成对脏支包括**睾丸静脉**（男性）或**卵巢静脉**（女性）、**肾静脉**和**肾上腺静脉**等，不成对的脏支先汇合成肝门静脉入肝后，再经肝静脉回流至下腔静脉。

肝门静脉系由**肝门静脉**及其属支组成（图 11-23）。肝门静脉的主要属支有**肠系膜上静脉**、**肠系膜下静脉**、**脾静脉**、**胃左静脉**、**胃右静脉**、**胆囊静脉和附脐静脉**等。肝门静脉收集食管下段、胃、小肠、大肠上部、胆囊、胰和脾等腹腔不成对器官的静脉血，主要功能是将消化道吸收的物质运输至肝，在肝内进行合成、分解、解毒和贮存，故肝门静脉可以看作肝的功能性血管。

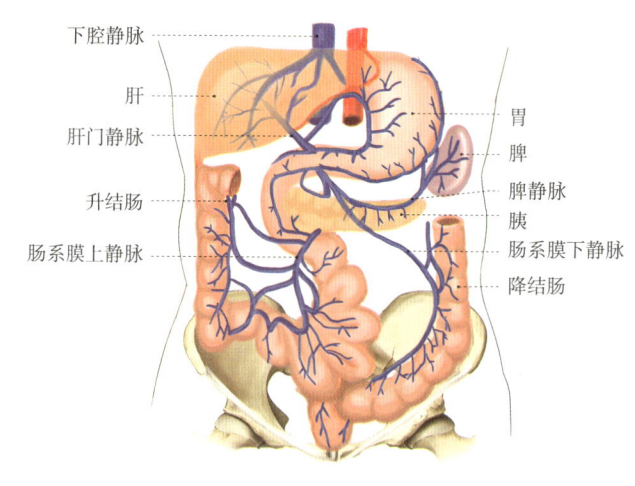

图 11-23 肝门静脉及其属支

肝门静脉系与上腔静脉系、下腔静脉系之间存在丰富的吻合，在肝门静脉因病变而回流受阻时，通过这些吻合可产生侧支循环途径（图11-24）。

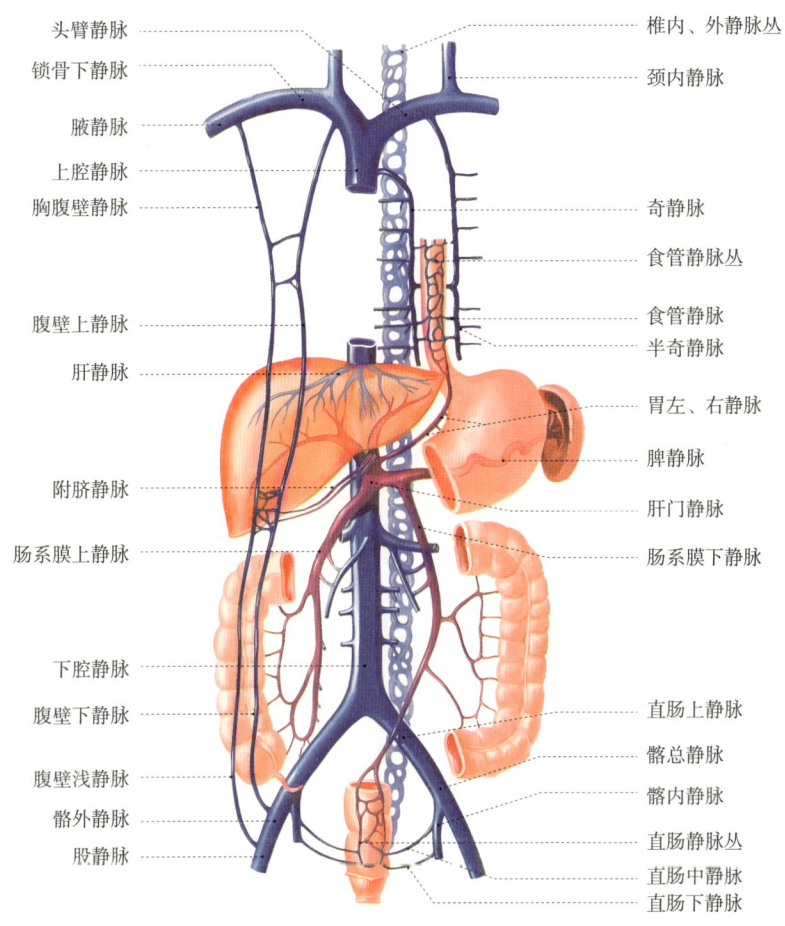

图11-24 肝门静脉系与上、下腔静脉系之间的交通

髂总静脉在骶髂关节前方，由髂内静脉、髂外静脉汇合而成。两侧髂总静脉伴随髂总动脉上行至第5腰椎椎体右侧，汇合成下腔静脉。髂总静脉的属支主要有**髂腰静脉**、**骶正中静脉**等。**髂内静脉**是盆部的静脉主干，在骶髂关节前方与髂外静脉汇合成髂总静脉。髂内静脉属支分为壁支和脏支两种，分别收集同名动脉分布区域的静脉血。壁支有**臀上静脉**、**臀下静脉**、**闭孔静脉和骶外侧静脉**等；脏支有**直肠下静脉**、**阴部内静脉和子宫静脉**等。**髂外静脉**是股静脉的直接延续，与同名动脉伴行沿盆侧壁斜向内上，至骶髂关节前方，与髂内静脉汇合成髂总静脉。髂外静脉收集下肢和腹前壁下部的静脉血，主要属支有**腹壁下静脉**等。

2.下肢静脉

下肢静脉分浅静脉和深静脉两种，浅静脉、深静脉间有交通支相连。

下肢深静脉从足底起始至小腿的深静脉通常都有两条与之同名的动脉伴行（图11-25）。**胫前静脉**和**胫后静脉**在腘窝下缘汇成一条**腘静脉**，腘静脉上行移行为**股静脉**。股静脉与股动脉相伴上行，在腹股沟韧带深面延续为**髂外静脉**。股静脉收集下肢、腹前壁下部和外阴部等处的静脉血。

足背浅静脉发达，在跖骨远端皮下相吻合，形成足背静脉弓，其两端沿足内外侧缘上行，分别汇成**大隐静脉**和**小隐静脉**（图 11-26）。大隐静脉起自足背静脉弓内侧端，经内踝前方，沿小腿内侧上行，过膝关节内后方，再沿大腿内侧转至大腿前面上行，于耻骨结节下外方注入股静脉。大隐静脉除收集足、小腿内侧和大腿前内侧部浅层结构的静脉血外，还收集大腿外侧、脐下腹前壁浅层及外阴部的静脉血。小隐静脉起自足背静脉弓外侧部，经外踝后方，沿小腿后面上行，经腓肠肌两头之间至腘窝，注入腘静脉。小隐静脉沿途收集足外侧部及小腿后的浅层结构的静脉血。

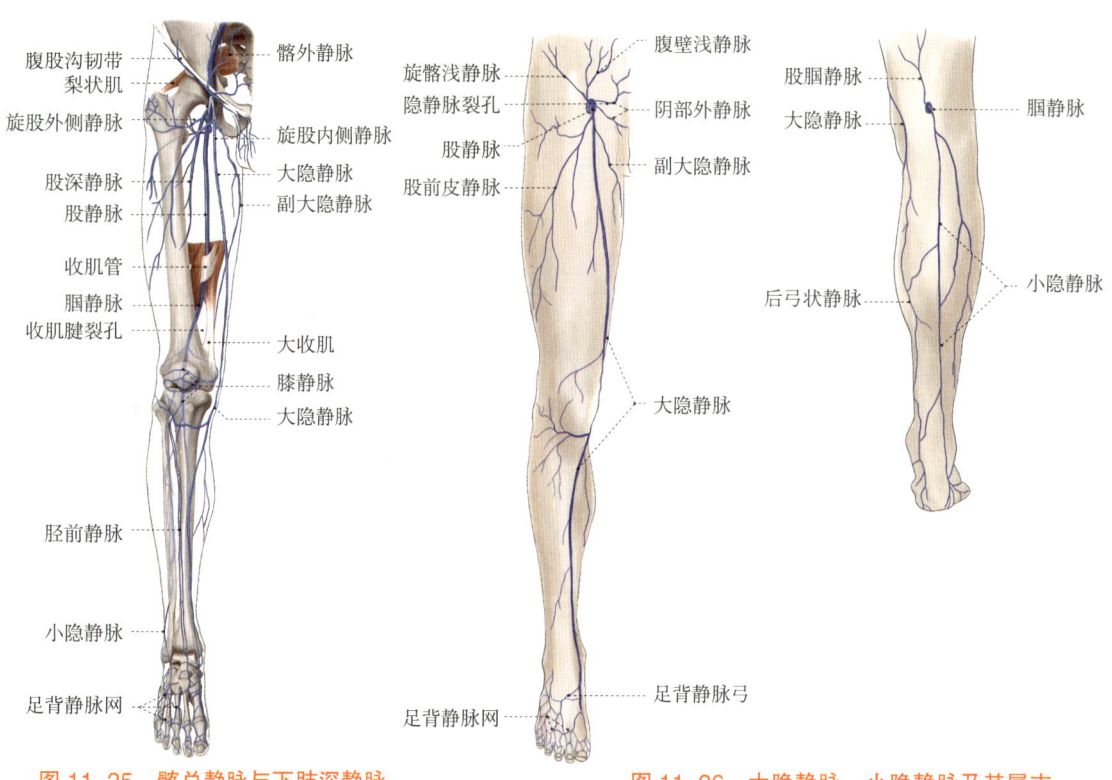

图 11-25　髂总静脉与下肢深静脉　　　　图 11-26　大隐静脉、小隐静脉及其属支

三、肺循环静脉

肺循环静脉起于肺内毛细血管，逐级汇成左、右各两对**肺静脉**，最后注入左心房。左肺上、下静脉分别收集左肺上、下叶的血液，右肺上静脉收集右肺上、中叶的血液，右肺下静脉收集右肺下叶的血液。

肺循环静脉

第四节　体育运动对心血管系统的影响

一、运动对心的影响

（一）适宜运动对心的影响

长期体育锻炼或训练可使心肌形态结构发生适应性改变，心功能也随之增强。一般人心的重量约 300g，而运动员的心可达 400~500g，心肌纤维增粗，其内所含收缩蛋白和肌红蛋白增多，这种由于适应运动需要所发生的心增大，称为功能性增大或称为"**运动员心脏**"。运动

员心脏增大程度与运动项目、运动强度和运动持续时间呈正相关，通常表现为中等程度肥大，并以左心室肥大为主。

从微观结构看，运动后可引起心肌细胞肥大、心肌细胞内线粒体数量增多且体积增大、心肌细胞核增大和心肌内毛细血管弯曲增大、吻合增多等。

体育锻炼可使心肌收缩力量增大、心腔容量增大，使心的每搏输出量和每分输出量增加。长期体育运动还可使机体的血液循环效率和氧利用率提高、心率储备增加。有氧运动不仅可以调节运动中的血压改变，增加冠状动脉的血流量，增加心肌营养，提高心肌功能和代谢；还可以调节水、电解质平衡和交感神经兴奋性，维持机体内环境的相对稳定。研究证明，耐力训练也能使心的内分泌功能增强，使心房钠尿肽水平提高，进而有助于扩张血管、降低血压及利尿排钠，增强细胞免疫功能。此外，运动训练，特别是耐力训练，可使静息心率减慢。某些优秀的耐力项目运动员静息心率可低至40～60次/分，这种现象称为窦性心动徐缓。窦性心动徐缓是经过长期训练后心功能改善的良好反应。

（二）不适宜运动对心的影响

过度训练可导致心出现病理性损伤。随着运动强度的增大，心的这种病理性改变也逐渐明显，甚至会导致心肌细胞死亡现象。力竭运动可导致心肌线粒体损伤。研究表明，运动性疲劳可诱发小鼠心肌细胞的氧化损伤和DNA损伤，其中运动性氧应激是导致心肌细胞DNA损伤的机制之一。此外，过度训练也可使心的毛细血管发生损伤性病理改变。

不适当的高强度运动可引起血液高剪切力和紊流，导致冠状动脉内皮损伤，引起内皮舒张因子减少或丧失，继而导致冠状动脉痉挛。冠状动脉痉挛可引起严重的心肌缺血、心肌氧的供需不平衡和儿茶酚胺的释放增多，进而会加重心肌的损伤。长期高强度训练还可引起镁的缺乏，导致冠状动脉痉挛，并引起心肌电活动的不稳定，诱发严重的心律失常。

二、运动对血管的影响

（一）适宜运动对血管的影响

长期适宜的体育运动可使血管内皮细胞呈现流畅的梭形变化，其排列方向与血流方向一致，更符合流体力学原理；可使动脉管壁中膜增厚，弹性纤维和平滑肌增厚，血管壁的弹性增强，搏动有力，有利于血液流动；可使血管侧支循环和微循环功能加强。

适宜的体育运动还可以改变毛细血管在器官内的分布和数量，如使骨骼肌、心肌和脑组织内的毛细血管内皮细胞中微饮小泡增多，管腔面微绒毛结构增多，毛细血管开放数量及新生数量增多，口径增大，容积和表面积增大，行程迂曲，分支吻合增多，改善器官的血供，心肌细胞与毛细血管最大氧气弥散距离减小，有利于细胞的氧气和能量供应，进而增强器官的功能。

（二）不适宜运动对血管的影响

长期过度训练可造成血管内皮细胞过度拉伸、损伤，内皮细胞的内分泌功能受损，红细胞和血小板出现聚集黏附现象；会导致动脉管壁中膜过度增厚、平滑肌过度增生、血管壁的弹性降低，可出现运动性高血压现象，以及发生运动性心血管和脑血管意外。

复习思考题

1. 简述心的位置与外形。
2. 简述心的形态结构。
3. 简述心传导系的组成。
4. 简述动脉和静脉的配布规律。
5. 简述体育运动对心血管系统器官的影响。
6. 结合体育运动实践,阐述氧气和二氧化碳在体内的运输途径。

第十二章 淋巴系统

【学习目标】

要求学生**掌握淋巴系统的组成与功能；熟悉淋巴组织的分类、淋巴器官的位置和主要功能；**了解体育运动对淋巴系统的影响。**培养学生用辩证唯物主义观点去理解淋巴系统功能的能力；提升学生对运动解剖学知识的实践运用能力。**

淋巴系统是心血管系统的辅助系统，其功能是协助静脉引流组织液。淋巴器官和淋巴组织具有产生淋巴细胞、过滤淋巴液和进行免疫应答的功能。同时，淋巴系统还可以吸收消化系统中的脂肪和脂溶性维生素，并将其运送到静脉循环。

淋巴系统（图 12-1）包括淋巴管道、淋巴组织和淋巴器官。淋巴通常呈无色透明状在淋巴管道内流动。血液经动脉运行到毛细血管时，部分液体经毛细血管动脉端滤出到组织间隙，形成组织液。组织液与细胞进行物质交换后，大部分被毛细血管静脉端吸收入静脉，少部分大分子物质进入毛细淋巴管成为淋巴。淋巴沿各级淋巴管，经淋巴结过滤向心流动，最后注入静脉。淋巴回流过程中，需经各级淋巴组织过滤。

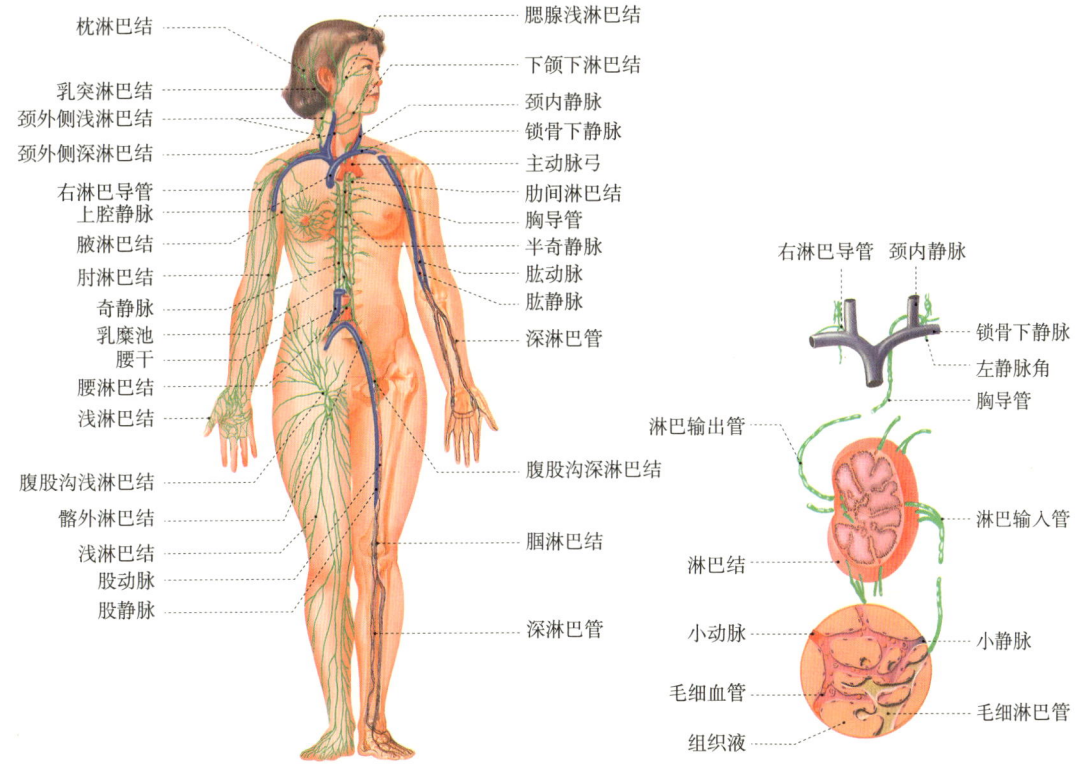

图 12-1　全身淋巴系统示意图

第一节 淋巴管道

根据结构和功能的不同，淋巴管道可分为毛细淋巴管、淋巴管、淋巴干和淋巴导管（图 12-2），淋巴通过各级淋巴管道最终汇入静脉（表 12-3）。

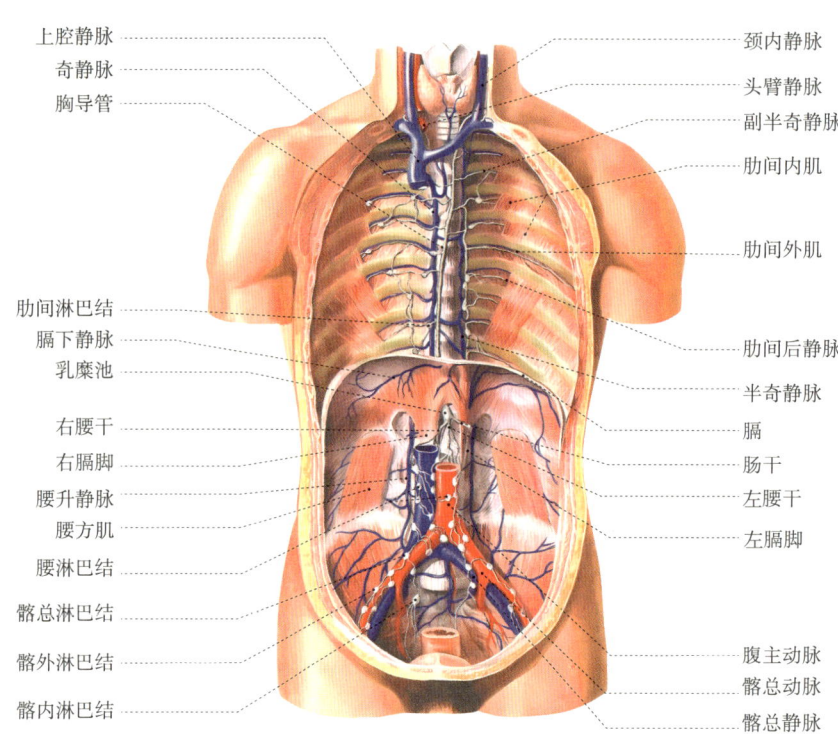

图 12-2　胸导管和腹盆部淋巴结

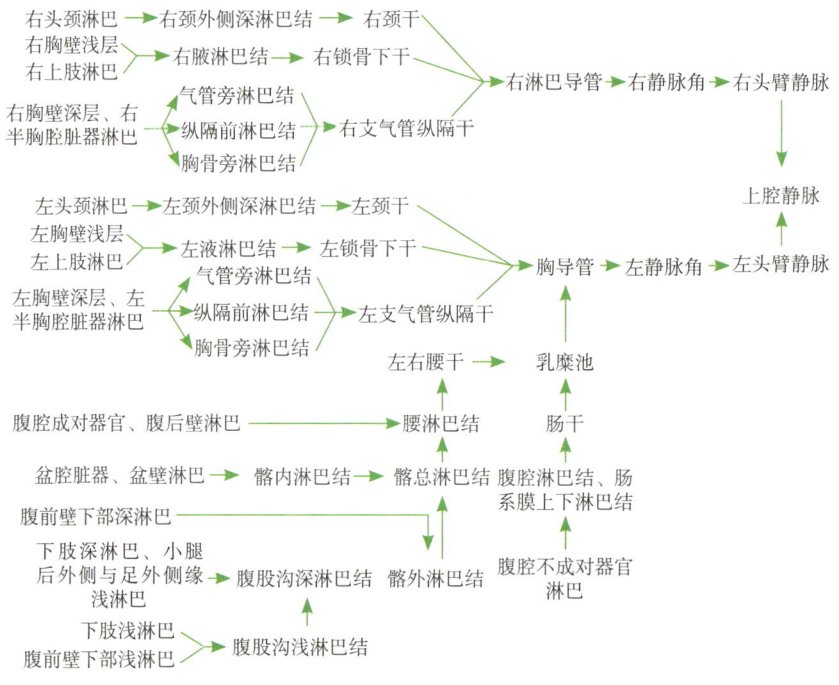

图 12-3　主要淋巴管道分布

一、毛细淋巴管

毛细淋巴管是淋巴管的起始部分。管壁由一层内皮细胞构成，以膨大的盲端起自组织间隙，彼此吻合成网，通透性比毛细血管大，所以组织液中的大分子物质（如蛋白质、细菌、异物和癌细胞等）较易进入毛细淋巴管。小肠绒毛内的毛细淋巴管可吸收脂肪，使其中的淋巴呈乳白色，故又称为**乳糜管**。

毛细淋巴管分布广泛，除脑、脊髓、骨髓、上皮、角膜、晶状体、牙釉质和软骨等处缺乏形态明确的毛细淋巴管外，几乎遍布全身各处。

二、淋巴管

淋巴管由毛细淋巴管汇合而成，与静脉的结构相似，但管壁较薄，瓣膜更多。淋巴管可根据位置分为浅、深两组。**浅淋巴管**行于皮下，主要收集皮肤和浅筋膜的淋巴。**深淋巴管**走行在深筋膜深面或肌间隙内，主要收集深筋膜、肌腹、肌腱、关节及骨等深部结构的淋巴。

三、淋巴干

淋巴干由全身各部淋巴管经过相应的淋巴结后汇合而成，全身共有以下9条淋巴干。①左、右颈干：收集头颈部的淋巴。②左、右锁骨下干：收集上肢和部分胸壁的淋巴。③左、右支气管纵隔干：收集胸部的淋巴。④左、右腰干：收集下肢、盆部和部分腹腔器官的淋巴。⑤肠干：收集消化管的淋巴。

四、淋巴导管

9条淋巴干汇合成两条大的淋巴导管，即右淋巴导管和胸导管。

（一）右淋巴导管

右淋巴导管由右颈干、右锁骨下干和右支气管纵隔干汇合而成，注入右静脉角（静脉角左右各一，分别由左、右颈内静脉与左、右锁骨下静脉汇合而成）。

（二）胸导管

胸导管是全身最大的淋巴导管，在平第1腰椎前面由左、右腰干和肠干汇合而成。此汇合处膨大，称**乳糜池**。胸导管向上穿膈肌入胸腔，继续上行至颈根部，其末端注入左静脉角。胸导管在注入左静脉角之前，接纳左侧的颈干、锁骨下干和支气管纵隔干。

【知识与应用】

淋巴流动缓慢，安静状态下，淋巴回流入血液的速度约为120mL/h，流量是静脉的1/10。远近相邻两对瓣膜之间的淋巴管段构成"淋巴管泵"，通过平滑肌的收缩和瓣膜的开闭，推动淋巴向心流动。淋巴管周围的动脉搏动、肌肉收缩和胸腔负压等都对淋巴回流有促进作用。运动和按摩有助于淋巴回流。

第二节 淋巴组织与淋巴器官

淋巴组织与淋巴器官是机体淋巴系统的重要组成部分。

一、淋巴组织

淋巴组织是指含大量淋巴细胞及其他免疫细胞的网状结缔组织，可分为弥散淋巴组织和淋巴小结两类。除淋巴器官外，消化、呼吸、泌尿、生殖管道，以及皮肤等处含有丰富的淋巴组织，起着防御屏障的作用。

弥散淋巴组织主要位于消化道和呼吸道的黏膜固有层。

淋巴小结包括小肠黏膜固有层的**孤立淋巴滤泡**和**集合淋巴滤泡**，以及阑尾壁内的淋巴小结等。

二、淋巴器官

淋巴器官主要由淋巴组织构成，是机体免疫系统中产生各种淋巴细胞和引起免疫应答的重要结构，包括淋巴结、扁桃体、脾和胸腺等。

1. 淋巴结

淋巴结由淋巴组织构成，外包被膜。一般为大小不等的圆形或椭圆形软质灰红色小体。一侧凹陷称**淋巴结门**，有输出淋巴管、神经和血管出入，另一侧隆凸，与输入淋巴管相连。

淋巴结可分为浅淋巴结和深淋巴结。**浅淋巴结**位于皮下筋膜内，易触及。**深淋巴结**位于深筋膜内或深筋膜深面，常分布在脏器的"门"附近和血管周围，或成群位于身体较隐蔽、安全且活动幅度较大的地方，如关节的屈侧或肌肉所构成的窝和沟（腋窝、腘窝、腹股沟等）等处。

淋巴结的主要功能是滤过淋巴液、产生淋巴细胞和浆细胞，参与机体的免疫应答。

人体各部的淋巴液一般都汇入附近的淋巴结。所以当人体某局部发生病变时，毒素或细菌就沿该部的淋巴管道蔓延到相应的淋巴结，引起淋巴结肿大。如果该处淋巴结不能清除或阻截这些毒素或细菌，则病变还可以沿该处淋巴结的输出管道流向继续蔓延和扩散。

2. 脾

脾（图12-4）是人体内最大的淋巴器官，位于左季肋区、胃底与膈之间，第9~11肋深面，正常情况下，在左肋弓下缘不能触及。

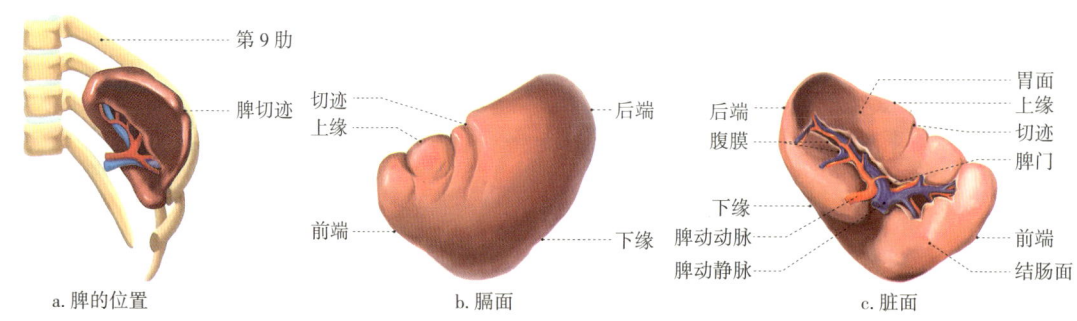

图12-4 脾的形态与位置

脾呈暗红色，质软而脆，故左季肋部受暴力打击时易导致脾破裂引起大出血。脾的膈面光滑隆起，脏面近中央处有一凹陷称为**脾门**，有血管和神经出入。

脾的主要机能是产生淋巴细胞，参与体内免疫应答，储存血液和调节血量，清除衰老的红细胞，吞噬细菌和异物。在胚胎时期尚有造血功能。

【知识与应用】

在脾的附近，一般靠近胃脾韧带和大网膜中存在副脾，出现率为10%~40%，其位置、大小和数目均不定。

第三节 体育运动对淋巴系统的影响

淋巴系统中的中枢淋巴器官和周围淋巴器官是机体免疫系统产生淋巴细胞和引起免疫反应的重要结构，淋巴细胞数量和功能的变化反映了机体的免疫水平。运动对淋巴系统的影响主要集中反映在对免疫细胞，特别是在淋巴细胞、胸腺细胞及脾细胞形态、亚型及功能的影响等方面。长期、适宜的体育运动可提高机体的免疫能力，防止感染性疾病的发生；而激烈、过度的体育运动可使运动员出现运动性免疫功能低下，对疾病的抵抗能力降低，患病率因而增加。

一、适宜运动对淋巴系统的影响

研究表明，适量运动可以促进运动后血液中的淋巴细胞数目增多，其数目变化与运动强度、运动方式、运动持续时间、运动对象的年龄和训练水平等因素有关。急性运动也可使NK细胞（自然杀伤细胞，natural killer）数量增加。

长时间中小强度运动或有氧运动可提高T细胞（源于胸腺，thymus cell）的活性，增强T细胞的功能。也有实验显示，短时间大强度运动可使NK细胞的毒活性明显增加。而运动对B细胞（源于骨髓，bone marrow cell）的影响，多数研究认为影响不明显。

二、不适宜运动对淋巴系统的影响

长时间耐力运动或长期的强化训练可抑制免疫功能。流行病学调查显示，运动员在大运动量训练期间或赛前强化训练结束后，容易感染各种疾病，尤其是流行性感冒及上呼吸道感染等发生率急剧增加。机体在大运动量训练结束后，其免疫功能尚未恢复，又重复下一周期的高强度训练，如此反复，可引起过度训练，导致免疫功能的深度抑制，其持续时间一般认为与训练期的运动量、运动强度及训练周期的安排等因素有关。

过度训练后，机体免疫系统机能抑制的机制可归纳为神经内分泌免疫调节功能紊乱、免疫抑制细胞激活和免疫抑制因子产生3个方面。过度训练后的机体反应是一种典型的病理性应激反应，认为过度训练后T抑制细胞激活，以控制运动后因自身抗原暴露或释放所造成的自身免疫损害。但T抑制细胞过度激活，却影响了其他亚型T细胞、NK细胞和巨噬细胞功能，结果导致训练后免疫抑制。一般认为，长时间、大强度运动虽然可以引起机体暂时的免疫抑制，但对B细胞产生抗体的影响并不大。

复习思考题

1. 简述人体常见的淋巴器官。
2. 简述淋巴干及淋巴导管的组成。
3. 淋巴的产生过程及淋巴系统与心血管系统的关系。

感觉器官

残奥冠军李端——在黑暗中奔向辉煌

第十三章 感觉器官概述

【学习目标】

要求学生**掌握**感觉器官与感受器的概念；**熟悉**感受器的分类；**培养**学生理解感觉器官在体育运动中的作用；**提升**学生对感觉器官理论知识的实践运用能力，为学习后续课程奠定基础。

感觉器官是机体接受内、外环境刺激的装置，是感受器及其附属结构的总称。

第一节　感受器

感受器是指分布在体表或组织内部的一些专门感受刺激的结构或装置。感受器的功能是接受机体内、外环境的刺激并将之转化为神经冲动，该冲动经过感觉神经和中枢神经系统的传导通路传递到大脑皮质，从而产生感觉。后由神经中枢发出运动神经连接于效应器，最终使机体产生反应。感受器广泛分布于身体各处。根据感受器所在的部位、接受刺激的来源可将其分为三类。

①**外感受器**：分布于皮肤、黏膜、视器、听器等处，接受来自外界环境的触、压、温、光、声等刺激。

②**内感受器**：它接受来自体内的压力、渗透压、温度、离子及化合物浓度等物理或化学的刺激，如颈动脉窦、颈动脉小球、味蕾等。

③**本体感受器**：分布在肌腹、肌腱、关节、韧带和内耳的位觉器等处，接受机体运动和平衡变化时产生的刺激。

此外，还可根据感受器特化的程度分为以下几种。

①**一般感受器**：分布在皮肤的痛觉、温度觉、粗触觉、压觉和精细触觉感受器；分布在肌腹、肌腱、关节的运动觉和位置觉感受器，以及分布在内脏和心血管的各种感受器。

②**特殊感受器**：分布眼、耳、鼻、舌，包括视觉、听觉、平衡觉、嗅觉、味觉等感受器。

第二节　感觉器官

感觉器官是生物体用于感知和响应外界环境变化的关键结构和功能单位，它由感受器及其附属器官构成。感觉器官通过特定的感受器接收外界刺激，将其转化为神经信号，并传递至中枢神经系统，最终在大脑中形成感觉和知觉。在运动解剖学中，感觉器官尤其重要，因为它们在运动的协调和控制中起着至关重要的作用。以下将重点介绍视器、位听器和其他感受器。

视器主要包括眼睛及其辅助结构。眼睛是一个高度复杂的光学系统，能够将光线聚焦在视网膜上，形成图像。视网膜上的感光细胞（视锥细胞和视杆细胞）将光刺激转化为电信号，视锥细胞负责颜色视觉和高分辨率视觉，视杆细胞负责在低光照条件下的视觉。电信号通过视神经传递到大脑的视觉皮层，经过复杂的处理和整合，形成我们所看到的图像。视觉对于运动的精确性和协调性至关重要，如判断距离和速度。

位听器主要包括耳朵的前庭系统和耳蜗，负责平衡和听觉。前庭系统包含半规管和前庭囊，感知头部的旋转和直线加速度，从而帮助维持平衡。耳蜗内的毛细胞将声波的机械振动转化为电信号，传递至大脑的听觉皮层。位听器在运动中的角色不仅限于听觉，还包括保持身体的平衡和空间定位，使我们能够在复杂的环境中保持稳定和协调。

其他感受器包括触觉、温度觉和痛觉等，主要分布在皮肤、肌肉和关节中。皮肤中的触觉感受器分别感知轻触和压力；温度感受器感知冷和热；自由神经末梢感知疼痛。肌肉和关节中的本体感受器感知身体部位的位置和运动状态。这些感受器在运动中的作用体现在对环境的反馈、保护身体免受伤害，以及通过本体感觉帮助协调复杂的运动。

感觉器官在运动中扮演着重要角色。视觉器官帮助运动员判断空间距离和运动轨迹，提高运动的准确性和反应速度。位听器确保运动中的平衡和稳定，防止跌倒和失去方向感。触觉和本体感受器通过反馈机制，帮助身体调整姿势和动作，提高运动效率和减少受伤风险。维护感觉器官的健康对于运动员和普通人的运动表现和整体健康至关重要。因此，定期的检查和保健、良好的训练方法和适当的防护措施都是维持感觉器官功能的关键。

 复习思考题

1. 简述感觉器官的概念。
2. 简述一般感受器、特殊感受器的概念。

第十四章 视器——眼

【学习目标】

要求学生**掌握**眼球的结构组成，**了解**眼副器的组成与功能。**培养学生正确的爱眼的卫生观，提升学生对解剖学理论知识的实践运用能力**，为学习后继课程奠定基础。

视器由眼球和眼副器组成。**眼球**接受光波的刺激产生神经冲动，经视觉神经传导通路传至大脑皮质视觉中枢，产生视觉。**眼副器**位于眼球附近，对眼球起支持、保护作用。

视器

第一节 眼球

眼球是视器的主要部分，位于眼眶内，近似球形，前面有眼睑保护，眶腔的后部充以眶脂体，垫托眼球，周围借筋膜与眶壁相连，后端有视神经连于间脑视交叉，周围有眼副器。眼球由眼球壁和眼球内容物两部分组成（图14-1、图14-2）。

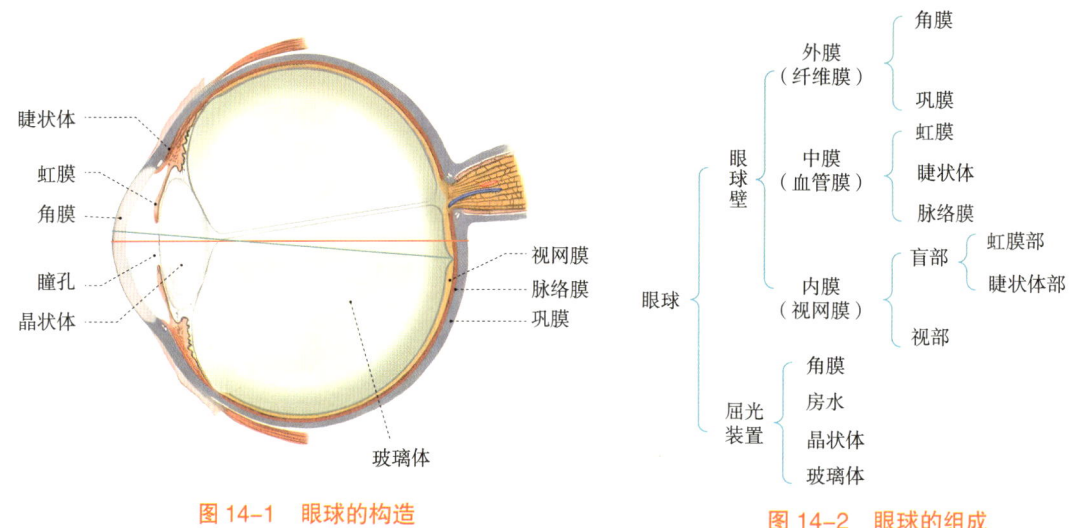

图14-1 眼球的构造　　　　　　图14-2 眼球的组成

一、眼球壁

眼球壁分为三层，由外向内依次为：纤维膜（外膜）、血管膜（中膜）和视网膜（内膜）。

（一）纤维膜

纤维膜主要由致密结缔组织构成，具有支持和保护的作用。可分为角膜和巩膜两部分（图14-3）。

1. 角膜

角膜位于眼球正前方，占纤维膜的前 1/6，无色透明。曲度较大，有屈光作用。角膜无血管，但有丰富的感觉神经末梢，因此感觉灵敏。营养来源于角膜周缘血管和房水的供应。

2. 巩膜

巩膜约占纤维膜的后 5/6，呈不透明乳白色，厚而坚韧，有维持眼球形状和保护眼球内部组织的作用。巩膜前接角膜，后方与视神经的鞘膜延续，表面有眼肌附着。在视神经穿出部位，巩膜包于视神经的周围，形成视神经鞘。在巩膜与角膜交界处的深面有一环行的管道称**巩膜静脉窦**，是房水的流出通道（图 14-3）。

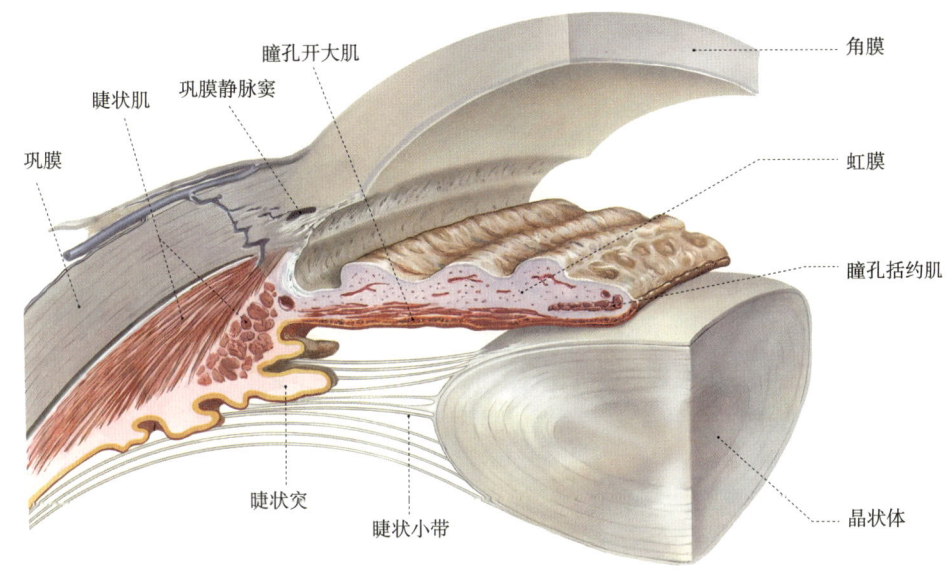

图 14-3　眼球水平切面图（局部放大）

（二）血管膜

血管膜由疏松结缔组织构成，含有大量的血管、神经和色素细胞，呈棕黑色，具有营养球内组织及遮光作用。血管膜由前向后分别为虹膜、睫状体和脉络膜（图 14-1）。

1. 虹膜

虹膜位于血管膜的最前部、角膜的正后方，呈圆盘状，中央有一圆孔称**瞳孔**，直径为 2.5~4.0mm（最小可缩小至 1.5mm，最大可扩大至 8.0mm）。在虹膜内有两种排列方向不同的平滑肌：一是位于瞳孔周围呈环行排列的**瞳孔括约肌**，受副交感神经支配，在强光下或看近处物体时，瞳孔括约肌收缩，使瞳孔缩小，防止视网膜受强光过度刺激。二是在瞳孔括约肌的外侧有呈放射状排列的**瞳孔开大肌**，受交感神经支配，在弱光下或看远处物体时，瞳孔开大肌收缩，使瞳孔开大，有利于视网膜对弱光的感受。虹膜的颜色主要取决于色素细胞的数量，有种族差异，黄种人多呈棕黑色。

2. 睫状体

睫状体位于巩膜和角膜移行部的内面，前缘与虹膜相连，后缘连接脉络膜，是血管膜中最肥厚的部分。睫状体前部有呈放射状向内的皱襞，称**睫状突**，由睫状突发出**睫状小带**与晶状体相连，后部较为平坦，为**睫状环**。睫状体在水平断面和矢状断面上，呈三角形，其内有纵行、放射状和环行排列的平滑肌纤维，称**睫状肌**，受副交感神经支配，收缩与舒张时，牵动睫状小带，以调节晶状体的曲度。睫状体的部分上皮细胞具有分泌房水的作用。

3. 脉络膜

脉络膜位于巩膜和视网膜之间，占血管膜后部2/3，连于睫状体后方，外面与巩膜结合疏松，内面紧贴视网膜的色素层，后方有视神经穿过。脉络膜薄而柔软，富含血管和色素细胞，主要功能是营养眼球内组织并吸收分散光线。

（三）视网膜

视网膜位于眼球壁最内层，分为3部分，由前向后分别为虹膜部、睫状体部和脉络膜部。虹膜部和睫状体部分别贴附于虹膜与睫状体的内面，此处无感光作用，称为**视网膜盲部**。视网膜脉络膜部大且厚，贴附于脉络膜的内面，是接受光波刺激并将其转变为神经冲动的部分，又称**视网膜视部**。视网膜后端中央稍偏鼻侧处，有视神经穿出，该处呈圆盘状隆起，称**视神经盘**，其边缘隆起，中央微凹称**视盘陷凹**，有视网膜中央动、静脉通过，此处无感光细胞，称**生理性盲点**。在视神经盘的颞侧约3.5mm处有一浅黄色的小区域称**黄斑**，黄斑的中心部凹陷，称**中央凹**，此处无血管，是感光细胞分布最为密集的部位，具有敏锐的感光、辨色能力（图14-4）。

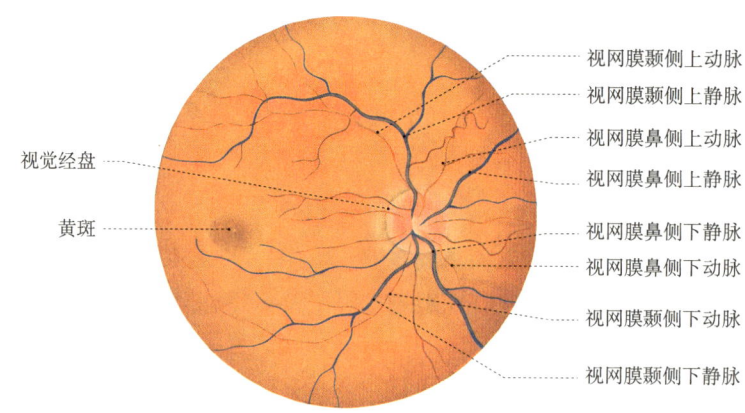

图14-4 眼底

视网膜视部分为两层。外层为**色素上皮层**，由大量的**单层色素上皮细胞**构成，胞体内含黑色素颗粒，可吸收过强的光线，保护视细胞；内层为**神经细胞层**，主要由神经细胞构成，是视网膜的固有结构，由外向内依次为**视细胞**、**双极细胞**和**节细胞**。视细胞分为**视锥细胞和视杆细胞**。视锥细胞主要感受强光，分辨颜色，在白天或明亮处视物时起主要作用，视物精确性高，故又称**明视觉**。而视杆细胞感受弱光，无颜色觉，在夜间或暗处视物时起作用，视物精确性低，故又称**暗视觉**。当维生素A缺乏时，易患夜盲症。双极细胞是感光细胞与节细胞之间的联络神经元。节细胞为多极神经元，其树突与双极细胞形成突触，其轴突向视神经盘集中，形成视神经（图 14-5）。视网膜两层在某些病理情况下会互相脱离，称为视网膜剥离症。

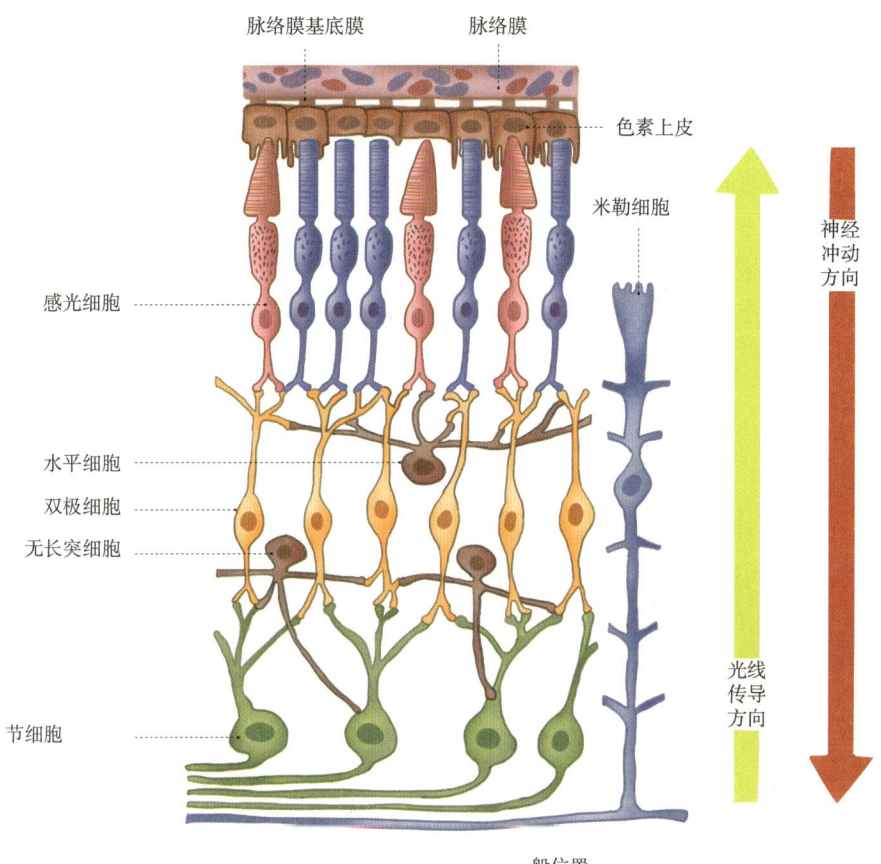

a. 一般位置

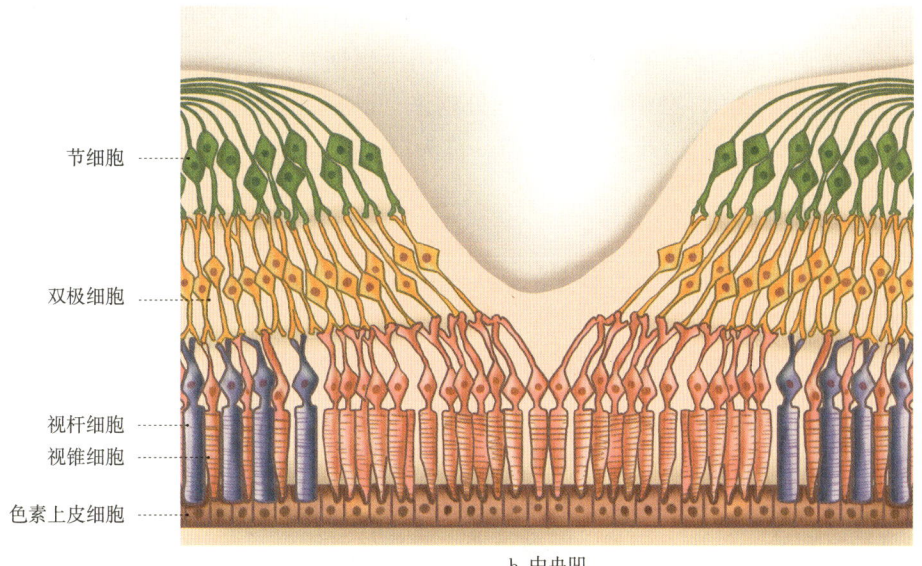

b. 中央凹

图 14-5　视网膜的结构

二、眼球的内容物

眼球的内容物包括**房水**、**晶状体**和**玻璃体**。这些结构透明无血管，具有屈光作用。它们与角膜合称为眼的屈光装置，使外界物体能够在视网膜上成像。

（一）房水

房水为无色透明液体，充满于眼房内。眼房是位于角膜与晶状体之间的腔隙，被虹膜分为前后两部。虹膜与角膜之间的部分为前房，前房的周边，即虹膜与角膜的交界处，称**虹膜角膜角**，又称**前房角**。虹膜后方的部分为**后房**。前房和后房借瞳孔互相交通。房水由睫状体产生，进入眼后房经瞳孔到眼前房，大部分由虹膜角膜角处渗入巩膜静脉窦，汇入眼上、下静脉。房水除有屈光作用外，房水循环对角膜、晶状体、玻璃体和视网膜有输送营养和排出代谢废物的作用。此外，房水还能维持眼球内的一定压力。如果房水循环发生障碍，房水聚集过多会使眼压升高，压迫视网膜，最终导致视力受损。

（二）晶状体

晶状体位于虹膜和瞳孔的后方、玻璃体的前方，借睫状小带与睫状体相连，是直径约10mm呈双凸透镜状的透明体。前面较平坦，后面的曲度较大，无色透明，具有弹性，无血管和神经分布，营养由房水供应。晶状体是眼球屈光系统中唯一可调节曲度的屈光装置，因其周缘借众多睫状小带系于睫状体上，故晶状体曲度的变化取决于睫状肌的收缩和舒张。通过其曲度变化调整屈光能力，使物像聚焦于视网膜上。当视近物时，睫状肌收缩，牵拉睫状体向前内方移动，使睫状小带松弛，晶状体因晶状体囊和本身的弹性而变凸，屈光能力加强，使物像能聚焦于视网膜上。与此同时，瞳孔也相应缩小，增加视觉清晰度。视远物则与此相反。随着年龄增长，晶状体逐渐硬化而弹性减退，睫状肌逐渐萎缩，调节能力下降，视近物时，晶状体曲度不能相应增大，致视物不清，出现老视，俗称"老花眼"。如果光线聚焦在视网膜前或视网膜后，则造成视物不清，导致近视或远视。青少年时期，若长时间视近物，使睫状肌长期处于收缩状态，产生眼睛疲劳，若得不到恢复，将会使晶状体曲度持续增大而形成近视。为了保护视力，必须间断地视远处物体，以解除眼睛疲劳。若晶状体因疾病或创伤发生变性混浊，变成白色，造成透光障碍，称为白内障。

（三）玻璃体

玻璃体是无色透明的胶状体，填充在晶状体和视网膜之间，约占眼球内空腔后的4/5。除有屈光作用外，还有保持视网膜的位置、维持眼球形态的作用。如果玻璃体发生混浊，阻碍光线的射入，将影响视力。如果支撑作用减弱，易引起视网膜剥离。

第二节 眼副器

眼副器包括**眼睑**、**结膜**、**泪器**、**眼球外肌**、**眶脂体**和**眶筋膜**等结构，对眼球起保护、运动和支持的作用。

一、眼睑

眼睑，俗称眼皮，位于眼球前方，分上睑和下睑，是保护眼球的屏障。眼睑分为5层，由浅入深依次为皮肤、皮下组织、肌层、睑板及睑结膜。眼睑的皮肤薄而柔软，皮下组织疏松，脂肪很少或无，可因出血或积水而肿胀。肌层主要是眼轮匝肌（属面肌），受面神经支配，该肌收缩可使睑裂关闭。在上睑还另有上睑提肌，以腱膜止于上睑的根部，受动眼神经支配，收缩时可提上睑，开大睑裂。睑板位于肌层的深面，由致密结缔组织构成，呈半月形，上下各一，内含与睑缘垂直方向排列的睑板腺，以成排的小管开口于睑缘，分泌脂性液体，以润滑睑缘并防止泪液外溢。如果睑板腺导管阻塞，形成睑板腺囊肿，称霰粒肿，为眼科常见病之一。上、下睑之间的裂隙为**睑裂**。睑裂的内外端形成的夹角分别为**内眦**和**外眦**，内眦钝圆，外眦较锐；内眦的上、下眼睑缘各有一小孔，为**泪点**，是**泪小管**的开口。眼睑的游离缘为**睑缘**，附着睫毛，具有防止异物进入眼内、减弱强光照射和避免角膜干燥的作用。睫毛根部有**睫毛腺**，睫毛腺或睫毛毛囊的急性炎症称麦粒肿，也是眼科常见病之一。

二、结膜

结膜是光滑、透明而富有血管的薄层黏膜，覆盖于眼睑后面和眼球的前面。根据所在部位，结膜可分三部分：衬附在上、下眼睑内面的部分称**睑结膜**；覆盖在巩膜前部表面的部分称**球结膜**；睑结膜与球结膜移行处为**结膜穹隆**。睑结膜、结膜穹隆和球结膜之间的腔隙为**结膜囊**。结膜富有大量黏液细胞，可分泌黏液，润滑眼球，以减少结膜之间及与角膜的摩擦。因结膜各部组织结构不完全相同，所以一般病变常局限于某一部位，如沙眼易发于睑结膜和结膜穹隆；疱疹则多见于球结膜和角膜缘的结膜。

三、泪器

泪器由**泪腺**和**泪道**组成（图14-6）。**泪腺**位于眼眶内上壁外侧的泪腺窝内，呈扁椭圆形。分泌的泪液经10~20条泪腺管排至结膜囊，借眨眼涂抹于眼球表面，有湿润和清洁眼球的作用。泪液含有溶菌酶，具有灭菌作用。

泪道包括泪点、泪小管、泪囊和鼻泪管。**泪小管**上、下各一，分别位于上、下睑的皮下，起自**泪点**，分别向上或向下与睑缘垂直走行，再折向内侧与睑缘平行走行，开口于泪囊上部。**泪囊**位于眶内侧壁前下部的泪囊窝内，为一膜性囊，其上端为盲端，下端移行于**鼻泪管**。泪囊前方有睑内侧韧带横过，为手术时寻找泪囊的标志。鼻泪管上部包埋在骨性鼻泪管中，

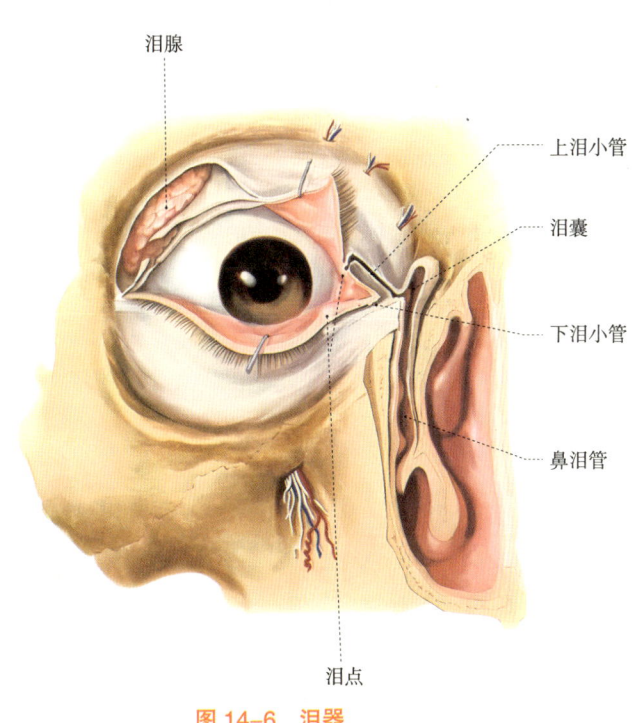

图14-6 泪器

与骨膜结合紧密；下部在鼻腔外侧壁黏膜深面，为续于泪囊下端的膜性管，开口于下鼻道的外侧壁。多余的泪液流向内眦到泪点，经泪小管汇入位于眼眶内侧壁泪囊窝内的泪囊，再经鼻泪管排入下鼻道。

四、眼球外肌

眼球外肌是视器的运动装置，属骨骼肌，共有 7 块（图 14-7）。主要分为运动眼睑和运动眼球的两组肌肉。其中，运动眼睑的肌肉为上睑提肌，运动眼球的肌肉包括 4 块直肌和 2 块斜肌（表 14-1）。眼球的正常运动，并非单一肌肉的收缩，而是两眼数条肌肉协同作用的结果。例如，俯视时，两眼的下斜肌和上斜肌同时收缩；仰视时，两眼的上直肌和下斜肌同时收缩；侧视时，一侧眼的外直肌和另一侧眼的内直肌共同作用；聚焦中线时，则是两眼内直肌协同工作的结果。因此，若某一只眼肌麻痹时，便会出现斜视和复视的现象。

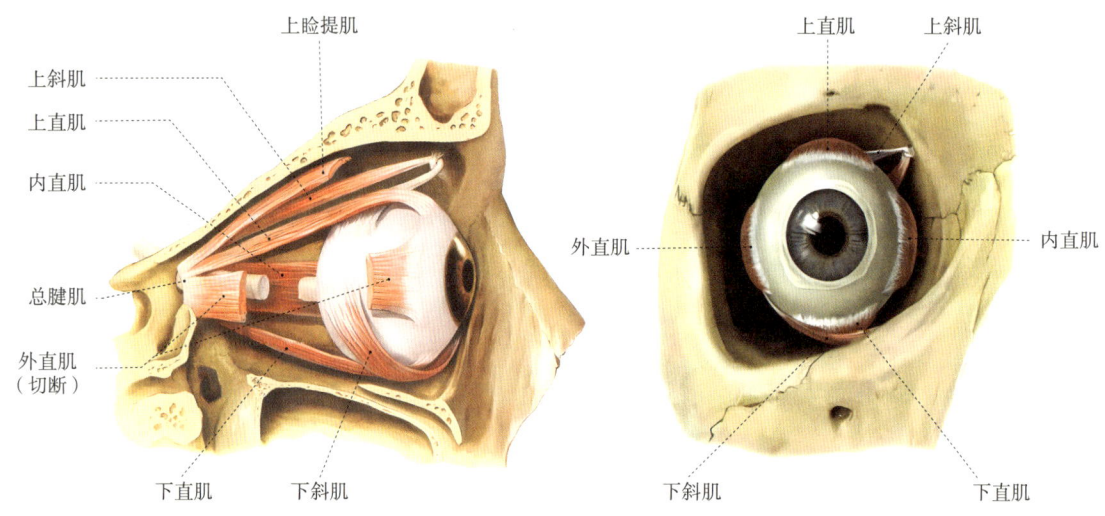

图 14-7　眼球外肌

表 14-1　眼球外肌的起止、功能及神经支配

名称	起点	止点	作用
上睑提肌	视神经管前上方的眶壁	上睑皮肤、上睑板	提上睑
上斜肌	蝶骨体	眼球后外侧赤道后方的巩膜	瞳孔转向下外
下斜肌	眶下壁内侧份	眼球下部赤道后方的巩膜	瞳孔转向上外
上直肌	总腱环	眼球赤道以前巩膜上部	瞳孔转向上内
下直肌		眼球赤道以前巩膜下部	瞳孔转向下内
内直肌		眼球赤道以前的巩膜内侧部	瞳孔转向内侧
外直肌		眼球赤道以前的巩膜外视部	瞳孔转向外侧

五、眶脂体和眶筋膜

眶脂体是充填于眶内各结构之间的脂肪组织团块，对眶内各结构起弹性垫样保护作用，前部脂肪相当于眼球运动的关节窝。**眶筋膜**包括眶骨膜、眼球筋膜鞘、眼肌筋膜鞘和眶隔。

两者的功能主要是固定眶内各种软组织，对眼球神经、血管及泪器等起到保护作用。

【知识与应用】

当人注视外界的一个物体时，外界物体反射的光线必须依次通过眼球的角膜、房水、瞳孔晶状体和玻璃体的折射聚焦于视网膜上而成像。

第三节　体育运动对视器的影响

合理的运动均会对视力产生良好的影响。在运动过程中，运动者的眼球需要不断注意周围环境的变化，使得眼球周围的肌肉运动增加，眼部供血得以改善。这有助于加强视网膜和视神经的氧气和养分供应，从而维持视觉系统的正常生理功能。同时，眼球的运动促使眼球肌肉出现适应性变化，提高视力调节能力，对于改善假性近视或预防近视具有积极作用。此外，运动可能通过刺激交感神经系统，增加泪液分泌，有助于维持眼球表面的湿润状态，减少干眼症的发生。

有氧运动则可能通过调节全身循环系统维持正常眼内压，对于青光眼等眼部疾病的预防可能具有积极作用。

在不同的运动项目中，眼球所受到的刺激各有不同。羽毛球和网球等球类项目要求运动员迅速反应并频繁调整视线焦点，这种频繁的远近交替不仅能增强睫状肌的弹性和调节能力，还能促进眼部血液循环，从而提高眼部健康水平。室外运动如跑步和骑行等则提供了更多的远景视野，这对缓解因长期近距离用眼导致的视疲劳尤为重要。通过这些运动，眼球肌肉得到充分锻炼和放松，眼部供血和养分供应也得到改善，进而有助于预防和减轻近视及其他视力问题。

总的来说，体育运动在促进视器健康方面具有多重积极作用。通过科学合理的运动计划和适当的训练方法，可以有效增强眼部肌肉的功能，提高视力调节能力，改善眼部供血，预防眼部疾病。对青少年而言，定期参与体育运动不仅有助于身体健康，还能有效预防近视和假性近视的发生。对老年人而言，适度的有氧运动和眼部锻炼则有助于维持眼部健康，预防青光眼和干眼症。因此，科学的运动实践和专业指导在保护视力和促进眼部健康方面具有重要意义。

复习思考题

1. 简述视觉的形成。
2. 简述眼球壁和眼副器的结构及各部的主要功能。
3. 简述屈光系统的组成。

第十五章 位听器——耳

> 【学习目标】
>
> 要求学生掌握耳的结构组成及各部分功能；熟悉内耳迷路和骨迷路的组成与功能。培养学生养成正确护耳的卫生观，提升学生对解剖学理论知识的实践运用能力，为学习后续课程奠定基础。

位听器（或称**前庭蜗器**）俗称耳，按其位置分为**外耳**、**中耳**、**内耳** 3 部分（图 15-1、图 15-2）。外耳和中耳是声波的收集和传导装置，内耳具有听觉感受器（蜗器）和位觉感受器（前庭器）。蜗器接受声音刺激，前庭器感受头部位置变动和运动速度等。

位听器

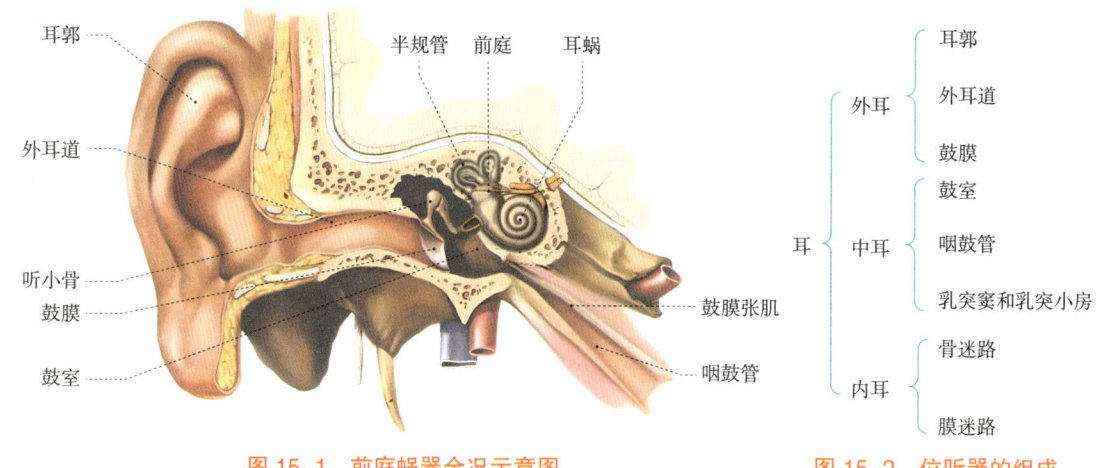

图 15-1 前庭蜗器全况示意图　　图 15-2 位听器的组成

第一节　外　耳

外耳包括耳郭、外耳道和鼓膜 3 部分，有收集和传导声波的作用（图 15-1）。

一、耳郭

耳郭位于头部两侧，凸面向后，凹面向前外。耳郭的上方大部分由弹性软骨作支架，表面覆以皮肤构成。耳郭下端小部分称为**耳垂**，无软骨，仅含结缔组织和脂肪，此处含有丰富的血管、神经，是常见的采血部位。耳郭功能主要是收集声音、传导和放大声波及声源定位。

二、外耳道

外耳道是外耳门至鼓膜之间的弯曲管道，是声波传导的主要通道，长 2.0~2.5cm。外 1/3

段是以软骨为支架的软骨部,是耳郭软骨的延续;内 2/3 段是以颞骨为基础的骨性部,全程呈 "S" 状弯曲、皮肤薄、缺少皮下组织。外耳道的内表面覆以皮肤,皮肤生有细毛,内有皮脂腺、耵聍腺和毛囊。耵聍腺分泌耵聍,耵聍除有润滑皮肤的作用外,还可以和耳毛一起防止异物或小虫进入外耳道深部,有保护鼓膜的作用。耵聍与脱落的上皮及尘埃混合后形成耳垢。

三、鼓膜

鼓膜是外耳道与鼓室之间椭圆形半透明的纤维组织薄膜,具有光泽和较强的韧性,直径约 1cm,厚约 0.1mm,与外耳道底成 45°~50°,可分为松弛部(上 1/4)与紧张部(下 3/4)。活体观察时,可见紧张部前下方有一三角形反光区,称**光锥**。鼓膜周围固定在颞骨上,中心逐渐向内凹陷,与锤骨相连,为**鼓膜脐**。鼓膜除了分隔外耳和中耳外,还具有传导声波的作用。鼓膜具有一定的再生能力。

第二节 中 耳

中耳位于外耳和内耳之间,向外借鼓膜与外耳道相隔,向内与内耳毗邻,向前借咽鼓管通向鼻咽部。中耳由鼓室、咽鼓管、乳突窦和乳突小房构成。中耳是传导声波、将声波振动转换成机械能的主要部分。

一、鼓室

鼓室是位于颞骨岩部内不规则的含气小腔,形态不规则,表面覆以黏膜。鼓室的黏膜与咽鼓管、乳突小房等处的黏膜相延续。鼓室内有听小骨、韧带、肌肉、血管和神经等。

(一)鼓室的壁

鼓室一般分为 6 个壁。外侧壁大部分由**鼓膜**构成;内侧壁即内耳的外壁,称**迷路壁**,其中部有圆形的隆起称岬。岬的后上方有椭圆形的**前庭窗(卵圆窗)**,由镫骨底及其周缘的韧带将其封闭。岬的后下方有圆形的**蜗窗(圆窗)**,由第二鼓膜封闭;前壁有咽鼓管的开口;后壁有乳突小房的开口;上壁以薄的骨板与颅中窝相邻;下壁以薄的骨板与颈内静脉相邻。

(二)听小骨与运动听小骨的肌

鼓室内有 3 块听小骨,由外向内依次为**锤骨**、**砧骨**和**镫骨**(图 15-3)。锤骨柄附于鼓膜内面,镫骨底借韧带连接于前庭窗的周缘,封闭前庭窗。3 块听小骨彼此以关节相连,称为**听骨链**。当声波引起鼓膜振动时,听骨链也随之运动,使镫骨底在前庭窗上产生振动,再将声波的振动转化为机械能传入内耳。

鼓室内有两块小肌肉,即**鼓膜张肌**和**镫骨肌**

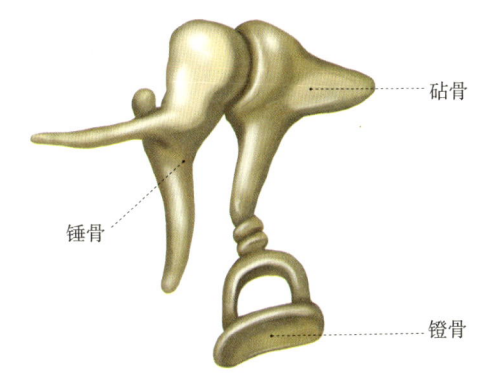

图 15-3 听小骨

(图 15-1)。鼓膜张肌收缩时,能紧张鼓膜;镫骨肌收缩时,能牵拉镫骨稍离开前庭窗,调节迷路内声波的压力,解除鼓膜紧张状态,起保护作用。

二、咽鼓管

咽鼓管是连通鼻咽和鼓室的管道,分为骨部和软骨部,管内面衬有黏膜,全长 3.5~4cm。咽鼓管有两个开口,即**咽鼓管咽口**和**咽鼓管鼓室口**。咽鼓管咽口平时关闭,当吞咽或打呵欠时,咽口被动开放,使空气经咽鼓管进入鼓室,维持鼓膜内外气压的平衡,保证鼓膜的正常振动,并引流鼓室内的分泌物。咽鼓管的功能是使鼓室的气压与外界大气压相等,以保持鼓膜内、外压力的平衡。由于咽鼓管与鼻咽部相通,故咽部感染易沿咽鼓管侵入鼓室。幼儿的咽鼓管短平,腔较大,接近水平位,常因咽部感染引发中耳炎。

三、乳突窦和乳突小房

乳突窦和**乳突小房**是鼓室向后的延伸。乳突窦位于鼓室上隐窝的后方,开口于前方的鼓室后壁上部,向后下与乳突小房相连。乳突小房是颞骨乳突内的蜂窝状的含气小腔,开口于鼓室,腔内衬的黏膜与鼓室内的黏膜相连接。乳突小房是颞骨乳突内许多互相连通的含气小腔,大小不等,形态不一,具有吸收声波和降低鼓室内压力的作用,可缓解强声或噪声对内耳感受器的损害。当鼓室发炎(中耳炎)时,炎症可蔓延至乳突小房(乳突炎)。

第三节 内 耳

内耳又称迷路,是位听器的主要部分,位于颞骨岩部的骨质内,在鼓室内侧壁和内耳道底之间,其形状不规则,为复杂的弯曲管道。内耳分为**骨迷路**和**膜迷路**两部分。骨迷路是颞骨岩部内的骨性小腔和小管,膜迷路是位于骨迷路内、形态与骨迷路相似的膜性小囊和小管。膜迷路内含有的水样液体称**内淋巴**,骨迷路和膜迷路之间的水样液体称**外淋巴**。内、外淋巴互不相通。淋巴有营养内耳和传导声波的作用。

一、骨迷路

骨迷路是由骨密质围成的腔与管,由 3 部分组成,沿着颞骨岩部的纵轴由前内向后外依次为**耳蜗**、**前庭**和**骨半规管**(图 15-4)。

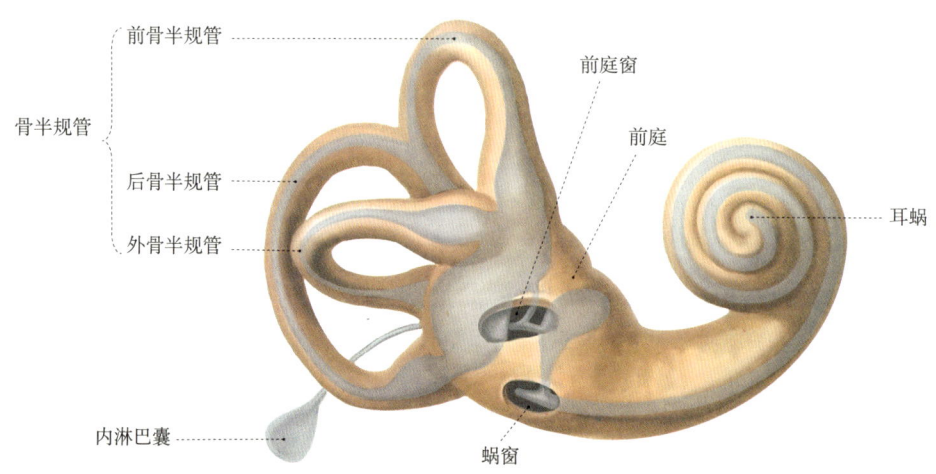

图 15-4 骨迷路与膜迷路

（一）前庭

前庭居于骨迷路中部,是耳蜗和骨半规管之间椭圆形的小腔。前庭外侧壁,即鼓室的内侧壁上方有**前庭窗**,下方有**蜗窗**,前者由镫骨底封闭,后者由第二鼓膜封闭;前庭内侧壁是内耳道底,有前庭蜗神经穿出。前壁前部较窄,是蜗螺旋管入口,由此入蜗螺旋管的前庭阶;后部上方有5个小孔与3个骨半规管相通。

（二）骨半规管

骨半规管位于前庭后方,是3个互相垂直排列的,各自呈半"C"的弯曲小管。按其位置分为**前骨半规管**、**后骨半规管**和**外骨半规管**。每个骨半规管有两个骨脚连于前庭,一端开口处不膨大,为**单骨脚**;另一端开口处称**壶腹骨脚**,脚上的膨大部为**骨壶腹**。前骨半规管和后骨半规管的单骨脚合并成一个**总骨脚**。因此,3个骨半规管只有5个孔开口于前庭的后上壁。

（三）耳蜗

耳蜗位于前庭前方,形似蜗牛壳,由骨质的蜗螺旋管绕蜗轴盘旋约两圈半形成。基底朝向内称蜗底,蜗神经从此穿出。尖端朝向外称蜗顶。螺旋板的基部有蜗轴螺旋管,内藏蜗神经节。将耳蜗自蜗顶至蜗底做一断面,可见从蜗轴发出极薄的骨螺旋板伸入蜗螺旋管中（图15-5）。骨螺旋板与蜗螺旋管外壁的间隙由蜗管补充。

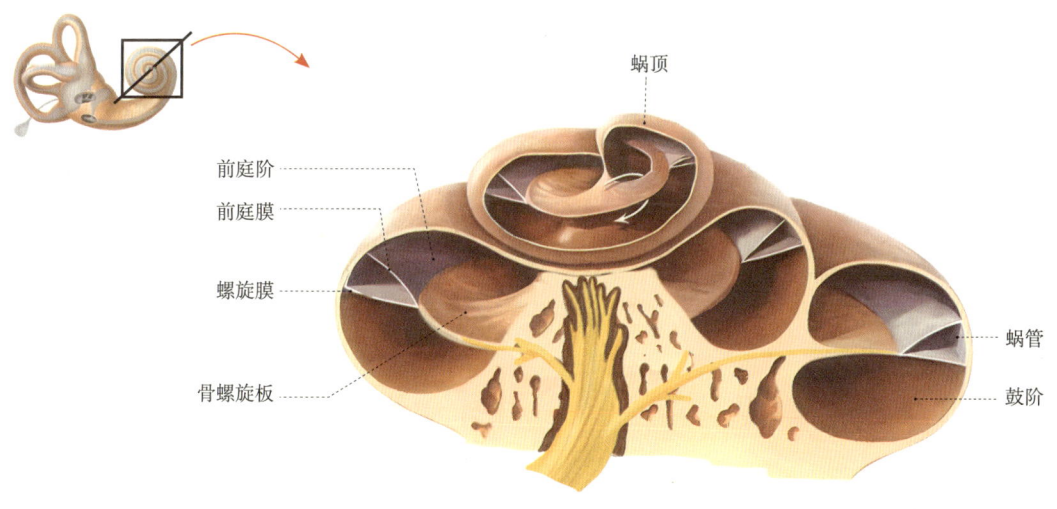

图15-5 耳蜗内部结构图

二、膜迷路

膜迷路是套在骨迷路内的膜管性结构,由上皮和结缔组织构成。膜迷路包括**蜗迷路**和**前庭迷路**两部分。蜗迷路即蜗管;前庭迷路包括**椭圆囊**、**球囊**和**膜半规管**。膜迷路各部之间互相交通,腔内充满内淋巴（图15-6）。

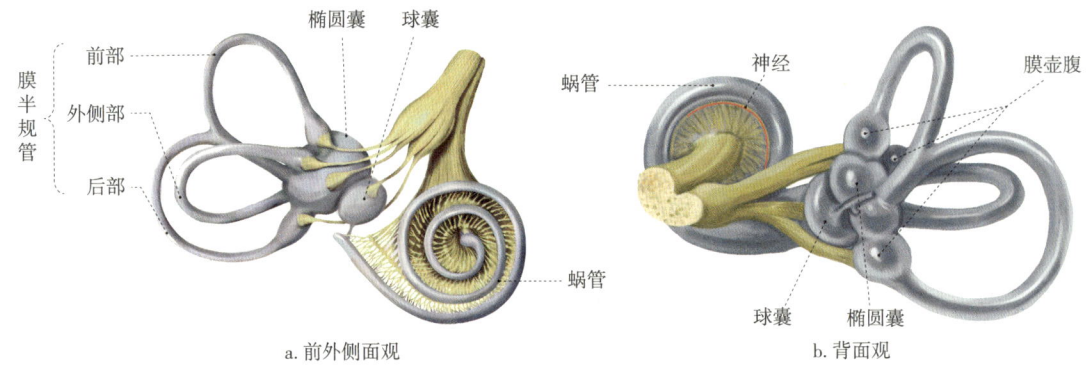

图 15-6　膜迷路

（一）椭圆囊和球囊

椭圆囊和球囊位于前庭内，是两个相互连通的膜性小囊。**椭圆囊**较大，位于前庭后上方椭圆囊隐窝处，呈椭圆形，有 5 个开口与 3 个膜半规管相通。**球囊**位于前庭下方球囊隐窝处，呈较小的圆球形，除了有连合管与蜗管相通外，还借椭圆球囊管与椭圆囊相通（图 15-6）。在椭圆囊和球囊的囊壁上有**椭圆囊斑**和**球囊斑**，属于位觉感受器，能感受头部的位置和直线变速运动引起的刺激，其神经冲动分别沿着前庭神经的椭圆囊支和球囊支传入。头部或机体位置的变动，可使位觉砂膜移动，由此牵拉刺激毛细胞，进而产生神经冲动，产生位觉和变速觉（图 15-7）。

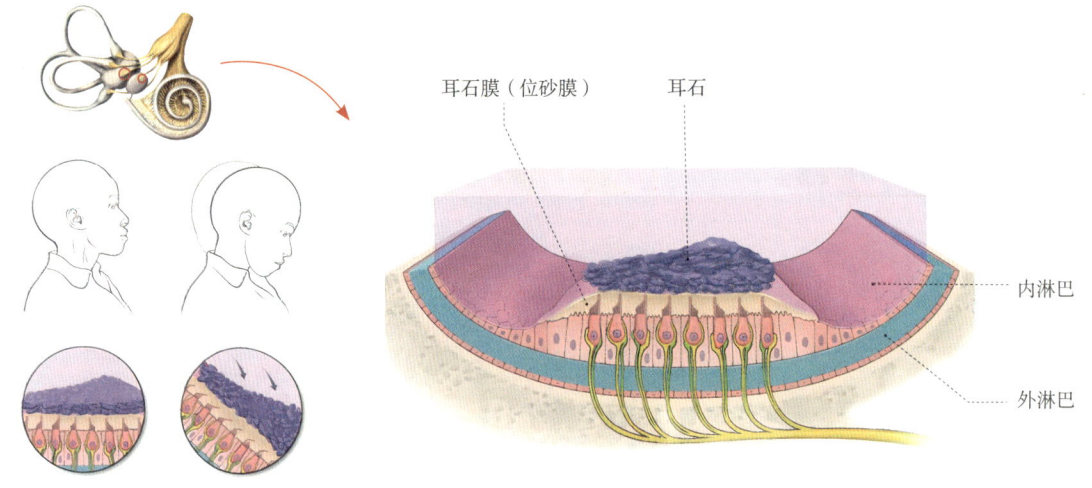

图 15-7　椭圆囊斑与球囊斑

（二）膜半规管

膜半规管是位于相应的骨半规管内的膜性细管，形态与骨半规管相似，在骨壶腹内有相应膨大的膜壶腹（图 15-6）。膜半规管管径小，为骨半规管的 1/4~1/3。在 3 个膜壶腹的壁上各有隆起的壶腹嵴。**壶腹嵴**是位觉感受器，与膜半规管的长轴互相垂直，能感受头部旋转运动变化（加速度），产生旋转运动感觉，即可感受各种旋转运动开始和终止时的刺激（图 15-8）。

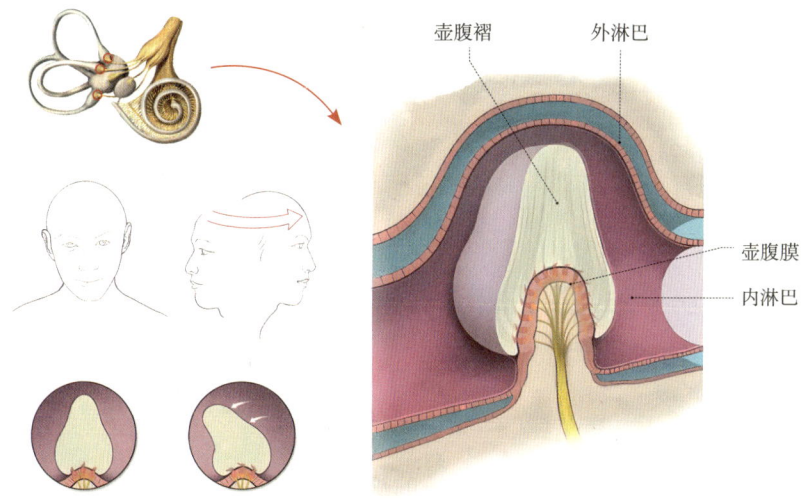

图 15-8　壶腹嵴

（三）蜗管

蜗管是套在蜗螺旋管内的膜性细管，连于骨螺旋板的周缘部，随同蜗螺旋管也盘绕蜗轴两圈半。其前庭端借连合管与球囊相通，其顶端终于耳蜗顶部，为盲端，内含内淋巴。蜗管的横切面呈三角形，有上壁、下壁和外侧壁；上壁以前庭膜为界与前庭阶相隔；下壁以基底膜（螺旋膜）为界与鼓阶相隔；外侧壁是螺旋管增厚的骨膜，有丰富的血管和结缔组织，与螺旋管的内面相贴。在蜗管基底膜上有**螺旋器**又称 **Corti 氏器**，是听觉感受器（图 15-9）。蜗管将螺旋管腔分隔成两条螺旋形管道：在蜗管上面的称**前庭阶**；在下方的称**鼓阶**。前庭阶与鼓阶都是骨迷路和膜迷路之间扩大的间隙，其内充满外淋巴。二者在耳蜗的顶部相连通，而它们的另一端则分别与前庭窗和蜗窗相接。听觉与位觉感受器的位置如表 15-1 所示。

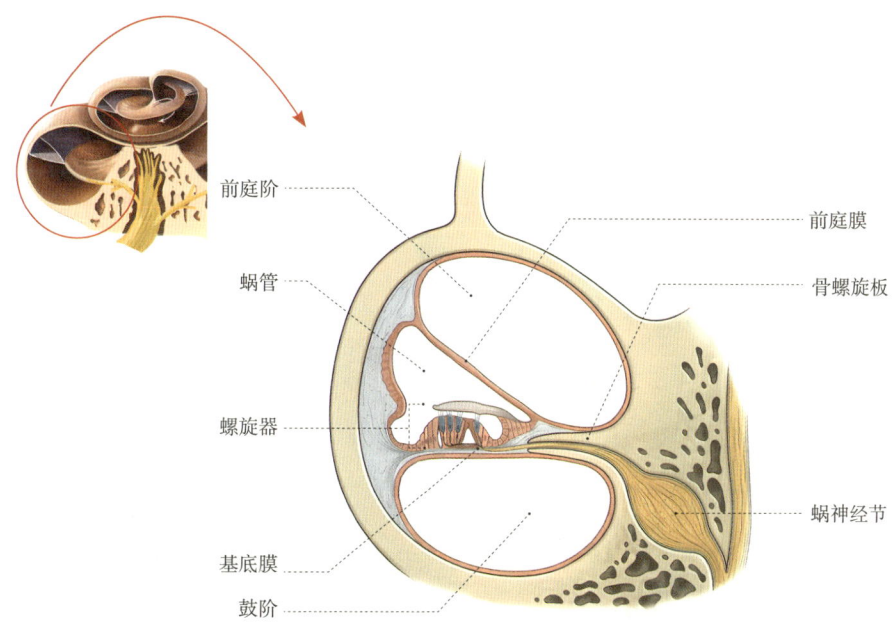

图 15-9　螺旋器

表 15-1 听觉与位觉感受器

感受器	名称	位置
听觉感受器	螺旋器	蜗管下壁的基底膜上
位觉感受器	球囊斑、椭圆囊斑（直线变速运动）； 壶腹嵴（旋转变速运动）	球囊、椭圆囊、膜半规管上的膜壶腹

三、声波传导

声波传入内耳的听觉感受器有两条途径：空气传导和骨传导。正常情况下以空气传导为主，但骨传导在听力检查时较为重要。

（一）空气传导

声波经外耳道振动鼓膜，然后经听骨链的机械振动传递至镫骨底，作用于前庭窗，激起前庭阶的外淋巴的波动，通过蜗孔，鼓阶的外淋巴也随之波动，波动到达蜗窗后，由于第二鼓膜的振动，缓冲了淋巴波动。外淋巴的波动继而引起蜗管中内淋巴的波动和螺旋膜的振动，使螺旋器的毛细胞受到刺激而兴奋，引起蜗神经末梢的冲动，冲动经听觉传导路传入大脑皮质的听觉中枢，产生听觉，即声波→外耳道→鼓膜→听骨链→前庭窗→前庭阶的外淋巴→蜗管的内淋巴→螺旋器→蜗神经→大脑皮质听觉中枢，产生听觉。

（二）骨传导

指声波经颅骨（骨迷路）进入内耳的过程。声波的冲击和鼓膜的振动可经颅骨和骨迷路传入，使内耳内的外淋巴和内淋巴波动，刺激基底膜上的螺旋器产生神经兴奋，引起较弱的听觉。

临床上将外耳和中耳的疾患引起的耳聋称为传导性耳聋。此时骨传导可发挥部分代偿功能，因而不会出现完全性耳聋。然而，内耳、蜗神经、听觉通路及听觉中枢的疾患引起的耳聋，为神经性耳聋。此时空气传导和骨传导途径虽然正常，但均不能引起听觉，临床上称为完全性耳聋。

四、前庭反应

前庭器官受到刺激后引起兴奋，除了能产生一定的位置觉和运动觉外，还能引起骨骼肌及内脏功能改变的反应。

（一）前庭器官的姿势反射

当机体变速运动和旋转运动时，可通过前庭器官反射性引起颈部和四肢肌紧张，以对抗发动这些反射的刺激，维持一定的姿势平衡。

（二）前庭器官的植物性反射（晕车晕船病）

前庭器官受过强或过久的刺激引起一系列自主神经功能反应，如恶心、呕吐、眩晕、皮肤苍白、心率加快、血压下降等现象。

(三)眼震颤

由于半规管受到刺激反射性引起的眼外肌活动而造成眼球反复移动。

第四节 体育运动对位听器的影响

运动可以促使前庭器官更加适应不同的运动模式和方向,增强其功能和反应能力。定期进行多样性的运动活动,如旋转、俯仰和横向运动,有助于神经系统适应并更好地整合前庭输入。快速旋转和变向运动等形式能够激活前庭器官,促使其更有效地应对各种运动环境。通过这些运动形式,前庭器官的功能得到改善,可以加强其与肌肉的协同工作,有助于维持直立姿势和改善动态平衡,降低日常生活以及运动中因失去平衡而跌倒的风险。

体操、舞蹈、滑雪和跳绳等运动对前庭功能具有显著的改善作用,这些运动通过多样化的刺激增强了前庭系统的反应能力和适应性。特别是对于老龄化人群,前庭功能的退化常常导致平衡能力下降和跌倒风险增加。通过开展前庭功能训练,如有氧健身操等,可以有效改善老年人的平衡能力,减少跌倒的发生,对积极老龄化具有重要意义。这些训练方法通过不断刺激和强化前庭系统,使其保持较高的功能状态,从而提高老年人群的生活质量和独立生活能力。

针对不同年龄和身体状况的个体,制订科学合理的训练计划,确保训练的安全性和有效性,是提升前庭功能的重要途径。此外,在运动过程中注重训练的渐进性和个体化,确保每个动作都在正确的姿势下完成,避免因过度训练或姿势不当导致新的损伤也至关重要。

专业的指导和科学的训练计划对于恢复和提升前庭功能至关重要,通过系统的训练和适当的康复措施,可以显著提高前庭系统的反应能力,改善运动表现,提高运动安全性和整体健康水平。因此,体育运动在增强前庭功能、改善平衡能力以及促进整体健康方面具有重要意义,通过科学的运动实践和专业指导,可以更好地实现这些目标,促进运动员和普通人群的健康和运动表现。

复习思考题

1. 简述耳各部的结构和功能。
2. 简述声波在耳内的传导途径。

第十六章 其他感受器

> 【学习目标】
>
> 要求学生掌握本体感受器的功能；熟悉本体感受器的结构组成及各部分功能。培养学生用解剖学知识对体育动作进行解剖学分析的能力，提升学生对解剖学理论知识的实践运用能力，为学习后续课程奠定基础。

第一节 皮 肤

皮肤覆盖于人体表面，柔软而富有弹性。成人皮肤的总面积约为 $1.7m^2$。其厚度在身体各部位有所不同，眼睑和腋窝等处的皮肤最薄，足底和手掌等处的皮肤最厚。

一、皮肤的构造

皮肤由**表皮**和**真皮**组成。两层紧密结合，其深面主要是由疏松结缔组织构成的皮下组织，即浅筋膜。浅筋膜内有丰富的血管、淋巴管和浅淋巴结等。浅筋膜将皮肤和深部组织连接起来（图16-1）。

皮肤

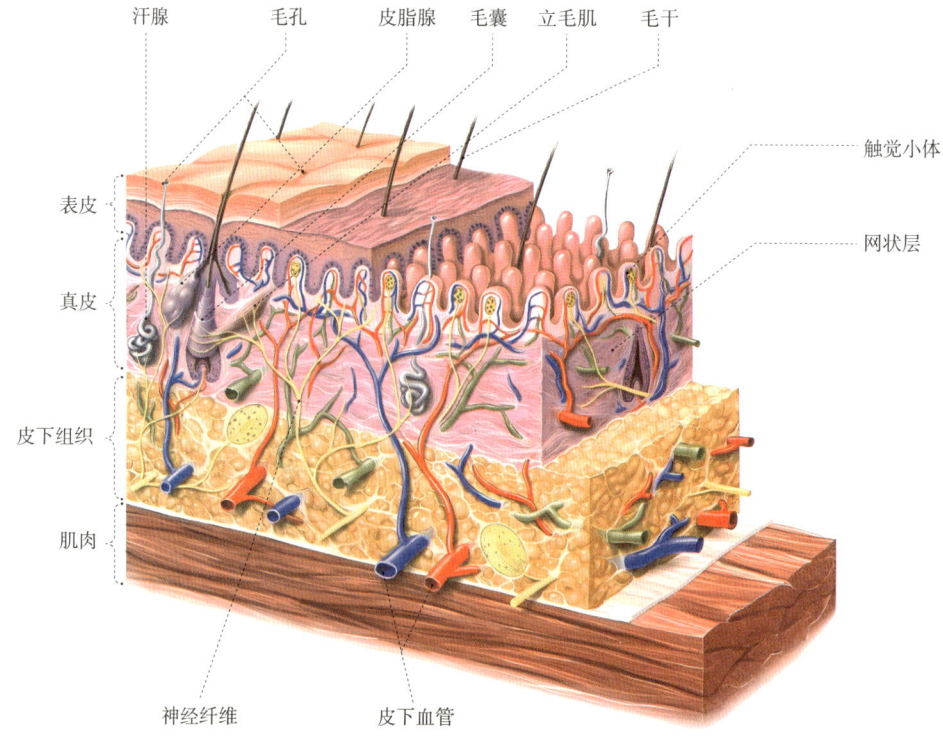

图 16-1 皮肤的构成

（一）表皮

表皮位于皮肤的表层，由角化的复层扁平上皮构成，无血管分布。表皮细胞分为两大类：一类是角质形成细胞，占表皮细胞的大多数；另一类是非角质形成细胞。根据角质形成细胞的分化和成熟的不同阶段可分为五层，由深到浅依次为基底层、棘层、颗粒层、透明层和角质层。基底层是一层矮柱状细胞，是表皮的干细胞，能不断地分裂，产生新的细胞，并逐渐向浅层推移，以补充不断脱落的浅层角质层细胞。在皮肤创伤的愈合中，基底细胞具有重要的再生修复作用。基底层中还有色素细胞，能产生黑色素，可防止紫外线的透入，具有保护体内组织的作用。棘层是表皮中最厚的一层。角质层是表皮的最浅层，由多层扁平的角质细胞构成。这是一层完全角化的死细胞，较为干硬，角质层浅表细胞之间的连接松散，不断地脱落形成皮屑，由深层的细胞不断地补充。非角质形成细胞散在角质形成细胞之间，包括黑素细胞、朗格汉斯细胞和梅克尔细胞。

（二）真皮

真皮位于表皮的深层，与皮下组织之间无明显界限，由致密结缔组织构成。结缔组织内分布着各种结缔组织细胞和大量的胶原纤维、弹性纤维。当受到外力牵拉时，仍能保持完整，并在外力去除后恢复原状。部位不同，真皮厚度不同，一般为1~2mm。根据其形态结构分为浅层的乳头层和深层的网状层。乳头层与表皮的基底层相接，相接处真皮乳头突向表皮，扩大了表皮和真皮的接触面积，有利于两者的牢固连接，以及表皮从真皮的血管中获取营养。乳头内有丰富的血管网、淋巴网和感觉神经末梢。在手指掌侧等触觉灵敏的部位常有触觉小体。网状层位于乳头层深层，两层之间无明显的界限，为较厚的致密组织，是真皮的主要成分。网状层内有丰富的胶原纤维和弹性纤维，互相交错呈网状，使皮肤具有韧性和弹性。网状层内有血管、淋巴管、神经末梢、汗腺、毛囊、皮脂腺等。在其深层有环层小体，能感受压力和震动的刺激。

二、皮肤的附属器

皮肤的附属器有**毛发**、**皮脂腺**、**汗腺**、**指（趾）甲**和**乳腺**等，均由表皮衍生而来。

（一）毛发

毛发分布于除手掌、足底等少数部位以外的全身体表。毛发的粗细、长短不一，但基本结构相同。毛发一般分为毛干、毛根、毛球三部分。露出皮肤表面的部分为**毛干**，埋在皮肤内的称**毛根**，毛根末端被毛囊包绕膨大，称**毛球**，该处细胞具有较强的分裂和增殖能力，是毛发的生发点。毛球的底端向内凹陷，有结缔组织突入，称**毛乳头**，内有丰富的血管供给毛发营养。毛根外裹有毛囊，开口于皮肤表面。在真皮内毛根旁有一斜行的平滑肌束称**立毛肌**。立毛肌的一端附着于毛囊，另一端止于真皮乳头的浅层。立毛肌受交感神经支配，遇冷或感情冲动时立毛肌收缩，毛发竖立，皮肤呈鸡皮皱样。

（二）皮脂腺

皮脂腺位于真皮内毛囊和立毛肌之间，是由分泌部和导管组成的泡状腺。腺细胞的细胞质内充满脂滴，分泌皮脂，导管开口于毛囊。皮脂除有润泽皮肤和毛发的功能外，皮脂中的脂肪酸还有杀菌的作用，立毛肌收缩时有挤压皮脂腺、帮助排出皮脂的作用。性激素可促进皮脂生成，因此在青春期皮脂腺分泌活跃。

（三）汗腺

汗腺是弯曲的管状腺，分泌部位于真皮和皮下组织内，盘曲呈圆球状，导管部通过表皮，开口于体表的汗孔。汗腺分为大汗腺和小汗腺两种，小汗腺几乎遍布于全身，周围布满丰富的毛细血管，为单管状腺，包括分泌部和导管部。分泌部位于真皮层和皮下组织中，盘曲成团。导管进入表皮后形成弯曲的细孔道，开口于表皮表面，称**汗孔**。大汗腺分布在腋窝、乳晕、外阴、肛门等处。汗腺分泌汗液，除了排泄水、电解质和代谢产物外，还有湿润皮肤、调节体温、调节水盐平衡的作用。

（四）指（趾）甲

指（趾）甲由牢固地生长在指（趾）末端背面上的角质板（甲板）及周围组织组成。平时可见的部分称甲体，甲板近侧埋在皮下的部分称甲根，甲板下面的附着部皮肤称甲床，甲体周围皮肤隆起如崤，为甲襞。甲襞皮肤内的微血管排列呈袢状，在显微镜下可以直接观察微循环的情况。指（趾）甲受损或拔出后，如甲母质保留，甲仍能再生。

（五）乳腺

乳房位于胸大肌和胸筋膜的表面。乳房由皮肤、纤维组织、脂肪组织和**乳腺**等构成。乳腺被脂肪结缔组织分割成 15~20 个**乳腺叶**，每叶又分为若干小叶。每一个乳腺叶都有一个输乳管开口于乳头。乳腺叶和输乳管均以乳头为中心，呈放射状排列。乳房为人类和哺乳动物特有的结构。青春期女性乳房开始发育生长，先是组织和脂肪组织显著增生。妊娠和哺乳期的乳房有分泌活动。

三、皮肤的功能

皮肤是人体面积最大的器官，其位置和结构特点决定其功能。

①感觉功能。皮肤内存在极为丰富的感觉神经末梢，能够分别感受压觉、振动觉、冷觉和温觉。

②保护功能。皮肤是人体的保护屏障，具有防止体液外渗、防御微生物入侵及阻止各种物理、化学刺激对身体侵害的作用。在表皮内色素细胞产生的黑色素，有保护人体不受过多紫外线损害的作用。

③排泄和分泌功能。皮肤表面有汗腺的开口，可在排出汗液的同时排泄废物并调节体温。

④预防和监视功能。朗格汉斯细胞在对抗侵入皮肤病原微生物、监视癌变细胞中起重要作用，是机体免疫系统的第一道防线，对机体有保护作用。

⑤再生功能。皮肤再生能力很强。一是生理再生，身体表皮的复层扁平上皮表面角质层不断衰老、死亡、脱落，由基底层细胞不断分裂、补充；二是补偿性再生，皮肤受伤后的修复现象。

第二节 本体感受器

本体感受器是指位于骨骼肌的肌腹、肌腱、关节囊、韧带内的一些特殊感受器，其能感受肌腹、肌腱和韧带在运动中因拉伸而造成的压力、张力变化，并将这些变化的刺激转换为神经冲动，传入中枢神经系统。借助本体感受器，人体能感受身体在空间的位置、姿势、运动的变化等，这对人体在运动中精细地感知分析和准确地调节具有重要的意义。本体感受器包括**肌梭**、**腱梭**等。

一、肌梭

肌梭是骨骼肌内的梭形结构感受器，位于肌纤维之间并与肌纤维平行排列，其功能为感受肌肉长度的变化。典型的肌梭直径约1mm，长约6mm。肌梭广泛分布于全身骨骼肌中（图16-2），但四肢肌中的肌梭比躯干肌中多，手肌、足肌内的肌梭尤其丰富。肌梭的表面被结缔组织的被囊包裹，囊内有6~14条较细小特殊分化的骨骼肌纤维，为梭内肌纤维；而肌梭外的骨骼肌纤维为梭外肌纤维。当肌肉受牵拉或主动收缩时，梭内肌纤维的长度发生变化，梭内的感觉神经末梢均受刺激，并将刺激转变为神经冲动传入中枢，再经脊髓前角运动神经元（α神经元）引起肌肉收缩。肌梭内还有运动神经末梢，分布于梭内肌纤维的两端。

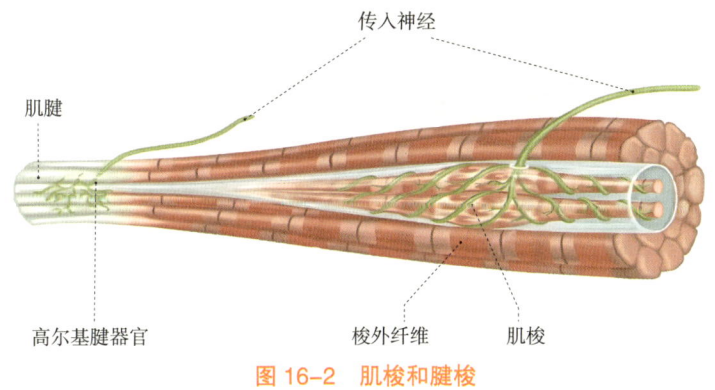

图16-2 肌梭和腱梭

二、腱梭

腱梭又称**高尔基腱器官**或**腱器**，分布在肌腹与肌腱的连接处，长轴与腱纤维的纵轴平行排列，其功能为感受肌肉张力的变化。结构与肌梭相似，腱梭表面也被结缔组织的被囊包裹，囊内有数根腱纤维束，也有1~2条感觉神经纤维脱髓鞘后进入被囊，反复分支，末梢终止于梭内腱纤维束。当肌肉被拉伸或主动收缩时，梭内腱纤维张力发生变化，刺激感觉神经末梢产生冲动，传入中枢产生本体感觉。

第三节 嗅觉感受器与味觉感受器

一、嗅觉感受器

嗅觉感受器又称**嗅器**，是特殊感觉感受器的一种，接受来自外界的化学刺激。嗅器的嗅细胞存在于鼻腔的上端、淡黄色的嗅上皮内，为双极神经元。每一个嗅细胞末端（近鼻腔孔处）

有许多手指样的突起,即纤毛,均处于黏液中。嗅细胞的纤毛增加了感受器的感受面,有助于嗅觉的敏感性。嗅细胞的另一端(近颅腔处)是纤细的轴突纤维,并由此与嗅神经相连。嗅觉系统中每个二级的神经元上有数千个嗅细胞的聚合和累积作用(嗅细胞的轴突与神经元的树突相连)。嗅器可分别接受不同化学物质的刺激,并将刺激转成冲动传入中枢,产生嗅觉。某些疾病如感冒、鼻炎等可降低嗅觉的敏感度。

二、味觉感受器

味觉感受器即味蕾(图16-3)。人的味蕾为卵圆形的小体,是上皮细胞特化的一种结构。味蕾嵌于舌的菌状乳头、轮廓乳头和叶状乳头的上皮内,其中菌状乳头和轮廓乳头上的味蕾最多。在软腭、会厌等处的上皮细胞亦有味蕾分布。

味蕾主要由味细胞构成,味细胞一端朝向味孔,基部有丰富的味觉神经末梢分布。味蕾所接受的刺激主要包括酸、甜、苦、咸四种。

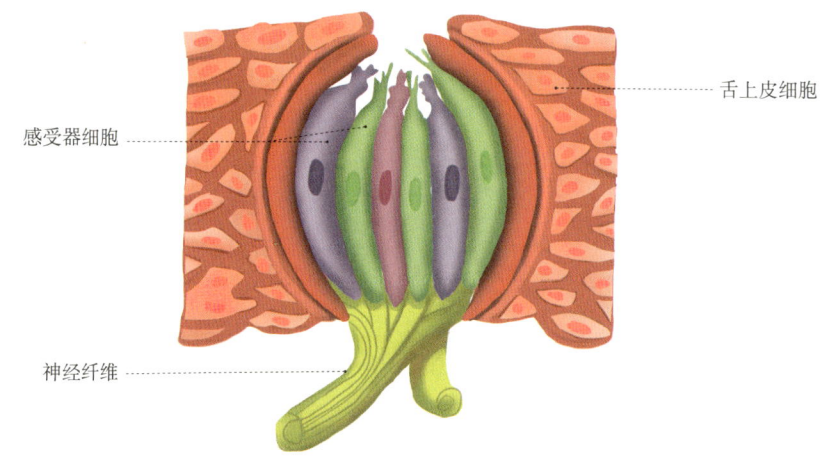

图16-3 味觉感受器

第四节 体育运动对其他感受器的影响

一、体育运动对本体感觉系统的影响

运动对本体感觉系统的影响主要体现在提高神经系统与肌肉系统之间的协调程度,使得动作姿势更加精准,运动技能得到强化,动作质量提高,同时降低因关节不稳或姿势不正确导致的损伤风险。通过系统的运动训练,本体感觉系统可以发生适应性变化,使运动员在复杂环境中更有效地控制和调整身体动作。膝关节和踝关节在运动中起到重要的负重支撑作用,容易受到扭伤和韧带损伤,伴随关节不稳和平衡能力障碍等症状。为预防和恢复这些损伤,通过单腿深蹲、闭眼平衡训练等方法,能够有效改善伤后的本体感觉功能,缓解疼痛,提高平衡能力,降低再次损伤的风险。这些训练通过增强下肢肌肉的力量和本体感觉反应能力,促使身体更多依赖本体感觉进行平衡调整。单腿深蹲训练可以增强下肢肌肉的力量和本体感觉功能,提高关节的稳定性和控制能力;闭眼平衡训练则通过去除视觉参考,强化本体感觉系统的反应能力。这些训练不仅能缓解伤后的疼痛,还能显著提高平衡能力,减少再次损伤

的风险。在进行这些训练时，应注重训练的渐进性和个体化，确保每个动作都在正确的姿势下完成，避免因过度训练或姿势不当导致新的损伤。专业的指导和科学的训练计划对于恢复和提升本体感觉功能至关重要。通过系统的训练和适当的康复措施，可以显著提高本体感觉功能，改善运动表现，提高运动安全性和整体健康水平。

二、体育运动对皮肤的影响

运动对皮肤有着显著的影响。运动时，心脏泵血量增加，血液更多流向皮肤的微循环系统，这种血流量的增加有助于提供更多的氧气和营养物质，促进皮肤细胞的新陈代谢和修复。同时，运动过程中，皮肤通过出汗的方式来调节体温，出汗不仅有助于散热，还能排出体内的代谢废物和毒素，有助于皮肤的清洁和健康。运动还能增强皮肤的弹性和紧致度，刺激皮肤的胶原蛋白和弹性蛋白的生成，防止皮肤松弛和皱纹的形成。此外，运动可以改善皮肤的外观和质地，使皮肤看起来更加光滑和有光泽，因为运动后血液循环增加，皮肤呈现出健康的红润和光泽。运动对皮肤病也有一定的预防和缓解作用，可以增强身体的免疫力，帮助预防和缓解皮肤感染和炎症，如湿疹、银屑病等。通过合理的运动训练、保持良好的姿态和技术、使用适当的防护措施、安排合理的休息和恢复时间以及保持健康的生活方式，可以进一步增强皮肤的功能，促进皮肤健康。

三、体育运动对嗅觉感受器和味觉感受器的影响

运动对嗅觉和味觉感受器有显著的影响。运动可以提高嗅觉和味觉感受器的敏感性，因为运动时身体的新陈代谢加快，血液循环增强，能够更好地为感受器提供氧气和营养物质，使其对气味和味道的敏感度增强。运动还可以促进嗅觉和味觉感受器发挥正常功能，通过促进鼻腔和口腔的血液循环，帮助清除感受器周围的黏液和杂质，保持感受器的通畅和清洁。运动过程中呼吸频率和深度的增加，有助于保持鼻腔和口腔的湿润，防止感受器干燥和损伤。运动对嗅觉和味觉感受器的疾病也有一定的预防和缓解作用，如运动可以增强身体的免疫力，帮助预防鼻腔和口腔感染，减少嗅觉和味觉感受器受到损伤的风险。运动还可以通过改善全身的血液循环和新陈代谢，缓解一些导致嗅觉和味觉障碍的慢性疾病，如糖尿病、高血压等。运动对饮食习惯的调节也对嗅觉和味觉感受器有影响，运动可以改变人的食欲和口味偏好，使人更倾向于选择健康的食物，从而间接保护这些感受器的健康。因此，适度的运动不仅有助于全身健康，也对嗅觉和味觉感受器的功能和健康起着重要的作用。

 复习思考题

1. 简述皮肤的结构和功能。
2. 简述本体感受器的功能。

神经系统

我国脊髓灰质疫苗研发的拓荒者——"糖丸爷爷"顾方舟

第十七章 神经系统概述

【学习目标】

要求学生掌握神经系统常用术语；熟悉神经系统的区分和功能；了解神经系统的组成。培养学生运用整体的概念对体育运动进行解剖学分析的能力；提升学生对本部分理论知识的实践运用能力，为学习后续内容奠定基础。

神经系统在人体各个器官系统中居于主导地位，它控制和协调各个器官系统的活动，使人体成为一个整体，以适应内、外环境的变化。

第一节 神经系统的区分与组成

一、神经系统的区分

神经系统（图17-1）分为中枢神经系统（中枢部）和周围神经系统（周围部）两部分。**中枢神经系统**包括脑和**脊髓**，分别位于颅腔和椎管内。**周围神经系统**中与脑相连的部分称为**脑神经**，共12对；与脊髓相连的部分称为**脊神经**，共31对。在周围神经系统中，根据分布范围的不同，又可分为**躯体神经**和**内脏神经**。躯体神经分布于体表、骨、关节和骨骼肌；内脏神经分布于内脏、心血管、平滑肌和腺体。

周围神经的感觉成分又称**传入神经**，将神经冲动由感受器传向中枢神经系统；运动成分又称**传出神经**，将神经冲动由中枢神经系统传向效应器。内脏运动神经支配不直接受人主观意志控制的平滑肌和心肌运动及腺体的分泌，故又称为**自主神经系统**或**植物性神经系统**，其又可分为**交感神经**和**副交感神经**两部分。

二、神经系统的组成

神经系统的基本组织是神经组织，由神经元和神经胶质细胞组成。

（一）神经元

神经元又称**神经细胞**，是神经系统结构和功能的基本单位，具有接受刺激、产生和传导神经冲动的作用。

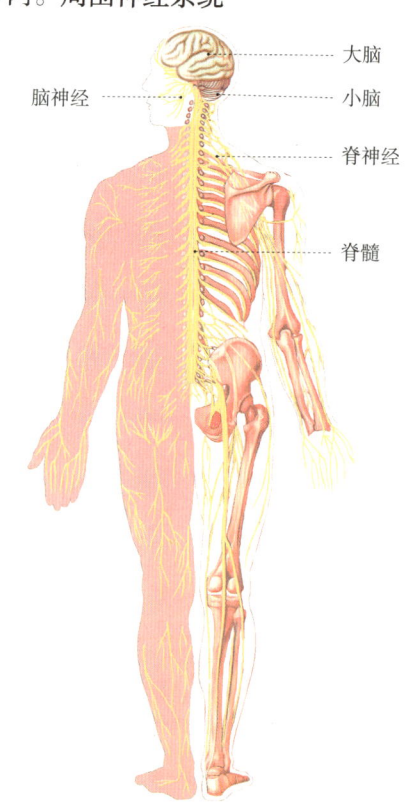

图 17-1 神经系统模式图

神经元由胞体和突起两部分构成，突起又分为**轴突**和**树突**。根据突起的数目，可将神经元分为假单极神经元、双极神经元和多极神经元（图17-2）。根据神经元的功能和传导方向，可将其分为感觉神经元（传入神经元）、运动神经元（传出神经元）和联络神经元（中间神经元）。

神经纤维由神经元较长的突起与包在其外面的神经胶质细胞共同构成。根据神经胶质细胞是否形成髓鞘，将神经纤维分为**有髓神经纤维**和**无髓神经纤维**两类（图17-3）。

神经元之间或神经元与非神经细胞之间传递信息的部位称**突触**，是一种特化的细胞连接（图17-3）。

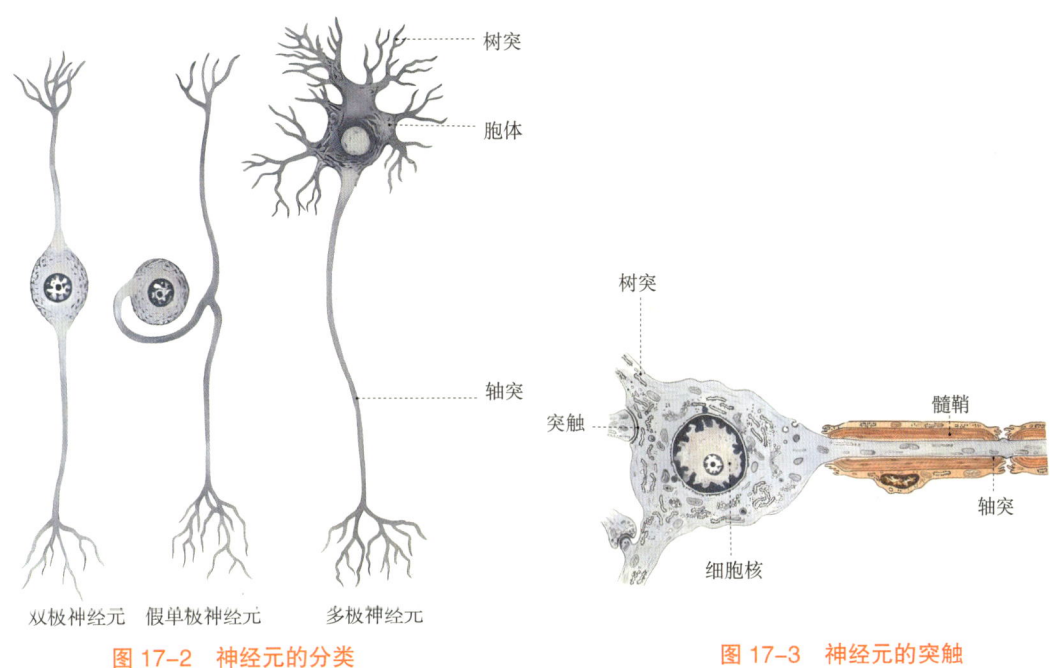

图17-2 神经元的分类

图17-3 神经元的突触

（二）神经胶质细胞

神经胶质细胞简称神经胶质，广泛分布于中枢和周围神经系统，数量是神经元的10~50倍，对神经元起支持、保护、营养和修复等作用。常见的神经胶质细胞有中枢部的星形胶质细胞和周围部的施万细胞与卫星细胞等。

第二节 神经系统的常用术语与基本活动方式

一、神经系统常用术语

在中枢部和周围部神经系统中，神经元胞体和突起的不同组合方式有不同的术语表示。

灰质 在中枢部，神经元胞体及其树突集聚的部位，在新鲜标本中色泽灰暗（富含血管），如脊髓灰质。大、小脑灰质成层配布于表面，称为**皮质**。

白质 在中枢部，神经纤维集聚的部位，因表面包被的髓鞘色泽白亮而得名，如脊髓白质。大、小脑白质被皮质包绕位于深部，称为**髓质**。

神经核 在中枢部皮质以外，由形态和功能相似的神经元胞体聚集成团或柱，称为神经核。

在周围部，神经元胞体集聚的部位，称为**神经节**。

纤维束在中枢部中，由许多起止、行程和功能基本相同的神经纤维集合成束。在周围部，由神经纤维集聚在一起，称为**神经**。

网状结构在中枢部，由灰质和白质混杂而成，其中神经纤维交织成网，灰质团块散在其中。

二、神经系统的基本活动方式

神经系统的基本活动方式是反射。**反射**是指神经系统在调节机体的活动中，对内、外环境的刺激做出适宜的反应。完成反射活动的形态学基础是**反射弧**，由感受器、传入神经、中枢、传出神经和效应器构成（图17-4）。

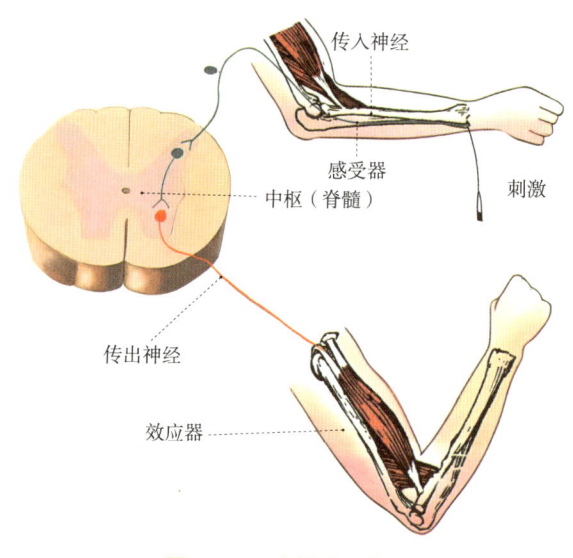

图17-4 反射弧示意图

复习思考题

1. 简述神经系统的组成及分类。
2. 解释下列概念：灰质、白质、神经核与神经节、神经束和神经、网状结构、反射和反射弧。

第十八章　中枢神经系统

【学习目标】

要求学生掌握中枢神经系统的组成和功能，大脑皮质功能定位，熟悉脊髓、脑干、间脑、端脑的内部结构，了解小脑的内部结构。培养学生以中枢调节为主分析体育运动的能力，提升学生对本章节理论知识的实践运用能力，为学习后续内容奠定基础。

第一节　脊　髓

脊髓与脑相比分化较低、功能较低级，保留着明显的节段性。在正常生理状况下，脊髓的活动主要在脑的调控下完成，但其本身也能完成许多反射活动。

脊髓

一、脊髓的位置和外形

脊髓位于椎管内，上端平枕骨大孔处与延髓相连，成人下端平第1腰椎下缘，全长42~45cm。脊髓呈前后稍扁的圆柱状，全长粗细不等，有两个膨大，即**颈膨大**和**腰骶膨大**，其形成与四肢的出现有关。脊髓末端变细，称为**脊髓圆锥**，软脊膜自此处继续向下延为细长的无神经组织的**终丝**，附于尾骨背面（图18-1）。

脊髓表面有6条纵沟，前方正中处一条较深的沟称**前正中裂**，后方正中处较浅的沟称**后正中沟**。前正中裂两侧有一对前外侧沟，后正中沟两侧有一对后外侧沟，分别有脊神经前、后根的根丝附着。

每对脊神经及其前、后根的根丝所附着范围的脊髓构成一个脊髓节段，共31个节段，包括8个颈节（C）、12个胸节（T）、5个腰节（L）、5个骶节（S）和1个尾节（Co）。

脊神经前、后根汇合形成**脊神经**，经相应的椎间孔离开椎管，腰、骶、尾部的脊神经前、后根在到达相应的椎间孔之前要在椎管内下行一段距离，形成**马尾**（图18-2）。

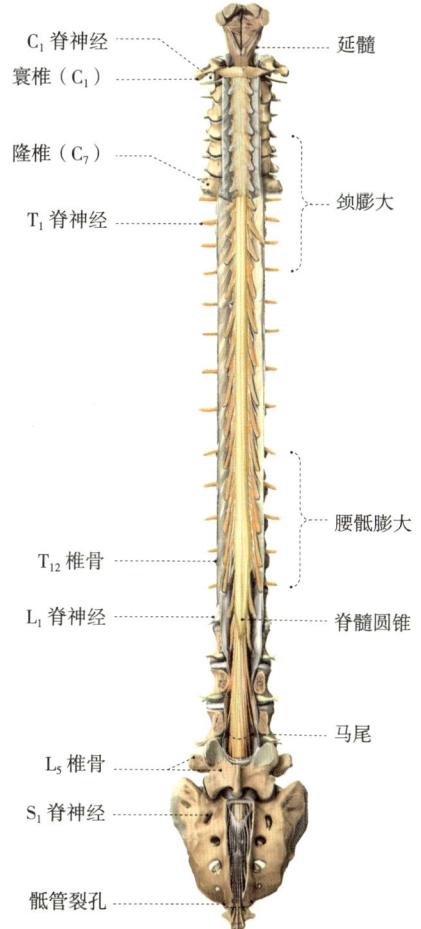

图18-1　脊髓的外形

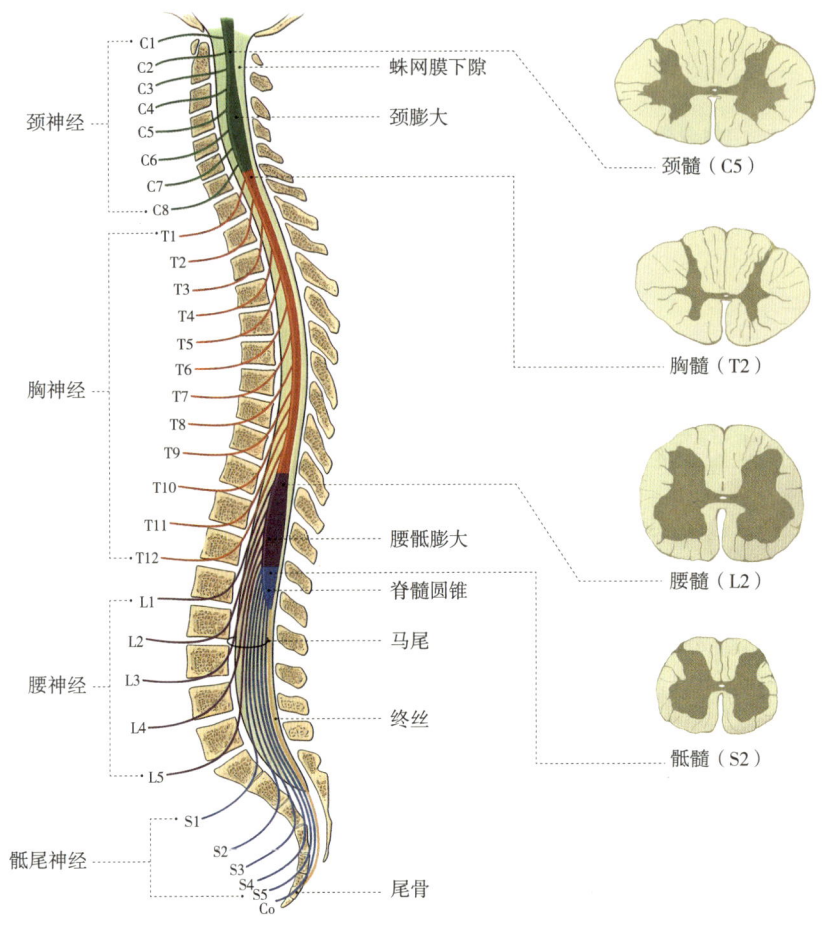

图18-2 脊髓节段与椎骨序数的关系

二、脊髓的内部结构

脊髓由白质和灰质两大部分构成。在脊髓的横切面上，可见中央有一细管称**中央管**，其周围主要是呈"H"形的灰质，灰质的外周是白质。中央管纵贯脊髓全长，内含脑脊液，向上通第四脑室，向下在脊髓圆锥内扩大成终室（图18-3）。

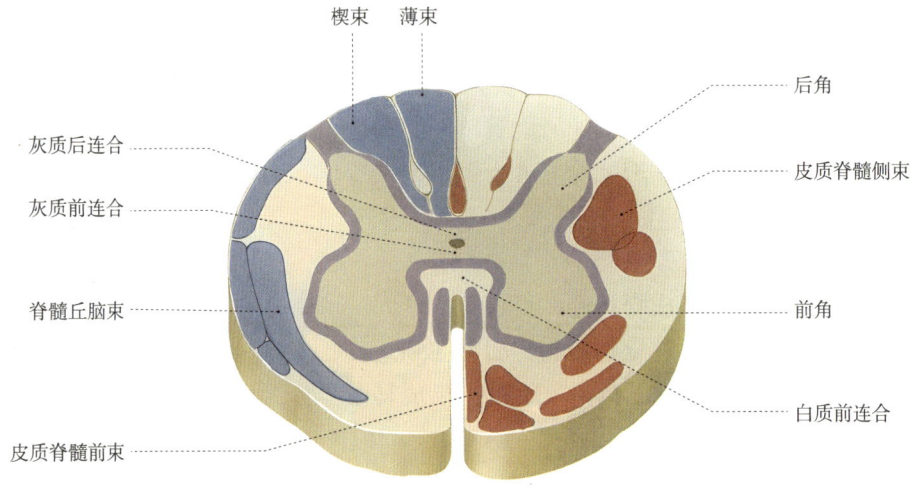

图18-3 脊髓水平切面示意

(一)灰质

每侧的灰质前部扩大为**前角**,后部狭细为**后角**,前后角之间的区域为**中间带**,在胸髓和上腰髓(L_{1-3})节段,前、后角之间向外伸出**侧角**,是交感神经的低级中枢所在部位,在骶髓 2~4 节段(S_{2-4})的相应部位具有骶副交感核,是副交感神经的低级中枢。中央管前、后的灰质分别称为**灰质前连合和灰质后连合**,又称**中央灰质**。

1. 前角

前角是运动神经元的聚集处,其轴突出前外侧沟组成前根,构成脊神经的躯体运动成分。前角运动神经元可分为两类:大型细胞为 α-运动神经元,支配跨关节的梭外肌纤维,引起关节运动;小型细胞为 γ-运动神经元,支配梭内肌纤维,其作用与肌张力的调节有关。

2. 后角

后角是中间神经元和感觉神经元聚集处,主要接受由后根传入的躯体和内脏感觉冲动,其轴突组成脊髓白质内的某些感觉传导束和联系脊髓节段间的固有束。

(二)白质

白质借脊髓的纵沟分成 3 对索,前正中裂与前外侧沟之间为**前索**;后外侧沟与后正中沟之间为**后索**;前、后外侧沟之间为**外侧索**。在灰质前连合的前方有纤维横越,称**白质前连合**。

白质主要由长的上、下行纤维束和短的固有束组成,一般按起止来命名。上行纤维束起自脊神经节或脊髓灰质,将各种感觉信息自脊髓传达到丘脑、小脑、脑干;下行纤维束起自脑的不同部位,止于脊髓各节段。

1. 上行纤维束

上行纤维束又称感觉传导束。

①**薄束**、**楔束**位于脊髓白质后索内,薄束在内侧,楔束在外侧,分别起自同侧第 5 胸髓节段及以下的脊神经节细胞和第 4 胸髓节段及以上脊神经节细胞的中枢突,止于延髓的薄束核和楔束核,传导同侧躯干及上下肢的本体感觉(肌、腱、关节位置觉、运动觉、振动觉)和精细触觉(辨别两点间距离和物体纹理粗细等)。

②**脊髓小脑束**位于脊髓白质外侧索内,传导下肢和躯干下部的非意识性本体感觉。

③**脊髓丘脑束**分为位于前索内的**脊髓丘脑前束**和位于外侧索内的**脊髓丘脑侧束**,起自对侧脊髓灰质,纤维经白质前连合时上升 1~2 节段,或先上升 1~2 节段后经白质前连合对侧的前索和外侧索上行,止于丘脑腹后外侧核,分别传导粗触觉、压觉和痛觉、温觉。

2. 下行纤维束

下行纤维束又称运动传导束。

①**皮质脊髓束**起自大脑皮质中央前回等区域,下行至延髓锥体交叉,75%~90% 的纤维交叉至对侧,构成皮质脊髓侧束,少部分未交叉的纤维在同侧前索下行构成皮质脊髓前束,均止于前角运动神经元,其主要机能是控制骨骼肌的随意运动。

②**其他下行纤维束**包括红核脊髓束、前庭脊髓束、网状脊髓束、顶盖脊髓束、内侧纵束等。

3. 脊髓固有束

脊髓固有束纤维局限于脊髓内,其上行或下行纤维的起、止神经元均位于脊髓灰质内。

三、脊髓的功能

脊髓的功能主要体现为传导与反射。**传导**是指来自躯体和大部分内脏的各种刺激,均要通过脊髓才能到达脑,同样脑的活动也要通过脊髓才能传至效应器。**反射**分为躯体反射和内脏反射。躯体反射,如牵张反射、屈曲反射等;内脏反射,如竖毛反射、膀胱的排尿反射、直肠的排便反射等。

第二节 脑

脑位于颅腔内,其形态结构和功能较脊髓更为复杂,成人脑重量约为1400g。一般可分为6部分:端脑、间脑、小脑、中脑、脑桥和延髓(图18-4)。脑内有大小不等的连续空腔称**脑室**系统,内含脑脊液。

脑

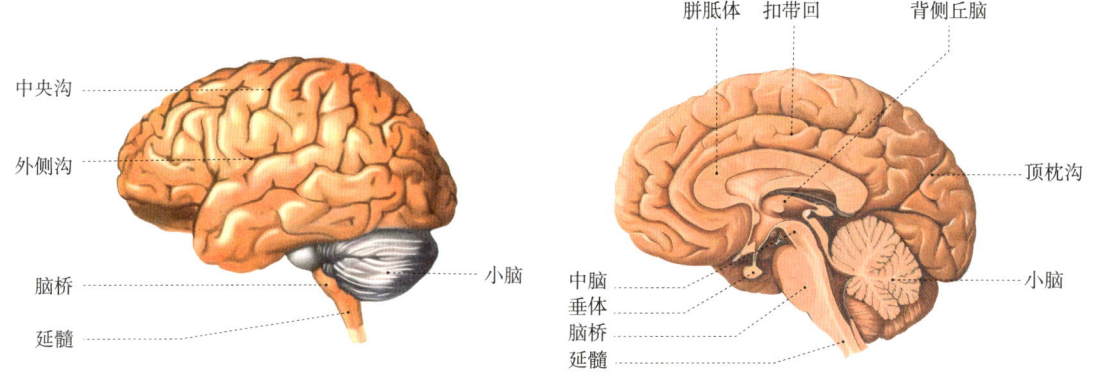

图18-4 脑的组成示意图

一、脑干

脑干自下而上由延髓、脑桥和中脑3部分组成(图18-5)。脑干上连间脑,下接脊髓,背面与小脑相邻。脑干与小脑之间的腔隙为**第四脑室**,此室上接中脑内的**中脑水管**,下续脊髓中央管。

(一)脑干的外形

1. 延髓

延髓上端连脑桥,二者在腹侧面以横行的**延髓脑桥沟**为界,下方在枕骨大孔处与脊髓相接。延髓下部与脊髓外形相似,脊髓表面的沟、裂向上延续到达延髓,腹侧面的正中有前正中裂,其两侧各有一纵行隆起称**锥体**,锥体内聚集着皮质脊髓束的纤维,向下行至延髓下部。绝大多数皮质脊髓束纤维左右交叉,形成**锥体交叉**。

延髓背侧面上部构成菱形窝的下半，菱形窝又称**第四脑室底**。菱形窝中部横行的髓纹可作为延髓和脑桥在背侧面的分界。延髓背侧面下部，在后正中沟两侧各有一对突起，内侧一对称**薄束结节**，外侧一对称**楔束结节**，其深面分别有薄束核和楔束核，是薄束和楔束的终止核。在楔束结节的外上方有一隆起称**小脑下脚**，由与小脑相连的神经纤维构成。

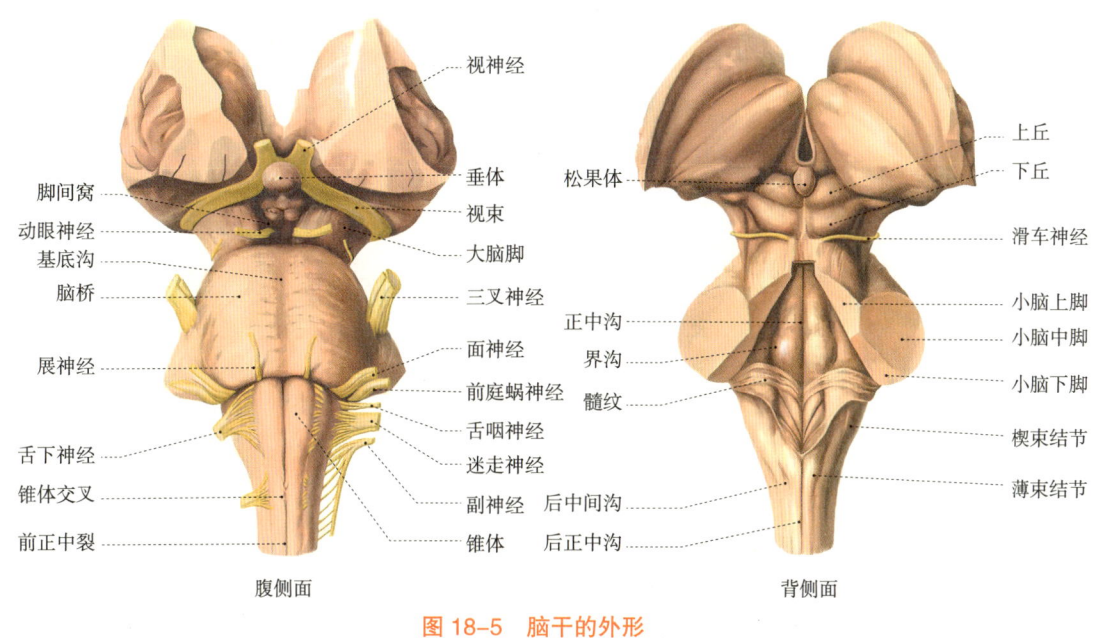

图 18-5　脑干的外形

2. 脑桥

脑桥腹侧面中部宽阔隆起，称**脑桥基底部**，其正中线上有一纵行浅沟称**基底沟**，内有基底动脉。基底部向后外逐渐变窄，移行为**小脑中脚**，主要由进出小脑的神经纤维组成。脑桥背面中部构成菱形窝的上半部，其两侧为**小脑上脚**，连于小脑。

3. 中脑

中脑位于脑桥和间脑之间，上界为间脑视束，下界为脑桥上缘。腹侧面有一对粗大的纵行隆起，称**大脑脚**，内有大量大脑皮质发出的纵行纤维束下行。两侧大脑脚之间的凹陷称**脚间窝**。

中脑背侧面有两对圆形隆起，合称四叠体，上方一对称**上丘**，借上丘臂与间脑的外侧膝状体相连；下方一对称**下丘**，借下丘臂与间脑的内侧膝状体相连。

（二）脑干的内部结构

脑干的内部结构主要包括灰质、白质和网状结构。

1. 灰质

脑干中的灰质聚集成彼此相互独立的各种神经核。包括脑神经核和非脑神经核（图 18-6）。

脑神经核与第Ⅲ～Ⅻ对脑神经相联系，第Ⅲ、Ⅳ对脑神经核位于中脑，第Ⅴ、Ⅵ、Ⅶ、Ⅷ对脑神经核位于脑桥，第Ⅸ、Ⅹ、Ⅺ、Ⅻ对脑神经核位于延髓。其中，运动核发出纤维出脑形成脑神经的运动纤维，感觉核接受脑神经的感觉纤维，副交感核发出副交感神经节前纤维。

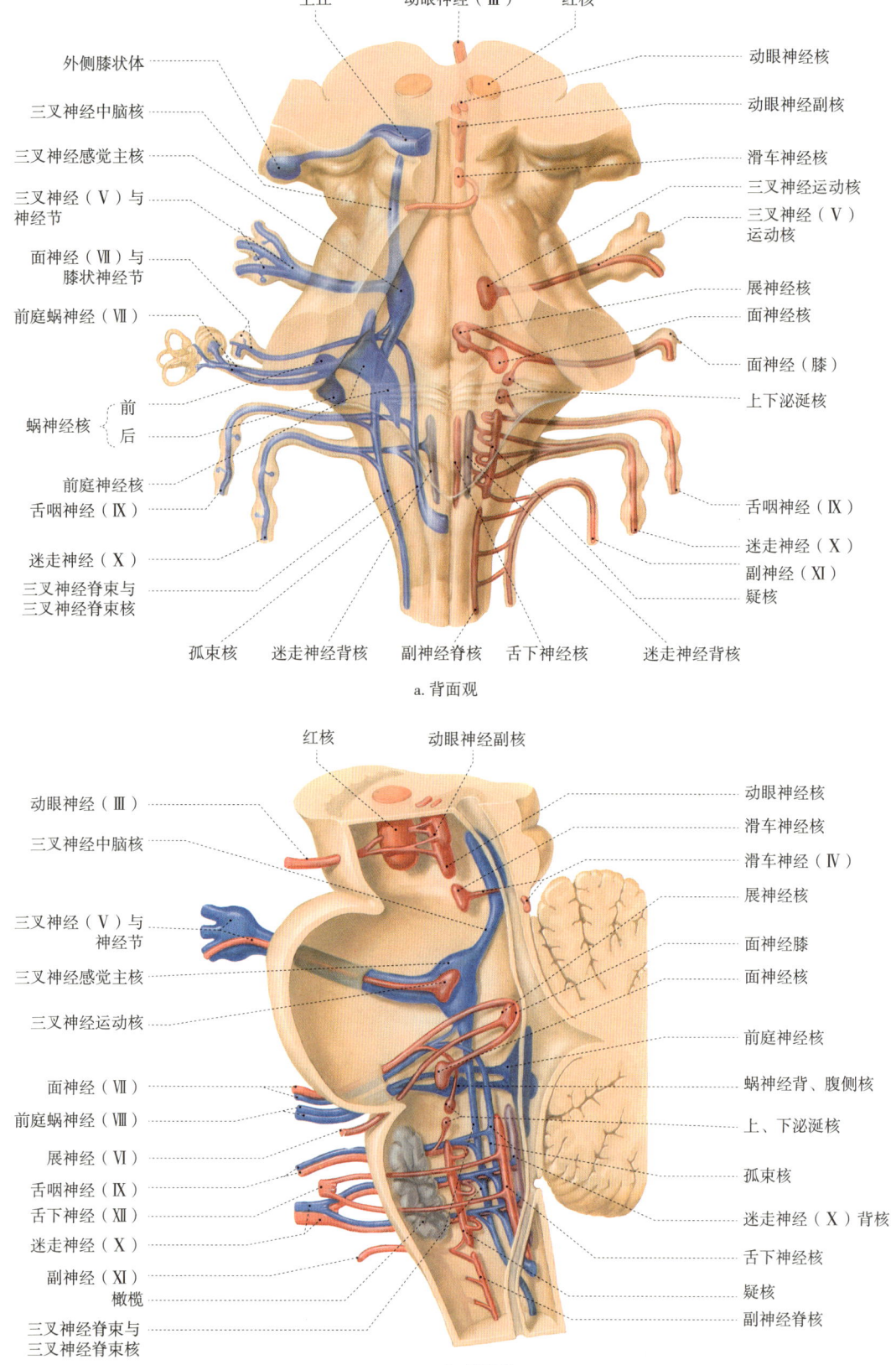

图 18-6 脑干神经核在脑干的投影

非脑神经核主要包括经过脑干的上、下行纤维束进行中继换元的中继核,以及位于脑干网状结构中的网状核。主要包括以下几种。

①**薄束核**与**楔束核**分别位于薄束结节和楔束结节的深面,接受薄束和楔束纤维的终止,其传出纤维在中央管腹侧交叉至对侧,形成**内侧丘系交叉**。交叉后的纤维在中线两侧、锥体束的后方转折上行,称为**内侧丘系**。薄束核和楔束核是向高级中枢传递躯干和四肢意识性本体觉和精细触觉冲动的中继核团。

②**下丘核**位于下丘深面,接受外侧丘系的大部分纤维,传出纤维经下丘臂至内侧膝状体,是听觉传导通路的重要中继站,同时也是重要的听觉反射中枢,参与听觉反射活动。

③其他包括脑桥核、红核和黑质等,其中黑质细胞合成的多巴胺可释放至纹状体,以调节躯体的功能活动。震颤麻痹(帕金森病)是由于黑质多巴胺能神经元变性导致新纹状体内多巴胺水平下降,背侧丘脑向运动皮质发放的兴奋性冲动减少所致,患者表现为肌肉强直、运动受限、减少并出现震颤。

2. 白质

脑干的白质主要包括长的上、下行纤维束,主要包括以下几种。

①**内侧丘系**由薄束核、楔束核发出的纤维上行构成,止于背侧丘脑腹后外侧核,传递对侧躯干和四肢的意识性本体觉和精细触觉。

②**脊髓丘脑束**为脊髓丘脑侧束和脊髓丘脑前束的延续,二者逐渐靠近又称**脊丘系**,止于背侧丘脑腹后外侧核,传递对侧躯干、四肢的痛温觉和粗略触压觉。

③**三叉丘系**由三叉神经感觉核发出的纤维组成,交叉至对侧上行,形成三叉丘系,止于背侧丘脑腹后内侧核,主要传导对侧头面部皮肤、牙及口、鼻黏膜的痛温觉,也传递双侧同区域的触压觉。

④**锥体束**主要由大脑皮质中央前回和中央旁小叶前部锥体细胞和其他类型锥体细胞的轴突构成,经内囊至脑干,在延髓腹侧聚集为锥体。锥体束包括皮质脊髓束和皮质核束,主要是支配骨骼肌的随意运动。

3. 脑干网状结构

脑干网状结构范围相当广泛,该结构中神经纤维纵横交错成网状,其间散在有大小不等的神经元团块。

脑干网状结构的功能较复杂,其非特异性上行投射系统称为上行激动系统;脑干网状结构中有许多重要的"生命中枢"存在,如心血管运动中枢、呼吸中枢、血压调节中枢和呕吐中枢等;脑干网状结构还参与睡眠发生,抑制痛觉传递等。

二、小脑

小脑位于颅后窝内,大脑枕叶下方,延髓和脑桥的背面。

(一)小脑的外形

小脑上面平坦,中间狭窄,狭窄部称**小脑蚓**,两侧膨大部称**小脑半球**。小脑蚓从前向后依次为**小结**、**蚓垂**、**蚓锥体**和**蚓结节**。小结向两侧借**绒球脚**与位于小脑半球前缘的绒球相连(图18-7)。

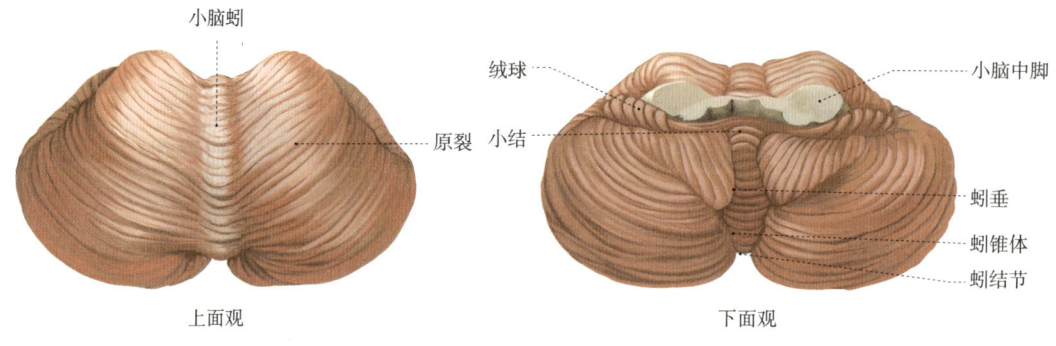

图 18-7 小脑的外形

（二）小脑的分叶

小脑表面有许多相互平行的浅沟，将小脑分为许多小脑叶片。其中上面前、中 1/3 交界处有一略呈"V"字形的深沟，称为**原裂**；小脑下面绒球和小结的后方有一深沟，为**后外侧裂**；原裂和后外侧裂于小脑表面几乎形成一个环，此环的前上部分为**小脑前叶**，后下部分为**小脑后叶**，占据后外侧裂的绒球、绒球脚和小结为**绒球小结叶**。前叶和后叶构成小脑的主体，故又称**小脑体**。

（三）小脑的内部结构

小脑表面为灰质，称**小脑皮质**，深部的白质称**小脑髓质**，髓质内包埋的灰质核团称为**小脑核**，又称**中央核**，包括顶核、球状核、栓状核和齿状核。

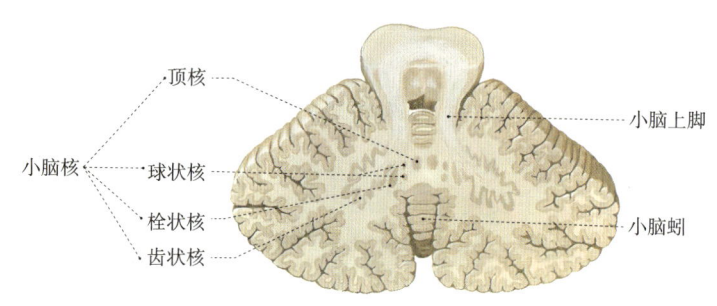

图 18-8 小脑上脚水平切面

小脑髓质内的传入、传出纤维，主要组成 3 对小脑脚：**小脑下脚**连于小脑和延髓、脊髓之间，包含传入、传出纤维两部分；**小脑中脚**连于小脑和脑桥之间，主要成分为由对侧脑桥核发出的传入纤维；**小脑上脚**连于小脑和中脑、间脑之间，主要成分为起自小脑中央核的传出纤维（图 18-8）。

（四）小脑的功能

小脑主要有 3 种功能：①协调骨骼肌的随意运动；②调节肌张力；③维持身体的平衡。小脑损伤的典型体征包括共济失调、意向性震颤和眼球震颤等。

三、间脑

间脑位于脑干和端脑之间，两侧间脑之间为一狭小的腔隙，称**第三脑室**（图 18-9）。间脑可分为背侧丘脑、后丘脑、上丘脑、底丘脑和下丘脑 5 部分。间脑是各种感觉通路（除嗅觉外）到达大脑皮质之前的最后中继站，在此换元后的投射纤维传至大脑皮质的特定区域。

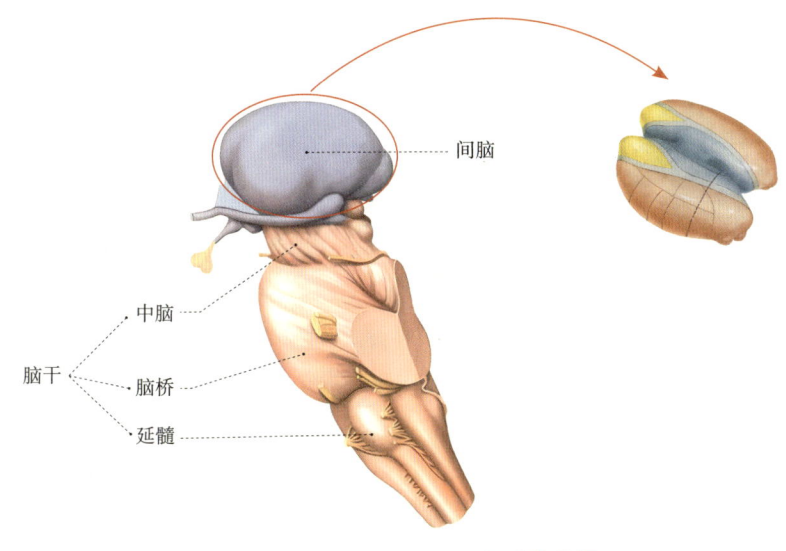

图 18-9 间脑的位置

(一) 背侧丘脑

背侧丘脑又称**丘脑**，占间脑的大部分，由一对卵圆形的灰质团块组成，左右各一。背侧丘脑的腹后内侧核主要接受三叉丘系的纤维，腹后外侧核接受内侧丘系和脊髓丘系的纤维（图 18-10）。

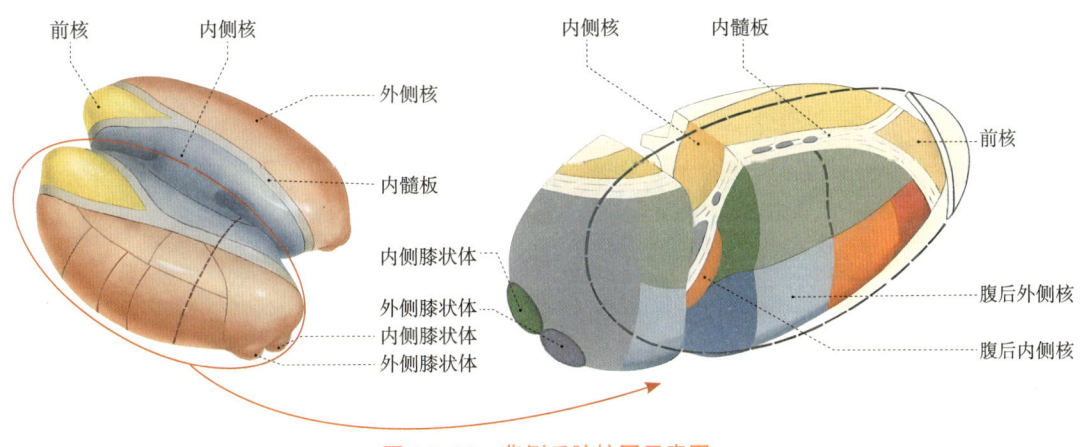

图 18-10 背侧丘脑核团示意图

(二) 后丘脑

后丘脑位于背侧丘脑后下方，包括**内侧膝状体**和**外侧膝状体**。内侧膝状体接受来自下丘臂的听觉传导通路的纤维，发出纤维至听觉中枢。外侧膝状体接受视束的传入纤维，发出纤维至视觉中枢。

(三) 上丘脑

上丘脑位于间脑的背侧部与中脑相移行的部分，包括松果体、缰三角、缰连合等结构。

(四) 底丘脑

底丘脑位于间脑与中脑的过渡区，与黑质、红核、苍白球间有密切的纤维联系，参与锥体外系的功能。

（五）下丘脑

下丘脑位于背侧丘脑的下方，包括**视交叉**、**灰结节**、**漏斗**（下端连垂体）、**乳头体**等结构，内部有重要的神经核团，如视上核、室旁核等（图18-11）。

下丘脑的主要功能包括：①神经内分泌的调控中心，通过垂体将神经调节和体液调节融为一体；②皮质下自主神经活动的高级中枢，对体温、摄食、生殖、水盐平衡和内分泌活动等进行广泛的调节；③与边缘系统有密切联系，参与情绪行为的调节；④具有调节机体昼夜节律的功能等。

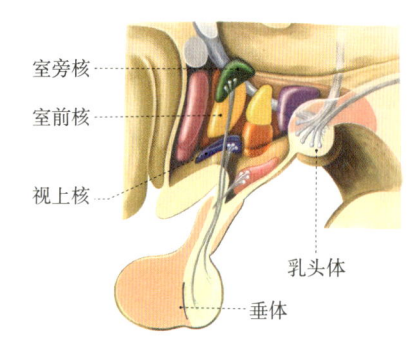

图 18-11　下丘脑核团示意图

四、端脑

端脑又称**大脑**，是脑的最高级部位，由两侧大脑半球组成。两侧大脑半球表面为灰质，又称**皮质**，深部为白质，又称**髓质**，位于白质内的灰质团块为**基底核**，大脑半球内的腔隙为**侧脑室**，内含脑脊液。

（一）端脑的外形

大脑半球表面分布有多条深浅不一的沟，沟与沟之间有隆起的脑回。左右大脑半球之间为纵行的**大脑纵裂**，纵裂底部借**胼胝体**连接两半球。大、小脑之间为横行的**大脑横裂**。每侧半球分为上外侧面、内侧面和底面。

每侧半球有3条沟将大脑半球分为5叶。**外侧沟**起于半球下面，行向后上方，转至上外侧面；**中央沟**起于半球上缘中点稍后方，斜向前下；**顶枕沟**位于半球内侧面后部，起自距状沟，自下向后上行并略转至上外侧面。位于外侧沟上方和中央沟前方的部分为**额叶**；位于外侧沟上方、中央沟后方及枕叶以前的部分为**顶叶**；外侧沟以下的部分为**颞叶**；位于半球后部、顶枕沟后方的部分为**枕叶**；**岛叶**（又称脑岛）位于外侧沟深面，被额、顶、颞叶掩盖（图18-12）。

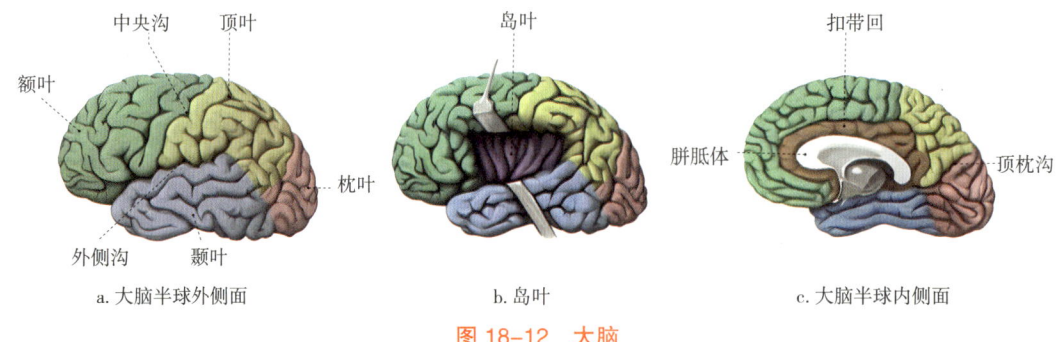

a. 大脑半球外侧面　　　b. 岛叶　　　c. 大脑半球内侧面

图 18-12　大脑

在半球上外侧面，中央沟前方有与之平行的中央前沟，两沟之间为**中央前回**。自中央前沟向前有上、下两条水平走行的沟，称为**额上沟**与**额下沟**，额上回位于额上沟上方；额中回位于额上、下沟之间；**额下回**位于额下沟和外侧沟之间。在中央沟后方有与之相平行的中央后沟，两沟之间为**中央后回**。在外侧沟下方有与之平行的**颞上沟**和**颞下沟**。外侧沟与颞上沟之间为**颞上回**，自颞上回转入外侧沟下方有两个短而横行的**颞横回**；颞上沟与颞下沟之间为**颞中回**；颞下沟下方为**颞下回**。包绕外侧沟和颞上沟末端的分别称为**缘上回**和**角回**。自中央前、后回上外侧面延伸到内侧面的区域称为**中央旁小叶**。

半球内侧面中部是胼胝体，在胼胝体背面有胼胝体沟，此沟绕过胼胝体后方，向前移行于海马沟。在胼胝体沟上方，有与之平行的扣带沟，扣带沟与胼胝体沟之间为**扣带回**。在胼胝体后下方有一弓形向后至枕叶后端的**距状沟**。距状沟与顶枕沟之间为**楔叶**，距状沟下方为**舌回**（图18-12）。

在半球底面，额叶内有纵行的嗅束，前端膨大为嗅球，与嗅神经相连。颞叶下方有与半球下缘平行的枕颞沟，此沟内侧有与之平行的侧副沟。侧副沟的内侧为**海马旁回**，其内侧为海马沟，沟上方为**齿状回**，在齿状回的外侧，侧脑室下角底壁上有一弓形隆起，称**海马**，海马和齿状回构成**海马结构**。扣带回、海马旁回、海马和齿状回等共同构成**边缘叶**。

（二）端脑的内部结构

1. 大脑皮质

大脑皮质可分为原皮质（海马、齿状回）、旧皮质（嗅脑）和新皮质。原皮质和旧皮质为3层结构，新皮质由外向内排列成6层。

2. 基底核

基底核因靠近大脑半球的底部而得名，包括纹状体、屏状核和杏仁体（图18-13）。

①**纹状体**由**尾状核**和**豆状核**组成，豆状核又分为外侧部的**壳**和内侧部的**苍白球**。在种系发生上，尾状核及壳是较新的结构，合称**新纹状体**；苍白球为较旧的结构，称旧纹状体。纹状体是锥体外系的重要组成部分，在调节躯体运动中起到重要作用。

②**屏状核**位于岛叶皮质与豆状核之间。

③**杏仁体**与尾状核的末端相连，为边缘系统的皮质下中枢。

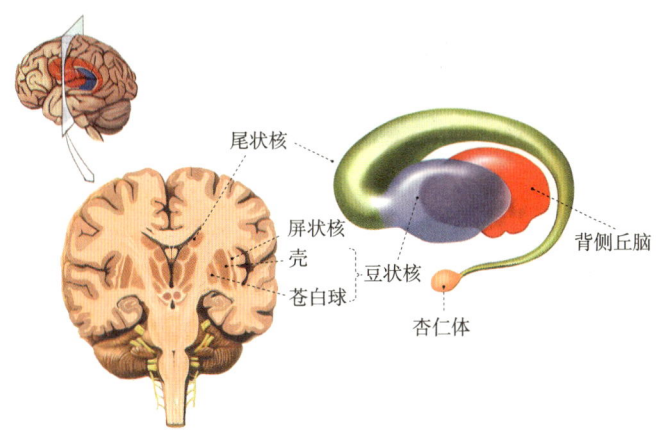

图 18-13　基底核示意图

3. 大脑髓质

大脑髓质主要由联系皮质各部和皮质与皮质下结构的神经纤维组成,可分3类。

①**联络纤维**是联系同侧半球内各部分皮质的纤维(图18-14)。

②**连合纤维**是连合左右半球皮质的纤维,主要是胼胝体(图18-12、图18-14)。

③**投射纤维**是联系大脑皮质与皮质下各中枢间的上、下行纤维,大部分经过内囊(图18-15)。**内囊**是位于背侧丘脑、尾状核和豆状核之间的白质板。在水平切面上,内囊呈向外开放的"V"字形,由前向后分内囊前肢、内囊膝部和内囊后肢3部分。经前肢的投射纤维主要有额桥束等;经膝部的投射纤维有皮质核束;经后肢的下行纤维有皮质脊髓束等,上行纤维束有听辐射、视辐射、丘脑中央辐射等。

因此,当内囊损伤广泛时,患者会出现对侧偏身感觉丧失(丘脑中央辐射受损)、对侧偏瘫(皮质脊髓束、皮质核束损伤)和对侧偏盲(视辐射受损)的"三偏"症状。

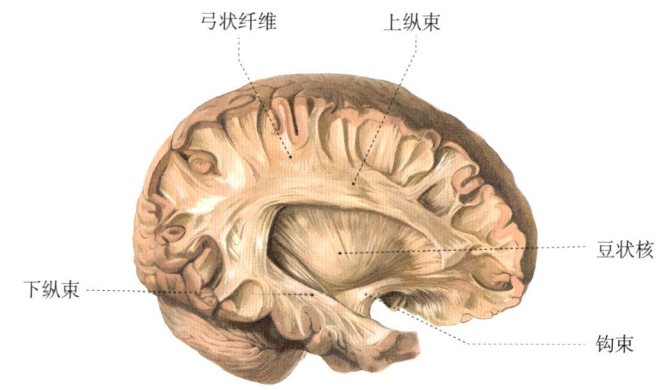

图18-14 大脑半球联络纤维

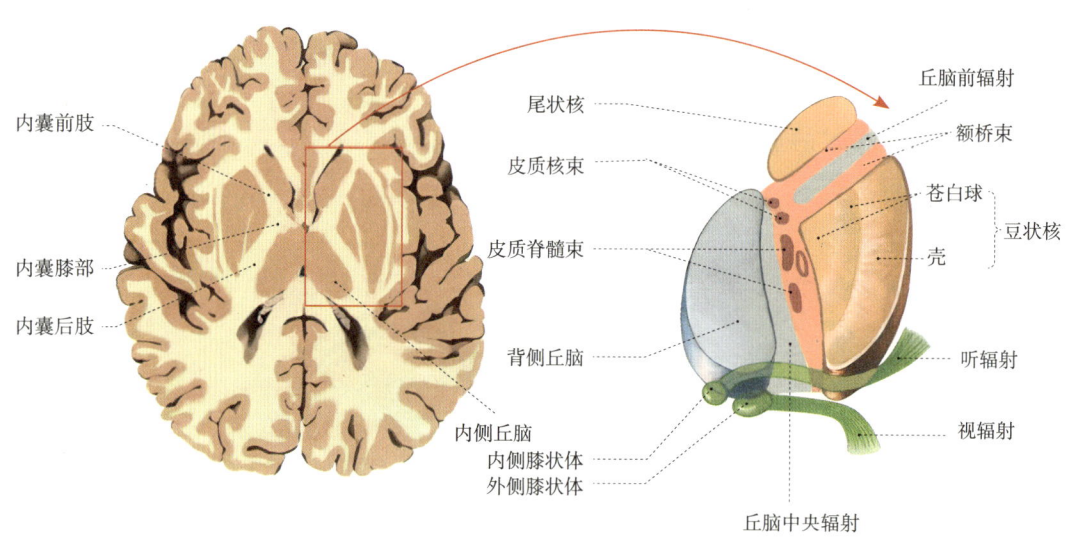

图18-15 内囊

4. 侧脑室

侧脑室位于大脑半球内,左右各一,两侧侧脑室经左、右室间孔与第三脑室相通。

（三）大脑皮质功能定位

大脑皮质是脑最重要的部分，是高级神经活动的物质基础，总面积约为 2200cm²。机体各种功能活动在大脑皮质上具有定位关系，形成许多中枢（图 18-16~图 18-18）。

第Ⅰ躯体运动区 位于中央前回和中央旁小叶前部，主要功能为管理骨骼肌的随意运动，身体各部在此中枢的投影特点为：①上下颠倒，但头部是正的，中央前回最上部和中央旁小叶前部与下肢等部运动有关，中部与躯干和上肢的运动有关，下部与面、舌、咽、喉的运动有关；②左右交叉，即一侧运动区支配对侧肢体运动；③身体各部分投影区的大小与各部形体大小无关，而取决于功能的重要性和复杂程度。该区发出纤维组成锥体束，至脑干运动核和脊髓灰质前角（图 18-16）。

第Ⅰ躯体感觉区 位于中央后回和中央旁小叶后部，接受背侧丘脑腹后核传来的对侧半身痛、温、触、压觉以及位置和运动觉。此区投影特点是：①上下颠倒；②左右交叉；③身体各部在该区投影范围的大小取决于该部感觉的敏锐程度（图 18-17）。

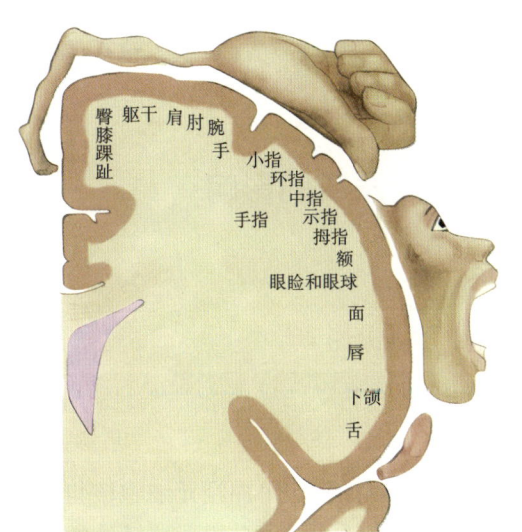 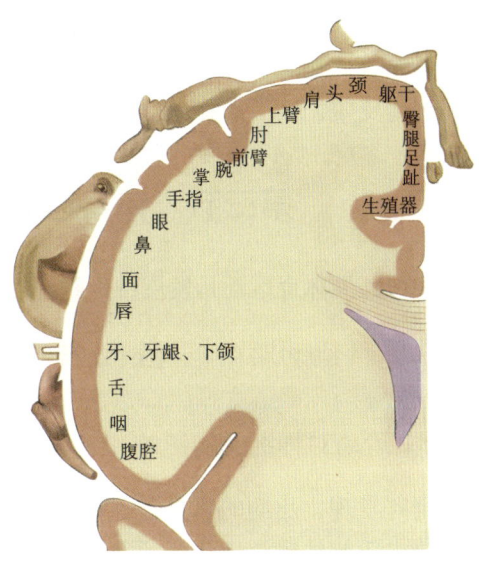

图 18-16　人体各部在第Ⅰ躯体运动区的投射定位　　图 18-17　人体各部在第Ⅰ躯体感觉区的投射定位

视觉中枢 位于距状沟上下的枕叶皮质，即楔叶和舌回，接受来自外侧膝状体的纤维。一侧视区接受同侧视网膜颞侧半和对侧视网膜鼻侧半的传入冲动。

听觉中枢 位于颞横回，接受来自内侧膝状体的纤维。每侧的听觉中枢均接受来自两耳的冲动。

运动性语言中枢 位于额下回后部，此区受损，病者虽能发音，却不能说出具有意义的语言，称运动性失语症。

书写中枢 位于额中回后部，此区受损，手的运动功能仍然保存，但写字、绘图等精细动作发生障碍，称失写症。

听觉性语言中枢 位于颞上回后部，能调整自己的语言和听取、理解别人的语言。此区受损，虽能听到别人讲话，但不理解讲话内容与自己讲话的意思，故不能正确回答问题和正常说话，称感觉性失语症。

视觉性语言中枢 又称阅读中枢，位于角回，此区受损，视觉正常，但不理解文字符号的意义、不能阅读，称失读症。

内脏活动中枢一般认为在边缘叶。

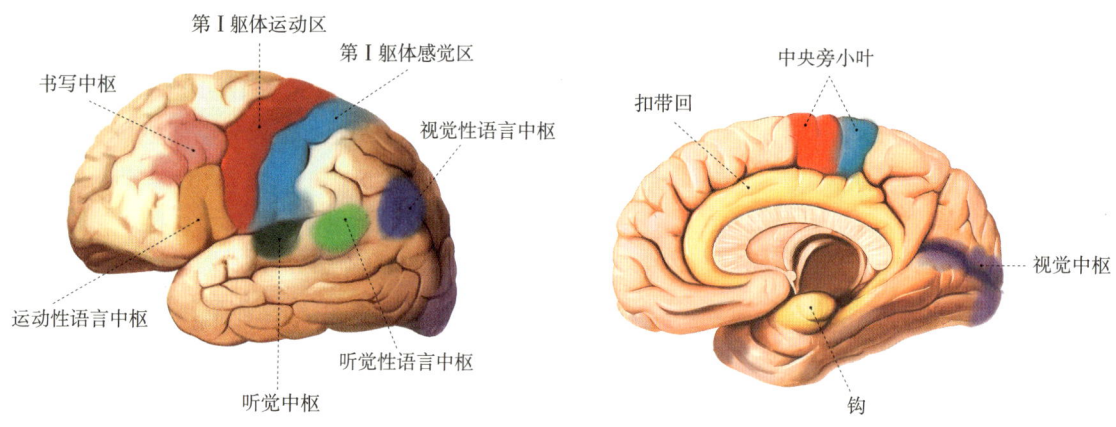

图 18-18　大脑皮质的功能定位

（四）边缘系统

边缘系统由边缘叶和有关的皮质下结构共同组成。边缘系统的功能复杂，包括调节内脏活动、情绪反应、性活动等，也与学习、记忆活动等密切相关。

第三节　体育运动对中枢神经系统的影响

合理地开展体育运动是发展神经系统功能的有效手段。

一、体育运动对中枢神经系统结构和功能的积极影响

（一）运动对神经元的影响

有研究发现，长期的体育锻炼可促使生长发育期小鼠的脊髓前角神经元细胞核与核仁增大，大脑皮质躯体感觉区和运动区锥体细胞的核仁增大。核仁的增大会增强核糖体的生成能力，提升蛋白质的合成能力，从而为神经信息传导过程中蛋白质消耗的补充提供保证。此外，适宜的运动可以促使生长发育期小鼠大脑皮质躯体感觉区锥体细胞、皮质下运动中枢神经元树突棘增多，诱导成年大鼠海马突触密度增加，可使小脑皮质浦肯野细胞的树突扩大，树突棘增多。运动诱导树突棘增多可增加上述中枢神经元的信息输入量，扩大神经元之间的联系范围。也有实验证明，适宜的运动可促使大鼠脊髓前角运动神经元的线粒体数量增多，线粒体嵴变得多而致密，从而提高线粒体贮能、供能的能力。

（二）运动对脑的影响

人体的脑细胞在四十岁以后逐步开始凋亡，到六七十岁时大致减少 1/10。有研究表明，每天进行适当的体育锻炼可以保持和促进脑健康，对延缓脑衰老有明显的效果。流行病学研究表明，经常参加运动锻炼的人，在智力和反应方面明显高于未参加锻炼（或极少参加运动）的同龄人，其可能与长期运动可增加大脑血流量，使大脑得到充足的氧气和营养物质有关。动物实验发现，8周有氧运动干预可显著提高6月龄阿尔茨海默小鼠和健康小鼠海马的突触可塑性，说明有氧运动既可以提高正常小鼠的脑功能，又可以延缓脑老化。

（三）运动对脊髓的影响

适宜的运动可以使脊髓前角细胞的形态学发生改变，如细胞中的线粒体结构产生良好的代偿性改变，脊髓前角细胞的胞核、核仁增大等。以上形态学的改变对脊髓的功能会产生积极作用。前人在探讨运动对小鼠寿命和脊髓前角神经元数量的影响时发现，长期的运动对小鼠寿命无影响，但可以延缓脊髓前角细胞在衰老过程中的凋亡。

二、体育运动对中枢神经系统的消极影响

运动与健康息息相关，适宜的运动可以延缓神经退行性病变，改善脑功能。然而，运动过程中也会存在一定的风险。据统计，每年有百万以上的人遭受运动相关性脑震荡的困扰，尤其是在足球、摔跤、冰球和长曲棍球等碰撞和接触的运动项目中有更高的发生率。反复发生运动性脑震荡的运动员在晚年时相比常人有较高的认知心理障碍、执行控制力缺陷等慢性创伤性脑病表现。因此，在运动过程中要选择适合的运动项目，防止脑震荡的发生。此外，受北京2022年冬奥会的影响，大众参加冰雪项目的热情不断高涨。近期的一项调查研究表明，感音神经性听力损失为我国冰雪运动中较高发的神经系统运动性损伤。因此，对冰雪运动爱好者而言，接受专业的指导、佩戴好头盔和避免做高难度的腾空动作等有效预防头部着地的措施显得尤为重要。

 复习思考题

1. 解释下列概念：脊髓节段、内囊；边缘叶和侧脑室。
2. 简述脊髓的位置、结构和功能。
3. 简述脊髓白质三索内主要传导束的位置、名称、性质和功能。
4. 简述脑干的组成和功能。
5. 简述小脑的位置形态、分叶、结构和功能。
6. 简述间脑的位置、分部和背侧丘脑位置，以及与腹后内、外侧核及内、外侧膝状体联系的纤维；下丘脑位置及主要分泌神经元和分泌物的名称；下丘脑的功能。
7. 简述大脑半球的分叶、主要沟回及主要的功能中枢所在的区域。
8. 简述胼胝体的位置、基底核的位置和组成、内囊的位置及主要通过的纤维。

第十九章 周围神经系统

【学习目标】

要求学生**掌握**脊神经的概念、组成、数目，**熟悉**脊神经颈丛、臂丛、腰丛和骶丛的组成及主要分支分布，以及脑神经的概念、组成，12对脑神经的名称、性质和功能；**了解**内脏运动神经与躯体运动神经、交感神经与副交感神经的主要区别。培养学生对周围神经基础知识的实践应用能力及理论与实践结合的能力。

周围神经系统连接中枢系统与身体各器官，其中与脑相连的称为**脑神经**，与脊髓相连的称为**脊神经**。

第一节 脊神经

脊神经是指与脊髓相连的周围神经，共31对。每对脊神经连于一个脊髓节段。

一、脊神经的构成

脊神经自上而下分别为8对**颈神经**、12对**胸神经**、5对**腰神经**、5对**骶神经**和1对**尾神经**。

脊神经借前根和后根分别与脊髓的前外侧及后外侧沟相连。**前根**属运动性的神经纤维，**后根**属感觉性的神经纤维。在穿过椎间孔时，后根在靠近椎间孔处有一椭圆膨大称**脊神经节**，内含假单极神经元；前根和后根结合成脊神经干，属混合性神经。脊神经干出椎间孔后分为4支，即前支、后支、脊膜支和交通支（图19-1）。

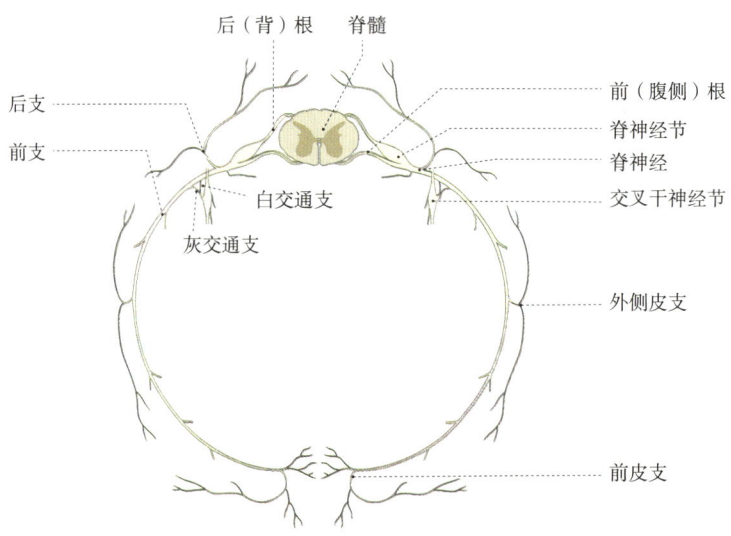

图19-1 脊神经分支图

二、脊神经后支的分布

脊神经后支较前支细小，其分布的节段性很明显。后支属混合性神经，在相邻横突之间向后走行，分为内侧支和外侧支，分布于项部、背部、腰骶部、臀部的皮肤和肌肉。其中，腰 1~3 脊神经后支的外侧皮神经，穿胸腰筋膜，越过髂嵴，分布于臀上部的皮肤，称为臀上皮神经。

三、脊神经前支的分布

脊神经前支较后支粗大，属混合性神经，其分布于躯干前、外侧和四肢的肌肉及皮肤。胸神经前支的节段性比较明显，其余前支节段性不明显，分别交织成丛，再由丛发出分支分布于相应的区域。脊神经前支上下吻合交织成丛，包括颈丛、臂丛（表 19-1，图 19-2）、腰丛和骶丛（表 19-2、表 19-3、图 19-3、图 19-4）。

（一）颈丛的组成及主要分支

颈丛由第 1~4 颈神经前支吻合而成，位于胸锁乳突肌上部深面，其分支包括肌支、皮支和交通支。膈神经是颈丛重要分支，由第 3~5 颈神经组成，自颈侧下降，穿胸廓上口进入胸腔至膈肌，支配膈肌运动。

（二）臂丛的组成及主要分支

臂丛由第 5~8 颈神经和第 1 胸神经前支吻合而成，位于锁骨上胸锁乳突肌后缘的中、下 1/2 交接处至锁骨中、外 1/3 交接处。臂丛的分支分布于胸、上肢带、背部浅层，以及上肢的肌肉和皮肤，主要有肌皮神经、腋神经、正中神经、尺神经、桡神经等（表 19-1）。

（三）胸神经前支的组成及主要分支

胸神经前支共 12 对，除第 1 胸神经前支的大部分参加臂丛、第 12 胸神经前支的小部分参加腰丛之外，其余均不成丛。不成丛的胸神经前支位于相对应的肋间隙，称肋间神经。其肌支支配肋间内、外肌和腹肌外侧群；皮支分布于胸、腹壁的皮肤和胸膜、腹膜的壁层。

（四）腰丛的组成及主要分支

腰丛由第 12 胸神经前支的一部分、第 1~3 腰神经前支和第 4 腰神经前支的一部分吻合而成，位于腰大肌深面。腰丛分支除主要支配髂腰肌、腰方肌的肌支外，还有分支分布于腹股沟区和大腿前、内侧等部位，主要有股神经和闭孔神经等（表 19-2）。

（五）骶丛的组成及主要分支

骶丛由第 4 腰神经前支的剩余部分、第 5 腰前支和全部骶神经、尾神经前支吻合而成，位于骶骨前外侧和梨状肌前面。骶丛的分支分布于盆壁、臀部、会阴、股后部、小腿及足的肌肉和皮肤，主要有臀上神经、臀下神经、坐骨神经、胫神经、腓浅神经和腓深神经等（表 19-3）。

表 19-1 臂丛的主要分支

分支	分布
腋神经（C_5~L_6）	肌支：支配三角肌及小圆肌的运动 皮支：分布于肩部与上臂外上侧的皮肤
肌皮神经（C_{5-7}）	肌支：支配肱二头肌、肱肌和喙肱肌的运动 皮支：分布于前臂桡侧皮肤
正中神经（C_6~T_1） （在上臂无分支，在前臂分支）	肌支：支配前臂前群肌（除肱桡肌、尺侧腕屈肌和指深屈肌内侧半以外）、鱼际肌的运动（拇收肌除外） 皮支：分布于桡侧半手掌、桡侧三个半指及其中节和远节背面皮肤
尺神经（C_8~T_1） （在上臂无分支，在前臂分支）	肌支：支配除正中神经支配以外的前臂前群肌和手肌的运动 皮支：分布于手掌、手背尺侧半和尺侧一个半指掌、背面皮肤
桡神经（C_5~T_1）	肌支：支配整个上肢后群肌的运动 皮支：分布于上肢后面及手背桡侧半和桡侧三个指背面的（中节和远节除外）皮肤

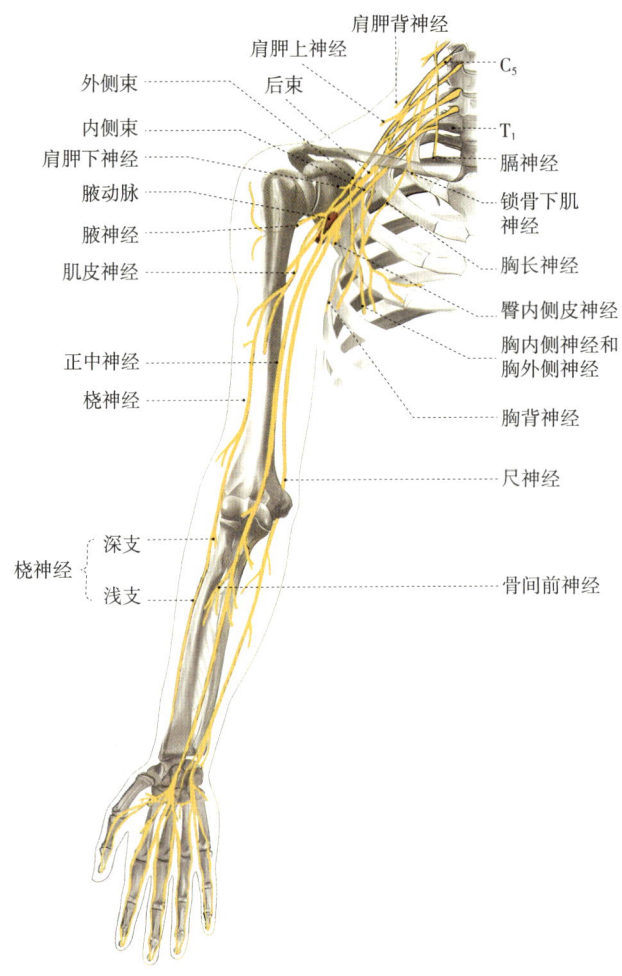

图 19-2 颈丛与臂丛模式图

表 19-2 腰丛的主要分支

分支	分布
股神经（L_{2-4}）	肌支：支配髂肌、股四头肌、耻骨肌和缝匠肌的运动 皮支：分布于股前区、小腿内侧、足内侧缘皮肤
闭孔神经（L_{2-4}）	肌支：支配大腿内收肌群的运动 皮支：分布于大腿内侧皮肤

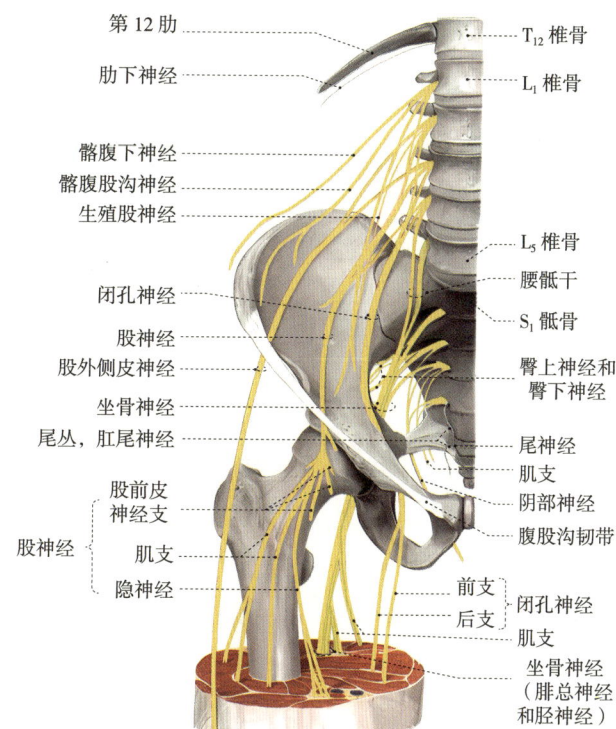

图 19-3 腰丛与骶丛正面观

表 19-3 骶丛的主要分支

分支	分布
臀上神经（$L_4 \sim S_1$）	肌支：支配臀中肌、臀小肌和阔筋膜张肌的运动
臀下神经（$L_5 \sim S_2$）	肌支：支配臀大肌运动
坐骨神经（$L_4 \sim S_3$）（从梨状肌下缘出骨盆，经坐骨结节和股骨大转子之间到大腿后面）	肌支：支配股后肌群、全部小腿肌和足肌的运动 皮支：分布于股部、小腿、足的皮肤
胫神经（$L_4 \sim S_3$）（坐骨神经本干的延续）	肌支：支配小腿后群肌和足底肌的运动 皮支：分布于小腿后面和足底皮肤
腓浅神经（$L_4 \sim S_2$）	肌支：支配小腿外侧群肌运动 皮支：分布于小腿外侧及足背皮肤
腓深神经（$L_4 \sim S_2$）	肌支：支配小腿前群肌的运动 皮支：分布于足第1~2趾相对边缘皮肤

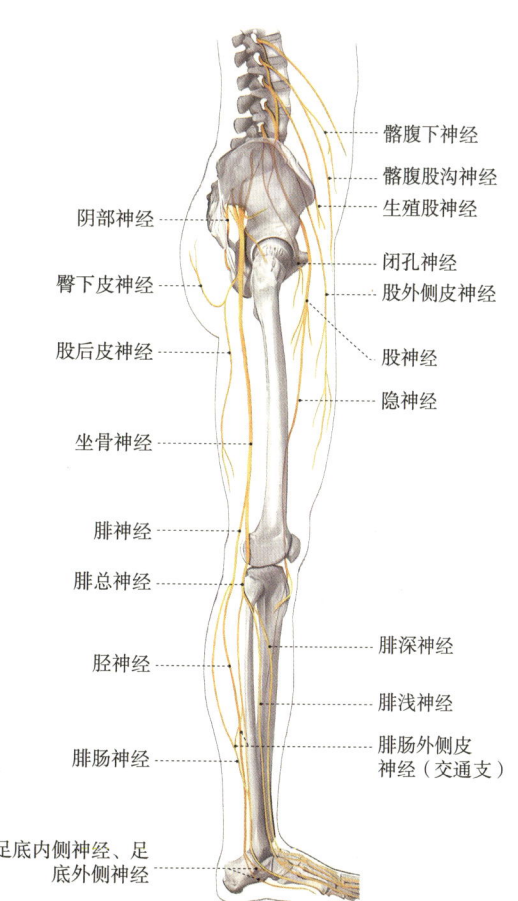

图 19-4 腰丛与骶丛侧面观

第二节 脑神经

脑神经

脑神经是指与脑相连的周围神经，共12对（表19-4）。

自颅侧向尾侧排列的顺序依次是（序号通常用罗马字符表示）：Ⅰ嗅神经、Ⅱ视神经、Ⅲ动眼神经、Ⅳ滑车神经、Ⅴ三叉神经、Ⅵ展神经、Ⅶ面神经、Ⅷ前庭蜗神经、Ⅸ舌咽神经、Ⅹ迷走神经、Ⅺ副神经和Ⅻ舌下神经（图19-5）。其中第一对嗅神经位于大脑额叶下方，第二对视神经连于间脑的视交叉，其余的10对脑神经与脑干相连。

表19-4 各脑神经的性质、连脑部位和分布

顺序	名称	性质	连脑部位	分布
Ⅰ	嗅神经	感觉性	端脑	鼻腔顶部的嗅黏膜
Ⅱ	视神经	感觉性	间脑	眼球的视网膜
Ⅲ	动眼神经	运动性	中脑	眼球外面的肌肉，支配眼球的运动；瞳孔括约肌
Ⅳ	滑车神经	运动性	中脑	眼球外面的肌肉，支配眼球的运动
Ⅴ	三叉神经	混合性	脑桥	支配咀嚼肌运动和头面部（鼻腔、牙、眼、皮肤等）的一般感觉
Ⅵ	展神经	运动性	脑桥	眼球外面的肌肉，支配眼球的运动
Ⅶ	面神经	混合性	脑桥	支配表情肌运动，泪腺、下颌下腺和舌下腺的分泌；舌前2/3的味觉
Ⅷ	前庭蜗神经	感觉性	脑桥	内耳球囊斑和椭圆囊斑、壶腹嵴螺旋器
Ⅸ	舌咽神经	混合性	延髓	支配咽肌运动、腮腺的分泌、咽部感觉、颈动脉窦和颈动脉体，以及舌后1/3的味觉
Ⅹ	迷走神经	混合性	延髓	运动性纤维分布于胸腹腔内脏的平滑肌、腺体、心肌和咽喉的横纹肌，支配其运动和分泌；感觉性神经纤维分布于胸腹腔脏器、咽喉（会厌）黏膜、硬脑膜、耳郭及外耳道皮肤
Ⅺ	副神经	运动性	延髓	支配胸锁乳突肌、斜方肌和喉肌运动
Ⅻ	舌下神经	运动性	延髓	支配舌肌运动

同躯干相比，头面部衍化出眼、耳、鼻、咽、喉、口等器官，故脑神经的纤维成分要比脊神经复杂，共含有一般躯体感觉纤维、一般内脏感觉纤维、一般躯体运动纤维、一般内脏运动纤维、特殊躯体感觉纤维、特殊内脏感觉纤维和特殊内脏运动纤维7种纤维成分。有些脑神经可能只含有上述7种纤维中的一种，有些脑神经则含有两种或数种纤维。根据脑神经所含的纤维成分，可将其分为运动性脑神经（Ⅲ，Ⅳ，Ⅵ，Ⅺ，Ⅻ）、感觉性脑神经（Ⅰ，Ⅱ，Ⅷ）和含感觉、运动纤维的混合性脑神经（Ⅴ，Ⅶ，Ⅸ，Ⅹ）。

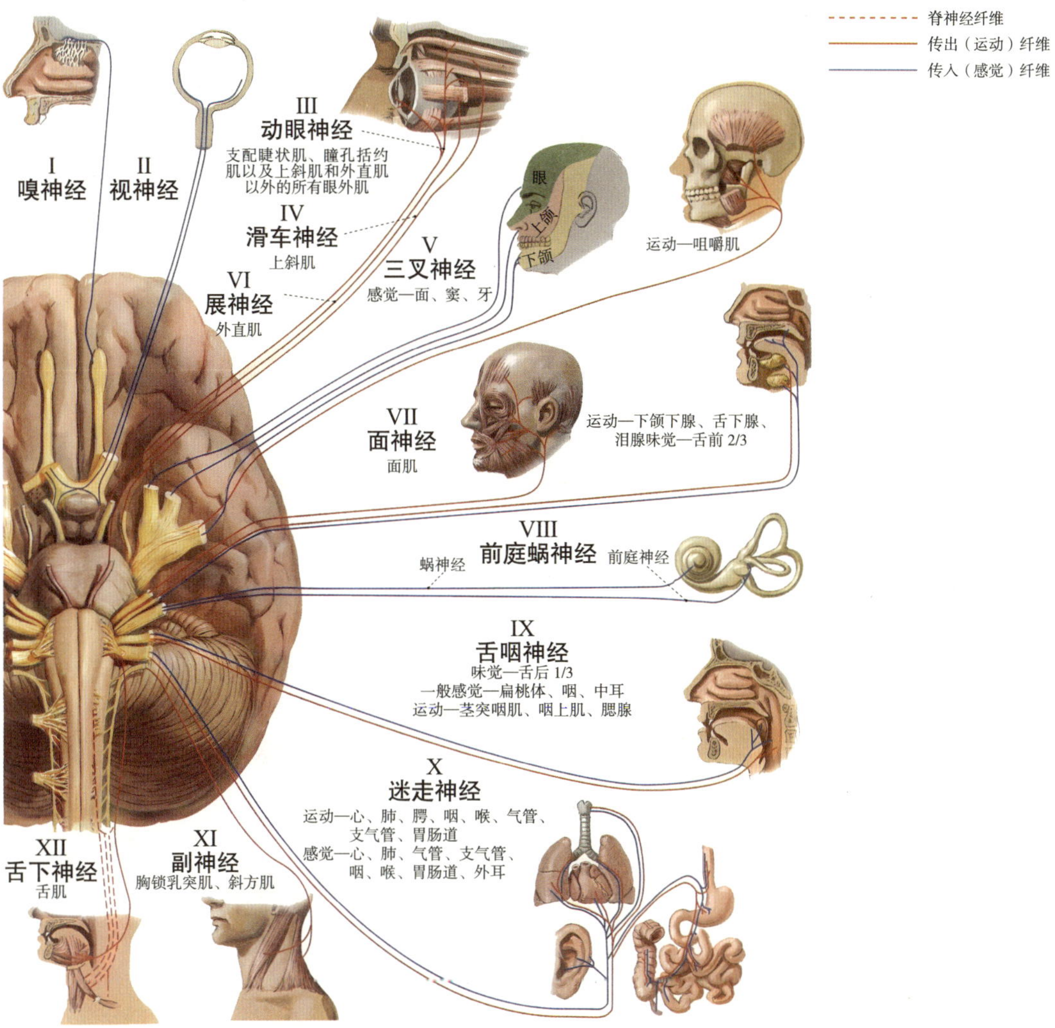

图 19-5 脑神经概观模式图

第三节 内脏神经

内脏神经

内脏神经是指分布于内脏、心血管和腺体的神经。按照纤维的性质，可分为感觉和运动两种纤维成分，即内脏感觉神经和内脏运动神经，**内脏运动神经**又称自主神经或植物性神经。

一、内脏运动神经

分布于内脏、心血管和腺体的内脏运动神经称为**自主神经系**；因其主要控制、调节动物和植物共有的新陈代谢活动，并不支配动物特有的骨骼肌，因此也称为植物性神经系（图 19-6）。内脏运动神经和躯体运动神经一样，都受大脑皮质和皮质下中枢的控制和调节，两者在机能上互相依存、互相影响，以维持机体内外环境的相对平衡。但内脏运动神经与躯体运动神经在形态结构和机能上具有较大的差异。

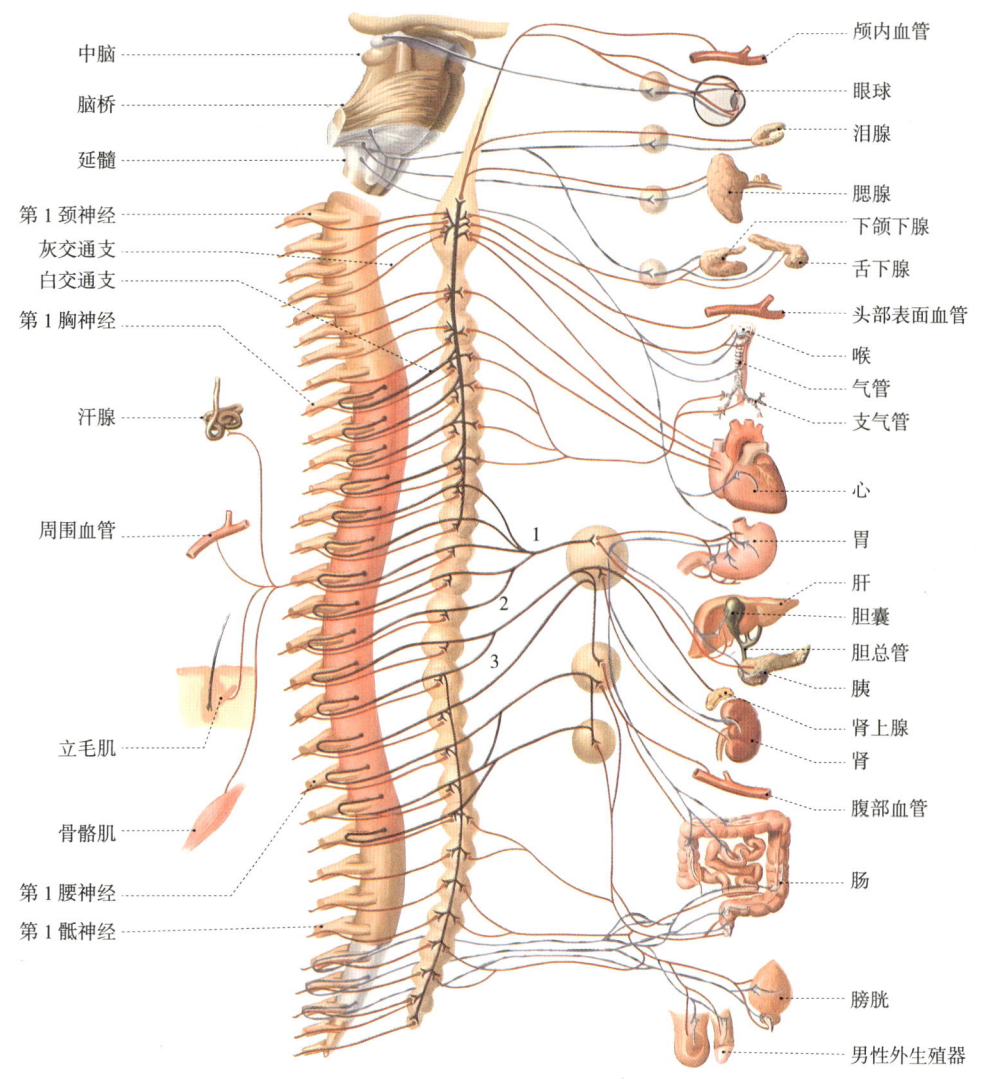

图 19-6 内脏运动神经示意图

(一) 内脏运动神经 (自主神经) 的形态结构

根据形态结构、机能和药理特点，内脏运动神经（自主神经）分为交感神经和副交感神经两部分，它们都有各自的中枢部和周围部。

1. 交感神经

交感神经的低级中枢位于脊髓的 T_1~L_3 节段的灰质侧角内的中间带外侧核，节前纤维起自此，又称胸腰部。交感神经的周围部，包括交感神经节和由神经节发出的分支及神经丛。

交感神经节有位于脊柱前面的椎前神经节与位于脊柱两旁的椎旁神经节。**椎旁神经节**借节间支，上下连成串珠样结构的**交感干**，因此椎旁神经节又称交感干神经节。每侧椎旁神经节的总数为 19~24 个。**椎前神经节**包括腹腔神经节、主动脉肾神经节、肠系膜上神经节、肠系膜下神经节等（图 19-6）。

由于神经节的存在，可把交感神经纤维分为**节前纤维**和**节后纤维**两种。交感神经的节前纤维起自脊髓胸腰段灰质侧角内的中间带外侧核，借交通支与相应的脊神经相连（交通支分白交通支和灰交通支。**白交通支**由脊髓灰质侧角发出的有髓的节前纤维构成，因髓鞘反光发亮，故呈白色。**灰交通支**由椎旁神经节内的神经元体发出的节后纤维组成，节后纤维多无髓，颜色灰暗），终于椎旁神经节或椎前神经节，并在此交换神经元，然后从神经节发出较长的节后纤维到达所支配的器官。

2. 副交感神经

副交感神经（图19-6）的低级中枢，位于脑干（中脑、延髓）的副交感神经核和脊髓骶部第2~4节段灰质骶副交感神经核，又称颅骶部。副交感神经的周围部分为颅、骶两部分，颅部的节前纤维走在第Ⅲ、Ⅶ、Ⅸ、Ⅹ对脑神经内；骶部的节前纤维随骶神经出骶前孔，终于器官旁神经节或壁内神经节（两者又叫终节），再由神经节发出的节后纤维到达相应器官。因此，它的节前纤维长，节后纤维短。

3. 神经丛

交感神经、副交感神经和内脏感觉神经在到达所支配的脏器的行程中，常互相交织共同构成**内脏神经丛**（自主神经丛或植物神经丛）。这些神经丛主要攀附于头、颈部和胸、腹腔内动脉的周围，或分布于脏器附近和器官内，并由交感干神经节发出的节后纤维组成，有3种去向：①以灰交通支返回脊神经，支配皮肤的血管、汗腺和立毛肌。②形成脏支，直接分布到所支配的脏器。脏支多在脏器附近与副交感神经的分支交织成丛，如颈上、颈中、颈下神经节发出的心上、中、下神经参与组成心丛，分布到心肌；上5对胸交感神经节发出许多小的脏支，参加心丛、肺丛和食管丛等；骶部交感节发出的脏支参与组成盆丛，分布到盆腔脏器。③攀附于动脉周围形成相应的神经丛（如腹腔丛、肠系膜上丛），并随动脉分支到达所支配的器官。

（二）内脏运动神经与躯体运动神经的区别

内脏运动神经（自主神经）与躯体运动神经的主要区别如表19-5所示。

表19-5 内脏运动神经与躯体运动神经的区别

结构与功能	内脏运动神经	躯体运动神经
支配器官	平滑肌、心肌、腺体（不受意志控制）	骨骼肌
神经元数目	从低级中枢至效应器有两个神经元，一个是节前神经元，另一个是节后神经元	从低级中枢至效应器只有一个神经元
神经元的位置	节前神经元位于脑干及脊髓的某些节段，节后神经元位于自主神经节	运动神经元位于脑干至脊髓的全长
神经纤维	节前纤维多为细的有髓纤维，节后纤维多为细的无髓纤维，传导速度慢	比较粗的有髓纤维，传导速度快
节后纤维分布形式	节后纤维多以攀附在血管或脏器表面形成神经丛的形式分布，由神经丛分支至效应器	以神经干形式分布至效应器
神经纤维成分	有交感和副交感两种纤维成分，多数器官同时受这两种神经支配	只有一种纤维成分
受意识支配的程度	在一定程度上不受意识直接支配	一般都受意识支配

（三）交感神经和副交感神经的主要区别

交感神经和副交感神经都是内脏运动神经，它们常共同支配一个器官，形成对内脏器官的双重神经支配。但在形态结构和机能上，交感神经与副交感神经又各具特点（表19-6）。

表19-6　交感神经与副交感神经的比较

结构与功能	交感神经	副交感神经
中枢部位	位于脊髓胸腰段	位于脑干和脊髓的骶段
神经节位置	位于脊柱两旁和椎体前方，节前纤维短，节后纤维长	位于器官附近和器官壁，节前纤维长，节后纤维短
分布范围	分布广泛，几乎遍布全身各个部位	汗腺、立毛肌、肾上腺髓质和大部分血管中无副交感神经分布
对同一器官的功能	机体为了应付环境急骤变化，动员心跳加快、血压升高、血糖上升、呼吸加快加深、瞳孔开大、消化系统活动受抑制，以适应机体代谢活动的需要	维持机体安静状态的活动需要，使心跳减缓、血压下降、瞳孔缩小、消化系统活动增强等，以保存能量

交感神经和副交感神经对同一器官的作用是相互对立的，但从整体来看它们又是互相协同的。这是因为在脑的较高级中枢，特别是在大脑的边缘叶和下丘脑的调控下，两者是协调进行的。例如，当机体运动加强时，交感神经加强，而副交感神经的活动则减弱，于是出现心跳加快加强、支气管扩张、血液循环和呼吸功能加强、瞳孔开大、胃肠活动受抑制等。这表明此时的代谢加强，能量消耗加快，可适应环境的剧烈变化；而当机体处于安静或睡眠抑制状态时，副交感神经活动转而加强，交感神经受到抑制，出现心跳减弱、瞳孔缩小、血液循环和呼吸活动恢复正常、消化器官活动增强，以利于体力的恢复和能量的储存。

二、内脏感觉神经

人体各内脏器官除有交感和副交感神经支配外，也有感觉神经分布。内脏感觉神经和躯体感觉神经一样，内感受器接受来自内脏的刺激，内脏感觉神经将其变成神经冲动，并将内脏感觉性冲动传到中枢，中枢可直接通过内脏运动神经或间接通过体液调节各内脏器官的活动。

内脏感觉神经虽然在结构上与躯体感觉神经大致相同，但也有自己的某些固有特点。

①内脏感觉纤维的数量少，其中细纤维占多数，痛阈较高，对于一般强度的刺激不产生主观感觉。在较强烈的内脏活动、病理和充盈等条件下才会引起感觉。例如，饥饿时胃收缩引起的饥饿感觉、直肠和膀胱充盈时引起的膨胀感觉等。

②内脏对切割或烧灼等刺激不敏感，而对牵拉、膨胀、痉挛、缺血、炎症等刺激敏感。

③内脏感觉的传入途径比较分散。即一个内脏器官的感觉纤维可经几对传入神经进入中枢，而一条传入神经又可包含来自几个内脏器官的感觉纤维。因此，内脏疼痛往往是弥散的，定位也不准确。

第四节　体育运动对周围神经系统的影响

相应区域运动对周围神经有良好的刺激作用。例如，展神经为运动性神经，分布至外直肌，收缩时使瞳孔转向外侧，瞳孔经常转向外侧运动，可以刺激展神经；同理，咽喉肌运动可刺激迷走神经；舌的运动可以刺激舌下神经；桡腕关节后伸运动有利于桡神经；上臂外展有利于腋神经；下肢的屈伸运动有利于股神经、坐骨神经的功能改善。

复习思考题

1. 简述脊神经的组成、性质、分支及前、后支的分布规律。
2. 脊神经丛有哪些？各丛主要分支的名称是什么？是如何分布的？
3. 简述脑神经的名称、顺序和性质。
4. 自主神经和躯体运动神经的主要区别是什么？交感神经和副交感神经的主要区别是什么？

第二十章 神经系统的传导通路

> 【学习目标】
>
> 要求学生掌握传导通路的概念和分类；熟悉意识性本体感觉传导通路、皮质脊髓束等主要传导通路的组成及功能；培养学生用解剖学知识分析体育运动对神经系统的影响；提升学生运用运动解剖学的基本理论与方法解决生活和运动实践中问题的能力。

人体接受的各种内、外环境刺激经周围感受器和传入神经元传至中枢神经系统内，最后传到大脑皮质高级中枢，产生感觉。同时大脑皮质将这些感觉信息分析整合后发出指令，沿传出纤维经脑干和脊髓的运动神经元到达周围躯体和内脏的效应器，产生效应。因此，在神经系统内存在两大类传导通路：感觉（上行）传导通路和运动（下行）传导通路。它们分别是反射弧的传入部和传出部。传导通路是复杂反射弧的一部分，只有不经过大脑皮质的上、下行传导通路才称为**反射通路**。

第一节 感觉传导通路

感觉传导通路是指从身体各部的感受器至大脑皮质的神经联系。感觉传导通路包括深感觉（本体感觉）、浅感觉（痛温觉、粗触觉和压觉）、视觉、听觉和平衡觉等传导通路。

一、本体感觉传导通路

本体感觉又称深部感觉，是指来自肌、腱、关节等深部的位置觉、运动觉和震动觉。本体感觉传导通路除传导深部感觉外，还传导皮肤精细触觉（如辨别两点距离和物体的纹理粗细等）。躯干和四肢的本体感觉传导通路分为意识性和非意识性两种，此处仅介绍躯干和四肢的意识性本体感觉传导通路。

躯干和四肢的意识性本体感觉传导通路是将本体感觉和精细触觉传至大脑皮质，产生意识性感觉，由3级神经元组成（图20-1）。

第1级神经元，胞体在脊神经节内。其周围突随脊神经的感觉纤维分布到肌纤维、肌腱、关节和韧带的本体感受器和皮肤的触觉感受器；中枢突由脊神经后根入脊髓后索上升，形成薄束（来自第5

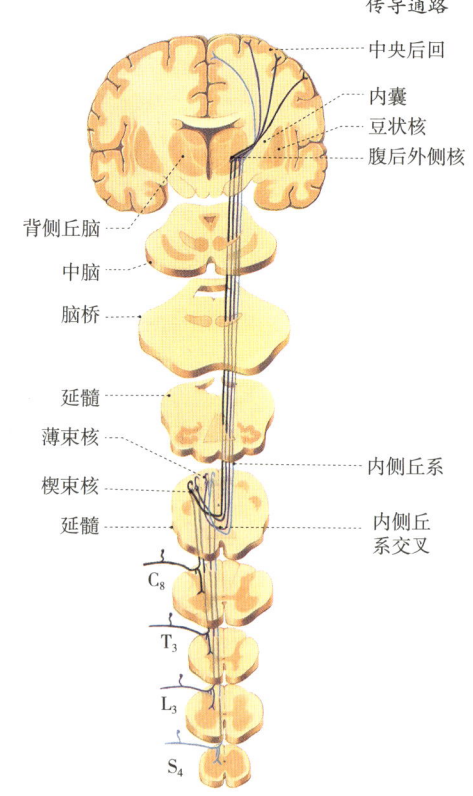

图 20-1 躯干和四肢意识性本体感觉传导通路

胸节以下的脊神经中枢突，行于后索的内侧部）和楔束（来自第4胸节以上的脊神经中枢突，行于后索的外侧部），终于延髓的薄束核和楔束核。

第2级神经元，胞体在延髓的薄束核和楔束核。它们的轴突形成弓状纤维，并于延髓中央管腹侧交叉至对侧，称内侧丘系交叉，交叉后的纤维称内侧丘系。纤维上升，经脑干，终于背侧丘脑腹后外侧核。

第3级神经元，胞体在背侧丘脑腹后外侧核。其轴突组成丘脑皮质束，经内囊后肢（即枕部）投射到大脑皮质中央后回的中、上部和中央旁小叶后部，部分纤维投射到中央前回。

躯干和四肢的意识性本体（深）感觉和精细触觉传导通路示意如图20-2所示。

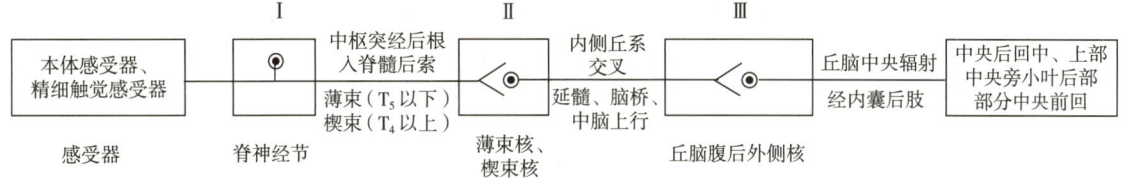

图20-2 躯干和四肢意识性本体（深）感觉和精细触觉传导通路示意图

二、痛温觉、粗触觉和压觉传导通路

该通路又称浅感觉传导通路，由3级神经元组成（图20-3）。

（一）躯干和四肢的浅感觉传导通路

第1级神经元，胞体在脊神经节内。其周围突分布于躯干、四肢皮肤内的感受器；中枢突组成脊神经后根入脊髓后角，主要终于后角固有核。

第2级神经元，胞体主要在脊髓后角固有核。其轴突经脊髓白质前连合交叉至对侧，组成脊髓丘脑束，在脊髓内上升，经脑干，终于背侧丘脑腹后外侧核。

第3级神经元，胞体在背侧丘脑腹后外侧核。其轴突经内囊后肢，投射到中央后回中、上部和中央旁小叶后部。

（二）头面部的浅感觉传导通路

第1级神经元胞体位于三叉神经节（除外耳道和耳甲的皮肤感觉传导外）。其周围突经三叉神经分布于头面部的皮肤，以及口、鼻黏膜等处；中枢突经三叉神经根进入脑桥。

第2级神经元胞体中痛觉、温觉在三叉神经脊束核，触觉、压觉在三叉神经脑桥核，两核发出二级纤维交叉至对侧，组成上行的三叉丘系。

第3级神经元胞体位于背侧丘脑的腹后内侧核，由此发出丘脑中央辐射，经内囊后肢，投射到中央后回下1/3部。

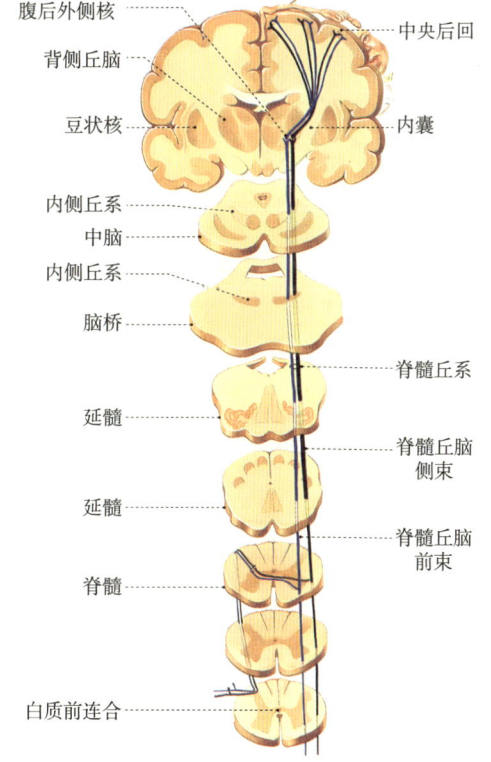

图20-3 躯干和四肢的浅感觉传导通路（脊髓丘系）

三、视觉传导通路

视觉传导通路由3级神经元组成（图20-4）。

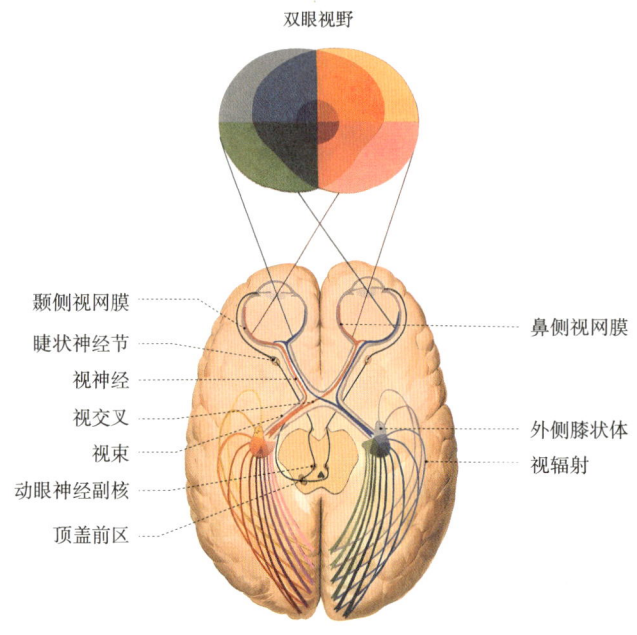

图20-4　视觉传导通路

第1级神经元是视网膜的双极细胞。其周围突分布于视觉感受器，即视网膜内的视锥细胞和视杆细胞，中枢突终于节细胞。

第2级神经元是视网膜的节细胞。其轴突组成视神经、视交叉、视束，最后终于外侧膝状体。在视交叉处，只是来自两眼视网膜鼻半侧的纤维交叉，而颞侧半纤维不交叉。故左侧视束中，含有来自左眼视网膜的颞半侧与右眼视网膜的鼻半侧纤维，右侧视束内含有来自左眼视网膜的鼻半侧与右眼视网膜的颞半侧纤维。

第3级神经元，胞体在外侧膝状体内。其轴突组成视辐射，经内囊后肢，投射到端脑枕叶的距状沟上、下两侧（楔叶和舌回）的视区皮质，产生视觉。

视束中尚有少数纤维经上丘臂终止于上丘。上丘发出的纤维组成顶盖脊髓束，下行至脊髓，完成视觉反射。

光照一侧瞳孔，引起双侧瞳孔缩小的反应，称为瞳孔对光反射。瞳孔对光反射通路又称光反射通路，是从视网膜起始，经视神经、视交叉和视束，再经上丘臂到达顶盖前区，此区发出的纤维止于两侧的动眼神经副核。视觉传导通路示意如图20-5所示。

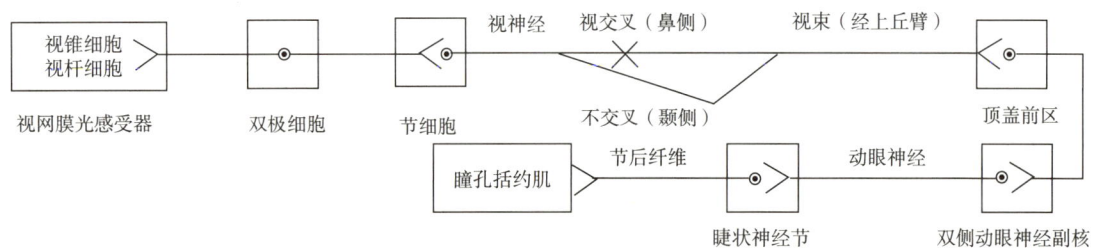

图20-5　视觉传导通路示意图

四、听觉传导通路

听觉传导通路由 4 级神经元组成（图 20-6）。

第 1 级神经元胞体在蜗轴内的螺旋神经节。其周围突分布于内耳的听觉感受器——螺旋器（Corti器）；中枢突组成听神经——蜗神经，与前庭神经一起入脑。

第 2 级神经元胞体是蜗神经核。其轴突大部分在脑桥内交叉，组成斜方体。斜方体的纤维再转向上行，形成外侧丘系。外侧丘系的纤维经中脑被盖的背外侧部大多数止于下丘。

第 3 级神经元胞体在下丘，其纤维经下丘臂止于内侧膝状体。

第 4 级神经元胞体在内侧膝状体内。其轴突组成听辐射，经内囊后肢止于颞横回。

听觉的反射中枢在下丘。下丘神经元发出纤维到上丘，再由上丘神经元发出纤维，经顶盖脊髓束下行至脊髓的前角细胞，完成听觉反射。

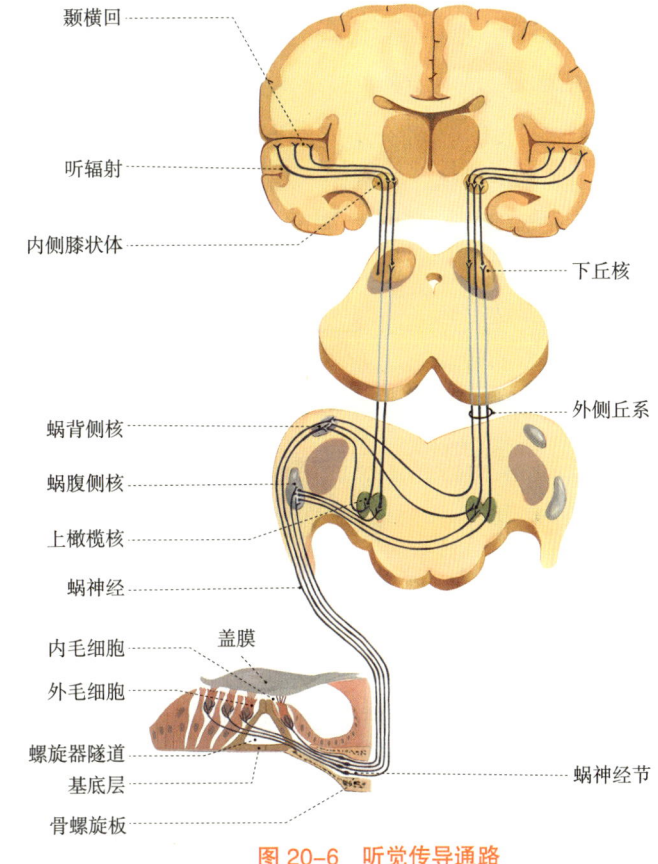

图 20-6　听觉传导通路

五、平衡觉传导通路

平衡觉传导通路传导内耳位觉感受器在头部位置变化时感受的刺激，并与本体感觉、视觉一起参与身体的平衡调节。

第二节　运动传导通路

运动传导通路，是指从大脑皮质至身体各部效应器的神经联系，由上、下两级运动神经元组成。运动传导通路包括躯体运动的传导通路和内脏运动的传导通路。此处仅叙述躯体运动传导通路，其中包括锥体系和锥体外系。

一、锥体系

锥体系主管躯体骨骼肌的随意运动，由上、下 2 级运动神经元组成。

上运动神经元的胞体位于中央前回、中央旁小叶前部及额叶、顶叶等部分区域的皮质内，由各种类型的锥体细胞组成。这些神经元的轴突共同组成锥体束，其中下行至脊髓的纤维束称皮质脊髓束；终止于脑干脑神经运动核的纤维束称皮质核束。**下运动神经元**的胞体位于脑神经运动核和脊髓前角内，其轴突分别组成脑神经和脊神经的运动纤维，管理头面部，以及躯干、四肢骨骼肌的随意运动。

（一）皮质脊髓束

皮质脊髓束（图20-7）由中央前回上、中部和中央旁小叶前部等处的巨型锥体细胞和其他类型锥体细胞的轴突组成，下行经内囊后肢的前部、大脑脚底中3/5的外侧部、脑桥的基底部至延髓的锥体。在锥体下端，75%~90%的纤维交叉至对侧，形成**锥体交叉**。交叉后的纤维继续在对侧脊髓外侧索内下行，称为**皮质脊髓侧束**，此束沿途发出侧支，逐节止于前角运动神经元，主要支配四肢肌。小部分未交叉的纤维沿本侧脊髓前索内下行，称为**皮质脊髓前束**，此束仅达上胸节，并逐节经白质前连合交叉至对侧（尚有部分纤维始终不交叉），终止于脊髓前角运动神经元，主要支配躯干肌。由脊髓前角运动神经元发出的轴突组成脊神经前根，并随脊神经分布到躯干和四肢骨骼肌，支配其随意运动。

（二）皮质核束（皮质脑干束）

皮质核束（图20-8）由中央前回下部的巨型锥体细胞和其他类型锥体细胞的轴突组成，下行经内囊膝部、大脑脚底中3/5的内侧部、脑桥至延髓。此束传至中脑后陆续发出纤维，大部分终止于双侧脑神经运动核（如动眼神经核、滑车神经核、展神经核和三叉神经核等），这些神经核发出的纤维依次支配眼外肌、咀嚼肌、面上部表情肌、胸锁乳突肌、斜方肌和咽喉肌等；小部分交叉至对侧，终止于面神经运动核的部分细胞群和舌下神经核，二者发出的纤维分别支配对侧面下部的面肌和舌肌，管理其随意运动。

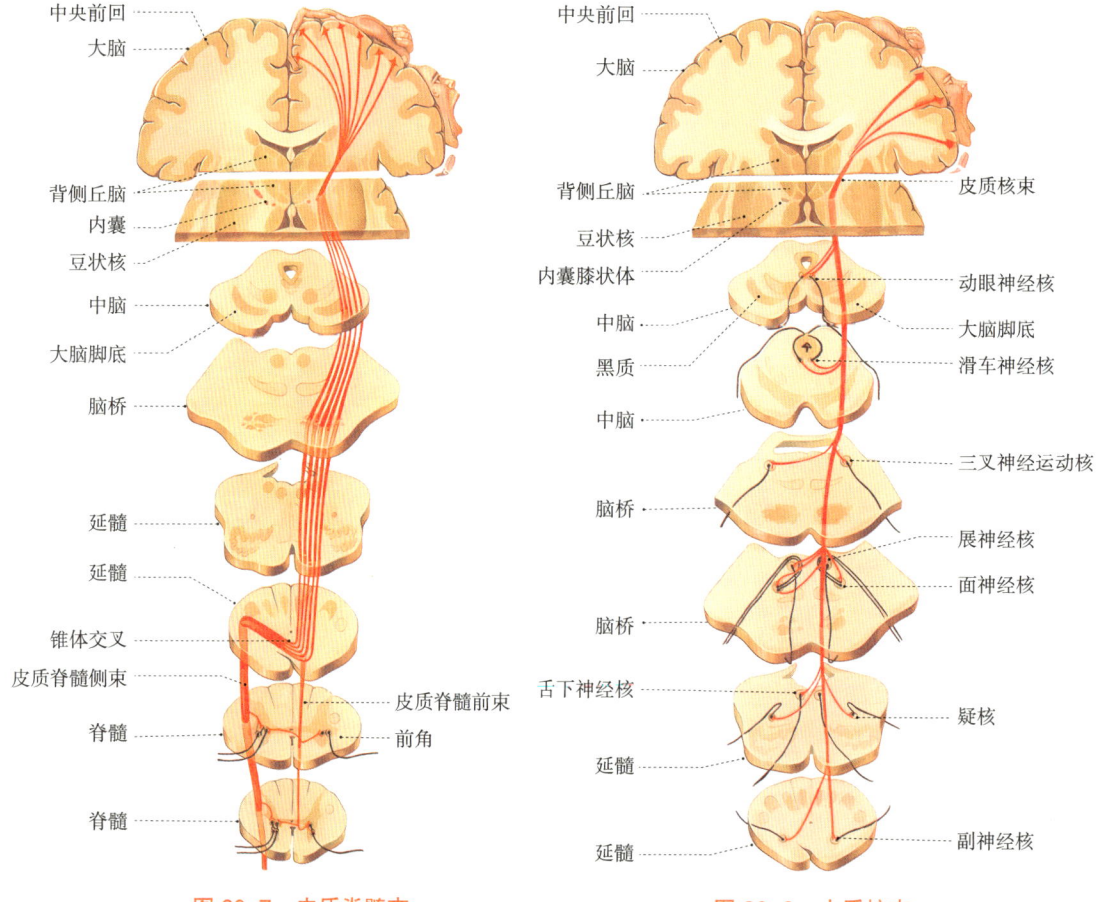

图20-7　皮质脊髓束　　　　　图20-8　皮质核束

二、锥体外系

锥体外系（图20-9）是指锥体系以外的影响和控制躯体运动的所有传导通路。

锥体外系是一个十分复杂的结构，包括大脑皮质、纹状体、红核、黑质、丘脑、网状结构前庭神经核和小脑等。锥体外系的传导通路包括下行通路和环路两部分。

下行通路主要有皮质—网状—脊髓束，皮质—红核—脊髓束和皮质—顶盖—脊髓束等。这些下行通路止于脊髓前角中间神经元后又止于α和γ运动神经元。

主要环路是纹状体—苍白球系和皮质—脑桥—小脑系等。

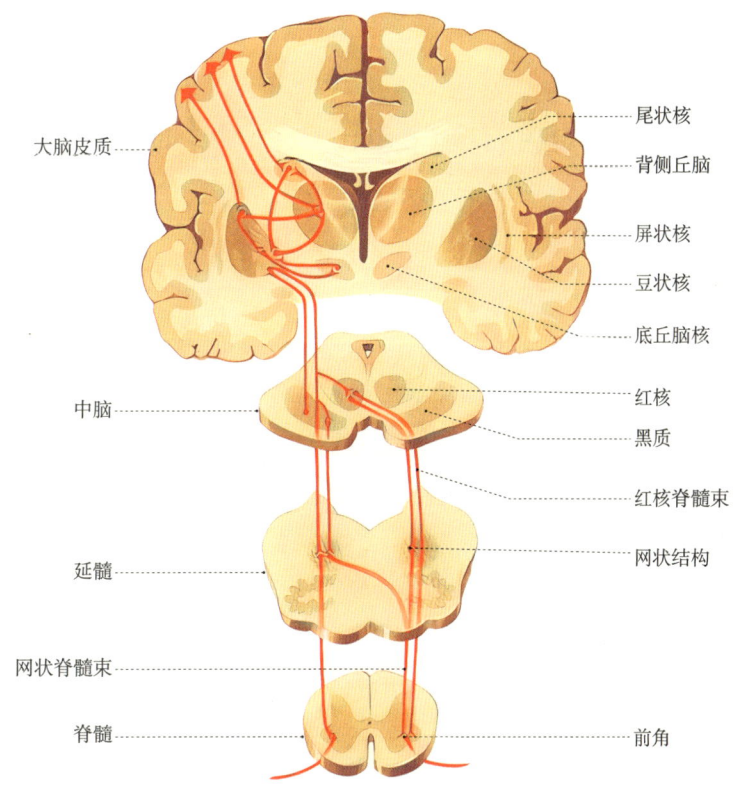

图20-9　皮质—纹状体—苍白球系

锥体外系的主要机能是调节肌张力，协调肌肉运动，维持和调整体态姿势与习惯性动作等。

锥体外系在种系发生上比较古老。哺乳类，尤其是人类，由于大脑皮质和锥体系高度发达，锥体外系主要协调锥体系的活动，二者协同完成运动功能。大脑皮质对躯体运动的控制和调节是通过锥体系和锥体外系共同实现的。只有在锥体外系保持肌张力稳定协调的前提下，锥体系才能完成一切精细复杂的随意运动；而锥体外系对锥体系也有一定的依赖性，锥体系是运动的发起者，只有锥体系发起了具体动作，锥体外系才能对这些动作进行调节。因此，在运动功能上，锥体系和锥体外系是不可分割的统一体。

复习思考题

1. 何谓感觉传导通路、运动传导通路？它们各包括哪些传导通路？
2. 简述正踢腿的运动传导路径。
3. 简述视觉和瞳孔对光反射的传导路径。
4. 简述听觉的传导通路。
5. 简述锥体系的组成、传导路径和功能。
6. 简述听枪声起跑的神经传导路径。
7. 锥体外系的概念是什么？简述锥体系和锥体外系的关系。

第二十一章 脑和脊髓的被膜和血管、脑室及脑脊液循环

【学习目标】

要求学生**掌握**脑和脊髓被膜的组成与功能；**熟悉**脑屏障的组成及其功能；**了解**脑室及其脑脊液的产生和循环途径及功能。培养学生用解剖学知识分析运动对脑功能的影响；提升学生指导体育教学、运动训练和大众健身活动的能力，以具备开展相关科学研究的基本科研思维能力。

由于脑和脊髓的脆弱及其重要性，特别需要保护并维持其内环境的稳定。脑组织代谢旺盛，需要血氧的充足供应。颅骨和脊柱椎管内的脑和脊髓由脑脊被膜包裹，特有的脑脊液循环、血液供应系统及脑屏障等结构保证了上述需求。

第一节 脑和脊髓的被膜和血管

在脑和脊髓表面均包有 3 层被膜，由外向内依次是硬膜、蛛网膜和软膜，具有支持、保护，以及营养脑和脊髓的作用（图 21-1、图 21-2）。硬膜与蛛网膜之间有一腔隙，称为**硬膜下腔**。蛛网膜与软膜之间有蛛网膜下腔，内有脑脊液。

一、脑和脊髓的被膜

脑和脊髓的被膜

（一）脑的被膜

脑的被膜自外向内依次为硬脑膜、脑蛛网膜和软脑膜（图 21-1）。

1. 硬脑膜

硬脑膜坚韧而有光泽，由两层合成。外层兼具颅骨内膜的作用，内层为脑膜层，较外层坚厚，两层之间有丰富的血管和神经。硬脑膜不但包被于脑的表面，而且其内层折叠形成若干板状突起，伸入脑各部之间，起保护脑的作用，并在脑神经出颅处移行为神经外膜。此外，硬脑膜在脑的某些部位两层分开，内面衬以内皮细胞，构成硬脑膜窦，窦内无平滑肌、无瓣膜，内含静脉血，辅助血液回流。

2. 脑蛛网膜

脑蛛网膜薄而透明，缺乏血管和神经，与硬脑膜之间有硬膜下隙，与软脑膜之间有**蛛网膜下隙**。蛛网膜下隙内充满脑脊液，此腔向下与脊髓蛛网膜下隙相通。脑蛛网膜紧贴硬脑膜，在硬脑膜窦（上矢状窦）处形成许多绒毛状突起，突入硬脑膜窦内，称为**蛛网膜粒**。脑脊液经这些蛛网膜粒渗入硬脑膜窦内，回流入静脉。

3. 软脑膜

软脑膜薄而富有血管和神经,覆盖于脑的表面并伸入沟裂内。在脑室的一定部位,软脑膜及其血管与该部位的室管膜上皮共同构成脉络组织。在侧脑室、第三和第四脑室,脉络组织的血管反复分支成丛,连同其表面的软脑膜和室管膜上皮一起突入脑室,形成**脉络丛**。脉络丛是产生脑脊液的主要结构。

(二) 脊髓的被膜

脊髓的被膜由外向内为硬脊膜、脊髓蛛网膜和软脊膜(图 21-2)。

硬脊膜由致密结缔组织构成,厚而坚韧,包裹着脊髓。脊髓蛛网膜为半透明的薄膜,位于硬脊膜与软脊膜之间,向上与脑蛛网膜相延续。脊髓蛛网膜与软脊膜之间有较宽阔的间隙,称蛛网膜下隙,内充满脑脊液。软脊膜薄而富有血管,紧贴脊髓表面,并延伸至脊髓的沟裂中,在脊髓下端移行为终丝。硬脊膜与椎管壁之间的空隙称为**硬膜外隙**,其内充填淋巴管、静脉丛和脂肪组织等,略呈负压。进行硬脊膜外麻醉时,药物即注入此间隙内。

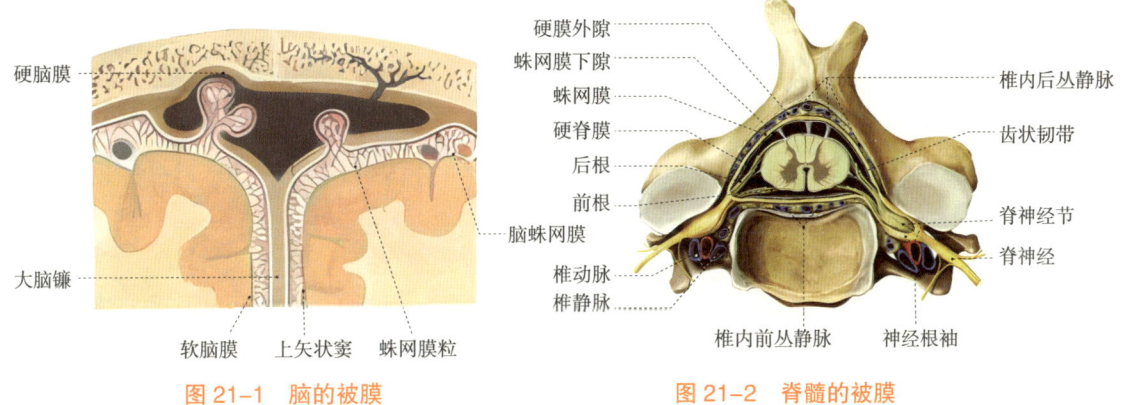

图 21-1 脑的被膜　　图 21-2 脊髓的被膜

二、脑和脊髓的血管

脑和脊髓的血管

(一) 脑的血管

脑是体内新陈代谢最旺盛的器官,正常成人脑的重量约占身体重量的 2%,而脑的耗氧量却占全身总耗氧量的 20%,脑血供量约占心脏搏出量的 1/6。因此,脑血管的分布和功能状况是保证脑组织获得良好血液供应的重要条件。

脑的动脉由颈内动脉、椎动脉,以及二者在脑底部吻合形成的动脉环组成(图 21-3)。颈内动脉起自颈总动脉,供应大脑半球的前 2/3 和间脑的前部;椎动脉起自锁骨下动脉,供应脑干、小脑、间脑的后部和大脑半球的后 1/3;而大脑动脉环可将两侧颈内动脉和椎动脉相交通,为脑的血液供应建立有效的侧支循环。大脑前动脉和大脑中动脉在大脑的分支可以分为皮质支与中央支。皮质支营养皮质及其深面髓质,中央支营养基底核、内囊和间脑等。

脑的静脉无静脉瓣,不与动脉伴行,可分为浅、深两组,且两组相互吻合(图 21-4)。浅静脉收集脑皮质及皮质下髓质的静脉血,直接注入邻近的静脉窦;深静脉收集大脑深部的髓质、基底核、间脑和脑室脉络丛等处的静脉血，最后汇成大脑大静脉，注入直窦。两组静脉最终均经硬脑膜窦回流至颈内静脉。

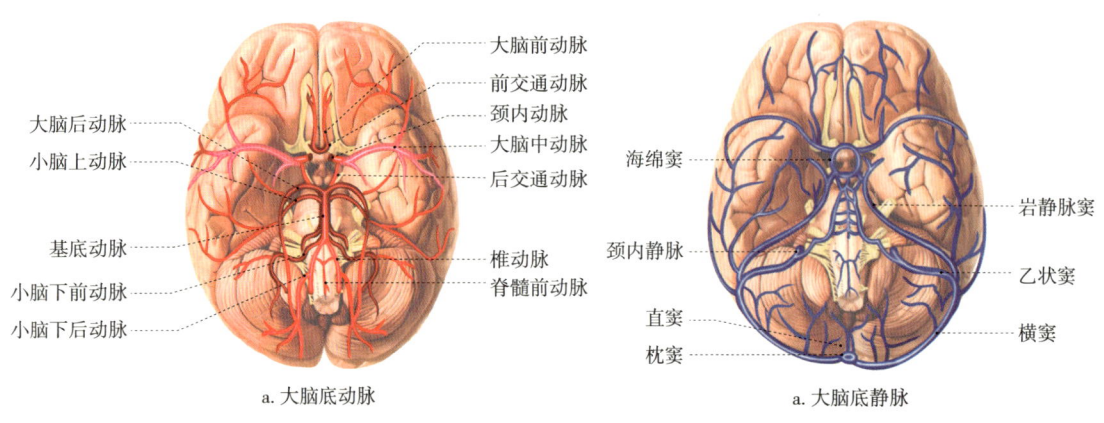

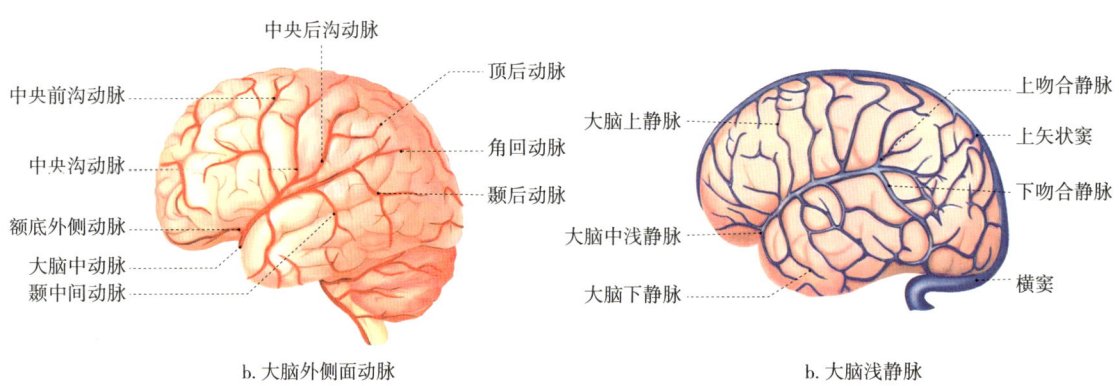

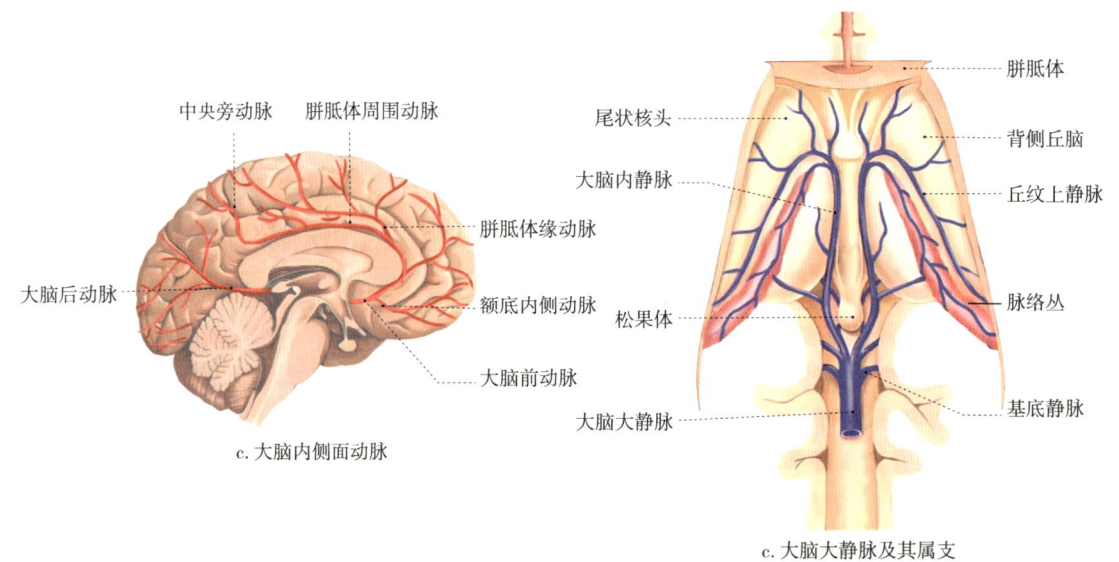

图 21-3　大脑的动脉　　　　图 21-4　大脑的静脉

（二）脊髓的血管

脊髓的动脉由椎动脉和节段性动脉组成（图 21-5）。椎动脉发出脊髓前动脉和脊髓后动脉。它们在下行的过程中，不断得到节段性动脉（如肋间后动脉和腰动脉等）分支的增补，以保障脊髓有充足的血液供应。

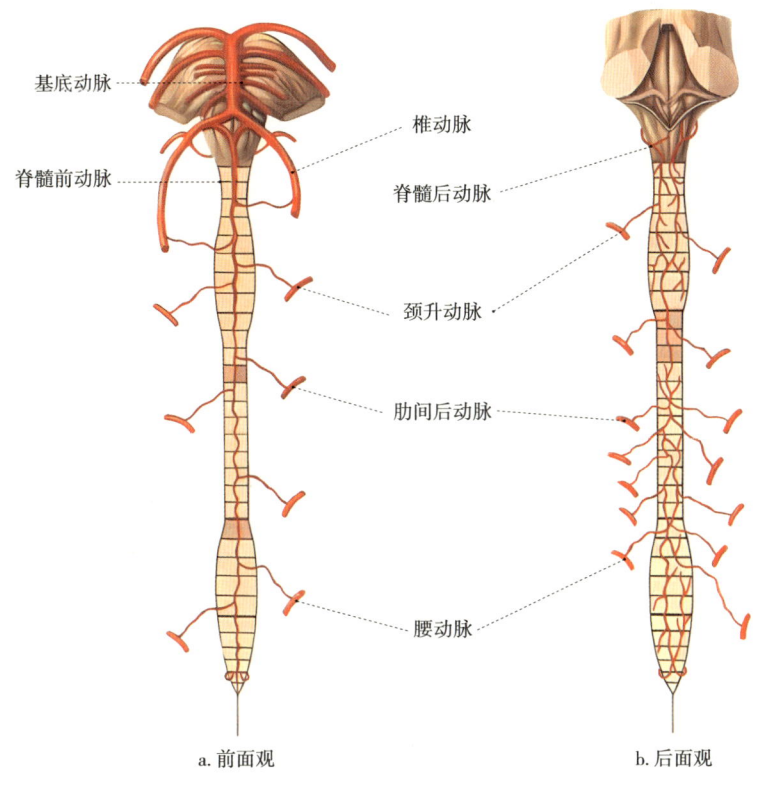

图 21-5 脊髓的动脉

脊髓的静脉较动脉多而粗。脊髓前、后静脉由脊髓内的小静脉汇集而成，通过前、后根静脉注入硬膜外隙的椎内静脉丛。

第二节 脑室和脑脊液及其循环

脑室是指脑内部的腔隙，其内充满脑脊液。

脑室

一、脑室

脑室（图 21-6）包括大脑半球内的侧脑室，两侧间脑之间的第三脑室和位于脑桥、延髓和小脑之间的第四脑室。第三脑室借室间孔与侧脑室相通；第三、第四脑室借中脑水管相通；第四脑室向下与脊髓中央管相通，并通过第四脑室的正中孔和外侧孔与蛛网膜下隙相通。在各脑室内均分布有脉络丛，其由毛细血管、结缔组织和室管膜上皮构成，可分泌脑脊液。

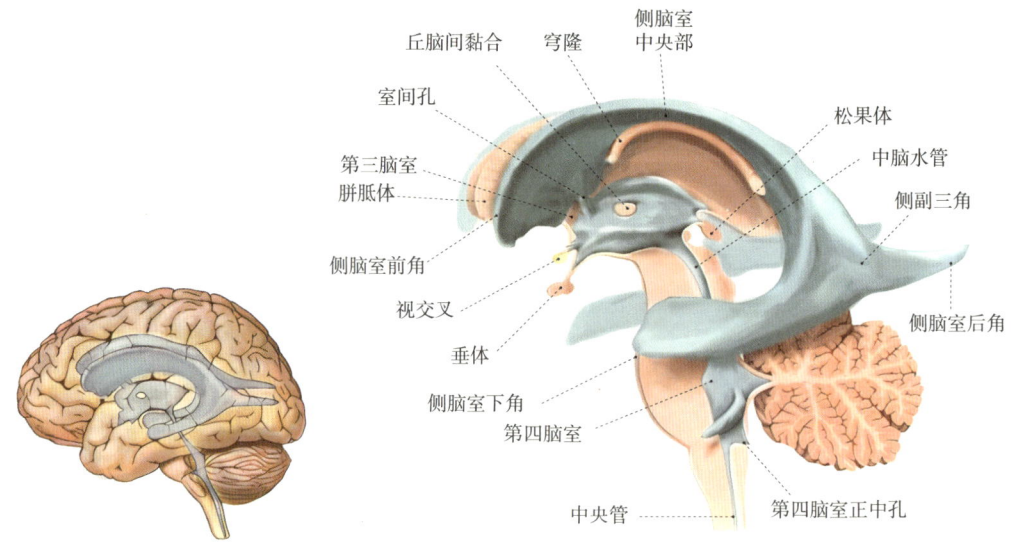

图 21-6 脑室

二、脑脊液及其循环

脑脊液是无色透明的液体,成人脑脊液总量约为 150mL,充满于脑室系统、脊髓中央管和蛛网膜下隙。脑脊液主要由脑室的脉络丛产生。

脑脊液

脑脊液的循环途径为(图 21-7):由侧脑室脉络丛产生的脑脊液,经室间孔流至第三脑室,与第三脑室脉络丛产生的脑脊液汇集,经中脑水管流入第四脑室,再汇合第四脑室脉络丛产生的脑脊液,经第四脑室的正中孔和外侧孔流入蛛网膜下隙,然后沿此隙流向大脑背面的蛛网膜下隙,经蛛网膜颗粒渗透到硬脑膜窦(主要是上矢状窦)内,回流入血液中。

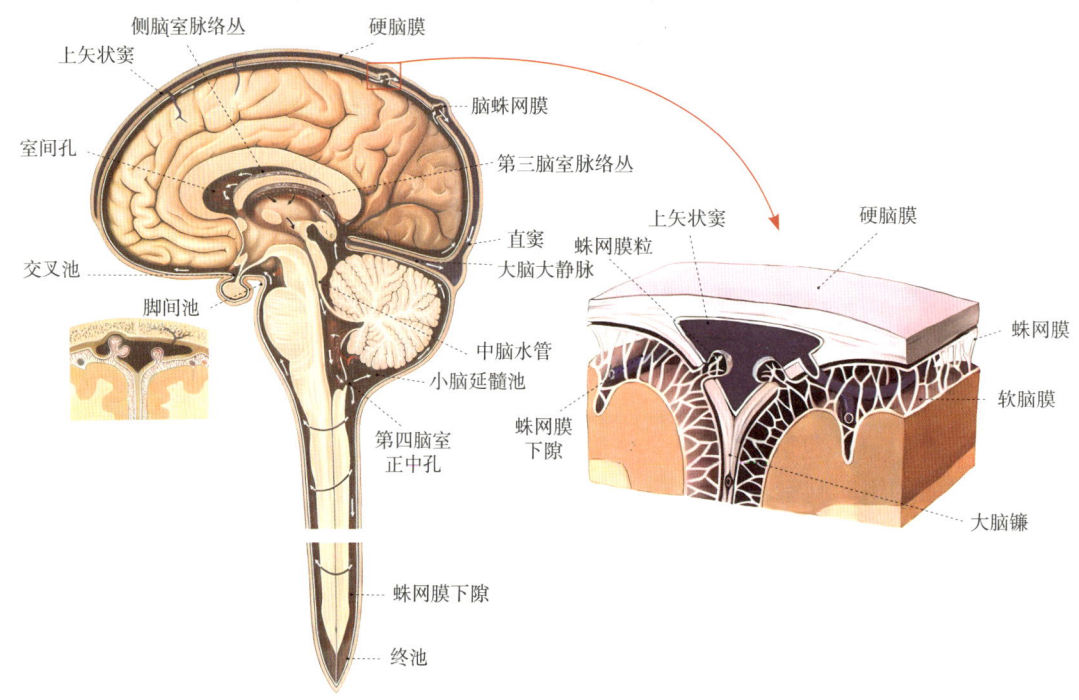

图 21-7 脑脊液循环模式图

脑脊液形成脑和脊髓液体垫，可缓冲震荡，具有保护营养、运输代谢产物，以及维持正常颅内压等作用。

三、脑屏障

中枢神经系统神经细胞的正常机能活动，有赖于其周围的微环境保持一定的稳定性。物质从血液和脑脊液中转运至脑组织内部的途径是有其选择性和限制性的，这说明在血液与脑细胞和脑脊液之间存在一种屏障，即脑屏障。脑屏障由3部分组成，分别是血—脑屏障、血—脑脊液屏障和脑脊液—脑屏障。以下仅简介血—脑屏障。

血—脑屏障（图21-8）位于血液与脑、脊髓的神经细胞之间，其结构基础是：第一，脑和脊髓内毛细血管内皮细胞，内皮细胞之间紧密连接，大分子物质难以通过；第二，连续包裹毛细血管外壁的基膜；第三，神经胶质细胞突起在毛细血管基膜外贴附。上述结构的功能虽不尽相同，但必须3种结构联合起来才能起到屏障的作用。

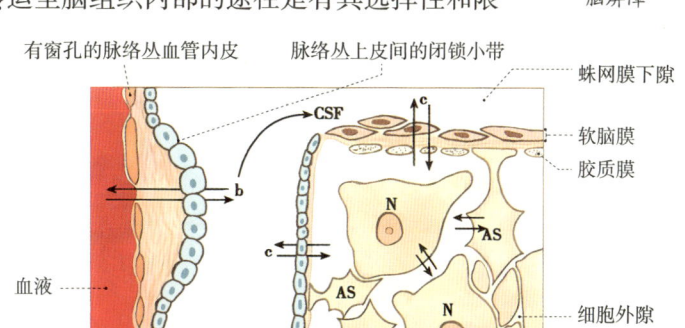

图21-8　脑屏障模式图

a. 血—脑屏障；b. 血—脑脊液屏障；c. 脑脊液—脑屏障
AS. 星形胶质细胞；N. 神经元；CSF. 脑脊液

脑屏障的主要机能有两方面：一是对血液中异物进行阻挡，有限度地防止有害物质侵入脑组织，以达到保护脑的目的；二是保持细胞膜正反方向的主动运转，维持脑内环境恒定，保证中枢神经系统的正常活动。

复习思考题

1. 简述脑脊液的产生、循环途径和功能。
2. 试述供应脑的动脉有哪些？血—脑屏障的组成是什么？有何功能？

内分泌系统

世界上首次人工合成牛胰岛素在中国诞生

第二十二章 内分泌系统

【学习目标】

要求学生**掌握**垂体、甲状腺、肾上腺、胰岛、松果体、胸腺及性腺的位置、结构与功能；**熟悉**内分泌系统对人体的调节作用；**了解**内分泌系统与体育运动的关系。**培养**学生运用内分泌系统的功能对体育运动实践进行调控和分析的能力；**提升**学生对内分泌系统相关理论知识的实践运用能力，为学习后续课程奠定基础。

内分泌系统由内分泌腺和内分泌组织组成，参与维持机体内环境的平衡与稳定，调节机体的生长发育和各种代谢活动，并对生殖和行为进行影响和调控。

第一节 内分泌系统概述

内分泌系统是人体内除神经系统以外的另一个重要机能调节系统，是人体的一种特殊分泌方式。其将分泌的物质（激素）直接释放进入血液或淋巴系统，通过血液循环运送到相应的靶器官，发挥特定的生理效应。

一、组成与功能

（一）组成

内分泌系统由内分泌腺和内分泌组织组成。**内分泌腺**主要包括垂体、甲状腺、甲状旁腺、肾上腺、松果体、胸腺和生殖腺等。**内分泌组织**包括胰腺内的胰岛、睾丸内的间质细胞、卵巢内的卵泡和黄体等（图22-1）。

（二）功能

内分泌系统的主要功能是与神经系统共同调节人体的新陈代谢、生长发育和生殖等生理活动，以保持机体内环境的平衡与稳定。内分泌腺和内分泌组织分泌的物质称为**激素**。激素在代谢

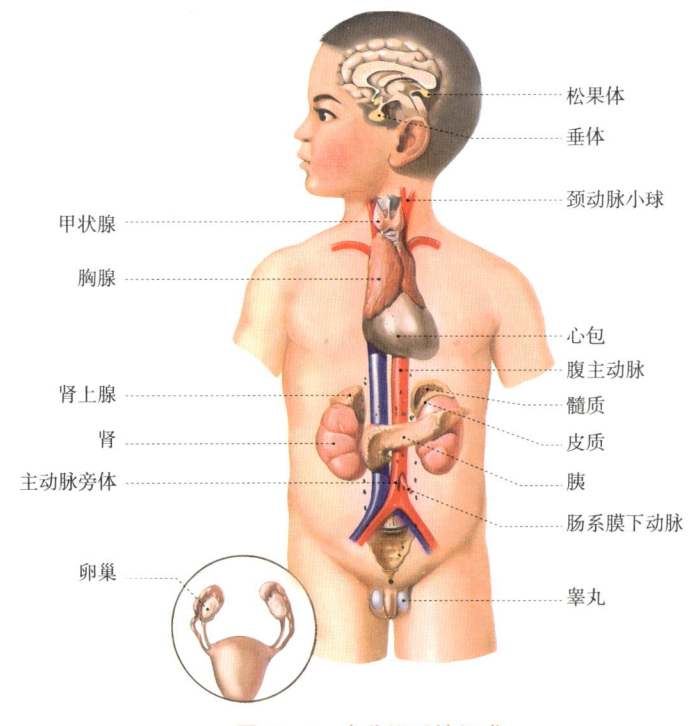

图22-1 内分泌系统组成

过程中的作用，对在比赛条件下保证最大限度地动员全部体能是很重要的。各种激素在血液中均保持适量的浓度，如果机体内某种激素含量过多或过少，会导致机体的功能紊乱，甚至产生严重后果。内分泌系统在功能上的特点是体液性反馈调节。内分泌腺或内分泌组织之间在功能上是密切相关的，它们之间绝大部分都有直接或间接的功能联系，每种激素的分泌水平都受血液中代谢产物含量或其他激素浓度的调节。

二、结构与特征

（一）结构

内分泌腺是指分布于人体一定部位、结构独立的腺体，主要由腺上皮细胞组成。腺细胞通常排列成团索状、网状或囊泡状。腺体内含有丰富的毛细血管和毛细淋巴管。

内分泌组织是指依附于某些器官内的内分泌细胞团，如胰腺内的胰岛、睾丸内的间质细胞和卵巢内的卵泡及黄体等。

（二）特征

内分泌腺没有导管，分泌的激素直接进入血液或淋巴，随血液或淋巴循环送到全身，选择性地作用于靶器官或靶细胞；也有由腺细胞分泌的激素以弥散方式直接作用于邻近的细胞（称为旁分泌）。由于内分泌腺的分泌功能需要，腺细胞一般与毛细血管和毛细淋巴管的内皮细胞紧密相邻。

近年来对内分泌系统的研究有很大进展，研究发现，体内尚有许多器官兼有内分泌功能，如骨骼肌具有强大的内分泌功能，骨骼肌内分泌功能紊乱与人类诸多疾病有密切关系，已成为生命科学和临床医学关注的热点。

第二节　人体中的主要内分泌腺和内分泌组织

人体中的内分泌腺主要包括垂体、甲状腺、甲状旁腺、肾上腺、松果体、胸腺和生殖腺等，主要的内分泌组织有胰岛等。

垂体

一、垂体

（一）位置与形态

垂体是人体内重要的内分泌腺，位于颅底蝶鞍的垂体窝内，为一椭圆形小体，呈灰红色（图 22-2）。成年人垂体重 0.35~0.80g，女性略大于男性，妊娠期显著增大。

（二）结构与功能

垂体表面包裹结缔组织被膜，根据垂体的结构和功能特点，可分为腺垂体和神经垂体两部分。

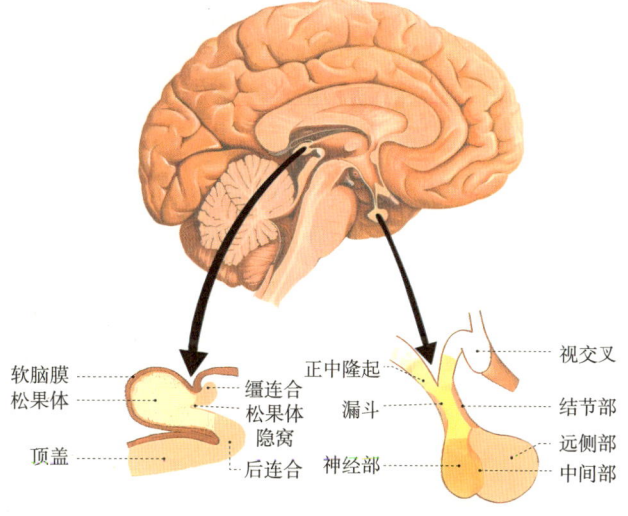

图 22-2　垂体和松果体

1. 腺垂体

腺垂体又分为远侧部、结节部和中间部三部分，腺垂体分泌的激素种类很多，其中主要有生长激素、催乳素、黑色细胞刺激素和促激素（如促甲状腺激素、促肾上腺皮质激素、促性腺激素）。生长激素可促进骨骼肌、内脏的生长和多种代谢过程，尤其是刺激骺软骨生长，使骨增长。幼年时，如生长激素分泌不足，可导致身材矮小而智力正常的"侏儒症"；若生长激素分泌过多，在骨骼发育成熟前则引起"巨人症"，在骨骼发育成熟后则只能促进短骨的生长而引起肢端肥大症。促激素可以维持相应内分泌腺的正常生长发育，并调节相应内分泌腺激素的合成与分泌。

2. 神经垂体

神经垂体无分泌功能，只是一个贮存和释放激素的场所，其贮存的激素有抗利尿激素和催产素。抗利尿激素主要促进肾远曲小管和集合管重吸收水，使尿液浓缩，若抗利尿激素分泌减少可导致尿崩症。催产素可促进子宫平滑肌收缩，还可促进乳腺分泌。

二、甲状腺

（一）位置与形态

甲状腺是人体最大的内分泌腺，位于气管上端的两侧，甲状软骨的前下方，为红褐色腺体，呈"H"形，形似蝴蝶，犹如盾甲，故以此命名（图22-3）。两侧为侧叶，中间较狭窄的部分为峡部，约50%的人的甲状腺峡部向上伸出一锥状叶，长者可到达舌骨平面。峡部连接两侧叶，位于第2~4气管软骨环的前面。当吞咽时，甲状腺可随喉的活动而上、下移动。

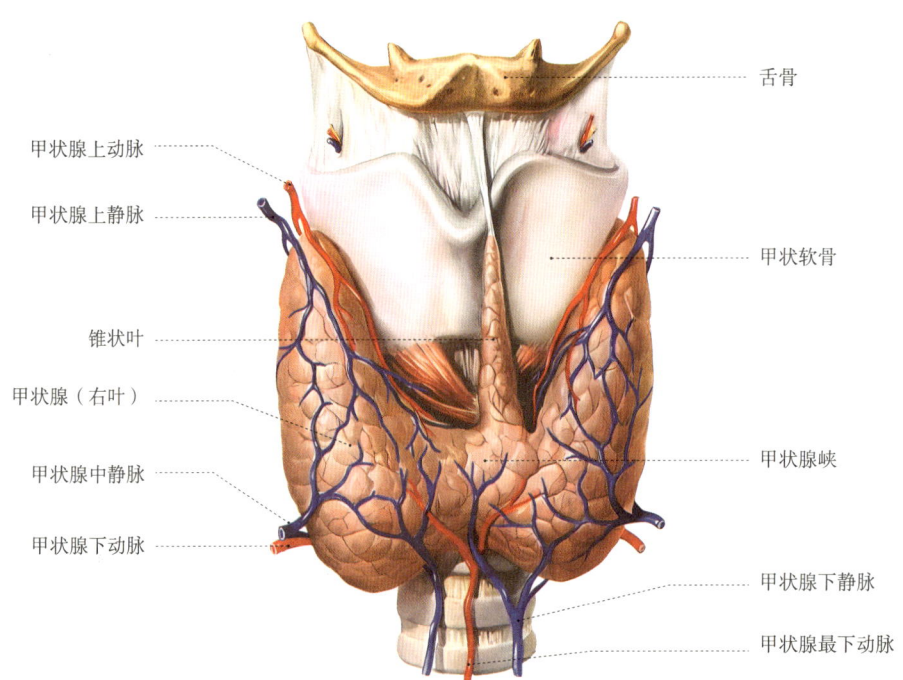

图22-3　甲状腺

（二）结构与功能

甲状腺外包被膜，内为腺实质。腺实质由大量甲状腺滤泡和滤泡旁细胞组成。甲状腺滤泡由滤泡上皮细胞围成。甲状腺滤泡分泌甲状腺素，可提高神经兴奋性，促进生长发育。甲状腺素对婴幼儿的骨骼发育和中枢神经系统发育影响显著，幼儿时期甲状腺分泌功能低下，会使骨骼和脑的发育缓慢，严重时可导致"呆小症"。成年人甲状腺素分泌少会出现黏液性水肿；甲状腺素分泌过多，则导致甲状腺功能亢进。

三、甲状旁腺

（一）位置与形态

人体有两对**甲状旁腺**，位于甲状腺左、右侧叶的后面，为棕黄色椭圆形腺体，形状大小似黄豆，每个重35~50mg，甲状旁腺也可埋入甲状腺实质内或位于甲状腺鞘外（图22-4）。

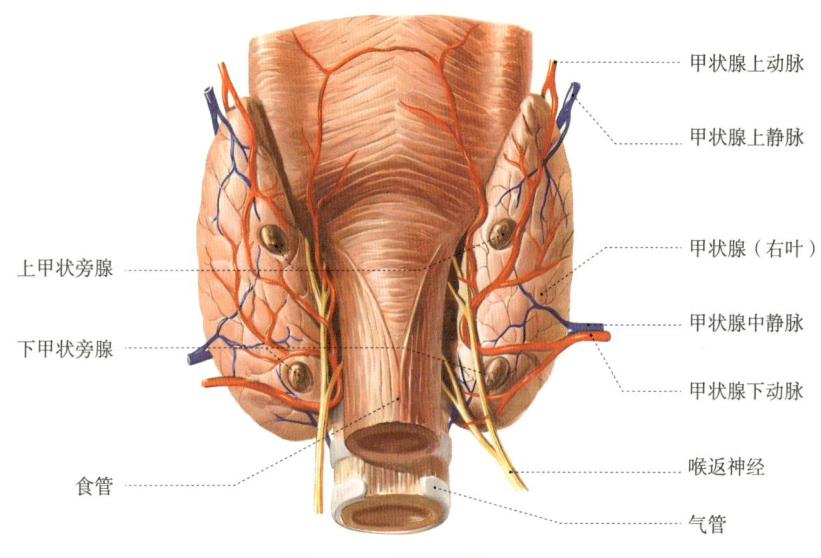

图22-4 甲状旁腺

（二）结构与功能

甲状旁腺分泌甲状旁腺素，主要作用是调节体内钙和磷的代谢。在甲状旁腺素和降钙素的共同调节下，维持机体血钙的稳定。当甲状旁腺素分泌不足时，可引起血钙降低，出现手足"抽搐症"；机体发生酸中毒，导致中枢神经和肌肉的功能紊乱。

四、肾上腺

肾上腺

（一）位置与形态

肾上腺位于肾的上方，左右各一，质软，呈淡黄色。左侧肾上腺呈半月形，右侧肾上腺呈三角形，每个肾上腺重约7g（图22-5）。肾上腺外包结缔组织被膜，少量结缔组织伴随血管和神经伸入肾上腺实质内。肾上腺实质分为外周的皮质和中央的髓质两部分。

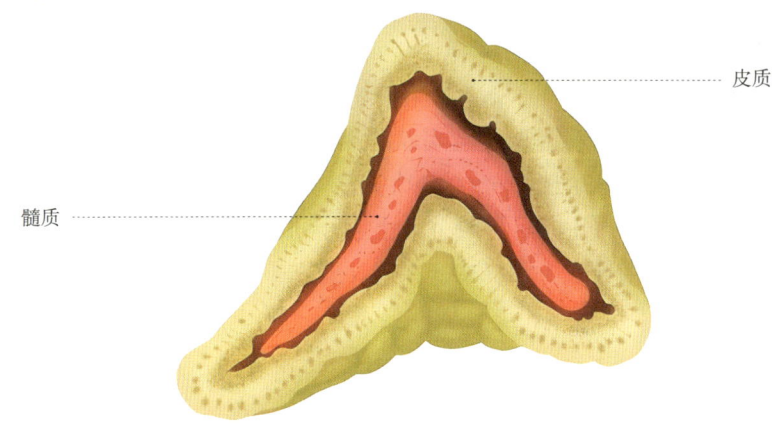

图 22-5 肾上腺

（二）结构与功能

肾上腺皮质约占腺体的 90%，主要分泌盐皮质激素、糖皮质激素和性激素，作用分别为调节体内水盐代谢、调节碳水化合物代谢、影响第二性征等。肾上腺髓质约占腺体的 10%，主要分泌肾上腺素和去甲肾上腺素。肾上腺素的主要功能是作用于心肌，使心跳加快，心肌收缩力加强；去甲肾上腺素的主要作用是使小动脉平滑肌收缩，维持血压的稳定等。肾上腺髓质平时很少分泌激素，当遇到寒冷、疼痛、失血及剧烈运动时，由于交感神经兴奋，可促进肾上腺髓质大量分泌激素。冬季户外运动能够促进肾上腺髓质的分泌，有助于机体更快地适应内外环境的变化和提高运动技能。

五、松果体

（一）位置与形态

松果体又名脑上腺，为一灰红色的椭圆形腺体（见 P287 图 22-2），因形似松果而得名，位于上丘脑的后上方，重 120~200mg。松果体在儿童期比较发达，一般在 7 岁左右开始退化，青春期后松果体可有钙盐沉积，常可在 X 线片上见到。

（二）结构与功能

松果体由松果体细胞和神经胶质细胞等组成，主要功能是合成和分泌褪黑素，可影响机体的代谢活动、性腺的发育和月经周期等。在儿童期，松果体病变引起其功能不全时，可出现性早熟或生殖器官过度发育。

六、胸腺

（一）位置与形态

胸腺位于胸腔内，胸骨柄的后方，上纵隔的前部，贴近心包上方和大血管前面（见 P187 图 11-1）。胸腺分左、右两叶，呈不对称的扁条状，质软，其形状因年龄而异，两叶之间借结缔组织相连。

（二）结构与功能

胸腺表面有结缔组织被膜，结缔组织伸入胸腺实质把胸腺分成许多不完全分隔的小叶。小叶周边为皮质，深部为髓质。胸腺功能比较复杂，既是一个内分泌器官，也是一个淋巴器官。

胸腺作为内分泌器官，可分泌胸腺素和促胸腺生成素，参与机体的免疫反应。胸腺能够产生T淋巴细胞，为周围淋巴器官正常发育和机体免疫所必需。当T淋巴细胞充分发育，迁移到周围淋巴器官后，胸腺的重要性逐渐降低。胸腺是人体最早开始衰老的器官。

七、生殖腺

生殖腺

（一）位置与形态

睾丸是男性生殖腺，位于阴囊内，产生精子和雄激素。**卵巢**是女性生殖腺，位于盆腔侧壁的卵巢窝内，可产生卵泡。卵泡壁的细胞主要分泌雌激素和孕激素。卵泡排卵后转变成黄体，黄体可分泌孕激素和雌激素。

（二）结构与功能

雄激素由生精小管之间的间质细胞产生，经毛细血管进入血液循环至全身靶器官，其主要作用是激发男性第二性征，并维持正常的性功能。

雌激素可刺激子宫、阴道和乳腺的生长发育，出现并维持女性第二性征。孕激素可使子宫内膜在雌性激素作用的基础上继续生长发育，为受精卵着床做准备，同时促进乳腺的发育，为哺乳做准备。

八、胰岛

胰岛

（一）位置与形态

胰岛是胰腺的内分泌部，主要由散在于胰实质内的许多大小不等、形状不一的球形细胞群组成，以胰尾居多。成人胰腺约有100万个胰岛，约占胰腺体积的1.5%。

（二）结构与功能

胰岛至少有3种细胞：A细胞（α细胞）含量较少，分泌胰高血糖素促进糖原分解，使血糖升高；B细胞（β细胞）含量较多，分泌胰岛素，促进糖原合成和血糖利用，使血糖降低；近年来又发现一种细胞，称为D细胞，它在正常情况下会分泌生长激素，释放抑制激素。

第三节 体育运动对内分泌系统的影响

内分泌激素对于维持人体的正常生理功能，以及运动过程中能量代谢和体液调节具有非常重要的作用。本节在掌握内分泌系统、激素基本概念的基础上，重点介绍垂体、甲状腺、肾上腺、性腺、胰腺对运动的反应和适应规律（图22-6）。

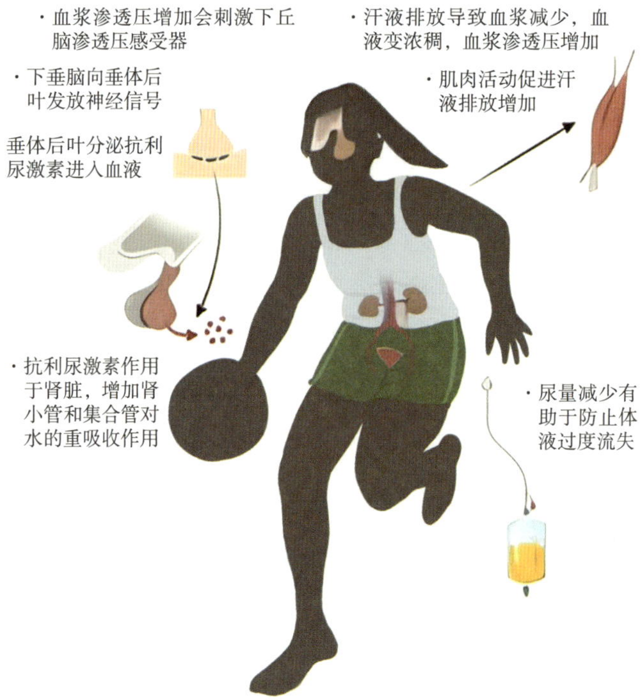

- 血浆渗透压增加会刺激下丘脑渗透压感受器
- 下垂脑向垂体后叶发放神经信号
- 垂体后叶分泌抗利尿激素进入血液
- 抗利尿激素作用于肾脏，增加肾小管和集合管对水的重吸收作用
- 汗液排放导致血浆减少，血液变浓稠，血浆渗透压增加
- 肌肉活动促进汗液排放增加
- 尿量减少有助于防止体液过度流失

图 22-6　运动对内分泌系统的影响

一、体育运动对垂体的影响

腺垂体分泌的生长激素能够促进物质代谢与生长发育，在机体生长过程中促进骨、软骨、肌肉和其他组织细胞的分裂增殖和蛋白质的合成，进而有助于运动成绩的提高。垂体虽然位于人体结构中靠上的颅底，且体积较小，但其分泌的激素可以随血液循环到达全身各个部位，与受体结合后，会产生瀑布似的放大效应，从而影响靶器官的功能。运动是一种强烈的生理刺激，有氧运动和抗阻运动均会导致生长激素（hGH）分泌显著增加。生长激素释放的水平与性别、年龄、运动强度、运动类型等因素有关，特别是抗阻运动和高强度间歇训练，能够刺激垂体前叶分泌生长激素，其效应包括促进蛋白质合成、骨骼生长、肌肉组织再生和脂解作用。这些过程对于运动后的恢复和增加瘦体重具有至关重要的影响。在具体的运动实践中，如何有效促进生长激素的分泌成为训练优化的一个环节。增加生长激素分泌的方法包括进行大肌群的运动（如深蹲、硬拉等），进行高强度、短间隔的重复运动，以及保证充足的恢复和高质量的睡眠，因为生长激素的分泌在深睡眠中同样增加。

二、体育运动对甲状腺的影响

运动时身体代谢水平增高，甲状腺激素分泌增加，从而促进体内糖和脂肪的分解来补充运动时消耗的血糖，提高运动竞赛的成绩。当评定甲状腺激素对运动能力的影响时，必须考虑个体的生理基础、运动时间、强度及类型等因素。

甲状腺激素增强细胞的氧化作用，加速葡萄糖和脂肪的代谢，从而为运动提供必要的能量。尽管甲状腺激素以增强分解著称，但它们也参与蛋白质的合成，对肌肉的维护与修复具有积极作用。甲状腺激素能增强心肌收缩力、提高心率，提高心脏泵血效率，为运动提供更好的血液循环支持。然而，长期的高强度运动或者赛前的急速减重等，会导致体内能量大量消耗，此时为了节约能量，身体可能会通过抑制甲状腺功能来降低基础代谢率，导致低代谢症状，包括疲劳感、乏力、运动成绩下降及体重增加等。

针对这种潜在的影响，运动员和普通锻炼者需要通过合理安排运动强度，以及保证充分的营养摄入来避免或减少甲状腺功能的不利变化。长时间的过度运动或忽视休息和饮食的平衡，均有可能诱发低甲状腺症状，因此合理的运动安排和监测甲状腺激素水平对于维持甲状腺健康至关重要。

三、体育运动对肾上腺的影响

肾上腺包括中央部的髓质和周围部的皮质两个部分，二者在结构和功能上均不相同。皮质醇由肾上腺皮质分泌，能够促进脂肪分解，增强脂肪酸在肝内的氧化，是代表机体分解代谢的指标，可用于训练负荷监控和运动员恢复能力的评估。急性运动后皮质醇大多呈明显上升变化，它受运动强度大小和持续时间长短的共同影响，在运动应激时反馈性提高。长时间周期训练后，相同负荷运动时，血清皮质醇浓度上升的幅度下降，是适应运动量的表现，表明训练负荷适中。运动员的肾上腺皮质活动水平比一般人高，训练日比休息日高，赛后比赛前高。

儿茶酚胺是肾上腺素和去甲肾上腺素的统称。儿茶酚胺由肾上腺髓质分泌，属于应激激素，在机体对内外环境变化发生的应答中起着非常重要的作用。体育运动通过神经内分泌途径，可以增加血浆儿茶酚胺的水平，特别是肾上腺素和去甲肾上腺素。儿茶酚胺具有迅速增加心率、血压，并促进能量供给的作用。这些激素的分泌在增强心肺功能、速度和肌肉力量训练等活动中特别突出。由于肾上腺髓质受交感神经支配，在运动应激状态下，交感神经系统被激活，所以在运动期间儿茶酚胺必然升高，而升高的程度与运动强度密切相关，即运动强度越大，升高的幅度也相应越大。

四、体育运动对性激素的影响

性激素，如睾酮（男性）和雌激素（女性），是影响人体生殖系统和性别特征的重要调节因子，也对肌肉质量、骨密度及情绪状态具有重要作用。规律的适度运动有助于将这些激素保持在一个健康的水平，可给心理及生理健康都带来益处。

对男性来说，适量的运动，尤其是抗阻训练和中高强度的有氧运动，能增加血液中的睾酮水平。睾酮不仅在维持和发展肌肉质量方面起重要作用，还与性欲、骨密度和红细胞的产生相关。运动能促进睾酮的合成与分泌，进而提高肌肉合成率、增加力量和耐力，同时有助于提高性功能和改善心情。而对于女性，适度运动可以对雌激素水平产生积极影响，通过影响激素水平波动和维持生殖激素的相对平衡，运动甚至能改善经期相关症状和调整月经周期。此外，科学的运动有助于降低绝经后妇女雌激素过低而引起的骨质疏松和心血管病等风险。

值得注意的是，过度运动或高强度无恢复训练会产生相反的效果。在男性中，慢性高强度训练可能导致睾酮水平下降，影响性功能，降低性欲，甚至可能出现肌肉质量减少的问题。而在女性中，可能出现被称为"女性运动员三联征"的情况，包括月经失调、饮食不足（能量摄入不足）和骨质疏松。这种情况下雌激素水平低下，不利于女性生殖健康，并可能带来长期的骨密度问题。因此，运动处方应当考虑到个体差异、性别、年龄、训练强度以及总体健康状况，以确保性激素的平衡和总体健康水平的提升。定期的健康检查和激素水平测试可帮助调整运动计划，以便在激励身体变得更加健康的同时，确保不会引发激素失衡的问题。

五、体育运动对胰腺的影响

胰腺在调节体内葡萄糖平衡中起关键作用，主要通过其内分泌细胞群，尤其是位于胰岛的 β 细胞分泌胰岛素来实现。胰岛素是一种促进葡萄糖从血液转移到肌肉和其他组织的激素，可降低血糖水平并促进其储存与利用。运动通过提升胰岛素受体的敏感性及活性，增进了胰岛素介导的葡萄糖摄入，有助于增强细胞对胰岛素的响应。

定期的体力活动，尤其是耐力性和力量训练，通过增强肌肉中胰岛素敏感性，间接减少 β 细胞的压力，预防 β 细胞功能过早衰竭，从而延缓或预防胰岛素抵抗的发展。运动可以增加肌肉细胞膜葡萄糖转运蛋白 4（GLUT4）的表达及其转位至细胞膜的数量，故而增强了组织对葡萄糖的摄取，优化了血糖稳态。此外，长期的运动有助于调节胰岛素分泌、促进胰岛功能恢复，提升胰腺 β 细胞的分泌效率，并在一定程度上降低Ⅱ型糖尿病的发生风险，该病型通常与胰岛素抵抗性和 β 细胞功能不全有关。因而，在公共卫生领域中，运动被推崇为预防及管理 2 型糖尿病的关键策略之一。

由此可见，运动与胰腺间的相互作用揭示了生理活动对于内分泌调节机制及能量稳态的维持起到积极作用，并指出体力活动对于代谢性疾病的预防与治疗具有潜在的积极影响。

复习思考题

1. 简述内分泌系统的组成与功能。
2. 简述人体内分泌腺的主要结构与特征。
3. 简述甲状腺、肾上腺以及垂体的位置、形态、结构和功能。
4. 何为激素？请简要说明激素对运动的作用和影响。

索 引

A

鞍状关节 sellar joint or saddle joint

B

白交通支 white communicating branches
白质 white matter
半腱肌 semitendinosus
半膜肌 semimembranosus
半月板 meniscus
薄束 fasciculus gracilis
薄束核 gracile nucleus
薄束结节 gracile tubercule
背侧丘脑 dorsal thalamus
背阔肌 latissimus dorsi
背屈 dorsiflexion
贲门 cardia
鼻 nose
鼻旁窦 paranasal sinuses
鼻腔 nasal cavity
比目鱼肌 soleus
闭孔内肌 obturator internus
闭孔神经 obturator nerve
闭孔外肌 obturator externus
臂丛 brachial plexus
边缘系统 limbic system
边缘叶 limbic lobe
表皮 epidermis
髌骨 patella
髌韧带 patellar ligament
玻璃体 vitreous body

C

苍白球 globus pallidum
侧角 lateral horn
侧脑室 lateral ventricle
长收肌 adductor longus
尺侧 ulnar
尺侧副韧带 ulnar collateral ligament
尺侧腕屈肌 flexor carpi ulnaris
尺侧腕伸肌 extensor carpi ulnaris
尺动脉 ulnar artery
尺骨 ulna
尺神经 ulnar nerve
齿状回 dentate gyrus
耻股韧带 pubofemoral ligament
耻骨 pubis
耻骨肌 pectineus
耻骨联合 pubic symphysis
垂体 pituitary gland，hypophysis
垂直轴 vertical axis

D

大肠 large intestine
大脑 cerebra
大脑动脉环 cerebral arterial circle
大脑横裂 cerebral transverse fissure
大脑脚 cerebral peduncle
大脑皮质 cerebral cortex
大脑纵裂 cerebral longitudinal fissure
大收肌 adductor magnus
大阴唇 greater lip of pudendum
大隐静脉 great saphenous vein
大圆肌 teres major
胆囊 gallbladder
胆总管 common bile duct
岛叶 insula
底丘脑 subthalamus
骶丛 sacral plexus
骶骨 sacrum
骶髂关节 sacroiliac join
骶神经 sacral nerves
骶尾连结 sacrococcygeal joints
第1躯体感觉区 first somatic sensory area
第1躯体运动区 first somatic motor area
顶叶 parietal lobe
顶枕沟 parietal occipital sulcus
动脉 artery
动眼神经 oculomotor nerve
豆状核 lentiform nucleus
豆状核壳 lentiform nucleus putamen
窦房结 sinoatrial node
端脑 telencephalon
短收肌 adductor brevis
对掌运动 hand opposition movement

E

额上回 superior frontal gyrus
额下回 inferior frontal gyrus
额叶 frontal lobe
额中回 middle frontal gyrus
额状面 frontal plane
额状轴 frontal axis
腭 palate
腭垂 uvula
耳垂 auricular lobule
耳郭 auricle
耳蜗 cochlea
二尖瓣 mitral valve

F

反射弧 reflex arc
房室交界区 atrioventricular node region
房室结 atrioventricular node
房室束 atrioventricular bundle
房水 aqueous humor
腓侧 fibular
腓侧副韧带 fibulare collaterale ligament
腓肠肌 gastrocnemius
腓动脉 peroneal artery
腓骨 fibula

腓骨长肌 peroneus longus
腓骨短肌 peroneus brevis
腓总神经 common peroneal nerve
肺 lung
肺动脉瓣 pulmonary valve
肺动脉干 pulmonary trunk
肺静脉 pulmonary vein
肺门 hilum of lung
肺小叶 pulmonary lobule
缝 suture
缝匠肌 sartorius
跗骨 tarsal bones
附睾 epididymis
副交感神经 parasympathetic nerve
副神经 accessory nerve
腹横肌 transversus abdominis
腹内斜肌 obliquus internus abdominis
腹外斜肌 obliquus externus abdominis
腹直肌 rectus abdominis
腹主动脉 abdominal aorta

G

肝 liver
肝门 porta hepatis
肝门静脉 hepatic portal vein
冈上肌 supraspinatus
冈下肌 infraspinatus
睾丸 testis
膈 diaphragm
膈神经 phrenic nerve
肱尺关节 humeroulnar joint
肱动脉 brachial artery
肱二头肌 biceps brachii
肱骨 humerus
肱肌 brachialis
肱静脉 brachial vein
肱桡关节 humeroradial joint
肱桡肌 brachioradialis
肱三头肌 triceps brachii
巩膜 sclera
股薄肌 gracilis
股动脉 femoral artery
股二头肌 biceps femoris
股方肌 quadratus femoris

股骨 femur
股骨头韧带 ligament of head of femur
股静脉 femoral vein
股神经 femoral nerve
股四头肌 quadriceps femoris
骨 bone
骨半规管 bony semicircular canals
骨骼肌 skeletal muscle
骨迷路 bony labyrinth
骨密质 compact bone
骨松质 spongy bone
骨髓 bone marrow
骨性结合 synostosis
鼓膜 tympanic membrane
鼓室 tympanic cavity
固有口腔 oral cavity proper
关节 articulation joint
关节唇 articular labrum
关节面 articular surface
关节面软骨 articular cartilage
关节囊 articular capsule
关节盘 articular disc
关节腔 articular cavity
关节突关节 zygapophysial joint
关节运动幅度 range of motion for joint
冠状面 coronal plane
冠状轴 coronal axis
贵要静脉 basilic vein
腘动脉 popliteal artery

H

海马 hippocampus
海马旁回 parahippocampal gyrus
横切面 transverse plane
横突间韧带 intertransverse ligament
虹膜 iris
喉 larynx
后 posterior
后根 posterior root
后交叉韧带 posterior cruciate ligament
后角 posterior horn
后丘脑 metathalamus
后索 posterior funiculus
后外侧裂 posterolateral fissure

后正中沟 posterior median sulcus
后纵韧带 posterior longitudinal ligament
呼吸系统 respiratory system
壶腹嵴 crista ampullaris
滑车 pulley
滑车关节 trochlea
滑车神经 trochlear nerve
滑膜层 synovial layer
滑膜关节 synovial joint
滑膜囊 synovial bursa
滑膜皱襞 synovial fold
化学感受器 chemoreceptor
环转 circumduction
寰枢关节 atlantoaxial joint
寰枕关节 atlantooccipital joint
寰椎 atlas
黄斑 macula lutea
黄韧带 ligamenta flava
灰交通支 grey communicating branches
灰结节 tuber cinereum
灰质 gray matter
灰质后连合 posterior gray commissure
回肠 ileum
会阴肌 perineal muscle
喙肱肌 coracobrachialis
喙肱韧带 coracohumeral ligament
喙肩韧带 coracoacromial ligament

I

J

肌腹 muscle belly
肌腱 tendon
肌皮神经 musculocutaneous nerve
肌梭 muscle spindle
基底沟 basilar sulcus
基底核 basal nuclear
棘间韧带 interspinal ligament
棘上韧带 supraspinal ligament
脊膜支 meningeal branch
脊神经 spinal nerves
脊髓 spinal cord
脊髓后动脉 posterior spinal artery
脊髓前动脉 anterior spinal artery

索 引 297

脊髓丘脑侧束 lateral spinothalamic tract
脊髓丘脑前束 anterior spinothalamic tract
脊髓丘脑束 spinothalamic tract
脊髓圆锥 conus medullaris
脊柱 spine
夹肌 splenius
颊 cheek
甲状旁腺 parathyroid gland
甲状腺 thyroid gland
间脑 diencephalon
肩关节/盂肱关节 shoulder joint
肩胛骨 scapula
肩胛骨后缩 scapula retraction
肩胛骨前伸 scapula protraction
肩胛骨上回旋 scapula superior rotator
肩胛骨上提 scapula elevation
肩胛骨下回旋 scapula inferior rotator
肩胛骨下降 scapula depression
肩胛提肌 levator scapulae
肩胛下肌 subscapularis
肩锁关节 acromioclavicular joint
腱鞘 tendinous sheath
腱梭 tendon spindle
交感干 sympathetic trunk
交感干神经节 ganglia of sympathetic trunk
交感神经 sympathetic nerve
交通支 communicating branch
角膜 cornea
脚间窝 interpeduncular fossa
节后纤维 postganglionic fiber
节前纤维 preganglionic fiber
结肠 colon
睫状体 ciliary body
睫状突 ciliary processes
筋膜 fascia
近侧 proximal
晶状体 lens
精囊腺 seminal vesicle
颈丛 cervical plexus
颈动脉窦 carotid sinus
颈动脉小球 carotid glomus
颈阔肌 platysma
颈内动脉 internal carotid artery
颈内静脉 internal jugular vein

颈神经 cervical nerves
颈外动脉 external carotid artery
颈外静脉 external jugular vein
颈椎 cervical vertebrae
颈总动脉 common carotid artery
胫侧 tibial
胫侧副韧带 tibial collateral ligament
胫骨 tibia
胫骨后肌 tibialis posterior
胫骨前肌 tibialis anterior
胫后动脉 posterior tibial artery
胫后静脉 posterior tibial vein
胫前动脉 anterior tibial artery
胫前静脉 anterior tibial vein
胫神经 tibial nerve
静脉 vein
静脉瓣 venous valve
咀嚼肌 masticatory muscles

K

空肠 jejunum
口唇 oral lips
口腔 oral cavity
口腔底 the floor of the mouth
口腔前庭 oral vestibule
扣带回 cingulate gyrus
髋骨 hip bone
髋关节 hip joint
髋臼唇 acetabular labrum
阔筋膜张肌 tensor fasciae latae

L

肋 ribs
肋弓 costal arch
肋横突关节 costotransverse joint
肋间内肌 intercostales interni
肋间外肌 intercostales externi
肋头关节 joint of costal head
肋椎关节 costovertebral joint
梨状肌 piriformis
连合纤维 commissural fibers
联络纤维 association fiber
淋巴 lymph
淋巴导管 lymphatic duct

淋巴干 lymphatic trunk
淋巴管 lymphatic vessel
淋巴结 lymph node
淋巴系统 lymphatic system
菱形肌 rhomboideus
隆椎 vertebra prominens
漏斗 infundibulum
颅骨 cranium
卵巢 ovary
卵巢门 hilum of ovary
螺旋器 spiral organ

M

马尾 cauda equina
脉络膜 choroid
盲肠 caecum
毛细淋巴管 lymphatic capillary
毛细血管 capillary
门 hilum / porta
迷走神经 vagus nerve
泌尿系统 urinary system
面动脉 facial artery
面肌 facial muscle
面神经 facial nerve
膜半规管 semicircular ducts
膜迷路 membranous labyrinth
拇长屈肌 flexor pollicis longus
拇长伸肌 extensor pollicis longus
踇长屈肌 flexor hallucis longus
踇长伸肌 extensor hallucis longus

N

脑 brain
脑干 brain stem
脑干网状结构 reticular formation of brain stem
脑脊液 cerebral spinal fluid
脑脊液-脑屏障 cerebral spinal fluid-brain barrier
脑桥 pons
脑桥基底部 basilar part of pons
脑神经 cranial nerves
内 internal
内侧 medial

内侧丘系 medial lemniscus
内耳 internal ear
内囊 internal capsule
内收 adduction
内脏 viscera
内脏神经 visceral nerve
内脏神经节 visceral ganglion
内脏运动神经 visceral motor nerve
尿道 urethra
尿道球腺 bulbourethral gland
颞横回 transverse temporal gyrus
颞下颌关节 temporomandibular joint
颞叶 temporal lobe

O

P

膀胱 urinary bladder
皮质 cortex
皮质核束 corticonuclear tract
皮质脊髓侧束 lateral cortico spinal tract
皮质脊髓前束 anterior cortico spinal tract
皮质脊髓束 corticospinal tract
脾 spleen
脾门 hilum of spleen
胼胝体 corpus callosum
平面关节 plane joint
屏状核 claustrum

Q

奇静脉 azygos vein
气管 trachea
器官 organ
髂股韧带 iliofemoral ligament
髂骨 ilium
髂内动脉 internal iliac artery
髂内静脉 internal iliac vein
髂外动脉 external iliac artery
髂外静脉 external iliac vein
髂腰肌 iliopsoas
髂总动脉 common iliac artery
髂总静脉 common iliac vein

前 anterior
前根 anterior root
前交叉韧带 anterior Cruciate Ligaments
前角 anterior horn
前锯肌 serratus anterior
前列腺 prostate
前索 anterior funiculus
前庭窗 fenestra vestibuli
前庭器 vestibular apparatus
前庭球 bulb of vestibule
前庭蜗器 vestibulocochlear organ
前庭窝神经 vestibulocochlear nerve
前正中裂 anterior median fissure
前支 anterior branch
前纵韧带 anterior longitudinal ligament
浅 superficial
球囊 saccule
球囊斑 macula sacculi
球窝关节 ball-and socket joint
屈 flexion

R

桡侧 radial
桡侧副韧带 radial collateral ligament
桡侧腕长伸肌 extensor carpi radialis longus
桡侧腕短伸肌 extensor carpi radialls brevis
桡侧腕屈肌 flexor carpi radialis brevis
桡尺近侧关节 proximal radioulnar joint
桡尺远侧关节 distal radioulnar joint
桡动脉 radial artery
桡骨 radius
桡骨环状韧带 annular ligament of radius
桡神经 radial nerve
桡腕关节 radiocarpal joint
人体的标准解剖学姿势 anatomic position
人体解剖学 human anatomy
韧带 ligaments
韧带连结 syndesmosis
绒球 flocculus
乳糜池 cisterna chyli

乳头体 mamilary body
软骨连结 cartilaginous joint

S

三叉丘系 trigeminal lemniscus
三叉神经 trigeminal nerve
三尖瓣 tricuspid valve
三尖瓣复合体 tricuspid valve complex
三角肌 deltoid
上 superior
上腔静脉 superior vena cava
上丘 superior colliculus
上丘臂 brachium of superior colliculus
上丘脑 epithalamus
上运动神经元 upper motor neuron
舌 tongue
舌根 root of tongue
舌骨肌 mylohyoid
舌回 lingual gyrus
舌下神经 hypoglossal nerve
舌咽神经 glossopharyngeal nerve
射精管 ejaculatory duct
伸 extension
深 profundus
神经 nerve
神经丛 nerve plexus
神经核 nucleus
神经胶质细胞 glial cell
神经节 ganglion
神经细胞 nerve cell
神经纤维 nerve fibers
神经元 neuron
肾 kidney
肾窦 renal sinus
肾门 renal hilum
肾皮质 renal cortex
肾乳头 renal papilla
肾上腺 suprarenal gland
肾髓质 renal medulla
肾小管 renal tubulus
肾小囊 renal capsule
肾小体 renal corpuscles
肾盂 renal pelvis
升主动脉 ascending aorta

十二指肠 duodenum
食管 esophagus
矢状面 sagittal plane
矢状轴 sagittal axis
视觉性语言中枢 visual speech area
视觉中枢 visual area
视器 visual organ
视神经 optic nerve
视神经盘 optic disc
视网膜 retina
书写中枢 writing area
枢椎 axis
输精管 ductus deferens
输卵管 uterine tube
输尿管 ureter
竖脊肌 erector spinae
水平面 horizontal plane
水平屈 horizontal flexion
水平伸 horizontal extension
松果体 pineal body
髓核 nucleus pulposus
髓腔 medullary cavity
髓质 medulla
锁骨 clavicle

T

听觉性语言中枢 auditory speech area
听觉中枢 auditory area
听器 auditory apparatus
听小骨 auditory ossicles
瞳孔开大肌 dilator pupillae
瞳孔括约肌 sphincter pupillae
头臂静脉 brachiocephalic vein
头静脉 cephalic vein
突触 synapse
臀大肌 gluteus maximus
臀小肌 gluteus minimus
臀中肌 gluteus medius
椭圆关节 ellipsoidal joint
椭圆囊 utricle
椭圆囊斑 macula utriculi
唾液腺 salivary gland

U

V

W

外 external
外鼻 external nose
外侧 lateral
外耳道 external acoustic meatus
外展 abduction
腕骨 carpal bones
腕骨间关节 intercarpal joints
腕关节 wrist joint
腕掌关节 carpometacarpal joints
网状结构 reticular formation
维束 fasciculus
尾神经 coccygeal nerves
味蕾 taste bud
味器 gustatory organ
胃 stomach
胃底 fundus of stomach
胃体 body of stomach
纹状体 corpus striatum
蜗窗 fenestra cochleae
蜗管 cochlear duct

X

系统 system
细胞 cell
下 inferior
下腔静脉 inferior vena cava
下丘 inferior colliculus
下丘脑 hypothalamus
纤维环 anulus
纤维连结 fibrous joint
纤维心包 fibrous pericardium
腺垂体 adenohypophysis
项韧带 ligamentum nuchae
消化管 alimentary canal
消化系统 alimentary system
消化腺 alimentary gland
小肠 small intestine
小脑 cerebellum
小脑半球 cerebellar hemisphere
小脑核 cerebellar nuclei

小脑后叶 posterior lobe of cerebellum
小脑前叶 anterior lobe of cerebellum
小脑上脚 superior cerebellar peduncle
小脑下脚 inferior cerebellar peduncle
小脑中脚 middle cerebellar peduncle
小阴唇 lesser lips of pudendum
小隐静脉 small saphenous vein
小圆肌 teres minor
楔束 fasciculus cuneatus
楔束核 cuneate nucleus
楔束结节 cuneate tubercle
斜方肌 trapezius
心 heart
心包 pericardium
心包腔 pericardial cavity
心大静脉 great cardiac vein
心肌层 myocardium
心内膜 endocardium
心外膜 epicardium
心小静脉 small cardiac vein
心血管系统 cardiovascular system
心中静脉 middle cardiac vein
杏仁体 amygdaloid body
胸大肌 pectoralis major
胸导管 thoracic duct
胸骨 sternum
胸廓 thoracic cage
胸肋关节 sternocostal joint
胸神经 thoracic nerve
胸锁关节 sternoclavicular joint
胸锁乳突肌 sternocleidomastoid
胸腺 thymus
胸小肌 pectoralis minor
胸主动脉 thoracic aorta
胸椎 thoracic vertebrae
嗅器 olfactory organ
嗅神经 olfactory nerve
旋后 supination
旋内 medial rotation
旋前 pronation
旋前方肌 pronator quadratus
旋前圆肌 pronator teres
旋外 lateral rotation
旋转 rotation

血管球 glomerulus
血—脑屏障 blood-brain barrier
血液循环 blood circulation

Y

牙 teeth
牙髓 dental pulp
牙质 dentine
延髓 medulla oblongata
延髓脑桥沟 bulbopontine sulcus
眼房 chambers of eyeball
眼球 eyeball
咽 pharynx
腰丛 lumbar plexus
腰骶连结 lumbosacral joint
腰骶膨大 lumbosacral enlargement
腰方肌 quadratus lumborum
腰神经 lumbar nerve
腰椎 lumbar vertebrae
腋动脉 axillary artery
腋静脉 axillary vein
腋神经 axillary nerve
胰岛 pancreatic islets
阴道 vagina
阴蒂 clitoris
阴阜 mons pubis
阴茎 penis
阴囊 scrotum
蚓垂 uvula of vermis
幽门 pylorus
右冠状动脉 right coronary artery
右淋巴导管 right lymphatic duct
右心耳 right auricle
右心房 right atrium
右心室 right ventricle
釉质 enamel
盂肱韧带 glenohumeral ligament
原裂 primary fissure
圆柱关节 trochoid joint / pivot joint
缘上回 supramarginal gyrus
远侧 distal
运动解剖学 sports anatomy
运动性语言中枢 motor speech area
运动员心脏 athletic heart

Z

展神经 abducent nerve
掌长肌 palmaris longus
掌骨 metacarpal bones
掌浅弓 superficial palmar arch
掌深弓 deep palmar arch
掌指关节 metacarpophalangeal joints
真皮 dermis
枕叶 occipital lobe
正中神经 median nerve
支气管 bronchi
支气管树 bronchial tree
直肠 rectum
植物性神经系统 vegetative nervous system
跖骨 metatarsal bones
跖屈 plantar flexion
指骨 phalanges of fingers
指骨间关节 interphalangeal joints of hand
指浅屈肌 flexor digitorum superficialis
指伸肌 extensor digitorum
指深屈肌 flexor digitorum profundus
趾长屈肌 flexor digitorum longus
趾长伸肌 extensor digitorum longus
趾骨 phalanges of toes
中间带 intermediate zone
中脑 midbrain
中枢神经系统 central nervous system
中央凹 fovea centralis
中央沟 central sulcus
中央管 central canal
中央后回 postcentral gyrus
中央旁小叶 paracentral lobule
中央前回 precentral gyrus
终丝 filum terminale
周围神经系统 peripheral nervous system
轴突 axon
肘关节 elbow joint
肘肌 anconeus
肘正中静脉 median cubital vein
主动脉瓣 aortic valve
主动脉弓 aortic arch
主动脉肾神经节 aorticorenal ganglia
椎动脉 vertebral artery
椎骨 vertebrae
椎间盘 intervertebral disc
椎旁神经节 paravertebral ganglia
椎前神经节 prevertebral ganglia
锥体 pyramid
锥体交叉 decussation of pyramid
锥体束 pyramidal tract
锥体外系 extrapyramidal system
锥体系 pyramidal system
子宫 uterus
籽骨 sesamoid bone
自主神经系 autonomic nervous system
纵切面 longitudinal plane
足背动脉 arteria dorsalis pedis
足弓 arches of the foot
组织 tissue
左冠状动脉 left coronary artery
左心耳 left auricle
左心房 left atrium
左心室 left ventricle
坐股韧带 ischiofemoral ligament
坐骨 ischium
坐骨神经 sciatic nerve

参考文献

[1] 白石. 运动解剖学 [M]. 西安：陕西科学技术出版社，2015.

[2] 柏树令，应大君. 系统解剖学 [M]. 9版. 北京：人民卫生出版社，2018.

[3] 丁文龙，刘学政. 系统解剖学 [M]. 9版. 北京：人民卫生出版社，2018.

[4] 高欢，高炳宏，冯连世，等. 长时间高原训练对优秀赛艇运动员免疫机能及血浆瘦素的影响 [J]. 中国运动医学杂志，2011（11）：986–991.

[5] 顾德明，缪进昌. 运动解剖学图谱 [M]. 北京：人民体育出版社，1986.

[6] 郭光文，王序. 人体解剖学彩色图谱 [M]. 北京：人民卫生出版社，2017.

[7] 海尔格，沃尔夫冈. 人体解剖学彩色图谱：内脏器官 [M]. 凌树才，吴仲敏，主译. 上海：上海科学技术出版社，2019.

[8] 何伟，黄朝晖. 急性运动对人体细胞免疫功能的影响 [J]. 武汉体育学院学报，2002，38（1）：55–57.

[9] 李世昌. 运动解剖学 [M]. 3版. 北京：高等教育出版社，2015.

[10] 里查德，等. 格氏解剖学图谱 [M]. 3版. 武艳，主译. 北京：北京大学医学出版社，2022.

[11] 迈克尔，埃里克，乌杜欧. 人体解剖学图谱：解剖学总论和肌肉骨骼系统 [M]. 欧阳钧，主译. 上海：上海科学技术出版社，2021.

[12] 奈特. 人体解剖彩色图谱 [M]. 3版. 王怀经，主译. 北京：人民卫生出版社，2005.

[13] 彭裕文. 局部解剖学 [M]. 北京：人民卫生出版社，2004.

[14] 孙莉. 组织学与胚胎学 [M]. 北京：人民卫生出版社，2007.

[15] 王玉龙. 康复功能评定学 [M]. 3版. 北京：人民卫生出版社，2022.

[16] 王瑞元，苏全生. 运动生理学 [M]. 北京：人民体育出版社，2011.

[17] 沃克. 运动损伤解剖学 [M]. 北京：北京体育大学出版社，2018.

[18] 沃纳，米迦勒. 人体解剖学彩色图谱：神经系统和感觉器官 [M]. 凌树才，吴仲敏，主译. 上海：上海科学技术出版社，2019.

[19] 徐国栋，袁琼嘉. 运动解剖学 [M]. 5版. 北京：人民体育出版社，2012.

[20] 袁琼嘉，谭进. 体育动作解剖分析与肌肉训练 [M]. 北京：人民体育出版社，2015.

[21] 运动解剖学编写组. 运动解剖学 [M]. 北京：北京体育大学出版社，2013.

[22] 钟世镇. 系统解剖学 [M]. 北京：高等教育出版社，2003.

[23] Barari R A, Shirali S. Endurance training and ginger supplement on TSH, T3, T4 and testosterone and cortisol hormone in obese men [J]. Iran J Basic Med Sci, 2016, 3（1）：96–103.

[24] Deligiannis A, Karamouzis M, Kouidi E, et al. Plasma TSH, T3, T4 and cortisol responses to swimming at varying water temperatures [J]. British Journal of Sports Medicine, 1993, 27（4）：247–250.

[25] Graves E A, Schott H C, Marteniuk J V, et al. Thyroid hormone responses to endurance exercise [J]. Equine

Vet J Suppl, 2006 (36): 32-6.

[26] Kenney W L, Wilmore J H, Costill D L, et al. Physiology of Sport and Exercise 6th Edition [M]. Champaign: Human Kinetics, 2015.

[27] Kraemer W J, Dunn-Lewis C, Comstock B A, et al. Growth hormone, exercise, and athletic performance: a continued evolution of complexity [J]. Curr Sports Med Rep, 2010, 9 (4): 242-52.

[28] Nevill M E, Holmyard D J, Hall G M, et al. Growth hormone responses to treadmill sprinting in sprint-and endurance-trained athletes [J]. European Journal of Applied Physiology and Occupational Physiology, 1996, 72 (5): 460-467.

[29] Ogaki T, Saito A, Kanaya S, et al. Plasma sulpho-conjugated catecholamine dynamics up to 8 h after 60-min exercise at 50% and 70% maximal oxygen uptakes [J]. European Journal of Applied Physiology and Occupational Physiology, 1995, 72 (1): 6-11.

[30] Park H C, Park S K, Lee J S, et al. The Effects of Moderate Treadmill Running on Free Fatty Acids, Glucose, Growth Hormone, Insulin and Appetite [J]. Korean Journal of Health Promotion, 2011: 234-240.

[31] Treuth M S, Ryan A S, Pratley R E, et al. Effects of strength training on total and regional body composition in older men [J]. Journal of Applied Physiology, 1994, 77 (2): 614.

[32] Wideman L, Weltman J Y, Hartman M L, et al. Growth hormone release during acute and chronic aerobic and resistance exercise: recent findings [J]. Sports Med, 2002, 32 (15): 987-1004.